독일의 학교교육을 이해하는 16개의 핵심 질문

독일의 학교교육

독일의 학교교육을 이해하는 16개의 핵심 질문

독일의 학교교육

초판 1쇄 인쇄 2021년 2월 20일
초판 1쇄 발행 2021년 2월 28일

지은이 정기섭
펴낸이 김승희
펴낸곳 도서출판 살림터

기획 정광일
편집 조현주
북디자인 꼬리별

인쇄·제본 (주)신화프린팅
종이 (주)명동지류

주소 서울시 양천구 목동동로 293, 22층 2215-1호
전화 02-3141-6553
팩스 02-3141-6555
출판등록 2008년 3월 18일 제313-1990-12호
이메일 gwang80@hanmail.net
블로그 http://blog.naver.com/dkffk1020

ISBN 979-11-5930-187-2 93370

독일의 학교교육을 이해하는 16개의 핵심 질문

독일의 학교교육

정기섭 지음

Schule in
Deutschland

살림터

독일에서는 보편적 '학교교육 의무Schulpflicht' 규정에 따라 부모가 자녀를 학교에 보내지 않고 가정에서 수업(홈스쿨링)하는 것이 금지되어 있다. 독일의 학교교육 의무는 같은 독일어권인 오스트리아의 '수업 의무'(학교 밖의 수업도 기준을 충족시키면 인정)와 다르게 학생이 반드시 학교에 출석해서 교육받아야 하는 의무를 말한다. 부모가 자녀를 학교에 보내지 않을 경우, 벌금을 내거나 감옥에 가야 한다. 헤센주 학교법(제182조)은 "학교교육 의무를 위반한 자는 6개월까지 투옥하거나 180일까지 계산하여 벌금"을 내도록 규정하고 있다. 이것은 특별한 사유로 학교감독관청의 승인을 받지 않는 한, 사교육이 금지되어 있다는 의미이다. 학교감독관청이 사교육을 금지하는 것은 정규적인 양성과정을 밟지 않은 "교수자의 품성과 능력 결함으로 인해 학생 또는 사회가 위험에 처하는 것을 방지하기 위해서이다"(헤센주 학교법 제177조).

학교교육 의무에도 예외는 있다. 부모가 자녀의 건강, 정서 발달, 사회성 발달 정도에 대한 의사 소견서 등 증빙 자료를 첨부하여 학교에 신청서를 제출하면, 학교(감독)관청이 가능 여부를 결정한다. 가정수업이 허가되더라도 부모가 수업을 자유롭게 조직할 수 없고, 학교의 관리 하에서 수업이 이루어진다. 교사를 가정 또는 시설(예: 병원)로 파견하여 학년과 학생의 상태에 따라 규정된 시수를 엄수하도록 한다. 가능한 경우 원격수업을 하기도 한다. 가정수업의 경우, 1-4학년은 주당 5시간, 5-8학년은 6시간, 9-10학년은 8시간, 중등교육 Ⅱ단계는 10시간까지만 허용된다(예: 바이에른주 가정수업법령, Hausunterrichtsverordnung-HUnterrV). 학년 말이나 가정수업이 끝나는 시점에 수업을 담당한 교사가 학업성취도를 평가한다.

가정수업에 대한 엄격한 규제에도 불구하고 자녀의 흥미와 적성, 재능에 맞는 교육을 위해서, 또는 학교폭력, 집단따돌림, 나쁜 친구들과 어울림 등으로부터 자녀를 보호하기 위해서, 또는 종교적인 신념에서 자녀를 학교를 보내지 않는 부모들이 존재한다. 2013년 기준으로 학교교육 의무를 지키지 않는 아동이 전국적으로 500명 정도일 것으로 추산되었다. 자녀를 학교에 보내기 꺼리는 부모들은 개별성을 고려하지 않는 지루한 수업 때문에 아이가 학교 가기를 원치 않고, 오히려 가정에서 스스로 관심 있는 것을 찾아서 공부하는 것을 더 즐거워하고 학업성취도 또한 높다고 주장한다. 학교교육 의무를 거부하는 부모들은 가정수업 금지가 기본법이 보장하는 부모의 교육권과 아이의 권리를 침해한다고 여러 주에서 법정 다툼을 벌였지만, 지금까지 승소한 적은 없다.

헤센주에서는 2013년 3월 종교적 신념에서 자녀를 학교에 보내지 않고 가정수업을 고집해 온 부모에 대한 주상급법원의 판결이 있었다. 그

부모는 이미 두 차례의 벌금형을 선고받은 적이 있고, 여전히 홈스쿨링을 고집하다 이번에도 하루에 5유로씩 계산하여 140일에 해당하는 700유로의 벌금형을 선고받았다. 이 사건은 부모의 상소로 2014년 10월 연방헌법재판소Bundesverfassungsgericht에서도 다뤄졌는데, 홈스쿨링이 부모가 주장하는 것처럼 아이가 만족하고 학업성취 효과가 높다고 해서 헤센주 학교법에서 규정하고 있는 학교교육 의무를 대체할 수는 없다는 판결이 났다. 즉, 학교교육 의무의 "보편성은 종교관 또는 세계관에서 기인하는 평행사회들을 저지하고 소수자들을 통합하는 데 정당한 관심"이 있으므로 "가정수업은 특히 학급공동체에서 폭넓은 의견의 스펙트럼과 마주해서 체험된 관용을 지속해서 촉진하는 데 적합하지 않다"는 것이다. 이러한 판결은 이전에 여러 주에서 있었던 판결과 크게 다르지 않다. 교육은 지식 전달을 넘어서 자기 자신과 타인에 대해 책임질 수 있는 인격체를 기르는 것을 포함하므로, 사회의 다른 구성원들과 함께 생활하면서 논쟁하는 것이 필요하고, 학교는 사회적 역량과 국가 시민으로서의 역량을 기르는 과제를 수행한다는 점에서 가정수업과 동일한 가치로 평가될 수 없다는 것이다.

독일이 보편적 학교교육 의무를 고수하는 것은 학교가 타인과의 관계에서 학생 개인이 자기결정권을 가진 고유한 인격체로 성장하는 것을 돕고, 성장 세대가 동등하게 교육에 참여하는 권리를 보장하여 사회통합을 경험하게 하는 장소이기 때문이다. 이러한 학교의 기능을 민주적 국가 질서가 기능하기 위한 근본적 조건으로 인식하고 있는 것이다. 학교에 관한 독일 내의 정치적, 학문적 논쟁에서 홈스쿨링이 부각되지 못하고, 세 갈래의 학교구조 개선, 전일제학교의 도입과 같은 주제들이 주를 이루는 것도 이러한 맥락에서 이해될 수 있다. 학교의 사회통합 기능은 최근 이주민의 증가로 인한 인구 구조의 변화를 고려하여 더욱 강화되고 있는 것으로 보인다. 이와 같은 학교교육의 과제는 주문화부장관협의회KMK에서 합의한 학교교육 목표에서도 확인할 수 있다. 1973년 주문화부장관협의회는 기본법, 주헌법, 주학교법을 근거로 오늘날 독일 학교교육에 영향을 미치고 있는 수업과 교육의 당위적 목표를 다음과 같이 9개로 요약하고, 그것을 실행하기 위한 실천원칙에 합의하였다.Reuter, 2003: 35

학교는
- 지식, 숙련성, 능력들을 중재해야 하고,
- 독자적으로 비판적 판단을 할 수 있는 능력, 책임 있는 행위와 창조적 활동을 할 수 있는 능력을 길러야 하고,

- 자유와 민주주의를 위해 교육해야 하며,
- 관용, 타인의 존엄에 대한 존중과 다른 신념들에 대한 존중을 교육
  해야 하며,
- 민족 간 상호 이해의 정신에서 평화로운 성향을 일깨워야 하며,
- 윤리적 규범, 문화 및 종교적 가치를 이해하도록 해야 하며,
- 사회적 행위와 정치적 책임에 대한 준비를 일깨워야 하며,
- 사회에서의 권리와 의무를 인지할 수 있는 능력을 길러야 하며,
- 노동시장의 조건들에 대해 알 수 있도록 해야 한다.

자기결정 능력을 지닌 성숙한 인격체의 육성과 사회통합은 학교의 당연한 교육적 과제임에도 불구하고 입시 위주의 지식 전달과 지나친 경쟁으로 요약되는 우리의 학교문화에서는 현실 저편의 이상적이고 이론적인 것으로 보인다. 교육의 지향점이 성숙한 인간에 있음에도 불구하고, 인성교육을 별도의 교과목이나 교육 프로그램을 통해서만 가능한 것으로 접근하는 학교교육 정책은 지금까지의 학교교육이 실패한 교육이라고 스스로 인정하는 것인데도 그러한 사실마저 인지하지 못하는 것 같다.

1998년 귀국해서 독일에서 공부했다는 이유만으로 독일의 학교교육

에 대한 강연과 원고 집필 요청을 여러 번 받았다. 고백하자면, 독일에서 유학하는 동안 학교현장을 방문한 것은 대안학교 몇 곳이 전부였다. 오히려 강연과 원고 준비를 위해 자료를 검색하고, 필요할 땐 현지에 메일로 문의하면서 독일 학교교육에 대한 관심이 커졌고, 한독교육학회 회원들과 의견을 교환하면서 이해의 지평이 확대되었다. 그리고 독일을 방문할 기회가 있을 때마다, 한국을 방문한 독일의 교사 혹은 교육학자를 만날 기회가 있을 때마다 부족한 것들을 채워 나갔다. 학교운영위원, 학교평가위원, 학교컨설팅위원, 교육청시민감사관 경험과 대학원에 재학 중인 현장 교사들과의 진솔한 대화는 우리의 학교현장을 이해하는 데 많은 도움이 되었다. 이러한 필자의 관심과 경험에서 이 책이 계획되었고, 인하대학교의 연구비 지원을 받아 수행되었다.

이 책은 독일의 학교교육을 이해하기 위한 16개의 질문으로 구성되어 있다. 이 질문은 학교제도에서부터 교원임용, 교원교육, 교원평가, 교장 임용 자격, 방과후활동, 학부모의 학교 참여, 학생의 권리, 정치교육, 대안교육, 학교부적응 학생 지원, 이주외국인 자녀교육 지원, 종합학교의 위상, 학업성취 평가 기준, 대학입학, 최근의 개혁 동향에 이르기까지 다양하다. 질문에 답하기 위해서 이전에 발표한 관련 내용을 최근 자료로 보완하여 수정하고, 새로운 내용을 추가하였다. 이 책의 토대가 된 필자의 논문과 자료집은 참고문헌에 제시하였다. 참고문헌에 제시한 인터넷 주소의 접속 일자는 2020년 5월 기준으로 검색이 가능한 것은 일괄적으로 표기하지 않았다. 다만, 주소가 폐쇄되거나 비공개로 전환되어 더 이상 접근할 수 없는 자료는 이전 논문이나 자료집에 표기했던 접속 일자를 그대로 사용하거나, 그러한 자료 중 접속 일자가 기재되어 있지 않은 것은 논문집의 출판일과 자료집이 사용된 행사 날짜를 접속일로 표기하였다. 용어의 사용에 있어서 학교관청은 하급 학교감독관청을 의미하기 때문에 구분하지 않았다.

이 책은 비교교육학의 관점에서 독일의 학교교육을 이해할 수 있는 정보를 제공하고, 그것이 혹시 우리의 학교교육을 성찰할 때 하나의 비교 대상으로 시사하는 점이 있어서 학교현장에 접목되었으면 하는 바람에서 집필되었다.

끝으로 출판계의 어려운 사정에도 이 책의 출판을 흔쾌히 수락해 주신 살림터 정광일 사장님과 편집을 위하여 수고해 주신 편집부 여러분께 감사를 드린다.

2021년 2월
정기섭

차례

제1장

초등학교에는 어떻게 입학하고 중등학교에는 어떻게 진학하나?

독일의 의무교육은 학교교육과 직업교육을 포괄한다. 학교교육 의무는 주헌법과 주학교법에서 규정하고 있다. 주에 따라 학교교육 의무는 9년~10년(최소 9년)이고, 그 이후 정해진 기간 동안 직업교육에 의무적으로 참여해야 한다. 초등학교 입학부터 최소 9년 동안 학교에 다녀야 하고, 그 이후 상급학교에 진학하든지 혹은 직업교육과정으로 진출하든지 18세까지 더 교육을 받아야 의무교육을 마친 것으로 인정된다. 독일 학교교육의 특징은 중등교육 단계가 세 갈래 구조로 되어 있다는 것이다.

초등학교 입학

독일 〈기본법Grundgesetz〉은 학교교육에 관한 구체적인 내용 없이 "전체 학교제도는 국가의 감독하에 있다"(제7조 제1항)라고만 규정하고 있다. 〈기본법〉은 학교제도를 국가가 감독한다고 규정하고 있지만, 학교를 국가가 경영해야 한다고 요구하지는 않는다. 〈기본법〉은 고유한 교육 이념을 가진 사립학교를 설립할 권리를 보장하고 있고(제7조 제4항), 사립학교 설립에 관해서는 주헌법과 주학교법에서 규정하고 있다. 즉, 국가가 학교제도를 감독하는 것으로 〈기본법〉에서 규정하고 있지만, 〈기본법〉 제30조에 의거하여 문화주권(문화 영역에서의 자주적인 입법, 행정권)을 가진 주정부가 그에 관한 세부 내용을 주의회에서 의결한 학교법을 통해 감독을 실행하고 있다. 그러므로 자체적인 법에 따라 운영되는 독일 연방 16개 주의 학교교육을 통일적으로 표준화하여 서술하는 것은 어렵다. 필요한 사안은 주문화부장관협의회Kultusministerkonferenz, KMK 를 통해 이루어지므로 주문화부장관협의회의 결정이 주를 포괄하는 독일 교육정책의 방향이라고 볼 수 있다.

독일은 학교교육 의무를 주헌법과 학교법에서 규정하고 있다. 학교교육 의무는 주의 학교제도에 따라 다르다. 주에 따라 9학년 또는 10학년까지 정기적으로 학교에 다녀야 하고, 그 이후 18세까지 직업학교에서 교육을 받거나 중등교육 Ⅱ단계 학교에 진학해야 하는 것이 의무이다(예: 바덴뷔르템베르크주 학교법 제78조). 중등교육 Ⅱ단계인 김나지움 상급반에 진학하면 직업학교 의무를 다한 것으로 인정한다. 대부분의 주에서는 아이가 만 6세에 되면 초등학교에 입학해야 한다. 조기 입학도 가능하다. 만 6세 기준은 신학년을 언제 시작하느냐에 따라 주마다 차이가 있다. 일반적으로 학교의 연 단위 학사 운영은 여름방학 후에 시작해서 다음 해 여름방학 전까지이다. 헤센주의 경우 8월 1일부터 다음 해 7월 31일까지 1년 단위의 학사 운영이 이루어지기 때문에, 만 6세 기준이 6월 30일이다(학교법 제57조, 제58조). 바덴뷔르템베르크(Baden-Württemberg)주의 경우 9월 30일이 기준이다(학교법 제73조).

입학 연령이 되면 행정기관에서 가정으로 입학 통지서를 보낸다. 14개 주에서는 초등학교 입학을 위해 학교법과(또는)〈주공공건강서비스법 Landgesetz über Öffentlichen Gesundheitdienst〉에 따라 아이의 수업 참여가 가능한지 지역에 위치한 국민건강증진관청Gesundheitsamt에서 의사에게 정신적, 신체적, 심리적, 언어적 발달 상태를 검사받아야 한다. 주에 따라서 입학 1년 전 혹은 입학 연도에 검사를 받는다. 검사에서 부적합 판정을 받는 경우 입학을 1년 유예할 수 있다. 브란덴부르크주 학교법(제37조)에 의하면 모든 아이들은 입학을 위해 국민건강증진관청에서 종합적인 발달 상태 검사와 입학 1년 전에 언어 발달 상태 검사를 받는 것이 의무이다. 충분한 독일어 능력을 갖추지 못한 아이는 의무적으로 주학교감독관청Schulamt이 안내해 준 언어 촉진 코스에 참여해야 한다. 바이에른주는 독일어 능력이 부족한 경우 초등학교 취학을 유보하고 취학 전 단계의 언어 향상 코스에 참여하도록 한다(이 책 제8장 참조). 국민건강증진관청에서 아이의 발달 상태를 검사한 의사는 입학 여부에 대한 의학적 소견서를 작성하는데, 이것은 단지 의학적 관점에서의 평가일 뿐이다. 부모는 학교에 입학 신청을 할 때 이 의학적 소견서를 함께 제출해야 한다. 입학 여부에 대한 최종 결정은 학교장이 한다. 부모의 요청에 따라 또는 학교장의 결정에 따라 입학이 1년 유예되는 경우에 부모는 아이를 주간아동보호센터 또는 아이의 발달을 지원하는 기관에 등록해야 한다.

4년간(베를린Berlin, 브란덴부르크Brandenburg주는 6년)의 초등학교 과정을 마치면 중등교육 Ⅰ단계의 학교에 진학해야 한다. 중등교육 Ⅰ단계에서 진학할 수 있는 학교 유형은 전통적으로 세 갈래로 구분된다. 다음에서는 독일 중등학교제도를 특징짓는 세 갈래 학교구조가 어떻게 생겨났는지, 그리고 중등학교 진학은 어떻게 이루어지는지에 대해 살펴본다.

중등학교 진학

세 갈래 학교구조

독일 중등교육 단계의 세 갈래 학교구조는 오랜 역사적 발전과정에서 형성되었다. 독일 학교 발달사에서 18세기까지 학교는 주로 귀족과 상류계층을 위한 '높은 수준'의 학교가 대부분이었고, 일반 백성을 위한 '낮은 수준'의 학교는 소수 있었다. 일반 백성을 대상으로 하는 '낮은 수준'의 학교를 확대하려는 노력은 18세기에 와서야 이루어졌다. 독일은 아동취학의무 도입에서 세계적인 선구자라고 할 수 있는데, 17~18세기에 공포된 아동의 취학의무규정을 담은 교육령들(예: 고타교육령 1642, 아동의무취학령 1717)은 그 당시까지도 기초교육을 위한 '낮은 수준'의 학교가 많지 않았다는 현실을 반영하고 있다. 18세기에는 '낮은 수준'의 학교를 확대하려는 노력과 더불어 상업과 수공업에 종사하는 시민들의 요청으로 '중간 수준'의 학교인 레알슐레Realschule가 처음으로 등장하였다. 첫 레알슐레는 1706년 할레Halle에 설립된 "수학 및 기계 레알슐레 Mathematische und mechanische Realschule"이고, 1747년 베를린에 "경제 및 수학 레알슐레Ökonomisch-mathematische Realschule"가 설립되었다.[1] 중간 수준의 학교는 19세기에 교장학교Rektorschule, 도시학교Stadtschule, 시민학교Bürgerschule), 중간학교Mittelschule, 하우프트슐레Hauptschule, 상급소년학교höhere Knabenschule 등 다양한 명칭들로 존재하면서 일반학교제도의 확고한 부분이 되었다.[2] 이러한 학교 유형은 그때까지 초보학교 Elementarschule, 시골학교Landschule, 마을학교Dorfschule 또는 빈민학교 Armenschule로 불리기도 한 낮은 수준의 교육기관보다 높은 수준의 교육을 제공하고, 상업, 수공업에 종사하는 소위 중간 계층의 요구들을 고려한 학교이다.

세 갈래 학교구조는 18세기 중간 수준 학교의 등장으로 시작되었지만, 이전과는 다른 체계적인 학교제도로 확정된 것은 1919년 바이마르 헌법Weinarer Reichverfassung(제142~150조)에서이다. 바이마르 헌법은 학교 업무로부터 교회를 배제시키기 위해 공식적으로 학교 업무가 국가에 속한다고 규정하고(제142조), 최소 국민학교Volksschule(8년 과정)와 졸업 후 18세까지 계속교육학교를 다녀야 한다는 학교교육 의무를 규정하였다(제145조). 또한 국민학교 저학년 4년은 모든 아이들이 함께 다니는 기초학교Grundschule(이하 초등학교)로 설치하고, 그 위에 중간학교와 상급학교를 두며, 학교 입학은 부모의 경제적, 사회적 지위 또는 종교가 아닌 아이의 소질과 성향이 척도가 되어야 한다고 규정하였다(제146조). 바이마르 헌법을 토대로 1920년 공포된 〈초등학교와 준비학교 폐지에 관한 법〉[3]은 부유층 자녀들이 1~3년 과정으로 지금까지 다녔던 김나지움 준비학교Vorschule를 폐지하고, 모든 학생이 공동으로 다닐 수 있는 4년 과정의 초등학교(국민학교 8년 과정 중 저학년 4년) 위에 중간학교와 상급학교를 설치하는 것을 규정하였다. 바이마르 헌법과 학교법을 토대로 오늘날까지 독일에서 행해지고 있는 중등교육 단계의 세 갈래 학교구조가 확정되었다.

제2차 세계대전 이후 '독일교육재건Re-education/Umerziehung, 1945~1948' 기간에 프랑스, 미국, 영국 서방 연합국이 주둔하고 있던 서독지역에서 교육재건의 주된 방향은 민주주의의 기초를 튼튼히 하고 평화에 대한 의지를 확고히 하는 것이었다. 서방 연합국 교육재건 책임자들은 민주시민 양성을 위해 전통적인 세 갈래 학교 시스템의 대안으로 전일제 수업과 다양한 코스 수업을 제공하는 미국과 영국식의 종합학교 모형comprehensive school을 도입하는 교육개혁을 시도하고자 하였다. 그러나 독일 측 교육 책임자들 사이에서 전통적인 세 갈래 학교 시스템을 고수하자는 입장과 개혁교육학Reformpädagogik 전통에서 '단호한 학교개혁가들Entschiedene Schulreformer'이 시도하였던 단일학교를 세 갈래의 원리를 포기하지 않는 선에서 도입하자는 입장이 대립하였다.[4] 결국, 동독지역에 구축되는 단선형 학교제도와 나치 시대의 획일적인 공동체 교육형태를 반대하는 논리가 우세하여 세 갈래 학교구조가 복원되었다. 이것은 이 시기의 학교가 바이마르 공화국의 전통에 기대어 재건되었다는 것을 의미한다.

세 갈래 학교구조가 복원되었다고 해서 모든 주의 학교제도가 통일된 것은 아니었다. 교육정책은 각 주의 고유 권한이었으므로 여전히 주들 간에 초등학교 학업 기간, 신학년 시작 시기, 방학 기간, 학교 명칭, 중등학교 유형 등에서 차이가 존재하였다. 이러한 문제를 해결하고 연방 차원의 학교제도를 통일하기 위해 주문화부장관협의회 합의를 거쳐 1955

년 주정부 수상들 간 '뒤셀도르프 합의Düsseldorfer Abkommen'가 이루어졌다. 이 합의가 오늘날 독일 학교제도의 근간이 되는 '함부르크 합의 Hamburger Abkommen'의 전신前身이다. 1960년대 들어 학교 수요가 폭발적으로 증가하고, 경제성장을 이끌어 갈 고급 인재의 부족이 공론화되는 사회적 분위기 속에서 철학자이면서 교육학자인 하이델베르크 대학교 피히트G. Picht 교수가 독일 학교교육의 상황을 '대참사'로 진단하면서 학교제도 개선에 대한 요구가 거세졌다.[5]

이에 따라 1964년 3월과 6월 베를린과 쾰른에서 100번째, 102번째 주문화부장관협의회가 개최되었다. 베를린 회의에서는 "독일 문교정책은 재건 결정 이후 새로운 시기에 접어들었다"고 선언하고, 유럽의 학교 발전 경향에 맞게 학교 개선을 통한 교육 수준 향상, 다양한 학교 졸업생 수 증대, 최고 정도의 개인 성취능력 육성 등 새로운 목표를 제기하였다. 쾰른 회의에서는 이러한 새로운 목표 실현을 위하여 포괄적인 교육계획을 수립하자는 관점에서 뒤셀도르프 합의에 대한 수정 보완 사항을 합의하였다. 이 합의는 1964년 10월 28일 함부르크에서 "학교제도 영역에서 통일화를 위한 독일 주정부들 간의 새로운 합의"라는 이름으로 주정부 수반들이 서명함으로써 소위 '함부르크 합의'가 탄생하였다.[6]

이 합의에서 새로운 것은 바이마르 공화국에서 유래한 8년 과정의 국민학교Volksschule 대신 4년 과정의 초등학교Grundschule(베를린 6년)와 중등교육 Ⅰ단계에 5년 과정의 하우프트슐레(베를린 3년)가 도입된 것이다. 다음은 '함부르크 합의'의 조항이다.

모든 학생들이 공동으로 다니는 초등 단계의 학교를 Grundschule라고 칭한다(제4조 제1항). Grundschule 윗 단계의 학교는 '하우프트슐레', '레알슐레' 또는 '김나지움'이라는 이름을 갖는다(제2항).

Grundschule와 Hauptschule는 Volksschule라는 명칭을 가질 수 있다(제3항).

모든 학생들이 함께 다니는 5학년과 6학년은 '촉진 단계' 또는 '관찰 단계'라고 칭한다(제4항).

'함부르크 합의'에 근거하여 1970년대 종합학교가 등장하기 전까지 초등학교 이후에 하우프트슐레, 레알슐레, 김나지움 세 갈래로 분리되는 중등교육 단계가 유지되었다. 1990년 통일 이후 동독지역의 주에서는 김나지움 이외의 다른 학교들을 분리하지 않으려고 노력했고, 그 결과 작센주와 같은 곳에서 두 갈래 학교구조가 등장하였다. 현재는 주마다 다양한 학교구조를 갖고 있지만, 졸업장은 여전히 세 갈래이다(이 책 475쪽 이하 참조).

주문화부장관협의회(KMK)[7]

2차 세계대전 이후 1948년 2월 19~20일 구소련군 주둔 지역 5개 주를 포함한 16개 주 문화부장관들이 바덴뷔르템베르크주의 슈투트가르트-호엔하임Stuttgart-Hohenheim에서 '독일 교육부장관 회의Konferenz der deutschen Erziehungsminister'를 개최하였다. 이 회의는 패망한 독일에 소련, 영국, 미국, 프랑스군이 주둔하여 4개 지역으로 나뉜 상황에서 이 지역들이 문화적으로 서로 다르게 발전할 수도 있다는 염려에서 이루어졌다. 이 회의의 목적은 "얼마나 우리가 학교와 교육제도의 재건을 위한 공동의 토대들을 제공할 수 있는지 혹은 최소한의 대책들에 서로 합의할 수 있는지를 검토"하는 것이었다. 이 회의에서는 정기적으로 주문화부장관회의를 개최하자는 데 합의하였고, 4개월 뒤인 7월 2일 슈투트가르트에서 프랑스, 영국, 미국 주둔 지역의 문화부장관들이 다시 만나(소련군 주둔 지역의 주 장관들은 더 이상 참가할 수 없었음) 6개월마다 정기적인 주문화부장관회의를 개최하기로 정식으로 결정하고 사무국을 프랑크푸르트Frankfurt에 설치하기로 하였다. 이것으로 학교와 대학교 영역에서의 주정부들 간 협업을 위한 주문화부장관협의회가 정식으로 출범하여 오늘날까지 이어지고 있다. 서독이 건국된 후 첫 주문화부장관협의회는 1949년 10월 18~19일 베른카스텔Bernkastel에서 개최되었는데, 이때 "지난날 전체주의적이고 중앙집권적인 문화정책은 숙명적으로 정신의 혼돈과 노예화, 그리고 많은 독일인들이 비정신적인 것(망상)에 감염된 데 근본적으로 공동 책임"이 있다는 견해에서 독일 기본법에서 인정하고 있듯이 문화주권이 주에 있음을 확고히 하였다. 이에 따라 주문화부장관협의회는 "주의 문화주권을 연방기관과 연방관청의 모든 대책들로부터 지키기" 위해 노력하고 "주의 문화정책들이 제한당하지 않도록" 감시하는 역할을 한다. 1990년 독일 통일과 함께 주문화부장관협의회의 회원 주는 기존의 11개 주에서 16개 주로 확대되었다. 현재 사무국은 베를린에 있다.

초등학교의 상급학교 추천제Grundschulempfehlung

'초등학교의 상급학교 추천제'란 초등학교를 졸업하고 중등교육 I단계의 학교에 진학할 때, 초등학교 교사가 학생에게 적합한 상급학교 유형을 추천하는 제도이다. 독일 대부분 주에서 초등학교를 마치고 중등교육 I단계의 학교를 선택하는 과정은 초등학교에서 기준에 따라 학생에게 적합한 학교 유형을 추천하고 부모가 최종적으로 결정을 하도록 하고 있다. 초등학교 교사가 학생의 학업성적, 학교생활, 학습 태도, 역량 등을 판단하여 부모와 상급학교 진학에 대하여 상담하고, 추천하지만 최종 결정은 학부모가 한다. 초등학교의 상급학교 추천이 의무적인 주는 바이에른Bayern, 브란덴부르크, 작센Sachsen이다. 바이에른주에서 레알슐레와 김나지움에 진학하기 위해서는 초등학교의 적합판정 추천서가 있어야 한다. 초등학교로부터 추천서를 받지 못한 경우, 부모가 신청하면 희망하는 상급학교에서 3일간의 테스트수업Probeunterricht에 참여하여 입학 적합판정 시험을 치를 수 있다. 브란덴부르크주에서는 김나지움 입학조건을 충족하지 못한 경우, 2일간 테스트수업에 참여하여 적합판정 시험에 합격하면 진학이 가능하다. 작센주에서는 중간학교 Mittelschule를 추천받았는데, 김나지움에 진학하고자 하는 학생은 부모가 신청하면 입학 적합판정 시험을 치를 수 있다.

함부르크는 추천하지만 부모가 원치 않으면 절차를 밟아 학교를 선택할 수 있고, 메클렌부르크포어포메른Mecklenburg-Vorpommern주의 경우에도 학교에서 학년교사회의Klassenlehrerkonferenz와 학부모 상담을 통해 상급학교를 결정하지만, 부모는 통지를 받고 재상담을 신청한 다음 최종 결정을 할 수 있다. 바덴뷔르템베르크주는 최종 결정은 부모가 하지만 초등학교의 추천서를 상급학교에 의무적으로 제출해야 한다. 튀링겐Thüringen주는 부모가 결정하지만, 김나지움에 진학할 때는 다음의 원칙이 적용된다: ① 입학시험에 응시하여 합격 또는 ② 초등학교 독일어, 수학 등 지정과목의 성적이 '좋음'(6단계 평가 중 상위 2단계에 해당) 이상(시험 없음) 또는 ③ 부모가 신청하여 추천서를 교부받음. 슐레스비히홀슈타인Schleswig-Holstein주는 부모의 선택이지만 초등학교에서 추천한 학교와 다른 학교를 선택할 경우 선택한 학교에서 상담받아야 할 의무가 있고, 하우프트슐레를 추천받은 학생은 김나지움 진학이 불가하다.[8]

바덴뷔르템베르크주 사례

바덴뷔르템베르크주는 1983년부터 초등학교 이후의 중등교육 Ⅰ단계 학교선택을 '의무적으로 초등학교의 추천'에 따르도록 하는 제도를 도입해 운영해 왔다. 독일 내에서도 이러한 제도를 도입한 주는 앞에서 언급한 것처럼 소수에 불과하다. 초등학교의 추천을 수용할 수 없는 부모는 학교에서 제공하는 자녀의 진학상담 과정에 참여할 수 있다. 이때 외부교사(전문가)가 학생의 재능(소질)을 테스트하고, 그를 토대로 해당 학교의 학년교사회의와 공동으로 진학할 상급학교를 추천하였다. 이것도 부모가 동의할 수 없다면, 부모는 자녀를 논술과 구술시험으로 구성된 주 단위의 통일적인 시험에 참여시킬 수 있었다.

2011년 주의회 선거 이후 새로 구성된 녹색당GRÜNE-사민당SPD 주정부는 11월 주학교법(제5조 제2항)을 개정하여 2012/13학년도부터 '의무적인 초등학교의 상급학교 추천'을 폐지하였다. 초등학교는 "아동의 성취수준, 사회적·심리적 성숙, 잠재적 발달 가능성을 고려하여" 어떤 상급학교 유형이 아동에게 적합한지를 부모에게 추천하는 상담 기능만 갖게 되었고, 최종적인 결정은 부모가 자유롭게 하도록 하였다. 초등학교의 추천제[9]는 학생의 수업을 담당했던 모든 교사가 참여하는 학년교사회의의 결정으로 의장은 교장이 맡는다. 이 회의에서는 아이의 학업성취, 학습 및 작업 태도, 지금까지의 아동 발달, 강점과 선호하는 학습, 잠재적 발달 가능성을 고려하여 아이에게 적합한 상급학교를 결정한다. 초등학교 학년교사회의에서 추천할 상급학교는 4학년 1학기 말, 늦어도 5월 1일까지 이루어져야 한다. 레알슐레에 진학하기 위해서는 독일어와 수학의 4학년 평균 성적이 최소 3점(만족)이 되어야 하고, 김나지움에 입학하기 위해서는 2.5점(우수)이 되어야 한다. 독일의 성적 부여는 1점에 가까울수록 더 우수한 것으로 평가된다. 부모는 4학년 때에 아이의 진로와 관련하여 학교에 상담을 신청할 수 있다. 상담을 신청하면 전문교사가 상담을 하게 되는데, 부모의 희망에 따라 아이의 재능(소질) 검사를 실시하고, 그 결과를 부모에게 설명한다. 상담 결과는 부모가 동의하면 초등학교에 제공된다.

이 제도가 폐지된 첫해(2012/13학년도)에 중등교육 I단계 학교 유형을 선택한 결과는 베르크레알슐레/하우프트슐레Werkrealschule/Hauptschule 15.8%(전년 대비 8% 감소), 레알슐레 37.1%(전년도 34.2%), 김나지움 43.9%(전년도 41%)로 분석되었다.[10] 부모에게 학교선택권을 부여한 결과 레알슐레와 김나지움을 선택한 학생이 증가한 반면, 베르크레알슐레/하우프트슐레를 선택한 학생이 확연히 줄어든 것이다. 이러한 현상에 대해 초등학교의 추천제 폐지를 반대하는 진영에서는 학생의 성취능력을 반영하지 않는 학교선택이 유급과 같은 문제를 발생시키고 있다고 우려의 목소리를 내기 시작하였다.

⟨표 1-1⟩ 학교 유형별 학생 수 변화[11]

	Werkreal-/ Hauptschule	Realschule	Gymnasium	Gemeinschafts schule
2011/12	151,731	245,352	345,998	
2012/13	141,482	244,103	318,354	2,063
2013/14	127,068	239,350	317,073	8,564
2014/15	114,048	231,631	313,524	20,294
2015/16	99,771	224,720	307,897	35,623
2016/17	79,806	203,845	269,550	50,620
2017/18	64,161	199,097	265,725	63,956

새로운 학교 유형인 공동체학교Gemeinschaftsschule가 도입되기 이전인 2011/12학년도부터 도입 후인 2015/16학년도까지 바덴뷔르템베르크주 학교 유형별 학생 수 변화는 ⟨표 1-1⟩과 같다. 공동체학교를 제외한

다른 학교 유형에 진학하는 학생 수가 감소하고 있음을 확인할 수 있다. 2018/19학년도부터는 공동체학교의 중등교육 Ⅱ단계에 학생들이 입학하기 시작하였다.

2016년 주의회 의원 선거에서 연정으로 새롭게 집권하게 된 녹색당과 기민당CDU은 성취능력에 맞지 않게 상급학교에 진학하는 것을 우려하여 중등교육 Ⅰ단계 학교 진학 시에 진학하고자 하는 학교에 초등학교의 추천서를 반드시 제출해야 하는 것으로 관련법을 개정하였다.[12] 개정된 법은 2017년 8월 1일부터 효력이 발생하여 2018/19학년도부터 적용되었다. 어느 학교에 자녀를 입학시킬 것인지를 부모가 최종적으로 결정하는 것은 달라진 것이 없지만, 진학하고자 하는 상급학교에 초등학교의 추천서를 반드시 제출해야 하는 것이 이전과 달라진 점이다. 상급학교 진학 시 제출해야 하는 서류는 신분 확인증, 초등학교 졸업증명서, 상급학교 진학 전에 상급학교에 대한 정보를 제공하고 상담하는 과정에 참여하였다는 초등학교의 증명서(양식이 따로 있음), 상급학교 진학을 위한 초등학교의 추천서이다. 초등학교에서 상급학교 추천이 이루어지는 과정은 다음과 같다.[13]

1) 4학년 학부모 대상 희망 상급학교에 대한 정보 및 상담 제공 ⇨ 2) 학년교사회의에서 추천 학교 결정 ⇨ 3) 추가적인 특별 상담이 필요한지 학부모가 결정 ⇨ 4) 특별 상담이 필요한 경우 상담 시행 (필요하다면 전문가에 의한 검사 실시) ⇨ 5) 학부모가 최종 결정하여 상급학교에 서류 제출

만약 초등학교에서 추천한 상급학교와 다른 상급학교에 진학했다면, 상급학교는 그 학부모에게 면담을 요청할 수 있다. 초등학교의 추천서를

반드시 제출하도록 부활한 이유는 입학생의 성취수준이 다양하여 학생에 대한 정보가 맞춤형 지도를 하는 데 도움이 되고, 학부모와 아이의 학습 및 성취수준 향상에 대한 정기적인 상담 시에 근거 자료로 활용할 수 있기 때문이다.

주정부가 제작한 초등학교의 추천에 대한 정보를 제공하는 책자에는 부모가 상급학교 유형을 결정하기 전까지 초등학교에서 반드시 받아야 하는 진학 상담을 위해 미리 준비하면 도움이 되는 질문들을 제공하고 있다.[14]

- 내 아이의 집중력은 어떠한가?
- 내 아이는 어떤 영역에 흥미를 갖고 있나?
- 내 아이는 하나의 사안에 집중할 수 있나?
- 내 아이의 바람은 어떤 것인가?
- 내 아이는 학습을 할 때 얼마나 자기주도적인가?
- 내 아이는 얼마나 협력적인가?
- 내 아이는 자기를 얼마나 잘 표현할 수 있나?
- 내 아이의 강점과 약점은 무엇인가?
- 내 아이는 얼마나 감당할 수 있나?
- 내 아이는 얼마나 과제를 성공적으로 수행할 수 있나?
- 내 아이는 갈등을 어떻게 해결하나?

'초등학교의 추천서' 양식에는 ① 추천하는 초등학교의 주소, 전화번호, ② 학부모의 주소, ③ 학생의 생일, 출생지, 종교, 국적을 기입하도록 되어 있고, ④ 초등학교 졸업증명서를 진학상담을 받은 증명서와 함께 제출하라는 안내와 다음과 같은 추천문이 있다.[15]

존경하는 학부모님,

초등학교 학년교사회의는 자녀의 상급학교 유형 추천을 위한 논의를 했습니다. 그 결과, 위원회는 자녀가 다음과 같은 학교에 진학하는 것을 추천하기로 견해를 모았습니다(아래 □에 표시: 저자).

□ 베르크레알슐레/하우프트슐레 또는 공동체학교

□ 레알슐레, 베르크레알슐레/하우프트슐레 또는 공동체학교

□ 김나지움 또는 레알슐레, 베르크레알슐레/하우프트슐레 또는 공동체학교

학년회의의 추천은 자녀의 성취 프로필, 역량, 지금까지의 발달, 발전 가능성을 고려하였습니다. 자녀의 상급학교 결정은 이제 당신의 책임입니다.

이전 집권당인 녹색당-사민당이 결정한 초등학교의 추천제 폐지에 대해 비판하는 진영은 그로 인해 너무나 많은 학생이 자신의 성취능력에 적합하지 않은 학교에 진학하고 있다는 문제를 꾸준하게 제기해 왔다. 그 결과 레알슐레와 김나지움 5학년 유급 학생 비율이 증가하였고, 교사들은 성취수준이 낮은 아이들을 지도하느라 과부하가 걸려 수준이 높은 학생들이 피해를 보고 있다고 지적하였다. 이러한 문제점을 보완하기 위해 녹색당-기민당이 초등학교의 추천서 의무화를 재도입한 것이다. 바덴뷔르템베르크주 교육 및 학문 노동조합Gewerkschaft Erziehung und Wissenschaft Baden-Württemberg의 분석[16]에 의하면 2015/16학년도에 21,600명의 학생이 베르크레알슐레를, 25,500명의 학생이 레알슐레를, 42,600명의 학생이 김나지움에 진학할 것을 추천받았다. 레알슐레를 추천받은 학생 중 17%가 김나지움에 진학했고, 13%가 공동체학교에 진학

하였다. 김나지움을 추천받은 학생 중 15%가 레알슐레를, 3%가 공동체학교를 선택하였다.

분석 결과 초등학교 졸업생의 80% 이상이 추천받은 학교에 진학한 것으로 나타났다. 유급 학생은 2011년과 비교해 2013년에 증가한 것으로 나타났다. 레알슐레 5학년의 경우 2011년 0.7%에서 2013년 3.3%로, 김나지움의 경우 2011년 0.4%에서 2013년 1.3%(2014/15년도 1.7%)로 증가하였다. 이러한 현상은 초등학교의 추천제 폐지에 근거한 것이라고 볼 수 있다. 그러나 2000/01학년도에는 이보다 더 많은 학생이 유급을 당했기 때문에 반박의 여지가 있다는 의견이 제시되기도 하였다. 독일 학교 전체 유급 학생 비율은 2016/17학년도 통계에 의하면, 하우프트슐레 4.7%, 레알슐레 4.3%, 여러 개 졸업과정을 가진 학교 3.4%, 8년제 김나지움(G-8) 2.1%, 9년제 김나지움(G-9) 2.0%, 종합학교 1.5%, 초등학교 0.9%, 학교 유형과 관계없는 진로탐색 단계Orientierungsstufe 0.7%로 나타났다.[17]

학생 현황과 학교제도

2017/18학년도 독일의 일반학교 학생 현황은 〈표 1-2〉와 같다.[18]

사립학교 학생은 2016/17학년도 통계에 의하면 9%로 10년 전보다 2% 증가한 것으로 나타났다. 최근 학부모의 사립학교 선택이 늘어나는 경향을 보이는데, 특히, 김나지움에서 그렇다. 학부모들이 선택하는 주된 사립학교는 발도르프학교와 기독교재단 학교이다. 헤센주의 2019년 발표에 의하면 지난 10년간 사립학교 학생이 15% 증가하였고, 공립학교 학생이 8.2% 감소한 것으로 나타났다. 그 이유에 대해서 프랑크푸르

<표 1-2> 일반학교 학생 현황

학교 유형	학생 수(명)
학교유치원/준비학급*	28,196
초등학교	2,796,399
하우프트슐레	494,094
여러 졸업과정을 가진 학교	528,347
레알슐레	816,088
김나지움	2,225,768
촉진학교	317,204
종합학교와 발도르프학교	1,084,511
야간학교와 콜렉(Kolleg)	56,060
계	8,346,707

*학교유치원(Schulkindergarten) 및 준비학급(Vorklasse)은 초등학교에 입학할 연령인 만 6세임에도 불구하고 발달단계가 더딘 학생을 위한 예비 학급이다. 1906년 베를린에서 처음 설치하였다. 주에 따라 학교유치원(바덴뷔르템베르크)이라고 부르기도 하고, 준비학급(베를린, 헤센)이라고도 한다.

트대학교 학교교육학 교수인 쿠하르츠Diemut Kucharz는 첫째, PISA 이후 독일 학교 시스템에 대한 불만족, 둘째, 자녀가 강한 학업성취 억압에 시달리는 학교교육에 대한 부모의 불만(피함), 셋째, 이주 아동 또는 사회-경제적으로 어려운 계층의 아이들과 자녀가 한 교실에서 배우는 것을 원치 않음이라고 답했다.[20]

<표 1-3> 사립학교 학생 현황[19]

	2006/2007	2016/2017	2006/2007	2016/2017
	학생 수		%	
총계	656,186	750,599	7	9
이중 선택된 학교 유형별로 보면,				
레알슐레	111,750	96,462	8.6	11.3
김나지움	26,307	270,487	10.7	12.0
촉진학교	6,784	71,627	16.6	22.6

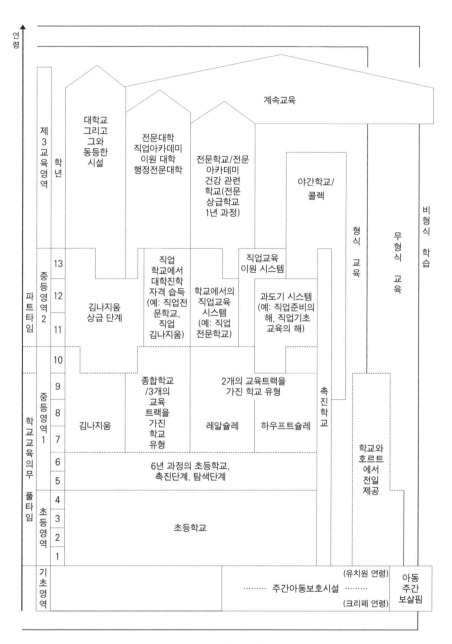

[그림 1-1] 독일의 학교제도

2018년 현재 독일의 학교제도는 [그림 1-1]과 같다.[21]

교육에 관한 권한은 주에 있기 때문에 아래의 설명은 주에 따라 다소 간의 차이가 있을 수 있다.

크리페(Krippe)

아동주간보살핌시설이다. 연방 차원에서 아동주간보호시설에 관한 규정은 아동·청소년지원법전KJHG으로 알려진 〈사회법전 제8권〉에서 그 틀을 제공하지만, 주마다 고유한 구체적인 규정이 있다. 아동주간보호시설Tageseinrichtung의 임무는 "아동의 지도, 교육, 보살핌을 포괄하고 아동의 사회적, 육체적, 정신적 발달과 관계한다"(KJHG 제22조). 2008년부터 효력이 발생 중인 아동촉진법Gesetz zur Förderung unter drei Jahren in Tageseinrichtung oder in Kindertagespflege에 의하면 만 1세부터 3세까지의 아동은 아동주간보호시설 또는 아동주간보살핌시설에서 발달을 지원받을 권리가 있다. 아동주간보호시설은 일주일에 최소 10시간 정기적으로 아이가 보호를 받는 장소를 말하며, 일반적으로 연령대에 따라 크리페Krippe(0~3세), 유치원Kindergarten(3세~취학 전), 호르트Hort(취학~14세)로 구분된다.[22]

호르트(Hort)

호르트는 취학 아동의 교육과 보살핌을 위한 기관으로 아동·청소년을 위한 공공기관(이하 청소년복지기관/청소년사회교육기관)은 이에 상응하여 가정에서의 교육을 보완하고 지원할 수 있는 프로그램을 제공할 임무가 있다.[23] 실제적으로 대부분의 호르트는 방과 후 가정에서 정상적인 보살핌을 받을 수 없는 6세에서 10세까지의 취학 아동을 대상으로 운영되고 있으나 지역과 상황에 따라서는 14세까지의 취학 아동을 위한 방과후 프로그램도 제공하고 있다. 호르트의 기본 생활은 크게 '점심식사', '자유시간', '학습시간'의 세 부분으로 나뉜다. 집에 가 봐야 아무도 없는 소위 '집 열쇠 갖고 다니는 아동'에게 따듯한 점심식사를 제공하는 것은 호르트의 중요한 임무 중 하나이다.

학교에서의 직업교육 시스템(Schulberufssystem)

직업학교와 다른 점은 실습기관과 연계된 이원적 양성 체계에서 교육이 이루어지는 것이 아니라, 학교에 국가가 인정하는 직업교육과정을 갖추고 직업교육이 이루어진다는 것이다. 학교에서의 직업교육은 일반적으로 1~3년 과정의 직업전문학교Berufsfachschule에서 이루어진다. 직업적인 능력을 인정받는 졸업시험과 함께 이 과정은 종료된다. 간호사, 간호조무사, 노인요양사, 물리치료사, 국가가 인정하는 교육자, 사회복지사, 통역사, 게임디자이너, 산파, 응급구조대원Notfallsanitär, 가정간병인, 국가가 검증한 컴퓨터 기술 조수, 국가가 검증한 체조교사, 동물치료사 등이 이 시스템에 의해 양성된다.

독일 직업교육 시스템

직업교육에 관해서는 직업교육법Berufsbildungsgesetz, BBiG이 규정하고 있다. 직업교육의 유형은 전통적인 이원적 직업교육, 학교에서의 직업교육, 대학 일학습병행제Duales Studium를 들 수 있다. 이원적 직업교육과 학교에서의 직업교육은 중등교육 Ⅱ단계에 속한다. 1) 이원적 직업교육은 직업학교와 일터 두 곳에서 교육이 이루어지는 형태이다. 직업학교에서는 일반교육과 직업 분야 이론교육이 이루어지고, 일터(기업 혹은 사업장)에서는 실습이 이루어진다. 일반적으로 2~3년 과정이며 학교에서 일주일에 2일, 일터에서 3일 정도의 교육이 번갈아 이루어진다. 이원적 직업교육을 받기 위해서는 학습자와 일터와의 직업교육 계약이 필요하다. 직업학교에 입학하기 위한 특별한 자격은 없으나, 많은 경우 일터에서는 레알슐레, 하우프트슐레 졸업자를 원한다. 2) 학교에서의 직업교육은 일반적으로 직업전문학교Berufsfachschule에서 이루어진다. 직업전문학교 입학 자격은 주로 중등교육 Ⅰ단계인 레알슐레 졸업자이며, 하우프트슐레 졸업자도 가능하다. 하우프트슐레 졸업자는 직업전문학교에서 레알슐레 졸업장을 획득할 수 있고, 직업전문학교 학생은 대학입학 자격 획득이 가능하다. 3) 대학 일학습병행제는 대학에서의 이론수업과 기업에서의 실습을 상호보완적으로 경험하도록 결합한 학업 모형이다. 대학 일학습병행제는 주로 전문대학Fachhochschule(응용과학대학Hochschule für angewandte Wissenschaften으로 명칭 변경)에서 이루어진다.

직업 김나지움(Berufliches Gymnasium, BGY)

중등교육 Ⅱ단계에 속하는 직업교육 영역의 학교 유형으로 3년 과정(11~13학년)과 6년 과정(8~13학년)이 있다. 경제학 방향의 김나지움, 테크닉 방향의 김나지움, 농업학 방향의 김나지움, 생명공학 방향의 김나지움 등이 해당된다.

전문학교(Fachschule)/전문아카데미(Fachakademie)

직업계속교육을 위한 중등교육 이후의 교육시설로 입학을 위해서는 이전의 직업활동 내지는 직업학교 졸업을 증명해야 한다.

직업아카데미(Berufsakademie)

3년 과정의 일학습병행 대학으로 일반대학과 다른 점은 이원적 직업교육과 마찬가지로 재학 기간 중 1/2은 일터에서 실습이 의무적이라는 것이다. 이론과 실습을 병행하는 대학으로 실천 지향적이다. 지원자는 대학입학자격을 취득한 자로 일터와 3년간의 직업교육 계약서를 제출해야 한다.

이원 대학(Duale Hochschule)

바덴뷔르템베르크주가 2009년 구舊직업아카데미를 질적으로 수준을 높여 이원 대학으로 명칭을 변경하였다. 학부과정과 직업 관련 석사과정이 있다.

야간학교(Abendschule)/콜렉(Kolleg)

야간학교와 콜렉은 학교 졸업장을 갖지 못한 성인이 졸업장을 취득할 수 있는 학교이다. 야간학교는 야간 또는 토요일에 수업이 이루어지는 직장인을 위한 교육기관이다. 야간김나지움, 야간레알슐레, 야간하우프트슐레 등이 있다. 몇몇 성인교육기관에서는 야간콜렉Abendkolleg이라는 이러닝 코스를 제공한다. 주된 목적은 상급학교 진학자격 취득에 있다. 콜렉[24]은 일반적으로 아비투어 준비를 위한 3.5년(주마다 차이가 있음) 과정으로 직업을 갖지 않은 성인이 뒤늦게 대학입학자격을 취득하기 위한 교육기관이다. 전문상급학교Fachoberschule 진학 자격 습득은 1년, 전문대학입학자격 습득은 2년 과정이다. 야간학교와 다른 점은 주간에 수업이 이루어진다는 것이다. 입학자격은 최소한 18세, 하우프트슐레나 레알슐레 졸업장, 직업교육 졸업장, 최소한 3년간의 직업활동 증명서가 있어야 한다.

촉진학교(Förderschule)

학습능력 장애 또는 인지적, 육체적 장애가 있는 학생들을 위한 특수

학교이다.

교육자(Erzieher)

전문학교, 전문아카데미 또는 직업콜렉에서 교육받은 교육 전문 인력으로 유치원, 호르트, 아동·청소년 시설 등에서 근무한다. 양성과정은 주의 규정에 따르며 2~5년과정으로 입학을 위해서는 중등교육 I단계 졸업장이 있어야 한다. 교육과정은 최소 2,400시간의 수업과 1,200시간의 실습으로 구성되어 있다.

전문상급학교(Fachoberschule, FOS)

직업교육학교 유형으로 일반적으로 11~12학년 과정이며, 주(예: 바이에른, 베를린)에 따라 13학년 과정이 있다. 12학년을 마치면 전문대학 Fachhochschule 입학자격을 획득하고, 13학년을 마치면 아비투어를 치르고 대학교Universität 입학이 가능하다.

진로 촉진 단계/탐색 단계
(Förderungsstufe/Orientierungsstufe, 5~6학년)

초등학교 4년 후 이른 나이에 복선형 학제로 갈라지는 것을 보완하기 위해 주에 따라 중등교육 I단계 학교에 5~6학년 과정을 두어 5학년 또는 6학년 후에 특정한 조건 아래서 학교 유형을 바꿀 수 있도록 하고 있다. 베를린과 브란덴부르크주의 초등학교는 6년 과정이다.

직업준비의 해(Berufsvorbereitungsjahr, BVJ)[25]

바덴뷔르템베르크, 바이에른, 함부르크, 메클렌부르크포어포메른, 니더작센, 라인란트팔츠, 작센안할트, 튀링겐, 자를란트주에서 직업을 준비하는 1년 기간의 교육과정이다. 이 과정은 학교교육 의무를 다하지 않은 채로 학교를 중도 탈락한 학생들을 위해 직업학교 또는 직업전문학교에서 이루어진다. 이 과정을 통해 부족한 학교교육 의무연한을 채울 수 있고, 졸업시험을 통과하면 과정이 끝난다. 하우프트슐레 졸업장을 받기 위해선 일반적으로 독일어, 수학, 영어 시험에 합격해야 한다. 유사하게 노르트라인베스트팔렌주의 직업 오리엔테이션 해Berufsorientierungsjahr, BOJ, 베를린의 직업자격 교육과정Berufsqualifizierender Lehrgang, BQL이 있다.

직업기초교육의 해(Berufsgrundbildungsjahr, BGJ)[26]

바이에른, 브레멘, 작센, 작센안할트, 슐레스비히홀슈타인, 자를란트주에서 하우프트슐레 졸업장을 갖고 있고 직업 연마 장소를 찾지 못한 학생들을 위한 1년 기간의 직업기초교육과정이다. 직업학교에서 일주일에 약 31시간의 수업이 이루어진다. 이 과정을 성공적으로 마치면 이어지는 직업교육 기간에 산정되어 직업교육 기간이 단축된다.

시사점

독일 학교제도의 특징은 앞에서 살펴본 것처럼 초등교육 이후 중등교육 단계에서 여러 갈래로 분화되는 것이다. 여러 갈래의 중등학교 구조는 학업성취도에 따라 너무 일찍 아이의 진로를 결정한다는 비판을 받아 왔다. 현재 대부분 주에서 중등교육 단계의 학교 선택은 초등학교에서 학생에게 적합한 학교 유형을 추천하고 부모가 최종적으로 결정한다. 이때 주목할 것은 바덴뷔르템베르크주의 사례에서 보듯이 부모 대부분이 초등학교 교사가 추천해 준 상급학교를 선택한다는 점이다. 더 좋은 상급학교에 자녀를 진학시키고 싶은 부모의 입장에서 교사의 추천을 수용한다는 것은 교사의 전문성에 대한 신뢰가 전제되지 않으면 쉽지 않다. 해당 분야의 전문성을 인정한다는 것은 그 분야의 인재를 길러 내는 교육의 과정을 신뢰한다는 의미와도 통한다. 이 지점에서 우리 사회는 교사의 전문성을 얼마나 인정하고 있으며, 교사의 전문성 제고 등 신뢰받기 위한 노력을 얼마나 하고 있는지 진지한 성찰이 요구된다.

| 주석 |

1. Hamann, B.(1986), *Geschichte des Schulwesens*. Bad Heilbrunn/Obb.: Klinkhardt, 74.
2. Hamann, B.(1986), *Geschichte des Schulwesens*, 114.
3. Gesetz, betreffend die Grundschulen und Aufheben den Vorschulen. Vom 28. April 1920.
4. Röhrs, H.(1990), *Nationalsozialismus, Krieg, Neubeginn*. Frankfurt a.M., New York, Paris: Peter Lang, 155.
5. 이 책 15장 참조.
6. Ständige Konferenz der Kultusminister der Länder in der Bundesrepublik Deutschland (KMK)(1998), Zur Geschichte der Kultusminister-konferenz 1948-1998, Auszug aus: KMK(Hrsg.), *Einheit in der Vielfalt. 50 Jahre Kultusministerkonferenz 1948-1998*. Neuwied u.a.: Luchthand, 177-227.
7. Ständige Konferenz der Kultusminister der Länder in der Bundesrepublik Deutschland(KMK)(1998), Zur Geschichte der Kultusministerkonferenz 1948- 1998.
8. Ständige Konferenz der Kultusminister der Länder in der Bundesrepublik Deutschland (KMK)(2015), *Übergang von der Grundschule in Schulen der Sekundarstufe I und Förderung, Beobachtung und Orientierung in den Jagangsstufen 5 und 6(sog. Orientierungsstufe)*.
9. Ministerium für Kultus, Jugend und Sport des Landes Baden-Württemberg(Hrsg.)(2019), *Grundschule. Von der Grundschule in die weiterführende Schule*. Paderborn: Bonifatius GmbH Druck-Buch-Verlag; Verordnung des Kultusministerium über das Aufnahmeverfahren für die Realschulen und die Gymnasium der Normalform(Aufnahmeverordnung).
10. Schwarz-Jung, S.(2013), Nach dem Wegfall der verbindlichen Grundschulempfehlung: Übergänge auf weiterführende Schulen zum Schuljahr 2012/2013, in: *Statistisches Monatsheft Baden-Württemberg, 2013(4)*, 22-23.
11. Statistisches Landesamt Baden-Württemberg; 2016/17부터 이후의 출처는 Statistisches Landesamt Baden-Württemberg, Schülerzahl an öffentlichen allgemeinbildenden Schulen erstmals seit 1990 unter einer Million,

Pressmitteilung(2019.02.07.).

12. https://km-bw.de/,Lde/Startseite/Service/15_11_2016+Grundschulempfehl ung

13. Ministerium für Kultus, Jugend und Sport des Landes Baden-Württemberg (Hrsg.)(2017), *Grundschule. Von der Grundschule in die weiterführende Schule.*

14. Ministerium für Kultus, Jugend und Sport des Landes Baden-Württemberg (Hrsg.)(2017), *Grundschule. Von der Grundschule in die weiterführende Schule,* 5.

15. Ministerium für Kultus, Jugend und Sport des Landes Baden-Württemberg (Hrsg.)(2017), *Grundschule. Von der Grundschule in die weiterführende Schule,* 17.

16. Gewerkschaft Erziehung und Bildung Baden-Württemberg, *Statistische Folgen.*

17. Statistisches Bundesamt(Hrsg.)(2018), *Schulen auf einen Blick.*

18. Statistisches Bundesamt(Hrsg.)(2019), *Statistisches Jahrbuch 2019.*

19. Statistisches Bundesamt(Hrsg.)(2018), *Schulen auf einen Blick.*

20. Troschke, A., Warum sich immer mehr Eltern für Privatschulen entscheiden. *Hessenschau.de*(2019.08.12.).

21. Autorengruppe Bildungsberichterstattung(Hrsg.)(2018), *Bildung in Deutschland 2018.* Bielefeld: wbv Publikation.

22. 니더작센(Niedersachsen)주와 슐레스비히홀슈타인(Schleswig-Holstein)주 아동주간보호시설에 관한 법(Gesetz über Tageseinrichtung für Kinder, KiTaG) 참조.

23. 아동·청소년지원법이라고 하는 〈사회법전 제8권(Sozialgesetzbuch-Achtes buch(Ⅷ)-Kinder- und Jugendhilfe)〉 제24조 참조. 이 법은 취학 아동도 호르트(Hort)에 다닐 수 있도록 규정하고 있다.

24. https://www.abitur-nachholen.org/weitere-wege-zum-abitur/kolleg

25. https://www.ausbildungspark.com/ausbildungs-abc/berufsvorbereitung sjahr-ausbildung-bvj/

26. https://www.ausbildungspark.com/ausbildungs-abc/berufsgrundbildung sjahr-ausbildung-bgj/

제2장

교원은 어떠한 과정을 거쳐 양성되는가?

독일의 대학에는 사범대학이 별도로 존재하지 않는다. 대학에 입학하면서 교직과정을 신청하고 전공 교과 이외의 교직 이수 조건을 충족하면 된다. 교직과정 신청자는 2개의 전공을 필수적으로 이수해야 하며, 교사양성은 2단계에 걸쳐 이루어진다. 1단계는 대학에서 학사-석사 연계 과정을 통하여 이루어지며, 2단계는 수습교사로서 학교현장에서의 실습과 주립 교수학 및 교사교육 세미나에서 제공하는 프로그램 참여를 통하여 이루어진다. 2단계를 마치면 평가를 받고 교사자격증을 취득한다.

학사/석사 연계 학업구조

1999년 6월 19일 유럽 29개국 교육부장관들이 이탈리아 볼로냐에서 유럽연합의 고등교육학제 일원화 정책에 서명함에 따라 독일 내에서도 연방교육연구부BMBF, 대학총장협의회RHK, 주문화부장관협의회KMK가 협력해서 이를 실현하기 위한 노력을 진행하였다. 볼로냐에서 합의한 유럽 고등교육학제 개편의 골자는 졸업자격을 학사와 석사로 분리하고 유럽학점교류시스템European Credit Transfer System, ECTS이라 불리는 평가체제를 도입하는 것이다. 볼로냐협약 후속 회의가 2001년 5월 프라하에 이어서 2003년 9월 베를린에서 개최되었고, 이때 유럽 교육부장관들은 유럽학점교류시스템 평가체제를 기반으로 한 학사/석사 연계 학업구조를 2010년까지 완벽하게 도입하자고 결의하였다. 유럽학점교류시스템은 학점의 상호 인정을 위한 유럽 공통의 학점 이수제도로 그 통용 단위를 Credit 또는 성취학점Leistungspunkt, LP으로 정하여 주당 수업시수로 계산하는 것이 아니라, 학생이 공부해야 할 양과 연관 지어 정하는 것이 특징이다. 즉 CPCredit Point 또는 LP는 학생이 수업에 참석하는 시간에다 그 수업을 위해 스스로 공부해야 할 시간을 합해서 정해지는 것이다.[1] 주마다 약간의 차이는 있지만 1CP 또는 1LP 약 30시간이다.

유럽 고등교육 일원화 정책은 독일 교사양성체제 전반에 많은 영향을 미치고 있다. 1999년 수정된 대학기본법Hochschulrahmengesetz[2] 제19조(학사/석사 교육과정)를 토대로 몇몇 주에서 교사양성과정에 의무적인 순차적 학업구조를 도입하자 다른 주에서도 실험적으로 새로운 교사양성 모형을 도입하였다. 이에 따라 주문화부장관협의회는 2005년 6월 교사교육에서 학사/석사 학업구조를 승인하고 학위를 인정하기로 합의하였다. 또한 이 회의에서는 공통의 표준에 따라 교사양성 교육과정을 모듈화하고 지속해서 평가해 나가기로 합의하였다.[3] 그보다 앞선 2004년 12월 주문화부장관협의회는 성공적인 직무 수행을 위하여 교사에게 요구되는 역량을 제시하고 있는 '교사교육 성취기준: 교직교육학들Standards für Lehrerbildung: Bildungswissenschaften'[4]에 합의하였고, 2008년 10월에는 '교사교육에서 전공 학문과 교과교수학을 위한 주 공통의 내용적 요구들Ländergemeinsame inhaltliche Anforderungen für die Fachwissenschaften und Fachdidaktiken in der Lehrerbildung'을 결정하였다. 전공 학문들과 그 교과교수학에 대한 내용적 요구들은 교사의 역량과 관계하는 것으로, 다양한 기관의 교사교육과정(교직 학업과정, 수습교사, 교사 심화교육과 교사 계속교육)에서 이러한 역량 습득이 기준이 되어야 한다는 것이다(아래 '교사역량' 참조).

2019년 11월 현재 학사과정을 유지하면서 직업학교 교사양성 교직과정만 학사/석사 졸업 구조를 가진 주(예: 바이에른, 헤센, 메클렌부르크포어포메른), 대부분의 학교 유형 교사양성 교직과정을 학사/석사 구조로 전환한 주(예: 베를린, 슐레스비히홀슈타인, 니더작센, 바덴뷔르템베르크) 등 다양한 형태의 양성과정이 운영되고 있다.[5] 교직 이수 과정에서의 교육실습도 학사에서 몇 주간의 실습을 하고, 석사과정에서 실습 학기를 운영하는 경우(예: 베를린, 함부르크, 바덴뷔르템베르크), 실습 학기는 별도로 없지만 수시로 실습을 하는 경우(예: 바이에른, 라인란트팔츠, 메클렌부르크포어포메른, 작센, 자를란트) 등 다양하다. 교육주권이 주정부에 있기 때문에 교원양성도 주문화부장관협의회의 결정을 반영하면서 주에 따라 다양하게 이루어지고 있는 것이다.

교사양성은 대학교에 입학해서 국가시험 학위과정에 해당되는 교직과정을 이수하면서 시작된다. 교원양성을 전담하는 독립된 단과대학인 사범대학은 없다. 바이마르 공화국 때 교사양성기관으로 설립되어 존재해 오던 교육대학Pädagogische Hochschule은 1990년대까지 바덴뷔르템베르크주를 제외한 모든 주에서 대학교Universität로 통합되었다. 현재는 바덴뷔르템베르크주에만 교육대학이 존재하고 있다. 즉, 다른 주에서는 종합대학에서 초·중등교사가 함께 양성된다. 바덴뷔르템베르크주의 경우 교직과정은 종합대학교, 교육대학, 주립 음악대학, 주립 예술대학, 공업대학에 설치되어 있다.

교사양성과정

1단계: 대학에서 교직과정 이수

1단계는 대학에서 교직과정을 이수하면서 적성을 확인하고 이론과 실천의 관계를 파악하기 위해 실습을 병행하는 단계이고, 2단계는 대학에서 교직과정을 마치고 수습교사로 실천에 전념하면서 동시에 교사교육 세미나에도 참여하여 실천을 이론적으로 성찰하는 단계이다. 1단계에서 무엇보다 중요시하는 것은 교직에 대한 적합성 판단이다. 이와 관련하여 주문화부장관협의회는 '교사양성과정 첫 단계에서 교직 적합성 파악에 대한 권고Empfehlungen zur Eignungsabklärung in der ersten Phase der

Lehrerausbildung(2013. 3. 7)'[6]를 통해 학생이 교직에서 요구하는 조건들을 충족시킬 수 있고, 요구되는 역량을 습득할 능력이 있는지 이른 시기에 스스로 성찰할 수 있는 체계적인 절차를 정착시킬 것을 권고하였다. 이것은 학생들이 늦지 않은 시기에 교직 적합성 여부를 스스로 파악하여 자신의 진로를 확고히 하거나 변경하도록 함으로써 교사에게 요구되는 전문역량을 집중적으로 함양하고자 한 것이다.

이 '권고'는 학생이 교직 적합성 여부를 판단할 수 있도록 제공할 수 있는 수단을 크게 세 가지 범주로 정리하였다. ① 대학 학업 시작 전 단계에서 교직과정 선택과 직업선택에 대한 정보 및 상담을 제공하는 것이다. 여기에는 전문가와 연계한 학교에서의 진로상담, 온라인 기반 자가진단(예: "Career Counselling for Teachers"-CCT oder "Fit für den Lehrerberuf"), 적합성 판단을 위한 몇 주간의 사전 교육실습이 속한다. 대학은 이러한 것들을 교직과정 신청 시에 제출해야 하는 조건으로 요구할 수 있다. ② 교직과정을 이수하는 동안 역량 개발 정도를 환류하는 것이다. 이것은 학생이 학업의 각 단계에서 성취해야 하는 적합한 역량 수준에 도달했는지를 확인할 수 있는 기준을 계속 내지는 반복해서 제공하여 교직 적합성을 스스로 성찰할 수 있도록 하는 것이다. 그를 위해서 양성과정의 단계마다 학생의 역량 발달을 판정할 수 있는 기준점이 정해질 수 있다. 기준점의 근거는 앞에서 언급한 주문화부장관협의회의 '교사교육의 성취기준: 교직교육학들'과 '교사교육에서 전공 학문들과 교과교수학들을 위한 주정부 공통의 내용적인 요구'이다. ③ 학업 기간 및 학업 후의 발전 및 변경 가능성이다. 교직과정에서 역량 개발에 대한 환류를 토대로 학생에게 그의 강점을 계속 발전시키고 약점을 극복할 수 있는 특별한 프로그램이 제공될 수 있다. 이러한 학습 기회는 교육과정에 통합될 수도 있고 추가적인 비교과 활동으로 제공될 수 있다. 필요하다면 학교 밖의 교사연수 기관들과 협조한다.

학생은 여러 수단을 통한 교직 적합성 파악에서 교직이 자신에게 적합하지 않다는 결정을 할 경우를 대비해서 학부 교직과정에서 필수적으로 두 개의 전공을 이수해야만 한다. 이것은 석사과정에서 교직 석사과정을 선택하지 않고 전공 학문 석사과정을 선택하거나 곧바로 취업에 뛰어들 수 있도록 길을 열어 둔 것이다.

2단계: 현장에서 수습교사 실습

수습교사는 교사양성과정의 마지막 단계로서 학교현장에서 수업과 세미나 참여를 통해 이루어진다. 수습교사 과정은 학부 교직과정에서 습득한 역량을 계속 발전시킬 수 있도록 계획된다. 기간은 일반적으로 24개월이며 주에 따라 다르다(예: 베를린, 바이에른 24개월; 헤센 21개월; 함부르크, 바덴뷔르템베르크 18개월). 수습교사 신청에는 연령 제한이 있다(예: 바이에른, 함부르크 45세까지, 헤센주 공무원 임용 제한 최대 50세까지). 수습교사에게는 주의 공무원 후보자 임금규정에 따라 급여가 지급된다.

수습교사 과정의 구성과 내용은 주문화부장관협의회에서 결정한 '수습교사 단계 기획과 최종 국가시험에 대한 주 공통의 요구들Ländergemeinsame Anforderungen für die Ausgestaltung des Vorbereitungsdienstes und die abschliessende Staatsprüfung'(2012. 12. 6)[7]을 반영한다. 이 요구들은 주문화부장관협의회가 '교사교육 성취기준: 교직교육학들'(2004. 12. 16)에서 공식화한 역량 습득을 계속해서 발전시키기 위한 후속 결정이다. '수습교사 단계 기획과 최종 국가시험에 대한 주 공통의 요구들'에서 요구하고 있는 수습교사 과정의 구조적 구성은 다음과 같다.

- 안내(소개)
- 수업 참관
- 지도교사가 동반된 수업
- 독자적인 수업
- 세미나 형태의 교육

   또한 수습교사 과정의 내용이 다음과 같은 행위 영역에서 교사 역량을 기를 수 있도록 설계될 것을 요구하고 있다.

- 교육과 지도: 교육과 지도의 토대 확립과 성찰
- 교사 직업과 교사의 역할: 교사 전문성, 학습자의 학습을 교육학적으로 돕는 과제를 수행하는 직업, 직업과 관련된 갈등 및 결정 상황 다루기
- 교수학 및 방법학: 수업 및 학습 환경 구성
- 학습, 발달, 사회화: 학교 안과 밖에서 아동·청소년의 학습과정
- 성취 및 학습 동기: 성취 및 역량 개발의 동기 원인
- 다양화, 통합 그리고 촉진: 학교와 수업의 조건으로서 이질성과 다양성
- 진단, 판정 그리고 상담: 개인적인 학습과정의 진단과 촉진; 성취 측정과 성취 판정
- 의사소통: 교수 및 지도활동의 기본적인 요소로서 의사소통, 상호작용 및 갈등 극복
- 매체 교육: 이론적, 교수학적, 실천적 관점에서 매체 다루기
- 학교 개선: 교육체계의 구조와 역사; 교육체계의 구조 및 발전과 개별 학교의 발전

• 교육 연구: 교육 연구의 목적들과 방법들; 그 결과의 해석과 적용

주문화부장관협의회의 결정(2012. 12. 6)에 따르면 수습교사 과정을 마친 후의 최종 국가시험(2차)은 '교사교육 성취기준'(2004. 12. 16)에서 제시하고 있는 역량 발달 상태를 파악하는 것이어야 한다. 국가시험 결과에는 수습과정에 대한 평가 점수 그리고(또는) 최소한 두 개의 수업 실천 점수가 반영된다. 주에 따라 그 외의 시험 형태를 계획할 수 있다.

교사 역량

'교사교육 성취기준: 교직교육학들'은 주문화부장관협의회와 교원단체가 함께 2000년에 소위 '브레멘 선언Bremer Erklärung'[8]에서 정의한 교사상을 토대로 하고 있고, 2005/06학년도부터 각 주의 교사양성과정에서 이행되고 있다. '교사교육 성취기준'에는 교사양성과정에서 습득해야 할 역량들이 제시되어 있는데, 이 역량들은 교원이 된 후에도 심화교육Fortbildung이나 계속교육Weiterbildung에서 발전시켜 나가야 할 내용이 된다. 역량은 다음과 같이 수업, 교육, 평가, 혁신 영역에서 요구되는 것으로 이론적인 차원과 실천적인 차원으로 구성되어 있다.[9]

역량 영역: 수업
교사는 교수와 학습의 전문가이다.

역량 1:
교사는 수업을 교과와 사실에 적합하게 계획하고 교과와 사실에 따라 정확하게 실행한다.

이론적 기준	실천적 기준
• 해당되는 교육 이론을 알고, 교육 이론적인 목적과 그로부터 이끌어진 성취기준들을 이해하고 이것들을 비판적으로 반성한다. • 일반 교수학과 교과교수학을 인지하고, 수업 단위를 계획할 때에 반드시 고려되어야 하는 것에 대하여 안다. • 다양한 수업 방법들과 과제 형태들을 인지하고, 그것들이 요구와 상황에 맞게 어떻게 투입되어야 하는지 안다. • 매체 교육학 및 매체 심리학 콘셉트와 수업에서 요구와 상황에 적합한 매체 사용의 가능성과 한계를 안다. • 교수 성과와 수업의 질에 관한 평가 절차를 안다.	• 교과학문적이고 교과교수학적인 논거들을 결합하고 수업을 계획하고 형성한다. • 내용과 방법, 작업과 커뮤니케이션 형태들을 선택한다. • 현대 정보기술 및 커뮤니케이션 기술을 교수학적으로 통합하고 고유한 매체 투입을 반성한다. • 고유한 교수의 질을 검사한다.

역량 2:
교사는 학습 상황을 형성하여 학생의 수업을 지원한다. 교사는 학생들에게 동기를 부여하고, 학생들이 연관성을 파악하고 배운 것을 이용할 수 있는 능력을 갖도록 한다.

이론적 기준	실천적 기준
• 학습 이론과 학습 형태를 안다. • 어떻게 학습자를 적극적으로 수업에 참여시키고, 이해와 전이를 돕는지 안다. • 학습 및 성취동기 이론과 그것들이 어떻게 수업에 적용되는지 안다.	• 다양한 수업 형태들을 활기 띠게 하고 촉진한다. • 지식 및 능력 습득에 관한 지식을 고려하여 교수-학습과정을 형성한다. • 학생들에게 학습 및 성취 준비성을 일깨우고 강화시킨다.

역량 3:
교사는 학생들이 자기주도적 학습과 작업을 할 수 있는 능력을 촉진한다.

이론적 기준	실천적 기준
• 학습 성공과 작업 결과에 긍정적으로 영향을 미치는 학습 및 동기 전략을 안다. • 자기주도적, 자기책임적, 협동적 학습과 작업을 촉진하는 방법을 안다. • 수업에서 계속적인 흥미와 평생학습의 토대를 어떻게 발전시키는지 안다.	• 학습 및 작업 전략들을 중재하고 촉진한다. • 학생들에게 자기주도적, 자기책임적, 협력적 학습과 작업의 방법들을 중재한다.

역량 영역: 교육
교사는 자신의 교육적 과제를 수행한다.

역량 4: 교사는 학생의 사회적이고 문화적인 삶의 상황을 알고, 학교에서 학생의 개인적 발달에 영향을 준다.	
이론적 기준	실천적 기준
• 아동 발달과 사회화에 관한 교육학적, 사회학적, 심리학적 이론들을 안다. • 학습과정에서 학생들의 예상치 못한 단점들, 교육적 지원과 예방 대책을 안다. • 교육과정의 형성에서 상호문화적인 차원을 안다. • 교육과정에 영향을 미치는 성(性)별 의미를 안다.	• 단점들을 인식하고 교육적 지원과 예방 대책을 실현한다. • 개별적으로 지원한다. • 각 학습 집단에서 문화적이고 사회적인 다양성을 고려한다.

역량 5: 교사는 가치와 규범을 중재하고 학생의 자기주도적 판단과 행위를 지원한다.	
이론적 기준	실천적 기준
• 민주주의적 가치와 규범을 알고 반성한다. • 학생들의 가치 의식적인 태도와 자기주도적인 판단과 행위를 어떻게 촉진하는지 안다. • 학생들의 개인적인 위기 및 결정 상황에서 어떻게 그들을 지원할지 안다.	• 가치와 가치 태도들을 반성하고 그에 상응하게 행위를 한다. • 스스로 자기를 책임지는 판단과 행위를 학생들과 함께 점진적으로 연습한다. • 규범 갈등들을 구성적으로 다루는 형식들을 투입한다.

역량 6: 교사는 학교와 수업에서 어려움과 갈등 해결 방안을 찾아낸다.	
이론적 기준	실천적 기준
• 의사소통과 상호작용(교사–학생의 상호작용을 고려하여)을 위한 지식을 활용한다. • 대화의 규칙과 수업에서, 학교에서, 학부모와의 만남에서 상호 교제하는 원리를 안다. • 아동·청소년 연령기의 위험, 예방 및 중재 가능성을 안다. • 갈등을 분석하고 구성적으로 갈등을 다루는 방법과 폭력을 다루는 방법을 안다.	• 수업과 학교에서 사회적 관계와 사회적 학습과정을 형성한다. • 학생들과 작업하면서 상호 교제하는 규칙을 습득하고, 그것을 적용한다. • 구체적인 사례에서 갈등 예방과 해결 전략과 행위 형태를 적용한다.

역량 영역: 평가
교사는 평가과제를 적합하게 그리고 책임의식을 갖고 수행한다.

역량 7: 교사는 학생의 학습 조건과 학습과정을 진단하고, 촉진하고 학습자 및 부모와 상담한다.	
이론적 기준	실천적 기준
• 다양한 학습 조건들이 교수-학습에 어떻게 영향을 미치는지, 그리고 그것들이 수업에서 어떻게 고려되어야 하는지 안다. • 높은 그리고 특별한 재능, 학습과 작업 방해의 형태들을 안다. • 학습과정을 진단하는 원리들을 안다. • 학생과 학부모를 상담하는 원리와 이론을 안다.	• 발달 상태, 학습 잠재성, 학습에 방해되는 요인, 학습 수준을 안다. • 학습 출발 상태를 알고 특별한 촉진 가능성을 투입한다. • 재능을 인식하고 재능촉진 가능성을 인식한다. • 학습 가능성과 학습 요구를 서로 조율한다. • 상황에 적합한 다양한 상담 형태들을 투입하고 상담 기능과 평가 기능을 구분한다. • 상담/추천 시에 동료와 협력한다. • 상담 제안을 발전시킬 때 다른 기관들과 협력한다.

역량 8: 교사는 투명한 판단 척도의 토대 위에서 학생의 성취를 파악한다.	
이론적 기준	실천적 기준
• 성취 평가의 다양한 형태, 그 기능과 장점 및 단점을 안다. • 성취 평가의 다양한 관련 시스템을 알고 그것들을 숙고한다. • 성취 평가 결과를 전달하는 원리들을 안다.	• 기준에 맞게 발송할 것들을 기획하고, 그것들을 상대방에게 적합하게 서식화한다. • 평가 모형과 평가 척도를 전공(교과)과 상황에 적합하게 적용한다. • 동료들과 판단의 원리에 대하여 소통한다. • 평가와 판단의 근거를 수취인에게 적합하게 제시하고 계속 학습을 위한 관점을 제시한다. • 자신의 수업 활동에 관한 구성적 피드백으로서 성취 결과를 검토하고 이용한다.

역량 영역: 혁신
교사는 자신의 역량을 영구적으로 계속해서 발전시킨다.

역량 9:
교사는 교직의 특별한 요구들을 의식한다. 교사는 자신의 직업을 특별한 책임과 의무를 갖는 공무로서 이해한다.

이론적 기준	실천적 기준
• 교육제도와 조직으로서의 학교에 관한 토대와 구조들을 안다. • 활동의 법적인 기본 조건들(예: 기본법, 학교법)을 안다. • 개인적인 직업 관련 가치 상상과 견해들을 반성한다. • 부담과 스트레스 연구의 근본적인 결과들을 안다.	• 부담을 다루는 것을 배운다. • 노동시간과 노동수단을 목적 달성에 효과적으로 그리고 경제적으로 투입한다. • 수업 개선과 작업 경감을 위한 조력으로서 동료 상담을 실행한다.

역량 10:
교사는 자신의 직업을 영구적인 학습과제로 이해한다.

이론적 기준	실천적 기준
• 자기평가와 타인평가의 방법을 안다. • 교육 연구의 결과들을 수용하고 평가한다. • 학교의 조직적인 조건들과 협력 구조들을 안다.	• 자신의 직업적 경험들과 역량들 그리고 그것의 발전에 대하여 반성하고 그로부터 결과들을 도출할 수 있다. • 자신의 활동에 교육 연구 결과를 이용한다. • 자신과 타인을 위하여 자신의 고유한 작업과 그 결과를 문서화한다. • 보고하고 다른 사람의 보고를 자신의 교육적 작업을 이상화하는 데 이용한다. • 함께 영향을 미칠 수 있는 가능성들을 지각한다. • 교원을 위한 지원 가능성들을 알고 이용한다. • 형식적, 비형식적, 개인적, 협력적 계속교육의 제공들을 이용한다.

역량 11:
교사는 학교에서의 프로젝트와 계획들에 참여하고 실천한다.

이론적 기준	실천적 기준
• 학교 유형, 학교 형태, 교육과정에 따른 고유한 교육 임무를 알고 반성한다. • 학교 발전의 목적과 방법들을 안다. • 성공적인 협력을 위한 조건들을 안다.	• 수업 및 교육 연구의 결과들을 학교 발전에 적용한다. • 수업과 학교에 관한 내부적인 평가 절차와 도구들을 이용한다. • 학교 프로젝트와 의도를 협력적으로 계획하고 실천한다. • 좋은 성과를 내도록 진단을 지원한다.

결국, 독일 교사양성과정 개혁은 무엇보다도 순차적 학업구조의 도입에 의해 추진되었다고 할 수 있고, 최근의 교사양성과정 개혁 논의에서 강조되고 있는 것은 전공 학문, 교과교수학, 교육학 학업의 상호 밀접한 연결, 그리고 교육실습과 이론의 의미 있는 결합이다. 그를 위해 교직과정 이수 단계(1단계)와 수습교사 단계(2단계)를 더욱 강력하게 연계시키고 있다. 주문화부장관협의회의 분류에 의하면 교직 유형은 6개(유형 1. 초등학교, 유형 2. 초등학교 및 중등 I, 유형 3. 중등 I, 유형 4. 중등 II의 일반 교과 또는 김나지움, 유형 5. 중등 II의 직업교과 및 김나지움, 유형 6. 특수학교)[10]가 있다. 교직 유형별 교원양성과정 설치 현황은 다음과 같다.[11]

〈표 2-1〉 교직 유형별 교원양성과정 설치 현황

지도역량	BW	BY	BE	BB	HB	HH	HE	MV	NI	NW	RP	SN	SN	ST	SH	TH
교직 유형 1	○	○	○	○	○		○	○	○	○	○	○	○	○	○	○
교직 유형 2					○							○				
교직 유형 3	○	○		○			○	○	○	○	○	○	○	○	○	○
교직 유형 4	○	○	○	○	○	○	○	○	○	○	○	○	○	○	○	○
교직 유형 5	○	○	○	○	○	○	○	○	○	○	○	○	○	○	○	○
교직 유형 6	○	○			○	○	○	○	○	○	○		○	○	○	○

다음에서는 바덴뷔르템베르크주의 김나지움 교사양성과정(유형 4)을 사례로 살펴본다.

사례: 바덴뷔르템베르크주 대학의 교직과정
(교사자격증 취득 과정)

바덴뷔르템베르크주의 경우 초등학교, 중등교육 Ⅰ단계 학교(하우프트슐레, 레알슐레, 베르크레알슐레), 특수학교 교사를 위한 교직과정은 교육대학에서, 김나지움 교사를 위한 교직과정은 대학교, 음악대학, 예술대학에서, 직업학교 교사를 위한 교직과정은 대학교/대학의 기술 산업 전공 관련 학과, 상업 관련 학과, 간호학과, 사회교육 관련 학과에서 이수할 수 있다.[12] 독일에서 교직과정을 신청한 학생은 자신의 전공을 공부하면서, 교직 영역의 조건들을 추가로 이수한다. 우리나라에서 비사범대 학생이 교직과목을 이수하는 것과 비교될 수 있다. 대학마다 교직과정 이수가 가능한 전공을 홈페이지에 공지하고 있다. 바덴뷔르템베르크주는 2015/16학년도 겨울 학기부터 교직과정을 학사/석사 학업구조(6+4=10학기)로 전환하였다. 김나지움 교사자격증 취득은 다음과 같은 과정을 통하여 이루어진다.

자가 적성 테스트와 오리엔테이션 교육실습

2011/12학년도 겨울 학기부터 모든 대학입학 지원자는 지원서와 함께 자가진단 테스트 참여 증명서를 제출해야 한다. 이 테스트는 온라인 상에서 자발적으로 이루어지며, 관심 테스트와 능력 테스트로 구성되어 있다. 테스트 결과는 적합한 전공과 직업진로를 추천할 때 활용된다. 대학 교직과정으로 입학을 신청할 때는 주대학교법 제60조 제2항에 따라 교사진로 상담Career Counselling for Teacher, CCT 사이트에서 자가진단을 실시했다는 증명서를 제출해야만 한다.[13] 또한 대학에서 교직과정을 이수하기 위해서는 학부과정에서 교직 적성 파악을 할 수 있는 오리엔테

이션 실습을 해야 한다. 2015년 여름 이전까지 김나지움 교직과정 학업을 위해서는 김나지움이나 직업학교에서 2주간 교육실습을 했다는 증명서를 반드시 제출해야만 했다. 교직과정 신청 전에 실습 증명서를 제출하지 못했다면, 늦어도 입학 후 3학기 시작 전까지 제출해야만 했다.

2015/16학년도 겨울 학기부터 교직과정을 학사/석사 연계 구조로 전환하면서 교직과정에서의 오리엔테이션 교육실습을 입학 후 늦어도 학사과정 3차 학기 시작 전까지(초등학교, 특수교육 교직과정) 2주간 또는 4차 학기 시작 전까지(중등교육 Ⅰ단계 교직과정) 3주간 바덴뷔르템베르크주에 있는 학교에서 행하고 증명서를 제출하는 것으로 변경하였다. 김나지움 교직과정은 3주간의 교육실습을 학부과정 중에 마쳐야만 한다.[14] 이 실습은 대학이 주도하는 것으로 수습교사 실습이 단위학교 주도로 이루지는 것과 비교된다.

학부 교직과정 이수

학사/석사 학업구조의 교사양성체제에서 학사과정은 석사과정에 입학할 수 있는 조건들을 충족시키는 단계이다. 석사과정에 입학하여 정규교육과정을 마치면 교육학 석사Master of Education, M.Ed. 학위를 취득한다. 교직과정을 이수하기 위해서는 총 300LP(학사과정 180LP+석사과정 120LP)를 취득해야 한다. 교직과정의 학업은 2개의 전공 학문+교직영역(교과교수학, 교직교육학, 학교교육실습)+학술 논문으로 구성되어 있다. 바덴뷔르템베르크주의 '교직 이수 과정 학업 범위 원칙에 관한 법령 Rahmenvorgabenverordnung Lehramtsstudiengänge–RahmenVO-KM von 2015'에 따르면 중등교육 Ⅰ단계 교사가 되기 위한 교직과 김나지움 교사가 되기 위한 교직의 경우 석사과정 이수까지 요구되는 성취 학점LP은 다음과 같다.[15]

초등학교 교사가 되기 위한 교직	ECTS-학점(LP)
2개의 전공 학문(교과)	총 126
그중 독일어 또는 수학 기초교육	최소 21
전공 교과 1(독일어 또는 수학)	최소 50
전공 교과 2	최소 50
교직교육학*	63
학교교육실습**	30
학사/석사 논문	21
합계	240(=7,200시간에 해당됨)

*Bildungswissenschaften으로 표기되어 있으며, 교육학, 심리학, 사회학이 여기에 속한다. 심리학, 사회학이라도 교육과 관련된 주제를 다루기 때문에 교육심리학, 교육사회학이라고 할 수 있다. 한국에서는 교육심리학, 교육사회학이 교육학의 영역에 포함되어 있어 교육학으로 번역해도 무방해 보이나, 교직 이수 과정에서 요구되는 과목이므로 교육학이라고 번역하지 않고 교직교육학으로 번역하였다.
**3학기 시작 전까지 오리엔테이션 실습 3주, 12주 통합 학기 실습을 포괄한다.

초등학교 교사를 위한 교직과정의 경우 수습교사 단계에서의 60ECTS를 석사학위 졸업학점에 포함시킬 수 있다.

중등교육 I단계 교사가 되기 위한 교직	ECTS-학점(LP)
2개의 전공 학문(교과)	총 186(138+48)
그중 전공 학문	총 138 각 전공 학문 최소 65
전공 교과교수학	총 48 각 교과 최소 21
교직교육학들	63
학교교육실습*	30
학사/석사 논문	21
합계	300(=9,000시간에 해당됨)

*4학기 전까지 3주간의 오리엔테이션 실습과 12주의 통합 학기 실습을 포괄한다.

음악과 예술 분야 김나지움 교사 지원자는 일반 김나지움 교사 지원자보다 60LP를 추가로 이수해야 한다. 다음에서는 주 문화부의 교직과

김나지움 교사가 되기 위한 교직	ECTS-학점(LP)
2개의 전공 학문(교과)	총 218(188+30)
전공 학문	총 188 각 전공 학문 최소 90
전공 교과교수학	각 교과 15(×2=30)
교직교육학들	45
학교교육실습*	16
학사/석사 논문	21
합계	300(=9,000시간에 해당됨)

*오리엔테이션 교육실습 3주는 학부, 학교교육실습 학기 12주는 석사과정(수업 참관, 최소 30시간 수업 포함 총 120시간의 수업을 해야 함)

정 이수에 관한 법령을 토대로 한 하이델베르크 대학교의 김나지움 교사양성과정을 구체적으로 살펴본다. 하이델베르크 대학교에는 김나지움 교사양성과정 이외에 직업학교 교사양성과정도 있다. 학사과정은 석사과정을 위한 예비 과정으로, 학생들은 2개의 전공(3개의 전공도 가능)을 50:50으로 이수하면서 석사과정에 진학하기 위한 교직 이수 조건들을 준비한다. 학부과정에서 학기마다 일반적으로 취득해야 하는 학점LP과 내용 구성은 [그림 2-1]과 같다.[16]

바덴뷔르템베르크주 대학법에 근거한 하이델베르크 대학교 학부 교직 이수에서 교직교육학의 내용 구성에 관한 규정[17]에 따르면, 교직교육학 입문(학교교육학 입문 3LP, 교육심리학 입문 3LP), 교육의 근본적인 문제(4LP), 교육실습(6LP)을 의무적으로 이수해야 하는 교직교육학의 모듈들이라고 표현하고 있다. 즉, 교직교육학은 4개의 모듈 총 16LP로 구성되어 있다. '교직교육학 입문'의 학습 목표는 학교교육학과 교육심리학의 기본 지식을 습득하고 이를 교육 실천적 상황에 성찰적으로 적용할 수 있는 능력을 기르는 데 있다.

'학교교육학'의 내용(예시): 성찰적 포트폴리오에 대한 입문, 학교 및

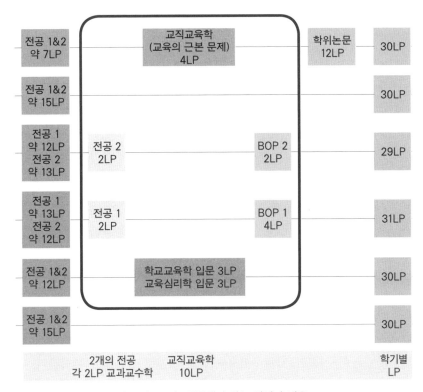

전공 1&2 약 7LP	교직교육학 (교육의 근본 문제) 4LP		학위논문 12LP	30LP
전공 1&2 약 15LP				30LP
전공 1 약 12LP 전공 2 약 13LP	전공 2 2LP	BOP 2 2LP		29LP
전공 1 약 13LP 전공 2 약 12LP	전공 1 2LP	BOP 1 4LP		31LP
전공 1&2 약 12LP	학교교육학 입문 3LP 교육심리학 입문 3LP			30LP
전공 1&2 약 15LP				30LP
2개의 전공 각 2LP 교과교수학	교직교육학 10LP			학기별 LP

[그림 2-1] 취득해야 하는 학점과 내용

수업 이론, 학교와 수업에 대한 실증적 연구, 교사 전문성, 다양성과 포용, 수업 방법, 학급 경영, 학교에서의 상호문화교육, 학교조직과 학교 발전, 학업성취 평가와 환류, 부모와 학교.

'교육심리학'의 내용(예시): 교육심리학의 주제, 이론 및 방법들, 학교 성취 연구, 학교 개선, 성공적인 학습의 조건, 교육적-심리학적 진단, 성취 평가, 특수한 학습 시작 상황, 동기부여, 연습과 촉진.

교육실습 모듈에서 BOP1은 주문화부의 교직학업과정 기본 원칙 Rahmen VO-KM에서 규정하고 있는 최소 3주 오리엔테이션 교육실습이며, BOP2는 국내외 학교 또는 교육시설에서의 최소 2주 실습으로 하이델베르크 대학교 자체적으로 교직 이수 조건에 포함시키고 있다. BOP1의 4LP는 교육실습 90시간(3LP)+실습 준비 및 실습 후 평가가 워크숍 30시간(1LP)으로 구성되어 있다. BOP2의 2LP는 실습 50시간+워크숍 10시간으로 구성되어 있다. 실습(BOP1, BOP2) 후에는 실습 경험에 대한 자기성찰 보고서를 제출하거나 발표를 해야 한다.

'교육의 근본적인 문제 모듈'은 교육의 문제를 다양한 학문의 관점(사회학, 심리학, 정치학, 철학, 윤리학, 신학)에서 접근하는 것으로 학습 목표는 학생이 1) 교육의 본질적 문제들을 조사하고 말할 수 있다. 2) 중요한 이론적 콘셉트를 서술하고 교직교육학적인 문제들과 관련시킬 수 있다. 3) 사회적인 교육 과제들 및 그 의미와 학교 일상에서의 실행을 성찰할 수 있고, 논증에서 교직교육학들의 다양한 관점들을 포함시킬 수 있다. 즉, '교육의 근본적인 문제 모듈'은 본질적인 교육 문제들을 1) 이론적인 콘셉트의 토대에서 다루고 토론하고, 2) 교사 직업과 관련지어 성찰하며, 3) 교육학, 심리학, 사회학의 특별한 관점에서 고찰하고 분석한다. 주 문화부의 교직학업과정 기본 원칙 규정Rahmen VO-KM에 의하면 교육에 대한 철학적, 윤리학적, 정치학적 근본 문제 및 기독교적-서양적 교육 가치와 문화 가치는 초등교육, 중등교육 Ⅰ, Ⅱ단계, 김나지움 교육학과 교수학을 특별하게 고려하여 교직교육학 및 교수학의 ECTS(유럽학점교류시스템) 학점에 반영하도록 되어 있다. 교직교육학은 교육학과에서 운영하고 있다.

석사 교직과정 이수

학부에서 교직과정을 정상적으로 이수하면, 석사과정을 신청할 수 있다. 정규학업 기간은 학교실습 학기와 석사 논문을 포함해서 4학기이며, 석사 교직과정을 졸업하기 위해서는 총 120학점(LP)을 이수해야 한다.

석사과정은 특정한 영역에서 하이델베르크 대학교와 교육대학이 협력해서 운영한다. 석사과정에 지원할 때는 2개의 트랙 중에서 하나를 선택해야 한다. 트랙 1은 중등교육 Ⅰ단계 학교(하우프트슐레, 베르크레알슐레, 레알슐레 또는 공동체학교) 교사가 되기 위한 과정으로 교육대학에 설치되어 있다. 트랙 2는 김나지움 교사가 되기 위한 과정으로 하이델베르크 대학교에 설치되어 있다. 학사과정에서의 트랙을 석사과정에서 변경할 수 있고, 그러한 경우 요구되는 조건들은 석사과정에서 추가로 충족시킬 수 있다.[18] 과정 중에 시험과 석사 논문에 합격하지 못하면 1회에 한해서 재응시할 수 있으며, 그래도 합격하지 못하면 교직과정 석사학위를 포기해야 한다.

실습 학기는 10월에 시작된다.[19] 실습 신청은 학교에 직접 할 수 없고 주정부 담당 관청에서 관리하는 온라인 플랫폼을 통해서만 가능하다.

〈표 2-2〉 석사 교직과정

	중등교육 1단계(트랙 1)	김나지움(트랙 2)
전공 학문 2개 •학문적 토대 심화 및 확대	18(전공 학문)×2	18(전공 학문)×2
교과교수학 •교과교수학 이론 및 방법	12(전공 학문)×2	13(전공 학문)×2
교직교육학들 • (학교)교육학, 사회학, 교육심리학 영역에서 교육기초학적 토대 •트랙 2에서는 포용(의무), 제2언어로서의 독일어(DaZ, 선택)	27	27
학교실습 학기 •트랙 1: 통합 학교교육실습 •트랙 2: 학교교육실습 학기 •주립 교수학 및 교사교육 세미나 강좌 병행	18	16
학술적 석사 논문 •전공 학문 또는 교육기초학문들에서	15	15
합계	120	120

학생들은 대학을 통해 실습 신청에 대한 정보를 제공받는다. 실습 기간 동안 실습생은 실습학교의 학교 일상과 주립 교수학 및 교사교육 세미나Staatliches Seminar für Didaktik und Lehrerbildung에 참여하면서 학교의 모든 활동 영역에 대해 배운다. 주립 교수학 및 교사교육 세미나는 교사교육 및 심화교육 세미나Seminare für Ausbildung und Fortbildung der Lehrerkräfte라고도 하며, 지역에 분산되어 있는 교사교육기관이다. 지역 세미나마다 초등학교 교사, 김나지움 교사 등 교육 대상이 다르다. 예를 들어 하이델베르크에는 김나지움 교사와 특수교육 교사를 위한 세미나가 있고, 프라이부르크에는 김나지움 교사를 위한 세미나, 직업교사를 위한 세미나, 하우프트슐레, 레알슐레 교사를 위한 세미나가 있다. 세미나의 인력은 총 관리자(대학교수)와 영역별 관리자(대학교수), 영역별 전문 인력(대학교수 포함)으로 구성되어 있다. 세미나는 실습생들에게 정기적인 강좌를 통해 수업을 준비하고 성찰할 수 있는 시간을 제공한다. 세미나 참여는 실습생의 의무로 교과교수학 32시간(과목당 16시간)과 교육기초학(교육학/교육심리학) 32시간을 이수해야 한다. 세미나는 학교실습 시작 전에 자세한 일정 및 계획을 수립하고 이것을 학교에 알린다.

학교실습은 수업(수업 참관, 최소 30시간 지도받은 수업을 포함해서 일반적으로 120시간 수업), 각종 업무협의, 각종 회의, 학교 행사(학교 축제, 스포츠의 날, 저녁 학부모 회의 등), 지도교사와 학교가 정기적으로 개최하는 교육강좌 참여, 청소년 시설과 같은 학교 협력 기관 알기, 실습 포트폴리오 작성을 포함한다. 12주간의 실습을 마친 후 평가를 받게 되는데, 지도교사가 주립 교수학 및 교사교육 세미나의 의견을 청취한 후 실습생의 교수학적, 방법적, 개인적 역량에 관한 평가를 교장에게 문서로 제안한다. 평가는 실습 기간 전체 활동을 대상으로 하며 특히, 수업 참관과 학교 행사 참여, 수업계획 수립 및 실행, 수업 관찰, 수업 기록,

수업 분석과 성찰, 수업 전 및 후의 논의가 주요 대상이다. 평가는 교수학적, 방법적, 개인적 역량의 습득 정도를 확인한다. 평가 기준은 다음과 같다.

교수학적-방법적 역량

- 교과에 대한 관심과 능력
- 수업을 목표, 역량, 내용, 방법에 맞게 구조화할 수 있는 능력
- 개인적이고 협력적인 학습 형태에 맞는 수업 방법을 적용할 수 있는 능력
- 수업을 이론에 근거하여 분석할 수 있고 비판에 개방적인 성찰 능력

개인적 역량

- 교사가 모범이 되어야 함을 의식하고, 신뢰, 자립, 협력, 동료애로 업무에 임하며, 관심, 이해, 공감, 개방성을 갖고 학생들과 만나며, 학교와 수업에 책임감 있는 태도와 행동
- 개별 학생, 학생 집단, 교사들과의 언어 및 소통 능력
- 부담스러운 상황을 극복하고, 실패를 건설적으로 다룰 수 있으며, 시간을 효과적으로 분배하는 등의 균형과 감당 능력
- 모든 영역에서 모범을 자신의 의미로 인식하고 학생 개개인을 존중하고 장점을 전달하는 교육적 영향

교장은 주립 교수학 및 교사교육 세미나와 협조하여 평가 제안서를 토대로 '학교실습 학기 합격' 또는 '학교실습 학기 불합격'을 최종 판정하고 실습생에게 서면으로 전달한다. 불합격인 경우 학교는 주립 교수학

및 교사교육 세미나와 협조하여 실습생 상담을 실시하고 1회에 한하여 학교실습을 다시 할 수 있는 기회를 부여한다. 그래도 불합격하면 석사 과정 교직 이수를 할 수 없고(1차 국가시험 신청 불가능), 그다음 단계인 수습교사 신청도 불가능하다.[20]

석사과정을 마치면 1차 국가시험을 신청할 수 있다.[21] 국가시험의 주무부서는 바덴뷔르템베르크주 문화부의 교사시험국Lehrerprüfungsamt이며 그 산하에 4개의 지역(프라이부르크, 카를스루에, 슈투트가르트, 튀빙겐) 교사시험국을 두고 있다. 국가시험 일정은 고시되며, 그때마다 김나지움 교직과정 강의를 하고 있는 교수를 위원으로 하는 시험위원회가 구성된다. 하이델베르크 대학교 교직과정을 이수한 학생은 국가시험 자격 조건을 확인한 후 먼저 School of Education에 있는 시험 담당 부서 Prüfungsamt에 학위증명과 학교실습을 포함한 교직과정 이수 증명서를 신청한다. 그리고 이 증명서를 그 외의 서류들과 함께 카를스루에에 있는 교사시험국에 제출한다. 동시에 복사본을 School of Education에 보낸다. 국가시험 신청자격 조건은 다음과 같다. ① 대학에서의 학업 허가를 위한 자격, ② 주전공들의 중간시험 또는 그와 동등한 시험 합격 증명, ③ 학교실습 학기 합격 증명, ④ 필요한 경우 규정에 의한 어학능력 증명, ⑤ 교직교육학과 윤리-철학적 기초학업에서 성공적인 이수 증명, ⑥ 개인적 역량 모듈에서 성공적 이수 증명, ⑦ 모듈별로 행해진 시험에서의 합격 증명, ⑧ 대학의 김나지움 교직과정 등록 증명

수습교사

대학에서 석사 교직과정까지 요구되는 조건들을 모두 충족시켰다면, 다음 단계에서 수습교사를 신청할 수 있다. 수습교사 과정은 18개월이며 주립 교수학 및 교사양성 세미나와 그 권역에 있는 실습학교(김나지

움)에서 이루어진다. 수습교사 신청은 온라인을 통해 공시된 기간에 가능하다. 수습교사는 수습기간 동안 일정한 보수를 받는 임시적인 공무원 신분을 유지하며 2차 국가시험과 함께 수습기간이 종료된다. 수습교사 신청은 10월 1일 전에 해야 하고, 수습교사 실습은 1년에 1회 제공되며 1월 초에 시작된다. 수습교사 기간의 내용 구성과 진행 과정은 다음과 같다.[22] 수습교사는 학교에서 실습을 시작하기 전에 주립 교수학 및 교사교육 세미나에서 진행하는 3주간의 준비과정에 참여한다. 이 과정은 전일제로 운영되며 내용은 교육학/교육심리학, 교과교수학, 학교법, 공무원법, 학교 관련 청소년 및 부모의 권리로 구성된다. 세미나에서는 수습교사 기간을 성공적으로 마칠 수 있도록 계속해서 조언해 주는 튜터가 배정된다.

학교에서 실습은 먼저 교장과 멘토 교사와 약속을 잡고 실습을 함께 계획하는 것으로 시작한다. 수습교사를 지도하고 조언하는 멘토 교사는 일반적으로 교장이 세미나 기관장과 협의하여 임명한다. 멘토 교사는 교장과 합의하여 교과 지도교사 배정 등을 포함하여 수습교사의 교육 전체를 코디한다. 수습교사는 도움이 필요한 모든 문제를 먼저 멘토 교사에게 문의한다. 멘토 교사는 교장의 요청 시 수습교사의 교육 상황을 구두로 전달한다. 교장도 수습교사의 수업을 최소 1회 관찰하고 조언할 의무가 있다. 수습교사는 수업 참관, 수업실습 이외에도 전체교사회의, 학년교사회의, 교과교사회의 등에 참석해야 한다. 수습교사 교육 1단계(여름방학까지)에서는 멘토 교사의 도움을 받는 수업실습이 이루어진다. 수습교사는 자신의 수업계획을 멘토 교사와 협의하고, 멘토 교사는 수습교사의 수업을 관찰하고 조언을 한다. 멘토 교사는 한 학기에 세 번까지 수습교사의 수업을 관찰하고 기록하여 세미나의 교수요원에게 전달한다. 즉, 멘토는 수습교사, 교장, 세미나 교수요원의 중요한 대화 상대자이다. 멘토 교사는 수습기간 종료 3개월 전에 실시하는 교장의 수습교사 직업능력 평가에도 참여한다. 1단계 수업실습이 끝난 후 멘토 교사는 남은 교육 기간에 필요한 역량과 태도에 대하여 조언을 한다. 수습교사는 처음에는 참관하고 교사와 팀으로 수업에 참여하지만 1단계가 끝날 때까지 최소 60시간 수업실습을 해야만 한다. 수업은 저학년, 중간학년, 고학년에서 골고루 수행되어야 한다. 수습교사 교육 1단계에서 수습교사가 수업 참관과 수업실습을 하는 시간은 합해서 주당 8~10시간이며, 14시간을 초과할 수 없다.

수습교사 교육 1단계 말에 교장과 세미나 기관장이 논의하여 수습교사가 독자적으로 수업을 수행하기가 어렵다고 판단하면, 1회에 한해 최대 1단계 실습 기간을 6개월 연장할 수 있다. 세미나 기관장은 광역단위 행정관청에 이 사실을 통보하고, 그 이유를 수습교사에게 설명한다. 광역단위 행정관청은 수습교사에게 연장 결정을 통보한다. 이 기간 동안 수습교사의 급여는 15% 삭감된다. 수습교사 교육 1단계에서 일반적으로 교과교수학 전문교육자가 각 교과에 2회, 2단계에서 최소 1회 수업시연시험 3주 전에 수습교사를 방문하여 수업을 참관하고 조언한다. 그리고 중요한 결과들을 문서로 기록한다. 수습교사의 희망에 따라 교육학/교육심리학 전문교육자가 방문하여 수습교사의 수업을 관찰하고 교사의 태도, 교사-학생의 관계 개선에 대해 조언할 수 있다.

수습교사 교육 2단계에서도 수습교사는 학교 수업시간표 작성에 반영될 수 있도록 세미나 교육 일정을 학기 시작 전 교장에게 통보해야 한다. 수습교사 교육 2단계에서 수습교사의 수업 의무는 주당 최소 10시간, 최대 12시간이다. 수습교사의 독자적인 수업은 일반적으로 최소 9시간, 최대 12시간이다. 즉, 수습교사 교육 2단계는 1단계와 다르게 수습교사가 독자적으로 수업을 계획하고 수행하는 데 초점을 맞추고 있다. 수습교사가 독자적으로 최소 9시간의 수업을 할 경우, 계약서에 포함된 추가적인 시수를 수행해야 한다. 수습교사는 2단계 기간 동안 멘토 교사의 관찰과 조언이 동반된 수업을 최소 12시간 해야만 한다.

주립 교수학 및 교사교육 세미나에서의 교육은 초기에 교육자로 배정된 튜터의 도움을 받으면서 진행된다. 튜터는 대화를 통해 수습교사가 지금까지 무엇을 수행했고, 그 과정에서 성공적인 것이 무엇이었는지, 무엇을 더 해야 하는지, 누가 그것을 도와줄 수 있고 자신은 무엇을 도울 수 있는지, 다음 목표와 단계는 무엇인지 등에 대해 조언을 한다. 원칙적으로 세미나의 강좌 참여가 학교에서의 교육보다 우선권을 갖는다. 수습교사는 세미나에서 1년 동안 교과교수학 강좌를 교과당 102시간, 교육학 및 교육심리학 강좌를 102시간 이수해야 한다. 이 기간에 학교 교장은 수습교사가 학교 수업을 할 수 없음을 고려하여 수업계획을 세운다. 수습교사 교육 1단계 과정에서 수습교사는 학교법, 공무원법, 학교와 관련된 청소년 및 부모의 권리를 총 40시간(구두시험으로 종료) 이수해야 한다. 그 외에도 보완적인 강좌에 참여해야 하는데, 상호문화역량, 매체 역량 및 매체 교육, 제2외국어로서의 독일어, 직업과 직업윤리와 같은 주제의 강좌이다.

수습교사는 기간이 만료되는 시점에 최종적으로 2차 국가시험에 해당하는 평가를 받으면서 종료된다.

2차 국가시험[23]

2차 국가시험(최종)은 다음과 같은 요소들로 구성된다(김나지움 교원시험 규정 제15조): ① 학교장 평가(제13조 제5항, 제6항), ② 학교법 시험(제18조), ③ 문서작성(제19조), ④ 교육학 및 교육심리학에서 콜로키엄(제20조), ⑤ 수업 실행 평가(제21조), ⑥ 교과교수학 콜로키엄(제22조).

- 교장의 평가: 교장은 수습교사 기간이 종료되기 약 3개월 전에 멘토와 세미나 교수요원을 참석시킨 가운데 수습교사의 직업능력에 대한 소견서를 작성하고 평가를 한다. 멘토와 교수요원은 미리 소견서를 통보받고 의견을 표명할 수 있다. 소견서는 지체 없이 교사시험국과 세미나에 전달된다. 평가되는 것은 무엇보다도 수업의 질과 성과와 교육학적, 교육적, 교수학적, 방법적 역량이다. 학교장의 소견서는 수습기간이 끝날 때까지 변경 가능하고, 학교장이 평점을 부여하면서 평가가 종료된다.
- 문서작성: 수습교사가 약 8시간 동안 자신의 수업계획 및 실행을 이론적, 진단적, 분석적 관점에서 서술하고 결과를 성찰한 기록에 대한 평가이다.
- 수업 실행 평가: 각 교과에서의 수업 실행 능력을 평가한다. 실행하는 수업은 문서작성의 것과 중복되면 안 된다. 평가는 수습교사가 각 교과의 상급 단계와 하급 단계/중급 단계의 내용을 최소 45분에서 최대 90분 수업을 진행한 것에 대해 이루어진다. 수업을 참관한 적이 있는 멘토와 지도교사, 교장은 평가자에서 배제된다. 그리고 두 번째 평가자는 세미나의 교수요원이어야 한다.
- 콜로키엄: 교육학과 교육심리학, 교과교수학에서 각 30분 시행된다. 수습교사는 중점 주제를 시험 전에 교사시험국에 통보할 수 있다.

시험은 평가위원회(제15조)에 의해 실시되며, 평가위원회는 주 교사시험국이 위원장 1인과 평가자 1인으로 구성한다. 위원장은 규정 준수에 대한 책임을 지고 평가도 한다. 항목별 평점을 합산한 전체 평점은 '매우 훌륭함'(1-1.24)부터 '부족함'(5.75-6.0)까지 11단계로 주어진다. 7단계인 '충분함'(4.0)까지가 합격이다. 2차 국가시험을 통과하면 교사자격증을 부여받는 것이지 교사로 임용되는 것은 아니다.

이상의 교사양성과정(김나지움 교사)을 그림으로 나타내면 다음과 같다.

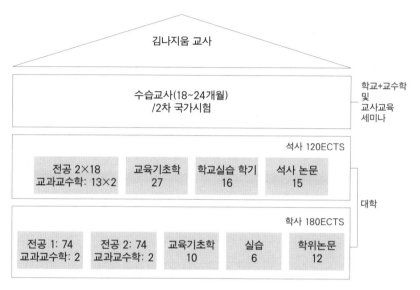

[그림 2-2] 김나지움 교사양성과정

대학 교직과정 전담 기관: School of Education(SE)

SE는 대학들이 연합하여 설치한 교사교육의 질 개선을 위한 지역 단위 중심 기관이다. 이 기관은 연방정부와 주정부가 합의하여 2015년부터 연방교육연구부BMBF가 재정 지원하고 있는 교사교육 혁신 프로젝트('교원양성의 새로운 길. 교원양성의 질 제고Neue Wege in der Lehrerbildung. Qualitätsoffensive Lehrerbildung')의 틀에서 설치되었다. 이 프로젝트는 2015년부터 10년간 약 5억 유로가 투입되는 장기 프로젝트(5+5)로 2020년부터 2단계에 진입하였다. 2020년부터 지원되는 추가적인 프로젝트의 중점 주제는 "교원양성에서 디지털화" 또는 "직업학교 교원양성"이다.[24]

연방교육연구부는 대학들로부터 교직과정 혁신에 대한 의지를 담은 과제 제안서를 공모·선정하여 지원하고 있다. 과제의 특성에 따라 School of Education의 명칭도 지역마다 다르다. SE는 선정된 과제를 수행하고 있는 대학과 관계되므로 모든 대학에 설치되어 있는 것은 아니다.

바덴뷔르템베르크주에는 4개의 School of Education이 있다. ① 하이델베르크 대학교와 하이델베르크 교육대학의 연합Heidelberg School of Education, HSE, ② 프라이부르크 대학교와 프라이부르크 교육대학의 연합Freiburg Advanced Center of Education, FACE, ③ 슈투트가르트 대학교, 루드비히스부르크 교육대학, 호엔하임 대학교, 주립 슈투트가르트 음악예술대학, 주립 슈투트가르트 조형예술 아카데미의 연합Professional School of Education, PSE, ④ 콘스탄츠 대학교와 스위스 투르가우Thurgau 교육대학의 연합Binational School of Education).

SE는 기존의 대학 교사교육센터Zentrum für Lehrerbildung를 대체하여 지역 단위의 센터 기능, 학문적 연구 기능과 현장실습 기능을 강화하면서 그를 수행할 수 있는 전문 인력을 대폭 증원한 것이 특징이다. 교사교육센터는 주문화부장관협의회가 1998년 9월 근본적이고 실제적인 교사교육의 문제를 논의하기 위하여 설치한 "교사교육위원회(일명 Terhat-위원회)"의 제안으로 설립되었다. 바덴뷔르템베르크주는 2003년 7월 교직과정이 설치된 대학에 교사교육과 학교연구를 위한 교사교육센터를 설치하도록 결정하였다. 교사교육센터의 임무는 교직과정 학업을 구조적으로 개선하고 대학에서 교직과정 학업의 위상을 높이는 데 있었다. 교사교육센터의 구체적인 임무는 교사교육에서 교수와 학습의 조정, 교사양성 학업과정 조정, 실습의 구상과 조정, 일반 교수학, 교과교육학, 전공(교과)학문의 결합, 학교와 관계된 연구 지원, 시험규정과 학업규정을 만들고 수정·보완하는 데 조언자로 참여, 학업을 위해 제공되는 것들을 계획·조직·조정, 교사양성과정에서 학업과 교수에 대한 내부적 평가, 교직과정 교수 채용 시 조언자로 참여, 교직과정 학생들 대상 학업 상담 등이었다.[25] 2019년 12월 현재 바덴뷔르템베르크주에도 교사교육센터가 존속되고 있는 대학(만하임 대학교, 울름 대학교)이 있으며, 대부분의 다른 주에서는 교사교육센터를 운영하고 있다.

HSE[26]는 2015년 6월 12일 연방교육연구부의 교사교육 개혁 프로젝트의 틀에서 선정된 heiEducation이란 프로젝트를 수행하면서 개설되었다. 이 프로젝트는 700만 유로를 지원받았다. HSE의 인적 구성은 2019년 12월 기준으로 하이델베르크 대학교와 교육대학 참여 교수 2명 포함 42명(16명 박사학위 소지자, 파견교사 2인)이다. 업무 영역은 서비스(온라인 상담, 온라인 자가진단, 실습, 시험, 질 개선 등), 연구, 비교과 프로그램 운영, 교원계속교육 프로그램 운영 등이다. 교직과정 학업과 관련된 업무로는 구체적으로 다음과 같은 것들이 있다.

- 직업으로서의 교사, 교직과정 이수와 관련된 온라인 상담
- 교직 적합성 파악을 돕는 온라인 자가진단 지원
- 비교과 프로그램 운영: 개설된 프로그램을 이수하면 이수증을 발급한다. 대표적인 프로그램으로는 '정보 및 매체역량', '교과 수업에서 다중언어'가 있다. 예를 들어 '교과 수업에서 다중언어' 프로그램은 3단계로 구성되어 있다. 1단계: 제2언어로서의 독일어(3LP), 2단계: 제2언어로서의 독일어와 학교에서의 적용(4LP), 3단계: 제2언어 습득의 이론적 심화(3LP)
- 학기별 교직과정 교과목 개설(하이델베르크 대학교, 하이델베르크 교육대학) 안내, 실습 안내, 비교과 행사들 안내
- 교직과정 학생에게 프로젝트 장학금 지급

- 석사과정 신입생을 위한 오리엔테이션
- 교사들이 현장의 목소리를 들려주는 소그룹 대화(소위 벽난로 대화)
- 교직과정 학생들을 위한 응급처치법
- 교직과정을 이수했지만 다른 진로를 희망하는 학생들을 위한 인사 초청 대화
- 교사교육 관련 연구
- 교사 초청 행사Teacher's day
- 교사 대상 세미나 개최
- 시험 안내 및 행정 처리 등

시사점

독일 교원양성과정의 특징은 대학에서 교직 이수자의 직업 적합성 파악에 중점을 둔 이론교육과 실습을 병행하고, 대학 이후에 수습교사 기간을 통해 현장과 연계한 전문성을 강화하고 있다는 점이다. 대학 교직과정에 학교 유형별 교사양성을 위한 트랙을 설치하고 있다는 점도 눈에 띈다. 우리나라 교원양성과정의 문제는 크게 체제의 측면, 교육과정의 측면, 진로의 측면에서 제기되고 있다.[27] 체제의 측면에서는 대학교에서 양성 기간 후에 별도의 시험 없이 자격을 부여하고 임용시험을 치르는 현행 교원양성체제가 고학력화와 전문화 시대에 적합하지 않다는 것이다. 교육대학원 교원양성과정도 학부와 크게 다르지 않다. 이러한 문제의식에서 교원의 전문성 제고를 위하여 교원양성체제를 교육전문대학원과 같은 대학원 수준으로 전환할 필요성이 1990년대 말부터 지속해서 제기되어 왔지만, 여전히 진행형이다. 교육과정 측면에서는 현장 적합

성과 연계성 강화를 강조해 왔음에도 불구하고 여전히 이론 중심으로 교육현장에서 요구되는 교사의 실천 능력과 거리가 있다는 지적이다. 진로의 측면에서는 하나의 교과교육에 몰입해서 교원임용시험을 준비하다 뒤늦게 진로가 변경되는 경우 취업 어려움이 있다는 것이다. 이러한 문제에서 볼 때, 교육현장과 연계한 학사/석사 학업구조에서 복수전공을 의무로 하는 독일 교원양성체제는 좋은 사례가 될 수 있다.

1. 정영근(2007), 독일 중등교사 양성교육체제 개혁, 교육의 이론과 실천, 12(2), 149.
2. https://www.hrk.de/fileadmin/redaktion/A4/Hochschulrahmengesetz__HRK_.pdf
3. Ständige Konferenz der Kultusminister der Länder in der Bundesrepublik Deutschland(KMK)(2005), Eckpunkte für die gegenseitige Anerkennung von Bachelor-und Masterabschlüssen in Studiengängen, mit denen die Bildungsvoraussetzungen für ein Lehramt vermittelt werden.
4. Bildungswissenschaften은 교직 이수 과정에서 배우는 "교육과정, 교육체계, 그것들의 기본 조건들을 해명하는 학문 분야들"이므로 교직교육학들로 번역하였다.
5. Ständige Konferenz der Kultusminister der Länder in der Bundesrepublik Deutschland(2019), *Sachstand in der Lehrerbildung.*
6. Ständige Konferenz der Kultusminister der Länder in der Bundesrepublik Deutschland(KMK)(2013), Empfehlungen zur Eignungsabklärung in der ersten Phase der Lehrerausbildung.
7. Ständige Konferenz der Kultusminister der Länder in der Bundesrepublik Deutschland(KMK)(2012), Ländergemeinsame Anforderungen für die Ausgestaltung des Vorbereitungsdienstes und die abschließ ende Staatsprüfung.
8. 미래교육의 과제는 다음의 영향을 받을 것으로 봄: 지식사회로의 변화와 새로운 매체들, 학문과 연구에서 급속한 진전, 유럽 차원의 발전, 전 지구화와 상호문화성의 역동성, 민주적인 문화의 계속적인 발전, 사회적이고 생태적인 지속가능성의 의미, 동등한 삶과 교육 기회의 구체화, 개인적 정체성과 사회적 통합의 강화, 평화와 비폭력 보장(Ständige Konferenz der Kultusminister der Länder in der Bundesrepublik Deutschland(KMK)(2000), Gemeinsame Erklärung des Präsidenten der Kultusministerkonferenz und der Vorsitzenden der Bildungs-und Lehrergewerkschaften sowie ihrer Spizenorganisationen Deutscher Gewerkschaftsbund DGB und DBB Beamtenbund und Tarifunion, 2).
9. Ständige Konferenz der Kultusminister der Länder in der Bundesrepublik Deutschland(KMK)(2004), Standards für die Lehrerbildung: Bildungs

wissenschaften, 7-17.

10. https://www.kmk.org/themen/allgemeinbildende-schulen/lehrkraefte/ anerkennung-der-abschluesse.html

11. Ständige Konferenz der Kultusminister der Länder in der Bundesrepublik Deutschland(KMK)(2019), *Sachstand in der Lehrerbildung*.

12. https://mwk.baden-wuerttemberg.de/de/hochschulen-studium/ lehrerbildung/reform-der-lehrerbildung/

13. https://www.studieren-in-bw.de/vor-dem-studium/studienorientierung/ studienorientierungsverfahren/

14. https://km-bw.de/Orientierungspraktikum

15. Gesetzblatt für Baden-Württemberg(2015.07.06.): Rechtsverordnung des Kultusministeriums uber Rahmenvorgaben fur die Umstellung der allgemein bildenden Lehramtsstudiengänge den Pädagogischen Hochschulen, den Universitäten, den Kunst-und Musikhochschulen sowie der Hochschule fur Judische Studien Heidelberg auf die gestufte Studiengangstruktur mit Bachelor und Masterabschlussen der Lehrkräfteausbildung in Baden-Württemberg(Rahmenvorgabenverordnung Lehramtsstudiengange-RahmenVO-KM) vom 27. April 2015.

16. https://www.uni-heidelberg.de/de/studium/studienangebot/lehrer- werden/bachelor-phase

17. Ordnung für die bildungswissenschaftlichen Studienanteile in der Lehramtsoption der Bachelorstudiengänge(Heidelberg Universität); MODULHANDBUCH Lehramtsoption: Bildungswissenschaften zur Prüfung sordnung vom 03.02.2016.

18. https://hse-heidelberg.de/studium/master-of-education

19. 학교실습 학기에 관한 내용은 Ministerium für Kultus, Jugend und Sport des Landes Baden-Württemberg(2019), Handreichung zum Schulpraxissemester Lehramt Gymnasium.

20. Prüfungsordnung der Universität Heidelberg für die Teilstudiengänge im Master of Education, Profillinie „Lehramt Gymnasium"-Allgemeiner Teil- vom 12. Oktober 2017.

21. Verordnung des Kultusministeriums über die Erste Staatsprüfung für das Lehramt an Gymnasien(Gymnasiallehrerprüfungsordnung I-GymPO I) vom 31. Juli 2009.

22. 수습교사 관련 내용은 Landeslehrerprüfungsamt im Baden-Württemberg

Ministerium für Kultus, Jugend und Sport(Hrsg.)(2020), Hinweise zum Vorbereitungsdienst und zur Zweiten Staatsprüfung für Lehramt Gymnasium gemäβ Gymnasiallehramtsprüfungsordnung Ⅱ Kurs 2020.

23. Verordnung des Kultusministeriums über den Vorbereitungsdienst und die Zweite Staatsprüfung für das Lehramt Gymnasium (Gymnasiallehramts prüfungsordnung II-GymPO II). Vom 3. November 2015.

24. https://www.qualitaetsoffensive-lehrerbildung.de/de/zusaetzliche-foerderrunde-2070.html; 이 프로젝트에 대한 자세한 내용은 조상식(2019), 독일 교원양성제도의 현황과 최근의 개혁 동향, 교육의 이론과 실천, 24(1), 59-83 에서 확인할 수 있음.

25. www.uni-heidelberg.de/studium/zlb/publikation/zlb-konzeption.html# ministerrat-bawue_2003

26. https://hse-heidelberg.de/

27. 박상완(2007), 교원양성 교육과정의 발전 방향과 과제, 한국교원교육연구, 24(2), 143-173; 정일화·천세영(2017), 교육전문대학원 교원양성체제의 탐색, 한국교원교육연구, 34(1), 149-173; 김병찬(2019), 2030 교육체제 구축을 위한 교원양성체제 개편 논의: 교육전문대학원 설치를 중심으로, 한국교원교육학회 제75차 춘계학술대회 자료집, 73-118.

제3장

교원임용은 어떤 과정을 거치고, 교원교육, 교원평가는 어떻게 이루어지나?

교원임용은 교사자격증 취득자를 대상으로 별도의 선발 절차를 통해 이루어진다. 주 단위로 지원자들을 평가하여 순위를 매기고 희망 지역을 고려하여 대상자를 선발하면 해당 학교와 그 지역 학교관청이 면접을 통하여 임용하거나, 학교 단위에서 직접 학교관청과 협력하여 선발한다. 교원교육은 임용 이후의 교육으로 심화교육과 계속교육으로 구분된다. 교원평가는 필요한 대상자에게만 이루어지고, 주공무원법과 그에 관한 행정규정 및 지침에서 규정하고 있다.

교원임용

대학/대학원에서의 교직과정 이수, 그리고 수습교사 기간 종료 후 2차 국가시험에 합격하여 교사자격을 취득하였다면, 교원임용은 별도의 지원과 선발 절차를 통해 이루어진다. 교원임용은 두 개의 경로를 통해 이루어진다. 첫째, 공시된 기간에 지원하여 지원자 명단에 등록하고, 그 명단에서 선발되어 임용 기회가 제공되는 경우이다. 둘째, 학교 단위에서 특별한 능력과 자격을 가진 교사가 필요할 때 학교장과 지역 학교관청(학교감독관청)의 협력으로 선발하는 경우이다. 첫째 경우가 일반적이다.

바덴뷔르템베르크주에서 교원임용에 지원하기 위해서는 먼저 인터넷 포털www.lehrer-online-bw.de에 접속하여 로그인하고, 신청 메뉴에 따라 정보 입력을 마치면 지원자 번호가 배부된다.[1] 지원자는 공시 기간에 입력된 자신의 정보를 수정할 수 있다. 지원자가 입력한 정보는 일정 기간이 지나면 삭제되며, 1년 후에 재신청을 할 때는 새로 입력해야 한다. 지원자는 온라인 신청이 끝나면 출력하여 기간 내에 수습교사로 근무했던 학교의 행정구역에 있는 광역단위 주정부 행정관청 Regierungspräsidium에 접수해야 한다. 광역단위의 주정부 행정관청은 중급 행정관청으로 슈투트가르트Stuttgart, 카를스루에Karlsruhe, 프라이부르크Freiburg, 튀빙겐Tübingen에 있다. 이 관청에는 '학교와 교육' 담당부(제7부)를 포함해서 다양한 부서가 있다. 예를 들어 최상급 학교감독관청oberste Schulaufsichtsbehörde은 주문화부에 있고, 상급학교 감독관청obere Schulaufsichtsbehörde은 광역단위 행정관청의 7번 부서(학교와 교육)에서 담당하고, 하급 학교감독관청untere Schulaufsichtsbehörde은 더 작은 행정구역의 학교관청Schulamt이다. 독일의 행정구역은 주-광역Bezirke-권역Kreis(권역에 속하지 않는 권역 수준의 도시도 있음: kreisfreie Städte)-구역Gemeinde으로 나뉜다.

지원자가 입력하여 제출한 교직과정에서의 모든 성적, 수습교사 및 2차 국가시험 성적에 따라 지원자의 순위가 매겨진다. 지원자는 지원서에 희망 근무지 14곳을 선호하는 순서대로 기입할 수 있다. 다른 지원자들이 선호하지 않는 근무지를 지원할 경우 임용될 확률이 상대적으로 높다. 지원자 등록 명단에서 교원임용 대상자를 선발할 때 고려되는 것은 지역과 학교의 수요, 지원 근무지, 지원자 명단에서 지원자의 순위이다. 지원자 명단에서 선발되어 교원임용 제안을 받은 지원자는 면접Vorstellungsgespräch에 응해야 한다. 면접 대상자로 연락을 취했는데도 2일 이내에 응답이 없으면 다음 순위 지원자에게 기회가 넘어간다. 면접은 광역단위 주정부 행정관청이 실시할 수 있다. 면접은 일반적으로 15분을 초과할 수 없고, 초등학교, 하우프트슐레, 베르크레알슐레, 레알슐레, 공동체학교, 특수교육 영역의 면접은 지원자가 원하는 지역 학교관청 장학사가 참여할 수 있다.

광역단위 행정관청은 면접을 지역 학교관청 내지는 해당 학교 교장 참여면접Beteilungsgespräch의 한 부분으로 위임할 수 있다. 면접 결과는 '임용 수락' 또는 '채용 면접 필수Einstellungsgepräch erforderlich'로 판정된다. 채용 면접은 추가적인 면접으로 특별한 이유에서 필요한 경우 실시될 수 있다. 채용 면접은 개별 면접으로 30분을 초과할 수 없고, 2인의 위원으로 구성된 위원회에 의해 실시된다. 위원회의 2번째 위원은 해당 지역 학교관청의 장학사이고, 김나지움과 직업학교 교사임용의 경우는 교장이다. 면접 결과는 '3단계 적합(매우 우수하게 적합, 우수하게 적합, 적합)' 또는 '미채용'으로 판정된다.

지원자 등록 명단에 의한 선발 절차에서 구체적인 학교가 미래에 근무할 학교로 지명되고, 그것을 수용할 의지가 있는 모든 지원자는 해당 학교의 교장과 즉시 연락을 취해야만 한다. 교장은 인사위원회 위원, 인사위원회가 없는 경우 전체교사회의에서 선발된 교사를 참여시켜 지원자 면접을 실시한다. 면접에 지원자가 결석하면 이후의 모든 선발 과정에서 탈락한다. 교장은 지원자가 학교에 지명된 후 일주일 이내에 광역행정관청 내지는 학교관청에 지원자 배정에 동의하는지 혹은 반대하는 근거가 있는지 통지해야 한다. 교장 주재하에 이루어지는 학교 단위 면접에서 동의 혹은 반대를 결정할 때, 이미 광역행정관청 내지는 학교관청에서 지원자 선발 시에 고려된 교과와 학교급별은 고려될 수 없다. 교장이 지원자 배정에 대한 반대가 없으면, 광역행정관청은 임용을 결정한다. 교장이 지원자 배정에 반대 의사를 표명한다면, 그 근거를 광역행정관청에 전달해야 한다. 이 경우에는 해당 지원자를 대상으로 채용 면접이 실시된다. 채용 면접은 광역행정관청에서 위원회를 소집하고, 위원장은 광역행정관청의 경험 있는 담당자가 맡는다. 두 번째 위원은 가능한 한 해당 지역 학교관청의 장학사가 되고, 김나지움과 직업학교의 경우에는 교장이 된다. 배정학교 교장은 광역행정관청에 채용 면접 참여 신청을 할 수 있다. 면접 결과는 '해당 학교 교장과의 합의에서 적합', '후순위 절차에 참여', '미채용'으로 판정된다.

시수와 급여

교사는 베를린을 제외한 모든 주에서 공무원 신분이다. 2004년부터 베를린은 연금에 대한 재정적 부담 때문에 더 이상 교사를 공무원으로 임용하지 않는다. 직원Angestellte으로 임용한다. 교사를 공무원으로 임용하지 않는 경우는 2018년 현재 베를린이 유일하다(작센주도 그렇게 하겠다고 발표함). 다른 주에서 5년 이상 공무원으로 임용되었던 교사가 베를린으로 자리를 옮길 경우 공무원 지위를 그대로 유지시켜 준다.[2] 교사의 의무시수[3]는 주마다 차이가 있지만, 2017/18학년도 기준으로 초등학교 27~28시간, 하우프트슐레 25~27시간, 레알슐레 24~28시간, 김나지움 23~27시간, 종합학교 23~28시간, 직업학교 23~30시간이다.

독일의 공무원 급여는 '독일연방급여법Bundesbesoldungsgesetz'이 규정하고 있으며, 이 법의 부록인 '독일연방급여규정Bundesbesoldungsordnung'[4]이 독일연방급여법을 보완하고 있다. 독일연방급여규정은 '연방급여규정 A와 B'(공무원)[5], '연방급여규정 R'(판사와 검사), '급여규정 W'(대학교수)로 되어 있다. 교원은 주정부의 공무원으로 '독일연방급여규정 A와 B'에 의거한 각 주의 급여규정 A의 적용을 받는다. 독일 교원의 임금체계는 학교급별로 차이가 있다. 초등학교 교사보다는 레알슐레 교사가, 레알슐레 교사보다는 김나지움 교사의 급여가 더 많다. '독일연방 급여규정 A'에 의하면 급여그룹 A는 A2부터 A16까지로 나뉘며, 각 그룹은 1단계에서 8단계로 되어 있다.[6] 각 그룹의 단계는 주마다 조금씩 다르게 구분하고 있다. 노르트라인베스트팔렌주, 바덴뷔르템베르크주는 12단계, 바이에른주는 11단계, 베를린은 8단계 등이다. '독일연방급여법' 제23조와 '연방급여규정 A와 B'에 의하면 급여그룹 A2-A5는 단순 업무 종사자, A6-A8은 중간 정도의 업무 종사자, A9-A12는 고급 업무 종사자, A13-A16은 더 고급 업무 종사자로 분류가 되며, 교원은

A12부터 해당된다.

노르트라인베스트팔렌주의 급여그룹 구분은 다음과 같고, 수습교사를 마치면 A12의 4단계로 2년마다 1단계가 승급된다.[7]

- **A12** 초등학교 또는 하우프트슐레, 레알슐레, 중등학교, 종합학교 자격을 가진 교사
- **A13** 특수교육적 촉진 자격을 가진 교사
- **A13+수당** 김나지움, 종합학교 또는 직업콜렉 업무 자격을 가진 장학관

교원교육

교원교육은 2차 국가시험에 합격하고, 교사로 채용되어 직무를 수행하는 단계에서의 교육에 해당되며, 교사교육의 제3단계(1단계: 대학, 2단계: 수습교사)에 속한다고 할 수 있다. 2016/17학년도 일반학교 교원은 총 673,225명으로 60세 이상 14%, 30세 미만 7%, 30~39세 26%, 40~49세 27%, 50~59세 26%이다.[8] 교원교육은 심화교육Fortbildung과 계속교육Weiterbildung으로 구분할 수 있지만, 교원교육은 현직에 임용된 초기에 이루어지는 심화교육이 대부분이다. 심화교육은 일반적으로 임용 초기 현직 수습기간에 해당되는 1~3년 사이에 이루어지는데, 참여가 의무인 주는 2019년 현재 브란덴부르크와 헤센뿐이다(브레멘 부분 의무). 바이에른주에는 제공하는 심화교육 프로그램이 없다.[9] 그 외의 주는 심화교육 프로그램을 제공하고 있지만, 참여는 자발적이다.

여기에서는 주로 헤센주의 교원 심화교육을 소개하기로 한다. 〈헤센

주 교사교육법Hessisches Lehrerbildungsgesetz〉[10]에 의하면 심화교육(제3조 제2항)은 교원이 직무를 맡았을 때 시작되어 직무가 끝날 때까지 계속되는 것으로, 모든 교원은 심화교육의 의무가 있다. 이때 심화교육은 주 정부 시설 또는 (인정한) 사설기관에서 제공하는 강좌에 참여하거나 혹은 스스로 한다. 계속교육(제3조 제3항)은 현재 담당하고 있는 것과 다른 교과, 다른 학교 형태 또는 학교급 또는 특별한 교과 방향에서 추가적으로 교수자격을 습득하는 것이 목적이다. 그러므로 계속교육은 다른 직능이나 기능을 수행하기 위해 자격을 습득하는 과정이라고 할 수 있다.

교원으로 임용된 초기에 주마다 심화교육이 제공되는데 모든 주에서 의무로 규정하고 있는 것은 아니다. 헤센주에서는 의무이다. 교원으로 임용되고 초기 3년 동안 심화교육에 의무적으로 참여해야 한다.[11] 심화교육 프로그램은 헤센주 교원아카데미Lehrkräfteakademie가 주 학교관청 Schulamt과 공동으로 제공한다. 이때 제공되는 프로그램은 다음과 같다.

- **다음과 같은 주제 영역에서의 전문적인 심화교육** 개인 맞춤형 학습 제공하기, 비전공 교과 수업하기, 성취 평가, 학급 경영, 학부모와 소통하고 협력하기, 학교법
- **슈퍼비전 내지는 동료 조언** 학교 실천 경험의 교환 및 성찰, 초보 교사들의 특별한 질문들, 학교현장으로부터의 제기되는 문제를 위한 행위 전략
- **직업에서 안전과 침착함을 발전시키기 위한 연습** 건강을 촉진하는 다양한 방법 습득, 부담이 되는 상황에 대처하는 다양한 방법 습득

바덴뷔르템베르크주는 의무는 아니지만 2~4년 차 교사들을 위해 학

교의 질 및 교사교육센터Zentrum für Schulqualität und Leherbildung, ZSL, 교육분석연구소Institut für Bildungsanalysen, IBBW에서 심화교육 프로그램을 제공하고 있다. 심화교육은 6일간(3일은 수업이 없는 날) 진행되며, 교육 내용은 다음과 같다.[12]

- 나의 역할 반성하고 역할 다양성을 효과적으로 이용하기
- 교사 직업에서 건강 유지하기
- 전문적으로 의사소통하고 협력하기
- 갈등을 성공적으로 해결하기
- 학교에서의 교육(학)적 책임을 의식적으로 지각하기
- 상담 역량 확대하기
- 지원 시스템 이용하기
- 학교 시스템을 알고 함께 형성하기

〈헤센주 교사교육법〉 제63조와 제67조는 심화교육과 이력 개발에 대해 규정하고 있다. 제66조는 교원의 심화교육 참여와 증명의 의무를 규정하고 있다: "교원은 직업과 관계있는 기본 자격을 유지하고 계속 발전시켜야 할 의무가 있다." 또한 심화교육에 참여한 활동 사항(주제, 내용, 시간 등)을 관리자(교장)의 요청에 따라 포트폴리오로 제출하도록 되어있다. 이 포트폴리오는 직무 수행 자격과 관련하여 동료 교원들에 의하여 평가를 받고, 어떤 직무를 위해 지원을 할 때 제출되므로 이력 상담과 체계적인 이력 개발의 토대가 된다. 모든 교원은 자신의 이력과 관련하여 상담을 받을 권리가 있고, 앞으로 어떠한 자격과정에 얼마나 참여해야 할지는 학교관청, 교장, 교원의 합의에 의해 결정된다. 업무 및 기능과 관련된 자격과정에 성공적으로 참여했다는 증명은 일반적으로 학교

에서 기능직을 수행하기 위한 조건이다. 심화교육은 대학, 교원양성 세미나와 같은 교사교육기관, 교과 및 직업단체, 경제기구, 기부재단, 그 외의 사설 및 공공기관에서 이루어진다. 심화교육기관 위임에 대해서는 〈헤센주 교사교육법〉에서 규정하고 있다.

'헤센주 교사교육법 시행령'[13] 제83조는 자격 포트폴리오에 대해 규정하고 있는데, 포트폴리오는 직업과 관련된 자격을 유지하고 확대하는 것에 대한 증명과 새로운 혹은 확대된 직업적 과제들에 대한 준비를 증명하는 것을 포함한다. 이 규정은 심화교육의 주제 영역을 다음과 같이 제시하고 있다.

- 각 수업 교과
- 포괄적 학교교육학 주제들
- 교육과정, 학교 형태 및 학교급별 특별한 요구들
- 학교교육 과제들에 대한 지각
- 교사 활동의 작업 조직

또한 '새로운 혹은 확대된' 직업적 과제들에 대한 증명은 특히 다음과 같은 주제 영역의 심화교육을 통해서 이루어진다.

- 학교에서의 특별한 기능들
- 심화교육과 학교 상담에서의 활동들
- 교사양성에서의 활동들
- 학교와 교육기관에서의 관리 기능들

헤센주의 교원교육은 2005년 설립된 자격개발기관Institut für

Qualifikationsentwicklung, IQ을 중심으로 이루어져 왔으나, 2013년 '헤센주 학교관청 및 교원아카데미Landesschulamt und Lehrkräfteakademie'가 설립되면서 이 기관으로 통합되었다. 2020년 현재는 '헤센주 교원아카데미'란 명칭을 사용하고 있다. IQ가 온라인판으로 제공한 2009/10학년도의 교원심화교육 보고서[14]에 따르면 이 시기에 1,270개의 기관에서 심화교육 프로그램을 제공하였고, 참여 교사는 129,149명인 것으로 나타났다. 참가자들을 다시 ① KMK에서 제시하고 있는 표준역량의 유지 및 확대를 위한 내용, ② 학교에서 특별한 업무 및 기능직 수행을 위한 자격과 관련된 내용, ③ 앞의 두 내용과 관련한 교사들의 특별한 요구에 따라 제공되는 내용으로 구분하여 살펴보면, ①에 참여한 교사가 112,984명(87.5%), ②에 참여한 교사가 15,453명(12.0%), ③에 참여한 교사가 712명(0.6%)로 보고되었다. ①에 참여한 교사들을 KMK에서 제시하고 있는 역량 영역에 따라 분류하면, '역량 영역: 수업'에 70,804명(62.7%), '역량 영역: 교육과 보살핌'에 17,100명(15.1%), '역량 영역: 판단과 촉진'에 12,996명(11.5%), '역량 영역: 혁신'에 12,084명(10.7%)이 참여한 것으로 나타났다.

교원평가

교원평가는 주공무원법Landesbeamtengesetz의 일부이며, 주마다 그에 관한 행정규정Verwaltungsvorschrift 내지는 지침Richtlinine을 갖고 있다. 일반적으로 교원평가는 다음과 같은 경우에 이루어진다.

- 현직 수습기간과 마친 후에: 공무원으로 임용된 이후 주마다 6개월

~3년 정도의 수습기간을 규정하고 있는데, 이 기간은 줄어들 수도 있고 늘어날 수도 있다.

- 이력을 변경하고자 할 때
- 특별한 직책을 수행하고자 할 때(교장, 교장 대리, 전문적인 학교 과제 수행을 위한 코디네이터, 교과교수학 담당 교사, 교과 지도교사, 교사양성 세미나의 교과 세미나 담당자 등)
- 다른 학교관청Schulbehörde 관할 지역으로 학교를 옮기려 할 때, 그 관청의 요구에 의해
- 최상급 직무관청의 지시가 있을 때
- 학교감독관청이나 학교의 질 및 교사교육 연구소(예: 작센안할트주)에서 직책을 수행하기 위한 유자격자 선발 절차 전
- 새로운 과제를 위임받을 때
- 승진 전
- 교사교육 업무를 수행하기 전
- 직무 증명서 발급을 신청하기 전
- 외국에 있는 독일 학교로 파견 신청 전
- 대학에서의 업무에 투입되기 전
- 본인의 희망에 따라

교원평가는 주마다 다른 평가 서식의 항목에 따라 이루어진다. 교장 평가는 학교감독관청이, 일반교원 평가는 교장이 한다. 교장은 평가서를 작성하고 혼자서 작성하지 못하는 경우 명확하게 설명해야 할 의무가 있다. 또한 교장은 평가서를 평가 대상 교원에게 교부해야 할 의무가 있다. 교장은 평가를 학교감독관청의 담당 전문공무원에게 위임할 수 있다. 노르트라인베스트팔렌주 일반교원 평가는 업적 및 능력 평가, 면접,

종합 평가로 구성되는데, 업적 및 능력 평가의 주안점은 수업 또는 교육, 진단과 평가, 지도와 상담, 학교 발전 또는 세미나 참여, 협력 작업, 사회적 역량이고, 항목마다 5점 척도로 평가된다. 면접은 수업 활동, 수업 이외의 활동, 특별한 지식 및 능력, 강좌 및 심화교육 참여 항목에 대해 서술식으로 평가한다. 종합 평가는 5점 척도 중 하나로 평가하며 전체 평가에 대한 의견과 향후 적합한 업무에 대한 제안을 서술한다(예: 노르트라인베스트팔렌주)[15]. 평가 대상 기간은 일반적으로 3년이며, 평가 결과는 2년간 유효하다(예: 라인란트팔츠주). 바덴뷔르템베르크주의 경우 교원 평가는 현직 수습기간(9개월)에, 위에서 언급한 특별한 직책 수행과 같은 동기가 있을 때, 수습기간 이후 정기적으로 이루어진다. 50세 이상의 교원이나 1년 이상 휴직한 교사는 평가에서 제외된다.[16]

특별한 직책 수행을 위한 지원자를 평가할 경우 주마다 직책에 맞는 평가 항목이 규정되어 있다. 평가의 주요 항목은 일반적으로 ① 전공 교과에 대한 역량, ② 수업계획·실행·사후 준비, ③ 교사 또는 교육자로서의 영향, ④ 학교 동료들과의 협업, ⑤ 특별한 과제 수행 시 이해 및 성취능력, ⑥ 직무상 요구되는 일반적인 능력이다. 작센안할트Sachsen-Anhalt주[17]에서는 업무 담당 교사의 결원이 있을 경우 학교관청 간행물, 인터넷(교육 서버, 주교육부 홈페이지)을 통해 모집 공고를 낸다. 5년 이상의 수업 경력을 소유하고 조건이 충족된 교사가 지원할 수 있다. 지원자에 대한 평가는 참관과 면담을 통해 이루어지는데, 참관은 교장과 학교감독관청의 평가 담당자가 지원자의 교과 수업 2시간, 지원자가 다른 교사의 수업을 1시간 참관하고 그에 대한 조언하기와 근거 있는 평가하기, 약 1시간 정도의 직무 상담 및 회의 주재, 학교법 콜로키엄 등을 참관하고 평가하게 된다. 교사양성 세미나의 교과 세미나 담당자 평가과정에는 교사양성 세미나의 책임자(기관장)도 참여할 수 있다.

시사점

　이상에서 살펴본 것처럼, 독일의 교원교육은 한국의 교원교육과 비교해 다양하게 이루지는 것 같지는 않다. 현직 임용 초기에 집중해서 이루어지는 심화교육이 대부분이고, 그 이후의 교원교육은 느슨한 것으로 보인다. 한국의 교원교육은 연수기관 중심으로 이루어지는 자격연수, 직무연수, 특별연수와 단위학교 중심으로 이루어지는 컨설팅장학, 교내자율장학, 교과교육연구회 등 다양하다. 문제는 지금까지 이러한 교원연수 프로그램이 급격하게 변화하는 교육정책의 요구를 반영하여 설계되었기 때문에 교원의 직무 역할 수행과 관련하여 체계적으로 설계되지 못했다는 점이다.[18] 이와 관련하여 독일의 교원교육에서 주목할 것은 교원양성 1단계인 대학 교직 이수 과정부터 3단계에 해당되는 현직 임용 후의 교원교육에 이르기까지 교육 내용이 일관되게 구성된다는 점이다. 즉, 교원교육의 내용이 주문화부장관협의회에서 결정한 '교사교육 성취기준'에 따라 교사에게 요구되는 역량 중심으로 구성된다.

| 주석 |

1. 교원임용에 관한 내용은 Ministerium für Kultus, Jugend und Sport des Landes Baden-Württemberg(2019), *Hinweise zur Lehrereinstellung für wissenschaftliche Lehrerkräfte im Bereich Gymnasium und beruflichen Schulen(Einstellungstermine 2020)*; Verwaltungsvorschrift des Kultusministerium über die Einstellung von Lehramtbewerberinnen und Lehramtbewerber(2019.11.29.).

2. Kerbel, B. Lehrer in Berlin. Die Angestellte. *Der Tagesspiegel*(2018.09.17.).

3. Ständige Konferenz der Kultusminister der Länder in der Bundesrepublik Deutschland(2017), *Übersicht über die Pflichtstunden der Lehrkräfte an allgemeinbildenden und beruflichen Schulen. Ermäßigungen für bestimmte Altersgruppender Voll-bzw. Teilzeitlehrkräte. Besondere Arbeitszeitmodelle. Schuljahr 2017/2018.*

4. Bundesbesoldungsgesetz(BBesG), URL: https://www.gesetze-im-internet.de/bbesg/BBesG.pdf

5. B는 고급 공무원 급여규정.

6. Bundesleitung des beamtenbund und tarifunion(Hrsg.)(2019), *2019 Besoldungstabelle für Beamtinnen und Beamte des Bundes.*

7. Besoldung bei Übernahme in den Schuldienst im Beamtenverhältnis(gültig ab 01.01.2020).

8. Statistisches Bundesamt(Hrsg.)(2018), *Schulen auf einen Blick.*

9. Ständige Konferenz der Kultusminister der Länder in der Bundesrepublik Deutschland(KMK)(2019), *Sachstand in der Lehrerbildung.*

10. 헤센주 교사교육법(Hessisches Lehrerbildungsgesetz). 교원의 심화교육은 주 공무원법 또는 교사업무규정에서 의무로 규정하고 있다(예: 바덴뷔르템베르크주 공무원법 Landesbeamtengesetz, LBG 제50조; 노르트라인베스트팔렌주 교사, 교장 일반 복무규정 Allgemeine Dienstordnung für Lehrerinnen und Lehrer, Schulleiterinnen und Schulleitern öffentlichen Schulen 제11조).

11. Ständige Konferenz der Kultusminister der Länder in der Bundesrepublik Deutschland(KMK)(2019), *Sachstand in der Lehrerbildung.*

12. Ständige Konferenz der Kultusminister der Länder in der Bundesrepublik Deutschland(KMK)(2019), *Sachstand in der Lehrerbildung.*

13. Verordnung zur Durchführung des Hessischen Lehrerbildungsgesetzes (HLbGDV)(2011.09.28.).

14. Institut für Qualifizierung(2010), *Interner Kurzbericht zur Lehrerfort bildung in Hessen im Schuljahr 2009/10*; 정기섭(2013), 독일의 교원양성 및 교원교육. 경기도율곡교육연수원. 창의지성 역량강화 심포지엄 자료집, 295.

15. Richtlinien für die dienstliche Beurteilung der Lehrerinnen und Lehrer sowie der Leiterinnen und Leiter an öffentlichen Schulen und Zentren für schulpraktische Lehrerausbildung des für Schule zuständigen Ministeriums von 19.07.2017(BASS 21-02 Nr. 2).

16. Beratungsgespräch und dienstliche Beurteilung der Lehrkräfte an öffentlichen Schulen(in Baden-Württemberg). Verwaltungsvorschrift vom 21. Juli 2000.

17. Besetzung von Funktionsstellen im Schulbereich vom 15.06.2011.

18. 홍후조·민부자·장소영(2018), 교원연수 프로그램의 체계적 분류와 교원의 요구도 분석, 한국교원교육연구, 35(2), 159.

제4장

교장에게는
어떤 역량이 요구되나?

교장은 공모제이며 교사가 지원할 수 있다. 교장이 되기 위해서는 교장자격 취득 과정을 이수하고, 역량을 평가하는 교장 적합판정 기준을 충족해야 한다. 노르트라인베스트팔렌주의 교장자격 취득 과정의 주요 내용은 '학교 안과 밖에서의 의사소통 능력과 협업 능력', '인사관리 능력', '학교 발전과 수업의 질 향상을 위한 능력', '학교법 및 관련법에 적법하게 상황에 대응하는 능력과 지원 체제에 대한 인식'을 함양하는 것으로 구성되어 있다.

교장 채용과정

독일의 교원양성과정과 교원 채용과정은 주의 학교법과 공무원법에서 규정하고 있다. 독일의 교장 채용과정은 공모이며 지원 대상자는 교사이다. 단위학교에서 학교관청(하급 학교감독관청)을 통해 공모하고, 적합한 대상자를 단위학교에 추천하면 학교는 학교회의Schulkonferenz를 통해 교장을 선발하고, 학교관청은 학교에서 선발한 대상자를 학교관리 주체/재단Schulträger(이하 관리주체)에 통보하여 동의를 받는 과정으로 요약될 수 있다. 노르트라인베스트팔렌주의 교장 채용과정은 다음과 같다(학교법 제61조).[1]

① 상급 학교감독관청Obere Schulaufsichtsbehörde은 학교회의와 학교관리 주체의 동의에 따라 교장을 공모하고, 지원자들을 검토하여 조건이 충족된 지원자를 학교회의와 관리 주체에 추천한다. 학교회의와 관리 주체는 추천된 지원자를 면접할 수 있다.

② 학교회의와 학교관리 주체는 8주 이내에 상급 학교감독관청에 입장과 그 근거를 제안할 수 있다. 상급 학교감독관청은 근거가 타당한 경우 기간을 연장할 수 있다.

학교회의에 관한 규정(제66조)에 의하면, 학교회의 구성원은 일반학교의 학생 수가 200명까지는 6명, 500명까지는 12명, 500명 이상은 18명이다. 학교회의 위원 2/3의 찬성으로 위원의 수를 늘릴 수 있다. 학교회의 위원은 교사대표, 학부모대표, 학생대표(만 16세 이상)로 구성되며, 구성 비율은 다음과 같다.

	교사대표	학부모대표	학생대표
초등학교	1	1	0
중등교육 Ⅰ단계 학교, 초등과 중등교육Ⅰ단계가 함께 있는 학교, 중등교육 Ⅰ, Ⅱ단계가 함께 있는 학교	1	1	1
중등교육 Ⅱ단계 학교	3	1	2

③ 상급 학교감독관청은 학교와 학교관리 주체의 제안을 존중하면서 교장 선발을 결정한다. 상급 학교감독관청은 학교회의와 학교관리 주체가 제시한 입장의 근거를 고려하여 결정하고 통지한다.

④ 하급 학교감독관청은 긴급하게 교장 채용을 요구할 수 있고, 학교관리 주체는 4주 이내에 입장표명을 할 수 있다.

⑤ 교장 지원 자격은 학교급별(초등, 중등) 교직자격을 갖춘 자, 특정한 학교 형태(레알슐레, 하우프트슐레, 레알슐레 등)의 교직자격을 갖춘 자, 촉진학교의 경우 특수교육 교직자격을 갖춘자이다.

⑥ 임명된 교장은 노르트라인베스트팔렌주의 공무원이력법령 Verordnung über die Laufbahn der Beamten im Lande Nordrhein-Westfalen[2]에 따라 3년의 견습기간Probezeit을 거쳐서 재임용 절차를 밟는다(제7조). 이 기간은 능력의 증명 여부에 따라 짧아질 수도 있다. 이전에 공무원으로서 비슷한 역할을 맡은 적이 있다면 그 기간이 견습기간에 산입될 수 있다.

⑦ 견습기간 동안 학교운영, 조직, 발전에 있어서 그리고 수업과 교육에 대한 교육학적 판단에서, 갈등 해결에서 능력과 전문성이 증명되었다면, 학교회의를 통하여 재선택이 이루어진다. 이 경우에는 공모가 이루어지지 않는다. 공무원의 정년은 65세에서 67세까지 연장되었기 때문에 재선택을 통해 정년까지 교장으로서의 역할을 수행할 수 있다.

바덴뷔르템베르크주 학교법(제40조)[3]은 교장 선발 과정에 영향을 미치는 선발위원회 구성을 다음과 같이 규정하고 있다. 교장선발위원회는 상급 학교감독관청이 구성한다. 위원은 상급 학교감독관청 대표 2명, 학교회의 대표 1명(교장은 될 수 없음), 학교관리 주체/재단 대표 1명이다. 교장선발위원회에서 적합한 교장 후보자를 의결한 후 상급 학교감독관청은 학교회의와 학교관리 주체에 모든 지원 현황과 교장선발위원회의 임용 제안을 서면으로 통지한다. 상급 학교감독관청은 이것을 하급 학교감독관청에 위임할 수 있다. 제안을 통지받은 학교회의와 학교운영 주체는 4주 이내에 입장 표명을 할 수 있다. 학교회의와 학교관리 주체의 의결 후에 담당 학교감독관청은 교장 임용을 결정한다. 학교회의 위원은 교사 최소 4명, 학부모위원회 대표, 학생회 대표(16세 미만인 경우 선발된 학부모가 대신함)로 구성된다. 학교회의 또는 학교관리 주체의 투표 결과가 선발위원회의 임용 제안과 다른 경우 최상급 학교감독관청이 교장 임용을 결정한다.

교장자격 취득 과정

노르트라인베스트팔렌주 학교법(제61조)에서 확인할 수 있듯이 교장에 지원하기 위해서는 교원심화교육Fortbildung의 교장자격 과정에 참여하여 자격을 획득해야 한다. 노르트라인베스트팔렌주 학교&교육부 Ministerium für Schule und Bildung des Landes Nordrhein-Westfalen는 2008/09 학년도 2학기부터 교장이 되려는 교사(교장 지원자)를 위한 교육과정을 개발하고 4개 영역(학교 및 수업의 설계와 질 향상, 인사관리, 학교 안과 밖에서 파트너와의 의사소통과 협력, 법과 행정)에서 연간 104시간의 코스에 참여하도록 하고 있다. 코스는 교사를 대상으로 하는 학교관리자 자격 취득 과정Schul-Leitung-Qualifizierung, SLQ에 해당되며, 광역행정단위의 중급 행정관청(소재: Arnsberg, Detmold, Düsseldorf, Köln, Münster)에서 제공한다. 중급 행정관청에서는 교사를 대상으로 하는 교장자격 취득 코스 이외에도 현직 교장과 신임 교장을 대상으로 하는 코스도 있다. 노르트라인베스트팔렌주의 학교관리자 자격 취득 과정은 4개의 모듈로 구성되어 있는데, 각 모듈은 학교운영의 이론적 관점과 실천적 관점이 밀접하게 결합되어 있다. 4개의 모듈은 교장의 행위 영역들로 다음과 같은 내용에 중점을 두고 있다.[4]

모듈 1
학교 안과 밖에서 파트너와의 의사소통과 협력

학교운영을 위하여 학교위원회와 집단, 학교감독관청, 학교운영 주체와 외부의 학교 파트너와 소통하고 협력하는 데 필수적인 의사소통 테크닉과 능력을 발전시킨다.

모듈 2
인사관리

학교관리자로서 교장의 명확한 역할과 전략적인 인사관리에서 요구되는 역량 개발이 중점이다. 참가자들은 학교 경험을 토대로 자신의 인간상과 지도 태도를 반성하고, 직원 선발과 직원 능력 개발 영역들에 대하여 전체적인 조망을 획득하며, 전문적인 직원 지도의 방법을 배워서 알고 이러한 것을 시험해 본다.

모듈 3
학교 및 수업의 설계와 질 향상

이 모듈에서 중요한 것은 학교에서 수업 개발 시에 요구되는 혁신 및 경영 역량, 필요한 변화 과정을 지휘할 때 요구되는 명확한 역할, 학교에서 팀의 구성, 지도인력의 자기관리이다. 참가자들은 학교의 질을 향상시키기 위한 근본적인 요소들을 배우고, 필요한 변화 과정들의 도입과 실행을 위한 전략을 개발하고, 자신의 태도를 교사와 교장의 역할 교환이라는 관점에서 반성하며, 자기관리의 방법들과 팀의 구성 과정들에 대하여 감각을 익힌다.

학교 및 직무 관련 법의 영역에서 문제들과 법적 문제 제기에 대하여 민감하게 하는 것이 목적이다. 참가자들은 학교 일상에서 법적으로 중요한 상황들을 식별하고, 적시에 그리고 적법하게 대응하며 지원체계를 인식해야 한다.

다섯 곳의 광역단위 행정관청에서 제공하는 학교관리자 자격 취득 과정의 내용은 이 모듈에 기초하고 있다. 모듈별 내용 구성을 요약하면 다음과 같다.

모듈 1: 학교 안과 밖에서 의사소통하기와 협동
- 운영 방향과 역할 명확화
- 역할과 관련된 의사소통
- 학교에서 의사소통의 형태들
- 학교 주위 환경에서의 의사소통 형태들

모듈 2: 인사관리
- 전략적 인사관리
- 직원 선발
- 직원 능력 개발을 위한 도구들

모듈 3: 학교 및 수업의 설계와 질 향상
- 체계적으로 수업 발전시키기
- 변화 관리
- 팀 조직하기
- 자기관리

모듈 4: 법과 경영

- 학교법
- 공무원관련법
- 노동 보호
- 건강 촉진

4개의 모듈은 교장의 행위 영역에 해당되는 것이며, 이를 통해 다음과 같은 핵심역량을 함양시키고자 한다.[5]

지도역량:

- 교장의 역할에 대한 명료한 의식과 진행 과정 조정, 혁신, 소통과 결정, 계획과 조직

전문역량:

- 혁신적 교수-학습 문화의 이식, 학습조직의 변환, 상담과 판정, 평가 능력과 같은 교육적 역량
- 학교법, 공무원관련법, 재정법, 대화 상대자에 대한 동등한 관점, 노동 보호와 건강 촉진과 같은 법률상의 역량

이 과정의 시간표는 학기 또는 연간 단위로 공지되며 수업이 없는 시간에 이루어진다. 진행 방식의 예는 다음과 같다.

내용들에 대한 이해와 통찰:

예) 정보 제시, 문제에 대한 논의, 심화교육 자료 강독

사례 연구:

예) 학교의 구체적인 문제 상황을 사례와 참가자가 일상에서 가지고 있는 문제들로 작업하기

행위 트레이닝/시뮬레이션:

예) 연습, 논증, 대화 트레이닝, 계획 및 역할극, 실천적 역량 트레이닝의 의미에서 실천적으로 중요한 절차와 행위 형태에 대한 시뮬레이션

반성:

예) 자신의 행위, 가치, 편애, 화냄, 행위의 반복에 대한 반성과 명확한 지도 역할을 고려하여 일상적인 실천에 대한 반성

집단에서 학습하기

예) 방법과 경험, 협동적인 작업, 작업 결과의 발표, 피드백 주고받기

교장 적합판정 기준[6]

노르트라인베스트팔렌주의 경우 교장 지원을 위한 자격취득 교육과정SLQ을 이수한 교사는 다음 단계인 적합판정절차Eignungs feststellungsverfahren, EFV에 합격해야만 교장공모에 지원할 수 있는 자격을 획득한다. 즉, 교장공모 지원자는 적합판정절차에 합격한 교사와 현직 교장이라고 할 수 있다. 적합판정절차에 지원할 수 있는 대상은 원칙적으로 노르트라인베스트팔렌주의 교사이지만, 동등한 자격이 인정된

다면 다른 주의 교사 또는 외국 학교 근무자도 지원할 수 있다. 적합판 정절차 신청 자격은 신청서[7]에서 교사에게 요구하고 있는 다음과 같은 증빙 자료에서 확인되는데, 이 중 하나만 충족하면 된다.

① 주정부에서 시행하는 학교관리자 자격 취득 과정 참가
② 최소 6개월 동안 중단하지 않고 공석인 교장의 임무를 수행
③ 대학에서 최소한 2학기 동안 경영과 관리를 목표로 하는 추가적인 학업에 참여
④ 교회 관련 또는 다른 사립 시설에서 주 학교&교육부가 인정하는 계속교육 코스에 최소 104시간 참여

적합판정절차는 2009년 8월 1일부터 역량 중심의 교장선발을 위하여 시행되고 있으며, 2일 동안 진행된다. 적합판정절차는 지원자들에게 교장으로서 당면하게 될 가상적인 과제를 제시하고, 그 과제를 수행하는 과정을 관찰하고 지도역량을 평가한다. 적합판정절차의 가상과제는 상담, 판단, 갈등 해결, 사례 연구, 집단토의, 인터뷰, 수업에 대한 교육학적 판단, 문제카드함, 프로젝트 계획 중에서 4개로 구성되며, 지도역량은 교장의 역할에 대한 명료한 의식, 의사소통, 혁신, 관리 능력을 말한다. 하나의 가상과제에서 2개의 역량을 평가한다(2개의 가상과제×2개 역량=4개 역량). 적합판정절차에는 주 학교&교육부와 합의해서 광역단위 행정관청이 임명한 7명의 평가자가 참여하는데, 평가자는 학교감독업무 담당 공무원 3인, 교장 2인, 지역 단체의 대표자 2인으로 구성된다.

지원자에게 제시되는 가상과제는 주 학교연구소Qualitäts-und UnterstützungsAgentur-Landesinstitut für Schule, QUA-LiS가 주 학교&교육부로부터 위임받아 광역행정관청들과 협력해서 개발한다. 지원자들은 2개의

가상과제를 해결해야 하며 1개의 가상과제에서 2개의 역량이 관찰·평
가되는데, 가상과제별로 2명의 평가자가 참여하여 준비된 평가서의 역량
평가 기준에 따라 평가한다. 참가자들은 개별적으로 혹은 집단으로 주
어진 과제를 수행하게 되는데, 평가 척도는 "우수하게 수행하였음", "수
행하였음", "부분적으로 수행하였음", "수행하지 못하였음"의 4단계이다.
개별 평가자들이 평가한 점수를 주 학교연구소에서 집계하여 최종 평가
한다.

평가자들은 과제 수행 과정을 관찰 후 각 지도역량에 4~1점을 부여한
다. 평가서의 역량 평가 기준들에서 "우수하게 수행하였음"이 압도적으
로 많으면 4점, 평가 기준들에서 최소한 "수행하였음"이 압도적으로 많
으면 3점, 평가 기준들 중 최소한 절반이 "부분적으로 수행하였음"보다
나쁘면 2점, "수행하지 못하였음"이 압도적으로 많으면 1점을 부여한다.
이렇게 부여된 점수는 역량별로 합산하고 총점을 산출한다. 적합판정절
차에 합격하기 위해서는 총점이 최소한 41점이 되어야 한다. 총점 41~43
점은 "요구에 상응함", 44~51점은 "요구를 넘어섬", 52~64점은 "요구를
특별한 정도로 넘어섬"으로 평가된다. 최종 결과는 개별 면담을 통하여
공개된다.

총점은 〈표 4-1〉에 의해 산출된다.

〈표 4-1〉 지도역량 평가(EFV)

지도역량	가상과제 1		가상과제 2		역량 평가
	평가자 1	평가자 2	평가자 1	평가자 2	
의사소통	1-4	1-4	1-4	1-4	4-16
역할의식	1-4	1-4	1-4	1-4	4-16
혁신	1-4	1-4	1-4	1-4	4-16
관리(경영)	1-4	1-4	1-4	1-4	4-16
총점					16-64

4개의 지도역량을 관찰하고 평가하는 세부 기준의 예는 다음과 같다.[8]

역량	관찰 기준
역할의식 (가상과제: 갈등 해결)	참가자는 •교장으로서 학교 시스템에 대한 책임을 보여 준다. •해결책과 방향을 지시하고 결정하는 자신의 위치를 인지한다. •문제 상황을 열거한다. •작업 파트너의 역할과 자신의 역할을 구분한다. •자신의 의무를 행한다. •목표지향적으로 행위를 한다. •목표지향적으로 대화를 이끈다. •안정감을 보여 준다. •행위의 조건들을 언급한다.
의사소통 (가상과제: 갈등 해결)	참가자는 •공감적으로 행동한다. •표현이 내용적으로 명료하다. •조화로운 의사소통 태도를 보여 준다. •적극적으로 관점을 교환하려고 노력한다. •타협하려고 노력한다. •대화 상대자들이 서로 간 이해하는 것을 보장한다. •참여자들과 함께 문제 상황의 근원을 탐구한다. •고유한 목적을 잃지 않고, 조정과 타협을 추구한다. •그 외의 대처 방법들을 합의한다.
관리(경영) (가상과제: 프로젝트 계획)	참가자는 •과제의 목표들을 명명하고 정의한다. •성공의 기준들을 언급한다. •우선순위를 의미 있게 정한다. •결정한다. •임무를 맡긴다. •자원들을 고려한다. •실천 가능성을 분명하게 묘사한다.
혁신 (가상과제: 프로젝트 계획)	참가자는 •혁신 계획을 수립하기 위해 주어져 있는 상황을 분석한다. •변혁과 변화를 위한 잠재력을 언급한다. •미래지향적인 아이디어를 발전시킨다. •기회와 위험을 신중히 고려한다. •발전 계획을 주도하기 위해 표결 및 지원 필요성을 주제화한다.

▶ 가상과제의 예시(연습)[9]

연습 유형: 집단토의

주제: 인터넷에서의 태도-매체윤리

참조: 이 가상과제에서는 다음과 같은 역량이 관찰된다.

- 의사소통
- 혁신

작업지침: 이 연습에서 당신은 다른 참여자와 공동으로 집단토의를 수행하게 된다. 이때 토의 주도자와 진행자는 없다.

상황: 당신은 현재 한 학교의 교장입니다. 지역 매체센터는 '인터넷에서의 태도-매체윤리'에 관한 의견을 나누기 위하여 당신과 인근 학교의 교장들을 첫 번째 회의에 초대했습니다. 도서관, 공공 여가 시설, 청소년관청 등과 같은 학교 밖의 기관들과 협력하여 어떻게 인터넷을 책임 있게 사용하는 민감성을 높일 것인지에 대한 의견을 수렴한다고 합니다. 당신과 교장들은 공동으로 "인터넷에서의 태도-매체윤리"라는 주제를 고려하여 학교들이 연결망을 구축하는 것은 어떨지 첫 번째 합의된 콘셉트를 제시해 달라고 요청을 받은 상태입니다. 실제로 당신은 관내 교장들과의 회의에 있습니다.

과제: 집단에서 사안을 토의하시고, 의견들을 제기하십시오. 그리고 토의에서 개별적인 제안을 할 때 당신의 학교가 어떤 역할을 하는지 분명하게 하십시오. 회의가 끝날 때 매체윤리에 대한 합의되고 근거 있는 학교 형태를 포괄하는 콘셉트를 제출해야 합니다.

자료/시간: 20분의 준비시간이 당신에게 주어집니다. 주어진 20분 동안 앞에 놓여 있는 5개의 발췌된 텍스트를 이용할 수 있습니다. 대중매체와 디지털 형태의 보조수단을 이용하는 것은 허용되지 않습니다. 집단토의는 최대 40분간 진행될 수 있습니다.

자료: '인터넷에서의 태도-매체윤리'에 대한 집단토의를 위한 발췌 텍스트

텍스트 1, 텍스트 2, 텍스트 3, 텍스트 4, 텍스트 5

텍스트 1:

[…] 매체윤리는 매체의 도덕과 매체에서의 도덕을 주제로 삼는다. 그
것은 대중매체의 작동 방식은 물론 사회매체 사용자의 태도 방식
에 관심을 갖는다. 게다가 정보윤리의 문제를 발생시키는 정보소통
기술을 통한 자동생성과 조작에 초점을 둔다. […]

출처: http://wirtschaftslexikon.gabler.de/Definition/medienethik.html
[Stand: 21.10.2015]

적합판정절차EFV의 합격률은 2009년과 2010년 참가자들을 사례로
보면, 80.15%인 것으로 나타났다. 2009년과 2010년에 총 26차례의 적합
판정절차가 진행되었으며, 참가자는 549명이었다. 참가자의 학교 유형별
분포는 김나지움 23.4%, 직업콜렉 17.0%, 계속교육콜렉 1.6%, 촉진학교

〈표 4-2〉 EFV 참가자의 성별, 학교 유형별 분포

학교 유형	여성(%)			남성(%)			합계(%)		
	불합격	합격	최고점	불합격	합격	최고점	불합격	합격	최고점
김나지움	13.95	86.05	37.21	23.26	76.74	34.88	20.16	79.84	35.66
레알슐레	19.51	80.49	29.27	22.81	77.19	26.32	21.43	78.57	27.55
종합학교	5.88	94.12	55.88	16.67	83.33	30.95	11.84	86.16	42.11
직업콜렉	6.90	93.10	27.59	20.37	79.63	42.59	15.66	84.34	37.35
하우프트슐레	30.43	69.57	26.09	44.44	55.56	33.33	35.62	64.38	28.77
촉진학교	16.82	83.72	46.51	9.09	90.91	36.36	13.16	86.84	42.11
계속교육콜렉	33.33	66.67	0	42.86	57.14	14.29	40	60	10

15.7%, 하우프트슐레 11.3%, 레알슐레 17.3%, 종합학교 13.7%로 나타났다. 이 내용을 성별, 학교 유형별로 정리하면 〈표 4-2〉와 같다.[10]

교장의 업무

교장은 다음과 같은 특별한 의무를 수행해야 한다(헤센주 학교법 제88조).[11]

- 학교 프로그램의 체계적인 개발, 실천, 평가를 통해 교육의 질 향상을 위하여 노력한다.
- 총회의 원칙에 따라 수업시간, 감독시간, 대리시간 계획을 수립하고, 학급과 학습집단을 편성한다.
- 수업 진행에 대해, 특히 수업 방문을 통해, 정보를 제공하고 교사에게 조언한다.
- 특히 교과 포괄적 학습과 교과 의무학습, 그리고 학교 프로그램의 교육 목적 실현을 위하여 교사들과 협업한다.
- 교사교육을 촉진하고, 교사의 심화교육에 영향을 미치고, 필요할 경우 학교의 질과 조직의 발전을 위하여 심화교육에 참여하도록 하고 그를 지원한다.
- 학교 건강관리 및 집단예방의 틀에서 건강관청의 대책에 협력한다. 특히, 필수적인 사항을 안내하고 적합한 공간 사용을 가능하도록 한다.
- 학생대표와 학부모대표의 일을 지원한다.
- 지역에 학교 개방을 장려한다.

- 다른 교육시설, 직업교육에 책임 있는 시설, 노동행정관청, 그 외의 상담 시설, 아동·청소년 관청 및 시설, 사회지원재단, 환경보호관청, 여성 및 다문화업무 담당 시설들과 협업한다.

또한 규정적으로 처리해야 하는 교장의 행정처리 업무로는 특히 다음과 같은 것이 있다.

- 학생의 입학과 전학
- 학교교육 의무 충족을 위한 노력
- 학교 질서 유지를 위한 노력
- 학교의 대표
- 학교 연간 운영 계획 수립과 효과적인 적용 등

이 외에도 교장의 업무로는 다음과 같은 것들이 있다(노르트라인베스트팔렌주의 교사업무 규정).[12]

- 노동 보호법
- 위험 제거를 위한 빠른 조치
- 교육실습생의 요구를 충족한 수업
- 교사의 특수 임무 및 승진 상담
- 직무상의 판정(교육실습생 등)
- 성취 보고서, 근무 및 재직 증명서 교부
- 학습 성취 기준 실행
- 특별 휴가와 직무 휴가의 허가
- 갈등관리

- 시간관리, 건강관리, 재적응 관리
- 교사 결손 시 수업 결손 방지를 위한 대리 수업 계획
- 일상적인 서신 왕래 및 행정일
- 예산 편성, 예산 운영, 심화교육 예산 관리, 여행경비 부담 관리
- 교사 파견
- 교원 승진 및 이력 변경 지원
- 시간계획, 데이터 정리 및 통계
- 학교행정 조직
- 벌금 처리
- 오후 돌봄 및 전일제 활동 운영
- 학교행정 조교, 사회복지사와 같은 비교원의 고용
- 학교 밖의 파트너와 협업
- 학교감독 및 질 분석, 질 향상 및 유지
- 실습 학기 대학생 돌봄 등…

헤센주 '교사, 교장, 사회교육 종사자를 위한 근무규정Dienstordnung für Lehrkräfte, Schulleiterinnen und Schulleiter und sozialpädagogische Mitarbeiterinnen und Mitarbeiter'[13]에서는 다음과 같은 것이 눈에 띈다.

첫째, 교장은 전공 학문, 교육학, 노동학과 건강학의 새로운 지식과 결과들을 학교회의 그리고 교사들과 협력하여 학교 프로그램을 발전시키고 실천하는 데 도입하여야 한다(제17조 제1항). 둘째, 교장은 학교 수업의 질을 계속 발전시킬 책임이 있다. 교장은 최소한 반년에 1회 학교에서 수업하는 모든 교사의 수업을 참관하고, 필요할 경우 적합한 평가절차를 적용한다. 수업 참관은 교장/교감(학교관리자)이 할 수 있고, 그에 대한 결정은 부장교사들과 협의하여 교장이 결정한다(제18조 제1항). 셋째,

교장은 학교에서 일어난 모든 중요한 사건을 지체 없이 학교감독관청에 이메일과 같은 수단을 통하여 보고할 의무가 있다(제23조 제1항). 넷째, 교장의 면직과 업무면제는 학교감독관청을 통하여 일어난다(제24조 제2항). 다섯째, 업무분장은 부장교사들과 그리고 총회에서 협의하여 교장이 확정한다(제14조 제2항). 여섯째, 교장은 학부모나 다른 사람이 학교를 둘러보는 것과 교사의 동의하에 수업을 참관하는 것을 결정할 수 있다(제15조 제5항).

교장의 책임시수

교장은 교사이기 때문에 수업의무가 있다. 교장의 책임시수는 교사의 책임시수와 동일하다. 다만 교장으로서의 업무를 감안한 계산 방식에 따라 시수를 감면한다. 교장의 의무시수를 계산하는 방식은 주마다 다르다. 니더작센Niedersachsen주 교장의 의무수업시수는 학교 학생 수에 의해 결정된다. 학생 수가 많을수록 교장의 수업시수는 적어진다. 다음은(〈표 4-3〉~〈표 4-7〉) '니더작센주 학교 공무원의 노동시간에 대한 행정명령'[14]에서 부분적으로 발췌한 것이다.

헤센주[15] 초·중등교사의 평균 수업시수는 26시간이다. 교장의 책임수업시수는 교사의 의무수업시수에서 교장으로서 업무를 수행하는 데 필요한 시간을 제외한 시간이다. 교장으로서의 업무수행시간은 '기본시수'와 '추가시수'를 합산하여 산출한다. '기본시수'는 〈표 4-8〉처럼 학교급/유형별로 정해져 있다. '추가시수'는 추가적인 업무마다 학생 수를 감안해서 계산된다. 예를 들어 출신국 언어수업 중점 학교인 경우 학생 수 50~200명은 2시간, 학생 수 201~350명은 4시간, 학생 수 351명

〈표 4-3〉 초등학교 교장의 책임시수

학생 수(명)	시수
160 미만	20
160-175 미만	19.5
310-325 미만	14.5
400-415 미만	11.5
415-515 미만	11
1,015-1,115 미만	8
1,615-1,715 미만	5
2,615 이상	0

〈표 4-4〉 하우프트슐레 교장의 책임시수

학생 수(명)	시수
180 미만	19.5
200-220 미만	18.5
300-320 미만	11.5
480-500 미만	11.5
970-1,120 미만	9
1,870-2,020 미만	6
3,070-3,220 미만	2
3,670 이상	0

〈표 4-5〉 레알슐레 교장의 책임시수

학생 수(명)	시수
180 미만	18.5
200-220 미만	17.5
300-320 미만	15
480-500 미만	10.5
970-1,120 미만	7.5
1,870-2,020 미만	5
3,070-3,200 미만	1
3,370 이상	0

〈표 4-6〉 김나지움 교장의 책임시수

학생 수(명)	시수
240 미만	15.5
340-365 미만	13.0
490-515 미만	10
590-615 미만	8
965-1,115 미만	5.5
1,415-1,565 미만	4
1,865-2,015 미만	2.5
1,615 이상	0

〈표 4-7〉 종합학교 교장의 책임시수

학생 수(명)	시수
240 미만	16.5
330-360 미만	14.5
480-510 미만	12
600-630 미만	10
1,350-1,500 미만	5.5
2,100-2,250 미만	3.0
2,400-2550 미만	2.0
3,000 이상	0

이상은 6시간이 교장의 업무수행시간에 추가된다. '추가시수'는 규정에 따라 산정 요소에 학생 수를 곱하는 방식으로 계산된다(〈표 4-9〉). 이러한 계산 방식에 의하여 시수를 감면하고 모자라는 시간은 수업을 해야 한다. 교장으로서의 기본적인 업무수행시간 이외에 추가적인 업무 활동

〈표 4-8〉 헤센주 교장의 업무수행에 필요한 기본시수

학교 유형		시수
초등학교(촉진단계 유무 상관없음), 하우프트슐레, 레알슐레, 하우프트-레알슐레 (이상 촉진단계 유무 상관없음)		7
하우프트슐레, 하우프트-레알슐레(초등학교와 연계된 촉진 단계 유무 상관없음)		8
독자적인 김나지움 상급 단계, 야간김나지움, 야간레알슐레, 헤센콜렉		9
김나지움		12
종합학교		13
직업학교	학생 수 360명까지	12
	361명 이상	19
촉진학교	촉진중점: 학습	7
	촉진중점: 감정·사회 발달	7
	촉진중점: 정신 발달	9
	촉진중점: 언어 발달	7
	촉진중점: 청각	11
	촉진중점: 시각	11
	촉진중점: 육체 발달과 운동능력	9
	촉진중점: 6주 이상 치료를 요하는 학생	9

〈표 4-9〉 업무수행 추가시수 산출 예

학교 유형	학생당 시수
초등학교	학생당 × 0.0202
촉진 단계가 있는 초등학교, 하우프트슐레, 레알슐레, 하우프트-레알슐레, 중간단계 학교	학생당 × 0.0153
김나지움 1단계	학생당 × 0.0094
김나지움 2단계	학생당 × 0.0094

으로 산정할 것이 없으면 나머지 시간의 의무시수는 수업을 해야 한다는 의미이다.

독일에서 교장직 기피 현상은 사회문제가 되고 있다. 특히 초등학교가 심각하다. 정기간행물인 'New4teachers'의 2011년 10월 1일 기사를 보면, 교원단체인 VBE(Verband Bildung und Erziehung)의 조사 결과 독일 국민 2명 중 1명이 교장이 부족하다고 인식하고 있는 것으로 나타났다.[16] 2019년 12월 15일 자 신문·방송에서도 크게 달라지지 않은 상황에 대해 보도하고 있다.[17] 보도에 따르면 바이에른주를 제외한 독일 전역에서 1,000개 이상의 학교에 교장이 부족하다. 노르트라인베스트팔렌주에서는 457개 학교의 교장이 공석인데, 250개가 초등학교이다(10개 중 1개의 초등학교 교장 부족). 니더작센주는 2,800학교 중 170개 이상의 학교에 교장이 부족하고, 그중 98개가 초등학교이다. 바덴뷔르템베르크주에서도 250개 학교의 교장이 부족하고 그중 150개가 초등학교이다. 교장직을 원하지 않는 이유는 다음과 같다. 첫째, 노동시간이 많고, 노동강도가 높다. 둘째, 행정 인력이 너무 적다. 셋째, 교장 지원자의 능력 요구가 높다. 넷째, 하는 일에 비해 급여가 낮다.

'슈테른Stern'(2019. 12. 15)에 소개된 노르트라인베스트팔렌주 초등학교 임시 교장의 일과를 요약하면 다음과 같다.[18]

그녀는 43세로 정규 교장시험을 준비하면서 2개의 초등학교 (학생 총 280명) 임시 교장직을 2년 전부터 수행하고 있다. 그녀는 7시 30분 출근해서 "엄청난 메일"을 처리하고, 1학기 통계 및 주간 통계를 작성한다. 그리고 학교회의 및 학교 외부 기관(교회, 동호회, 경찰서 등)과의 협력 일정을 잡는다. 학부모 면담을 하고, 수업 매체를 파악하고 조달 구상을 한다. 주당 7시간 수업을 한다. 퇴근 시간인 4시까지 업무를 끝내려고 노력하지만, "그것은 항상 성공하지 못한다. 그래서 저녁마다 집에서 아이가 잠자리에 든 후 학교 일을 해야만 한다." 그녀에게 정규 교장시험을 준비할 시간은 남지 않는다.

한국과 독일의 교장

독일 학교의 교장 부족 및 기피 현상은 한국의 현상과는 정반대로 보인다. 독일 학교에서 교장의 행정업무를 보조하는 인력은 비서가 유일하다. 교장의 행정업무를 지원할 비서 인력을 구하지 못한 곳에서는 교장이 직접 문서를 작성해야 하는 경우도 생긴다. 업무는 많고 그에 대한 보상이 적다 보니 교장 지원자가 적은 것으로 보인다. 특히, 초등학교 교장의 경우가 그렇다. 독일 학교의 교장직무에서 눈에 띄는 것은 교장의 책임시수이다. 우리나라 초·중등교육법에서는 교장의 직무를 "교무를 통할하고 소속 교직원을 지도·감독하며 학생을 교육한다"라고 광범위하게 규정하고 있다. 교장직무에 학생 교육이 포함되어 있지만, 그에 대한 명확한 기준은 없다. 교장의 학생 교육 직무는 직접적인 수업보다는 학교행정의 최고책임과 감독권을 부여받은 관리자로서 교수-학습을 지원하는 간접적인 형태로 이루어진다. 독일 교장에게 부여되고 있는 수업 의무는, 물론 보수 대비 업무 과다의 측면에서 논쟁의 대상이지만, 교장이 관리자 이전에 교원이라는 교직자 본연의 직분을 강조하고 있는 것으로 보인다.

1. Schulgesetz für das Land Nordrhein-Westfalen(Schulgesetz NRW-SchulG).
2. Verordnung über die Laufbahnen der Beamten im Lande Nordrhein-Westfalen.
3. Schulgesetz für Baden-Württemberg(SchG).
4. https://www.qua-lis.nrw.de/schulmanagement/schulleitungsqualifizierung/module/index.html
5. Minsterium für Schule und Bildung des Landes Nordrhein-Westfalen(2008), Handlungsfelder und Schlüsselkompetenzen für das Leitungshandeln in eigenverantwortlichen Schulen in Nordrhein-Westfalen.
6. Minsterium für Schule und Bildung des Landes Nordrhein-Westfalen, Bewerbung von Lehrerinnen und Lehrern um ein Amt als Schulleiterin oder als Schulleiter; Eignungsfeststellungsverfahren und dienstliche Beurteilung(2016.05.02.)
7. https://www.qua-lis.nrw.de/cms/upload/Schulmanagement/Anmeldeformular_EFV.pdf
8. Qualität-und UnterstützungsAgentur-Landesinstitut für die Schule(QUA-LiS) 홈페이지에 있는 자료들을 토대로 구성한 것임, URL: https://www.qua-lis.nrw.de/schulmanagement/eignungsfeststellungsverfahren/uebungen/index.html
9. https://www.qua-lis.nrw.de/cms/upload/Schulmanagement/EFV_Gruppendiskussion.pdf
10. Ministerium für Schule und Weiterbildung des Landes Nordrhein-Westfalen(2011), Eigungsfeststellungsverfahren. Zusammenfassung der wissenschaftlichen Evaluation; 정기섭(2013), 독일의 교장에게 요구되는 역량. 경기도율곡교육연수원. 2013 유초중등 교(원)장 변혁적 리더십 과정 직무연수 교재(2013-39-1010), 199-200.
11. Hessisches Schulgesetz(HSchG).
12. Allgemeine Dienstordnung für Lehrerinnen und Lehrer, Schulleiterinnen und Schulleiter an öffentlichen Schulen in Nordrhein-Westfalen(2012.06.18.).
13. Hessisches Kultusministerium. Dienstordnung für Lehrkräfte, Schulleiterin

nen und Schulleiter und sozialpädagogische Mitarbeiterinnen und Mitarbeiter(2011.11.04.).

14. Niedersächsische Verordnung über die Arbeitszeit der Beamtinnen und Beamten an öffentlichen Schulen(Nds. ArbZVO-Schule)(2012.05.14.).

15. Verordnung über die Pflichtstunden der Lehrkräfte(Pflichtstundenverordn ung). Landesrecht Hessen(2017.08.01.).

16. www.news4teachers.de

17. *Zeit Online*(2019.12.15.), Bundesweit fehlen Rektoren in den Schulen; *Tagesschau*(2015.12.15.), Rektorenmangel in Deutschland. Schulleiter dringend gesucht.

18. *Stern*(2019.12.15.), "Am unteren Ende der Statusskala": Warum in Deutschland mehr als 1000 Schulleiter fehlen.

제5장

학교 행정 인력은
어떻게 구성되어 있나?

독일 일반학교의 인적 구성은 교장, 교사, 상담교사, 학교심리전문가, 학교의사(국민건강증진관청), 방과후활동 전문 인력, 비서, 학교 마이스터로 되어 있다. 행정 인력은 비서이며, 학교시설관리 인력은 마이스터이다. 학교의 비서와 하우스마이스터에게 업무를 지시할 수 있는 권한이 교장에게 부여되지만, 감독기관은 해당 지역의 학교행정국이다.

학교행정 및 지원체계

독일의 학교행정은 주 차원, 광역행정단위 차원, 권역(시 포함) 차원, 구역 차원의 협력에서 이루어진다. 주 차원의 학교행정 주무관청은 각 주의 문화부, 교육부, 혹은 문화 스포츠부 등 명칭이 다양하다. 예를 들어 헤센주는 문화부Kultusministerium, 바덴뷔르템베르크주는 문화·청소년·포츠부Ministerium für Kultus, Jugend und Sport, 노르트라인베스트팔렌주는 학교 & 교육부Ministerium für Schule und Bildung, 바이에른주는 수업 및 문화부Bayerisches Staatsministerium für Unterricht und Kultus, 작센주는 문화부Ministerium für Kultus 등이다. 일반적으로 문화부라고 하는데, 문화부는 주의 최상급 학교감독관청의 역할을 수행한다. 학교감독에 관해서는 주의 학교법에서 규정하고 있고, 학교감독관청은 그 업무를 수행한다. 대부분 주에서 학교감독관청은 학교의 '내적' 업무라고 할 수 있는 수업 목표, 수업 내용, 수업 형태, 학교조직, 교사수급계획, 교사채용, 교원인사, 교사교육(심화/계속), 수업시간, 숙제, 방학, 평가 등과 관련된 모든 업무를 담당하고 그에 대한 책임이 있다.

학교감독관청의 명칭은 주에 따라 Schulamt, Schulbehörde를 사용하기도 한다. 학교감독관청의 체계는 주학교법에 규정되어 있기 때문에 주마다 다르다. 먼저 학교관청이 주정부 차원의 최상급 학교관청-광역 행정단위의 상급 행정관청-권역/구역 단위의 하급 학교관청으로 나뉘는 3단계 모형이 있다(바덴뷔르템베르크, 바이에른, 노르트라인베스트팔렌). 그리고 최상급 학교관청(문화부)-상급학교관청 또는 학교관청으로 나뉘는 2단계 모형이 있다(브란덴부르크, 메클렌부르크포어포메른, 니더작센, 라인란트팔츠, 작센, 작센안할트, 슐레스비히홀슈타인, 튀링겐). 또한 최상급 학교관청(문화부)만 있는 주도 있다(베를린, 브레멘, 함부르크, 자를란트). 다음은 바덴뷔르템베르크주의 3단계 학교행정 체계도이다.[1]

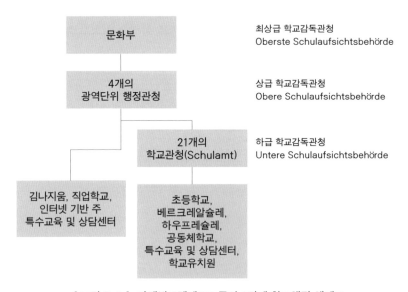

[그림 5-1] 바덴뷔르템베르크주의 3단계 학교행정 체계도

최상급 학교감독관청인 문화부에는 학교교육 업무를 담당하는 과(부서)가 있고(예: [2과] 학교조직, 학교를 포괄하는 교육 과제, 스포츠, [3과] 일반학교, 취학 전 교육, [4과] 직업학교, 청소년, 직업교육), 상급 학교감독관청인 4개의 주정부 광역단위 행정관청(슈투트가르트, 카를스루에, 프

라이부르크, 튀빙겐)에는 7국(예: [71과] 교원인사 업무, [73과] 교원채용 및 수급계획, [74과] 초등학교, 레알슐레, 하우프트슐레, 베르크레알슐레…, [75과] 김나지움)이 학교교육 업무를 수행한다. 하급 학교감독관청은 일반적으로 국가 학교관청staatliches Schulamt이라고 하며, 21개의 도시에 위치한 학교감독관청이다. 바덴뷔르템베르크주 21개의 학교관청 중 카를스루에에 위치한 학교관청의 과(부서)는 다음과 같다.[2]

1.0 초등학교와 취학 전 교육

2.0 중등교육 1단계

3.0 특수교육 및 상담센터

4.0 수업, 통계, 교사교육

5.0 교원심화교육

6.0 학교의 질 및 교사교육센터(ZSL)

7.0 행정

학교의 '외적' 업무라고 할 수 있는 건물, 시설, 대지, 학교관리, 학교의 개교, 변경 또는 폐교, 학교 공간 마련, 인테리어, 기자재, 통학, 비교수 인력(학교 비서와 학교 하우스마이스터)의 고용, 초등학교 점심식사 제공, 학교 수업시간 이후의 학생 보살핌, 비독일어권 출신 학생의 준비학급 배정, 학교입학(전학) 상담 등에 대한 책임은 학교관리 주체인 기초 지역 행정단위인 구역Gemeinde, 몇 개의 구역이 공동으로 행정업무를 처리하기 위해 협력적으로 묶여 있는 권역Kreis, 어떠한 권역에도 속해 있지 않은 독자적인 시市에 있다(독자적인 도시가 아닌 경우 도시는 구역임). 독일에서 구역, 권역, 도시는 공립학교의 관리 주체이다. 학교 '외적' 업무를 담당하는 관청은 구역, 권역, 도시의 학교행정국Schulverwaltungsamt이다.

노르트라인베스트팔렌주 학교법(제85조)[3]에 의하면 학교관리 주체인 권역, 구역, 학교조합Schulverbände(몇 개의 구역이 합의하여 공동으로 하나의 학교를 관리할 때 설립)은 시의회에 '학교위원회Schulausschuss'를 설치할 수 있다. 학교위원회는 시의회에서 위임한 학교건설계획, 교육적 제공의 확대와 제한 등과 같은 학교 '외적' 업무에 대한 결정권을 갖는다. 학교위원회는 투표권을 가진 위원(시의원)과 투표권이 없는 자문위원으로 구분되며, 가톨릭교회에서 지명한 1인, 개신교에서 지명한 1인은 당연직 자문위원으로 포함되어야 한다. 시청의 학교행정국은 학교관청과 협력관계에 있으며 현행 업무와 시의회와 학교위원회에서 의결한 사항을 수행하는 임무를 갖고 있다. 시 학교행정국은 학교 '외적' 업무에 책임이 있고, 국가 학교관청은 '내적' 업무에 책임이 있으므로 구분해야 한다. 뒤셀도르프시 학교행정국의 주요 부서 업무를 살펴보면 다음과 같다.[4]

일반 행정업무 담당 부서
- 외국인 학생 업무
- 촉진학교 입학
- 방학 기간 동안 학생 촉진 코스
- 전일제 보살핌
- 방과 후 지원 수업
- 학생 교통비
- 학교 발전 계획
- 의무교육 감독
- 학교 공간 임대 등

학교 성과를 위한 부서

- 물품, 교수-학습 기자재 조달 및 유지
- 학교 편입 및 등록 절차
- 학교 건물 밖의 시설(정원) 조성
- 전문교과(예: 실험)를 위한 공간의 계획과 설치
- 신축 및 개축 시 공간과 기능에 관한 계획
- 공간 수요 검토
- 학교 예산
- 교육 상담(필요로 하는 교육 프로그램 안내)
- 기부금 업무
- 학교심리학센터 등

이주가정 아동·청소년 촉진을 위한 부서

- 독일어 지식이 충분치 않은 이주 아동·청소년의 의무교육에 대한 상담
- 모국어 수업
- 촉진학급 및 촉진집단의 설치에 참여
- 교육적 제공들의 조직: 계속교육, 언어촉진, 상호문화교육, 부모의 일을 위한 상담 및 이를 위한 기관과 전문 인력 소개 등

뒤셀도르프시의 학교를 감독하는 학교관청의 주요 과제 영역으로는 다음과 같은 것이 있다.[5]

- 일의 안전
- 타고난 소질 촉진

- 학교와 직업 조언
- 초등학교에서의 영어
- 외부 시험
- 공통수업 및 통합 학습 집단
- 건강교육, 질병 및 폭력 예방
- 평등
- 초등 단계와 중등교육 1단계의 학업 세미나와 협력
- 학교심리학적 상담기관과 협력
- 이주가정 아동·청소년 촉진을 위한 지역 업무부서와 협력/이주자 촉진
- 학교와 협력/청소년 지원
- 학교와 협력/문화
- 학교와 협력/경제
- 교원심화교육을 위한 역량팀 관리
- 특별한 촉진 제공들
- 모국어수업
- 열린 전일제학교
- 공동수업
- 학교 거부
- 스포츠
- 언어 표준 진단
- 유치원에서 초등학교로 진학
- 상급학교로의 진학
- 교통교육 등

바이에른주 주도인 뮌헨시 주 학교감독관청은 교육 및 수업에 관한 법BayEUG 제111조 제1항을 토대로 과제 영역을 다음과 같이 명시하고 있다([그림 5-2]).[6] 뮌헨시 학교감독관청의 경우 2020년 2월 현재 135개의 초등학교, 44개의 중등학교, 29개의 사립학교, 약 60,000명의 학생, 약 4,500명의 교원을 대상으로 업무를 수행하고 있다.

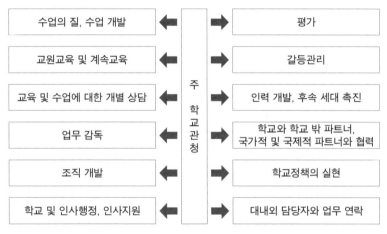

[그림 5-2] 바이에른주 학교감독관청의 업무

학교관청Schulamt은 주 최상급 학교감독관청의 지역별 "하위 학교감독관청"으로 학교의 '내적' 업무와 관련하여 해당 지역의 학교를 감독하는 일을 한다. 학교관청은 학교전문가와 행정전문가로 구성된 독립적인 관청이며, 학교교육의 질을 보장하기 위하여 관할 지역 학교에 대해 조언하고 감독한다. 학생기숙사를 감독할 때는 기숙사감독관청의 긴밀한 협조를 받는다(헤센주 학교법 제92조). 학교감독은 크게 학교에 대한 감독과 직무에 대한 감독으로 나뉜다. 학교에 대한 감독은 학교가 적법하게 목적 달성을 위한 과제를 수행하고 있는지에 대한 것으로 교과 수업 관련 업무, 행정법/규정과 예산 관련 업무가 대상이고, 직무에 대한 감독은 교장과 교사의 직무 관련 의무 이행이 대상이다. 학교감독은 학교의 결정과 조치가 규정에 어긋나거나 교육학적 이유에서 현저하게 의구심이 있을 때 폐지할 수 있는 권한을 갖는다. 바이에른주 교육 및 수업에 관한 법BayEUG에 의하면 학교관청은 모든 권역과 권역에 속해 있지 않은 구역에 설치하며(제115조 제1항) '학교감독'은 다음을 포괄한다(제111조 제1항).[7]

- 수업계획 및 원칙
- 교육과 수업의 질 보장
- 학교의 촉진과 상담
- 내적이고 외적인 학교 상태 감독
- 학교장과 교육 인력 감독
- 학교와 청소년국 그리고 청소년 지원단체, 그 외의 학교 밖 기관 및 시설들과의 협력 촉진

바덴뷔르템베르크주 학교법(제32조)에서 규정하고 있는 학교감독의 특별한 대상은 다음과 같다.

- 학교에 대한 감독(학교 수업 관련 업무, 법 및 행정 관련 업무)
- 교장과 교사에 대한 직무 감독
- 학교법에 의거한 학교관리 주체/재단의 의무 이행에 관한 감독

학교관청(학교감독관청)의 인력은 학교감독공무원과 행정공무원(혹은 행정직원)으로 구성되어 있다. 학교감독공무원은 장학관이며, 특별한 과제에 따라 최상급 학교감독관청(주문화부)은 그가 감독해야 하는 학교

형태에서 근무하고 있는 교사/교장을 장학관으로 임명하여 과제를 위임할 수 있다(슐레스비히홀슈타인주 학교법 제131조). 필요한 경우 주 문화부는 교사와 학교심리상담사를 학교감독관청의 임무 수행을 위하여 임명할 수 있다(바덴뷔르템베르크주 학교법 제37조).[8] 행정적 혹은 정치적 구획으로 큰 단위의 학교감독관청은 그 아래의 작은 구획의 학교감독관청과 협력적으로 업무를 분담한다.

바덴뷔르템베르크주 슈투트가르트Stuttgart시의 학교감독관청에는 9명의 장학관과 11명의 행정 인력(교사 3인 포함)이 근무하고 있고, 각각의 장학관들은 1~2명의 보조 인력과 함께 일을 한다. 학교관청의 업무는 학교 담당(초등학교/레알슐레/베르크레알슐레/공동체학교), 특수교육 및 상담센터 담당, 특별한 과제 담당(전일제학교, 학교음악, 아동교육 등), 행정 담당으로 구분되어 있다.[9]

학교의 인적 구성

주문화부장관협의회KMK에서 편찬한 『2016/17년 독일의 교육제도』(2019)에 의하면 일반적인 단위학교에서 활동하는 인력은 다음과 같다.[10]

• 교장
• 교사
• 상담교사(교과 교사이면서 추가적으로 교육학과 심리학에서 양성과정을 마친 자로 본인이 근무하는 학교뿐만 아니라 다른 학교에서도 상담교사 업무를 수행함): 학교심리전문가와 협력
• 학교심리전문가(주의 공무원 신분)

- 학교의사(국민건강증진관청에 소속되어 있음, 단위학교마다 배치되지 않고 정기적인 방문 검진을 함)
- 비서(일반적으로 학교관리 주체가 고용하고 급여를 지급함)
- 하우스마이스터(일반적으로 학교관리 주체가 고용하고 급여를 지급함)
- 전일제학교에서 보살핌, 수업 외의 다양한 활동을 위해 필요로 하는 교육 전문 인력 혹은 사회교육자

위에서 언급된 인적 구성이 모든 학교에 동일하게 적용된다고 볼 수는 없다. 다만, 최소한의 인적 구성으로 이해하는 것이 바람직하다. 예를 들어 니더작센주의 하노버시에 있는 '통합종합학교 하노버-린덴 Integrierte Gesamtschule Hannover-Linden'[11]에는 교사(83명) 이외에 비서(3), 학교 하우스마이스터(2), 사서(2), 조리사, 학교보조원(1)이 있다. 바이에른주의 뇌르틀링겐Nördlingen시에 있는 '테오도르-호이스-김나지움 Theodor-Heuss-Gymnasium'[12]의 경우에는 교사 이외에 하우스마이스터, 비서가 근무하고 있다. 대부분 학교의 인적 구성은 교장, 교사, 비서, 하우스마이스터로 이루어지는 것이 기본이고, 학교의 특성에 따라 그 외의 필요한 인력들이 추가적으로 배치된다고 보면 된다. 따라서 독일 학교의 인적 구성은 교원, 수업 외의 교육활동을 위한 인력, 비교수 인력(비서, 하우스마이스터)으로 구분될 수 있다. 교사는 공무원 신분으로 주에서 채용하며, 그 외의 인력은 시, 권역, 구역과 같은 지역에서 채용한다. 청소 인력 같은 경우에는 대부분 회사에 소속되어 있다. 이렇게 본다면 우리나라의 단위학교 행정실 업무를 독일 학교에서는 비서가 처리한다고 할 수 있다.

그리고 수업 외 활동을 담당하는 전문 인력, 비서, 하우스마이스터의

채용은 학교행정국을 통해서 이루어지는 것으로 파악할 수 있다. 예를 들어 위에서 언급한 뒤셀도르프시청 학교행정국은 2020년 2월 현재 뒤셀도르프에 있는 151개의 학교를 돌보고 있고, 그 일에 종사하는 인력이 약 490명인데 행정 전문 인력, 학교의 비서, 학교의 하우스마이스터, 학교에서 정신적 발달을 위한 아동케어사, 전일제학교 프로그램을 위한 사회교육 인력, 특정 학교의 예산 담당 인력 등이다. 다음에서는 학교에서 비교수 인력인 학교 비서와 학교 하우스마이스터에 대해 살펴보기로 한다.

학교 비서와 학교 하우스마이스터

학교 비서(SchulsekretärInnen)

학교의 비서를 양성하는 과정은 별도로 없다. 다만 업무를 수행할 수 있는 능력을 필요로 한다. 학교의 비서에게 요구되는 능력은 개별적으로 혹은 어떤 기관을 통해 습득한다고 보면 된다. 베를린 의회에서 2013년 5월 14일 의결된 '학교 비서 고용관청으로서 학교 담당 행정관청의 결정에 관한 법'[13]에 의하면 비서의 역할은 다음과 같다.

"학교에서의 비서는 학교의 모든 법률적, 재정적, 학교조직적, 그리고 교육적 업무에서 학교장의 일을 중점적으로 지원한다. 그러므로 비서는 내적인 학교 업무들의 영역에서 주로 행정 과제를 처리한다. 비서는 교장이 학교의 행정적인 과제를 처리할 때 가장 중요한 보조 인력이다."

학교 비서에게 요구되는 능력은 수행하는 업무를 통해 가늠할 수 있다. 베를린 교육·청소년·학문부는 2013년 학교 비서의 업무 영역을 다음과 같은 비중으로 분배하여 기술하고 있다.[14]

〈표 5-1〉 학교 비서의 업무 영역 및 비중

일반적인 사무실 활동 및 사무실 의사소통	
상담 및 내부 서비스: -학생과 학부모 상담하기(학교 돌봄 프로그램, 의학적 검사 등) -직업학교의 경우 기술 연마 및 실습 기업 상담하기 -학생들과 교원에게 일정 안내하기 -학생 사고 발생 시 응급처치(조치)하기 -갈등 상황에서 중재하기 등 법규들: -입학, 교육과정, 학교교육 의무, 학교행정 등 관련 법규들에 대한 지식 -학교에서 응급처치 확보 시행 법규에 대한 지식 -위기 및 폭력 예방에 대한 기본 지식(위험 신고/ 공격적 태도 대응하기-위기 예방팀) -베를린 행정을 위한 공동의 사무규정 등 조직: - 학교 내부 조직에 대한 지식(구조, 절차, 책임) - 학교가 제공하는 특징적인 프로그램에 대한 지식 - 베를린 학교 시스템 구조에 대한 지식 - 응급처치 교육 정보기술: -IT-취급(학교관리 소프트웨어) -사무실 의사소통을 위한 소프트웨어	18%
사무실 조직 및 업무 처리 -사무실 의사소통 조직(문서/전자기기로 우편 수령과 발송, 문서/전자기기/직접 문의에 대답 내지는 이송, 문서/전자기기에 의한 공문 왕래를 스스로 처리하기, 일정 조정하기, 행사, 위원회, 시험과 같은 학교 및 부서 일정 관리, 교장의 일정 관리) -문서작성과 사무 행정(정보문서/초청장/증명서 등, 학부모/학생/기업에 보내는 학교 서식, 문서/서류 정리, 학교기록 관리 등) -학교조직 지원하기 등(공문서 수령/검토/필요할 경우 이송, 절도/기물 파손 신고, 교원 지원 서류, 습득물, 계획 변경 통지 수령 및 전달, 면역/치아/건강검진과 같은 의학적 검사 조직, 마케팅 자료를 만들고 배포하는 것 지원, 학부모 상담의 날/프로젝트 day/스포츠 축제/교과회의/학교회의/학생회의/학부모회의와 같은 행사 조직 등) -업무 관련 법률적 지식 - 문서 왕래를 위한 DIN 규준에 관한 지식 등	15%

학생지도(보살핌) 업무	
학교교육 의무 보장(학생이 학교의무교육에서 낙오하지 않도록 학부모 상담, 사회교육자 만남 주선, 학교심리상담사 만남 주선 등의 일) 입학 –등록 일정과 절차, 필요한 서류 등과 같은 입학 준비 –입학과 관련된 상담 및 지원 서류 접수 –입학 조건들을 검토하고 수용 능력 때문에 입학이 어려운 지원자를 제2 지망, 제3지망 학교 또는 학교감독관청 담당 부서로 이관, 학급 배정 등 학생 데이터 관리 –학생 관련 정보를 학교관리 소프트웨어로 기록, 관리(수업과 교육활동 을 위한 서류, 학생 진로를 위한 서류, 학생 개인별 서류) –교육 보고서의 통계를 위한 학생 관련 데이터 관리 및 준비 전학을 위한 학생 서류 교부 정보기술: 사무실 의사소통 소프트웨어, 학교관리 소프트웨어 사용 업무 관련 법률적 지식	54%
인사 및 회계업무	
관련 규정을 인지하고 그를 기반으로 한 예산관리	7%
인사행정 –학교관리 소프트웨어를 활용한 인사 관련 데이터 관리 –교사 전출입 파악 –교원의 노동계약 및 대체교사의 임금계약 준비 –사무실 지도부의 과제를 인지 –업무 관련 법률 지식	6%

비서는 학교 규모에 따라 1~3, 4명(시간제 근무자 포함) 정도이다. 구체적으로 라인란트팔츠주 보름스Worms시의 학교 비서 모집 광고를 소개하면 다음과 같다.[15] 2020년 2월 현재 이 학교의 교원은 45명 정도이며 비서는 2명이다.

카르메리터-레알슐레 플러스Karmeriter Realschule Plus의 비서 채용 공고(2014년 1월 29일)

시간제로서 2015년 7월 31일까지 근무함. 정기적으로 주당 15시간 일을 함

조건 행정 테크닉적인 혹은 상업적인 영역에서 양성과정을 마쳤거나 학교 비서로서의 다년간 경험이 있는 자. 윈도우와 MS-Office에 능통한 자

요구되는 특성 유연성, 팀 능력, 상호문화적 역량, 스트레스 대처 능력, 친절하고 확실한 태도, 자기주도성, 스스로 예견하면서 일을 할 수 있는 능력

과제 영역 카르메리터 레알슐레 플러스는 보름스시에 있는 4개의 새로운 레알슐레 중 하나이며, 현재 학생 수는 700명이고 두 곳에 위치하고 있다. 한 곳은 슈타우딩거Staudinger 학교로서 이미 전일제학교이며, 또 다른 곳은 카르메리터 학교로서 전일제학교로 확장된다.

비서는 학생, 학부모, 교원, 협력 파트너, 학교관청, 학교운영 주체를 위한 첫 대화자이며 안과 밖에서 학교에 대한 긍정적인 묘사를 전달하는 데 중요한 기여를 한다. 비서의 과제 영역은 다음과 같은 것을 포괄한다.

- 부분적으로는 독자적인 서신 왕래 처리
- 학생 촉진, 도서 대출과 관련해서 학교운영 주체에 의해 주어진 업무 처리
- 학교 예산 편성의 틀에서 회계
- 체계적인 서류 정리
- 학생 서류의 처리
- 약속 날짜 잡고 관리하기
- 학생의 전입과 퇴거
- 통계의 생산과 계속적 수정

- 학교 축제 때 협력
- 물품 목록 관리

지원자는 현재의 팀을 강화해야 하므로 높은 정도의 유연성이 기대된다. 지원자는 그것을 넘어서 학교 근무시간에 더 많은 일을 할 준비가 되어 있어야만 한다. 더 많은 근무를 할 경우 휴가 기간으로 상쇄될 수 있다. …
서류를 보낼 곳은 보름스 시청Stadtverwaltung의 인사 및 조직경영 부서이다.

학교 하우스마이스터(Schulhausmeister)

학교의 하우스마이스터는 학교 건물과 관련 시설 상태가 위험하지 않고 사용하는 데 불편함이 없도록 감시·보수·유지하는 과제를 수행한다. 학교 하우스마이스터를 모집할 때 필요한 분야의 직업교육 이수를 조건으로 제시한다. 학교의 인력 사정에 따라 업무가 다양하겠지만, 일반적으로 수행해야 하는 업무로는 학교의 시설들을 정비·정돈·관리하는 것이다. 예를 들면, 히터를 설치하고 필요한 연료, 전기, 가스를 공급하고 감시하는 것, 수리하는 것, 어느 정도 건물을 개선하고 개축하는 것, 겨울에 눈을 치우고 시설을 관리하는 것 등이라고 할 수 있다. 노르트라인베스트팔렌주 아헨Aachen시의 학교 하우스마이스터 업무지침에 따르면 "학교 하우스마이스터는 시 학교행정국의 감독"을 받고 "교장 내지는 교장 부재 시 교장 대리자의 지시를 따른다."[16]
학교 하우스마이스터의 일반적 업무 및 활동은 다음과 같이 정리될 수 있다.

〈표 5-2〉 학교 하우스마이스터의 일반 업무 및 활동

업무/활동의 내용	활동 사항	실행 빈도
청결 유지, 정돈 및 안전	학교 건물과 학교 대지의 청결, 정돈 및 안전, 특히, 청소, 난방기 조작(사고 예방 규정 고려)	매일
감시 업무	학생과 학교 시설을 이용하는 방문객이 청결 유지, 정돈 및 안전사항을 준수하도록 요구	매일
항시 대기	수업시간에 학교 내에 항시 있어야 함. 학교에서 이탈하는 것은 상관의 허락이 있어야 함	매일
추가적 행사의 돌봄	학교회의, 학교의 시설을 이용한 학교 외부 행사 보살핌	수요에 따라

다음은 노르트라인베스트팔렌주 권역 도시인 오이스키르헨Euskirchen 시 마리엔슐레 김나지움Gymnasium Marienschule의 학교 하우스마이스터 모집 공고에서 요구했던 업무 영역과 지원 조건이다. 전일제학교인 이 학교의 학생 수는 그 당시 1,030명이며, 이 학교에 근무하게 될 하우스마이스터는 학생들이 이용하는 3개 체육관도 함께 관리해야 한다. 전일제 학교 운영과 학교 외부 행사로 인해 하우스마이스터는 2교대로 근무하게 된다.[18] 모집 공고에 제시된 학교 하우스마이스터의 업무 영역은 다음과 같다.

• 체육관을 포함한 학교 건물과 대지의 정기적인 컨트롤
• 기술적인 시설들의 점검, 조작, 정기적인 감독
• 학교와 학교 외부의 행사 보살핌
• 일상적인 유지, 감독, 수선 일거리의 수행
• 수공업자 회사와 감독 회사의 협조
• 외부 회사의 일에 대한 검토(시간표, 기능 검사)

- 건물과 외부 시설(정원 포함) 관리 및 청결 유지
- 겨울철 업무의 수행

지원 조건은 다음과 같다.

- 수공업 직업교육 종료. 희망사항은 에너지기술자, 건물기술자, 전기기사, 도색기술자, 타일기술자, 철공작업기술자, 목공기술자와 같은 직업군 또는 유사한 분야의 직업교육을 받은 자
- 학교장 및 학교공동체와의 협업
- 높은 책임감, 절대적인 신뢰성
- 추가적인 작업을 위한 시간적인 유연성과 준비성. 예를 들어 저녁시간 또는 주말
- 갈등해결 능력, 조직 헌신성, 감정이입 능력, 스트레스 대처 능력
- 심화교육과 계속교육을 위한 준비성
- 팀 작업에 기꺼이 참여하는 준비성
- 갈등 상황에 적합하게 대처하는 능력
- 육체적인 적합성(예: 무거운 물건을 들어 올리거나 나르는 데)
- B 수준의 운전면허증

위에서 살펴본 것처럼 독일 학교의 행정 인력은 비서이며, 학교시설관리 인력은 마이스터이다. 학교의 비서와 하우스마이스터에게 업무를 지시할 수 있는 권한이 교장에게 부여되지만, 감독기관은 해당 지역의 학교행정국이다. 주에 따라 교장의 업무를 지원할 행정 인력 부족이 문제가 되고 있으며, 행정 인력 부족은 교장 업무의 과다로 이어져 특히 초등학교 교장직 기피의 원인으로도 작용하고 있다.

1. Ministerium für Kultus, Jugend und Sport des Landes Baden-Württemberg, Ministerium Organisation.
2. Staatliches Schulamt Karlsruhe. Übersicht zur Organisation am staatlichen Schulamt Karlruhe.
3. Schulgesetz für das Land Nordrhein-Westfalen(Schulgesetz NRW-SchulG).
4. https://service.duesseldorf.de/suche/-/egov-bis-detail/einrichtung/874/show; 정기섭(2014), 독일 학교의 행정조직 사례. 경기도율곡교육연수원. 2014 행정실장 경영 마인드 제고과정 연수교재(2014-03-1022), 98; 바이에른주의 아우크스부르크시 학교관청을 참조하려면 https://www.augsburg.de/buergerservice-rathaus/buergerservice/aemter-behoerden/staedtische-dienststellen/s/schulverwaltungsamt
5. https://www.duesseldorf.de/schulen/akteure-rund-um-schule/schulamt/schulamt.html
6. https://schulamt-muenchen.musin.de/index.php/aufgaben/16-das-staatliche-schulamt-und-seine-aufgaben
7. Bayerisches Gesetz über das Erziehungs-und Unterrichtswesen(BayEUG).
8. 참고: 노르트라인베스트팔렌주 학교법(Schulgesetz für das Land Nordrhein-Westfalen) 제86조-91조; 헤센주 학교법(Hessisches Schulgesetz) 제91조, 제94조; 바이에른주 교육 및 수업에 관한 법(Bayerisches Gesetz über das Erziehungs- und Unterrichtswesen) 제115조.
9. http://schulamt-stuttgart.de/site/pbs-bw-new/get/documents/KULTUS.Dachmandant/KULTUS/Schulaemter/schulamt-stuttgart/pdf/Organigramm%202020-14_02.pdf
10. Standige Konferenz der Kultusminister der Länder in der Bundesrepublik Deutschland(KMK)(2019), *Das Bildungswesen in der Bundesrepublik Deutschland 2016/2017,* 225 이하.
11. www.igs-linden.de.
12. http://www2.thg-noe.de/
13. Gesetz über die Bestimmung der für das Schulwesen zuständigen Senatsverwaltung als Dienstbehörde für Schulsekretärinnen und Schulse kretäre(Drucksache 17/0993 17.05.2013).

14. Berlin Senatverwaltung für Bildung, Jugend und Wissenschaft(2013.01.22.), Beschreibung des Aufgabenkreises Schulsekretärin/ Schulsekretär에서 발췌함.

15. 정기섭(2014), 독일 학교의 행정조직 사례, 103.

16. Dienstanweisung für die Schulhausmeister der Stadt Aachen(2004.12.27.).

17. Martinetz, S.(2004), *Fallstudie Schulhausmeister*, 13; 정기섭(2014), 독일 학교의 행정조직 사례, 104.

18. 정기섭(2014), 독일 학교의 행정조직 사례, 104.

제 6 장

반일제학교에서
전일제학교Ganztagsschule로
전환하는 배경은 무엇인가?

독일의 학교는 2000년 이후부터 반일제학교에서 전일제학교로 전환되고 있다. 그 배경으로는 PISA 결과 분석, 사회적 변화에 따른 교육 개념의 확대 해석, 가정이 이전처럼 보살핌을 담당하는 최적의 사회화 기관으로서의 기능을 유지할 수 없는 사회현상(이혼율 증가, 편부모 증가, 맞벌이 부부 증가 등) 등을 들 수 있다. 전일제학교의 확산 배경에는 무엇보다도 교육격차 해소라는 측면이 강하게 작용하고 있는 것으로 보인다.

반일제학교의 정착

독일의 정규학교로 정착되어 있는 반일제학교는 세계에서 찾아보기 힘든 독일만의 학교 형태로 인식되어 왔다. 그러나 2000년 이후 미디어, 학부모, 각종 단체, 정치권에서 전일제학교 확대 요구가 거세지고 있고, 초·중등 학교교육 개혁 논의에서 '전일제학교'가 단골 메뉴로 등장하고 있다. 그렇다면 언제부터 어떤 이유에서 반일제학교가 독일의 정규학교 모형으로 정착하게 되었는가?

독일은 독일제국(1871)이 형성되기 전까지 수많은 소국가들로 구성되어 있었기 때문에 독일 전역의 모든 학교라고 단언할 수는 없을지라도 적어도 19세기 말까지 전일제학교는 통상적인 학교의 형태였다.[1] 이 시기의 전일제학교는 현대적인 전일제학교와 구분되므로 관련 문헌들에서 '고전적' 혹은 '전통적' 전일제학교라고 표현된다. 전통적 전일제학교는 현대적 전일제학교처럼 학생의 전인적 발달을 고려하여 조직된 생활 공간으로서의 학교가 아니라, 오전과 오후로 나누어 수업하는 학교였다. 학생과 교사들은 오전 수업(8:00~12:00)이 끝나면 집으로 가서 가족과 함께 점심식사를 하고 오후 수업(14:00~16:00)에 참여하였다. 오전과 오후로 분리된 학교 수업은 그 당시의 노동자, 특히 수공업자들의

일반적인 생활 리듬에 맞춘 것이었다.[2]

고전적 전일제학교가 어떠한 이유에서 19세기 말에 와서 반일제학교로 전환이 이루어지기 시작했는지 이 분야에서 많이 인용되고 있는 로만J. Lohmann의 연구(1965)를 근거로 구성해 보면 다음과 같다. 먼저 초등교육에서 반일제학교가 등장한 이유로는 의무교육을 정착시키기 위한 사회 상황과의 타협을 들 수 있다. 널리 알려진 것처럼 독일에서는 1717년 프리드리히 빌헬름 Ⅰ세Friedrich Wilhelm Ⅰ, 1688~1740에 의하여 "많은 시골 지방의 현재 상황에서는 불가능하지만 학교가 있는 곳에서는 어린이들이 겨울에는 매일, 여름에는 적어도 일주일에 한 번씩 학교에 출석해야 한다"는 의무출석이 법령화되었다.[3] 또한 프리드리히 대왕 Friedrich Wilhelm Ⅱ, Friedrich der Grosse, 1712~1786은 부친의 유지를 이어 1763년 '프로이센 시골 학교규정'에서 "모든 아동은 5세부터 13세 혹은 14세까지 학교에 다녀야 한다"고 공포하였다.[4]

그러나 모든 계층의 아동이 학교교육을 받아야 한다는 의무교육의 이상을 실현하기에는 현실적으로 어려움이 있었다. 가족의 생계를 아동의 노동력에 의존해야 하는 빈곤계층에서는 아이들을 종일 학교에 머무르게 한다는 것이 불가능한 상황이었다. 이러한 현실을 고려하여 의무교육을 정착시킬 수 있는 해결 방법은 학교 수업을 단축하는 것이었기에 아동에게 최소한의 수업을 제공하는 도시의 공장학교 Fabrikschule, 시골의 여름학교Sommerschule와 같은 반일제학교의 형태가 초등교육에서 등장하게 되었다.

공장학교는 초등학교를 대체하는 학교로 공장에서 노동을 하는 아동을 위한 학교였다. 11세부터 입학이 가능하였고 1835년 작센에서 처음으로 생겨났다. 수업은 매일 최소한 2시간이 행해졌는데, 주로 저녁시간에 이루어졌고 부분적으로 아침시간과 점심 후의 시간에도 이루어졌다. 여름학교는 농부들에게 여름에 아동의 노동력을 제공하고 아동이 최소한의 수업을 받을 수 있도록 규정한 학교로서 여름에는 일주일에 3일 매일 3시간 수업에 참여하는 하는 것을 의무로 하고, 겨울에는 전 시간 참여하는 것을 의무로 하였다.[5]

중등교육은 의무교육이 아니었으므로 아동의 노동문제 때문이 아니라 다른 이유에서 반일제학교로의 전환이 이루어졌다. 프로이센 정부는 1890년 다음과 같은 이유에서 중등교육에서의 반일제학교 도입을 찬성하였다.[6] 첫째, 학생들의 건강에 대한 염려이다. 이것은 주로 의학자들에 의해 제기되었는데, 수업 과목의 수와 수업시간이 학생들이 감당하기에 너무 과중하고 하루에 집과 학교를 2회 왕복(집 → 학교 → 집: 점심 → 학교 → 집)하는 것이 신체적인 피로를 가져오기 때문에 오후 수업을 폐지해야 한다는 것이었다. 19세기에 주간 수업시수는 40시간(토요일 포함)이었고, 숙제를 하기 위해 저학년의 경우 3시간을, 고학년의 경우 5시간을 소비해야 했다. 둘째, 장거리 통학생의 증가이다. 산업화와 더불어 시골 지역에서도 도시의 수준 높은 교육에 대한 관심이 높아졌고 현대적 교통수단의 도움으로 장거리 통학이 가능해지자 통학하는 학생들이 증가하였다. 도시 주변 지역의 학생들이 먼 거리에 위치한 학교를 하루에 2회 왕복하는 것은 쉽게 감당할 수 있는 일이 아니었다.

초등교육과 중등교육에서의 반일제학교 도입은 위에서 언급한 이유 이외에도 아동 지도Kindererziehung는 가정의 역할이고 교육Bildung[7](빌둥)은 학교의 과제라는 이분법적 인식이 반영되어 있다. 최근까지도 독일의 아동·청소년 보살핌이 대부분 학교 밖의 공·사립 사회적 지원의 테두리에서 이루어지고 있는 것은 이러한 인식의 영향이라고 볼 수 있다.[8] 이러한 시각은 오후에 가정에서 숙제를 도와주고 점심을 준비하는 등 아이를 보살피고 돌보아야 하는 어머니를 전제로 한다. 즉, 아버지는 가족을 부양하기 위해 출근해야 하고 어머니는 그동안 가정에서 아이들을 돌보아야 한다는 성역할 구분 가정 모형이 전제되어 있는 것이다. 이러한 가정 모형의 유지는 훗날 전일제학교 도입을 반대하는 이유가 되기도 하였다.

제2차 세계대전 이전 전일제학교 확대 노력 (19세기 말~1933)

독일제국과 바이마르 공화국 시기(1918~1933)에 여성은 가정주부이고 남성은 가족 부양자라는 남성-여성 역할 분담의 가정 모형을 정착시키려는 강력한 정치적 움직임이 있었고, 노동자운동Arbeiterbewegung은 가족수당과 여성의 취업 반대를 위해 투쟁하였다. 국가, 교회와 복지단체는 아동교육은 가정의 우선적인 과제라고 요구하였기 때문에 이 시기에 학교 밖에서의 아동에 대한 지원은 사립 복지활동단체가 솔선해서 행하는 것이 지배적이었다.[9] 그러나 실제로 이 시기에 이러한 모형에 근접한 가정은 소수에 불과하였고, 이러한 모형이 지배적이었던 시기는 오히려 경제성장이 한창이던 1950, 1960년대였다.[10]

전통적인 전일제학교에서 반일제학교로의 전환이 지배적인 경향이었음에도 불구하고 전일제학교를 옹호하면서 전통적인 전일제학교를 현대적인 전일제학교로 대체하려는 노력들도 있었다. 이러한 노력들은 개혁교육운동의 흐름에서 파악될 수 있는데 대표적으로 리츠H. Lietz, 케르셴슈타이너G. Kerschensteiner, 단호한 개혁가들의 단체Bund entschiedener Reformer에 속해 있던 개혁가들을 들 수 있다.

리츠는 1898년 일젠부르크Ilsenburg에 독일에서 첫 번째 전원기숙사학교를 설립하여 독일 전원기숙사학교 운동의 선구가자 되었다. 그 후에도 1901년에 하우빈다Haubinda, 1904년 비버슈타인Bieberstein에 계속해서 전원기숙학교를 설립하였다. 그는 단편적인 지식 전달 위주의 기존 수업 중심 학교교육을 비판하고 학교교육의 목적으로 전인적인 발달을 통한 도덕적 품성 도야를 제시하였다. 이를 위하여 리츠는 점심식사를 제공하고 숙제를 도와주는 등의 가정적 기능을 학교에 도입하고 전원에서 다양한 활동을 체험하는 생활공간으로서의 전일제학교 모형이 국가적으로 절실하다고 역설하였다.[11]

케르셴슈타이너는 소위 암기 위주의 교과학교를 비판하고 그에 대한 대안으로 노작학교를 제안하였다. 노작학교는 기존의 학교와 달리 학생의 자기활동성과 자발성을 고려한 교육 방법을 중시하고, 학교가 생활과 격리된 섬이 아니라 생활과 연결된 공간으로서 직업적으로 요구되는 능력과 더불어 공민으로서의 태도를 기르는 곳으로 이해된다. 이를 위해서는 실천적 노작과 수공작업을 할 수 있는 공작실이 학교에 도입되어야 한다고 주장하였다. 그는 초등학생의 관심과 흥미는 실천적 영역에 있기 때문에 자기활동적 노작이 학교교육에서 중요한 교육적 요소가 되어야 한다고 주장하였다. 그러므로 교과로서의 노작수업은 아이들의 나이에 맞는 흥미에 부합되어야 하고 직업을 준비하는 데 기여해야 한다고 강조하였다. 이러한 견해에 기초하여 케르셴슈타이너는 1895년 뮌헨시의 장학관이 되었을 때 초등학교Grundschule와 계속교육학교(Fortbildungsschule[12]를 개혁하고자 하였다. 특히 초등학교는 "교육 영역을 확장하고 의무계속교육학교든지 혹은 전문학교Fachschule든지 간에 18세까지 머무르는 학교의 형태로 확대될 필요가 있다"[13]고 주장하였고, 1910년부터 1914년까지 실행되었던 뮌헨시의 실험학급을 통해 오후 수업을 시도하였다.[14] 케르셴슈타이너는 산업사회에서 요구되는 삶의 조건들을 준비하기 위해서 전일제학교의 구조가 필요하다는 것을 감지하고 있었던 것이다.

단호한 개혁가들의 단체는 1919년 9월 18일 그 당시 학교교육의 문제를 인식하고 개혁하려는 24명의 급진적인 교사들에 의해 베를린에서 조직되었으며 1920년에는 모든 교사들에게 개방되었다. 이 단체는 1933년 해체될 때까지 정부의 교육정책에 적극적으로 자신들의 견해를 개진하였다. 이 모임을 주도했던 인물은 외스트라이히P. Oestreich와 카르젠 F. Karsen을 들 수 있다.[15] 단체에 참여했던 교사들 간에는 다양한 견해가 존재하였음에도 불구하고 기존의 학교가 기계적인 수업학교라는 비판과 단일학교Einheitsschule의 이상理想에 의해 학교가 개혁되어야 한다는 데에는 이견이 없었다. 그들이 추구하는 단일학교는 학교의 유형을 통합하여 모든 계층의 아이들이 동일하게 다닐 수 있어야 하고, 사회적 책임 내지는 사회적 의무와 사회적 태도를 형성할 수 있는 공동체 교육이 실현되어야 하며, 선택과목을 확대하여 학생의 고유한 관심과 소질을 자유롭게 펼칠 수 있는 가능성을 제공해야 한다는 것이다. 그러므로 이들은 수업 위주의 학교를 체험 공동체로 전환하고자 하였으며 이러한 맥락에서 노작수업을 중요한 프로그램으로 인식하였다.[16] 이 모임은 카르젠을 주축으로 하여 1920년 프로이센의 문화부장관이었던 헤니쉬 K. Haenisch의 권유로 베를린 리히터펠데Lichterfelde 지역에 있던 사관학교Kadettenschule를 기숙 형태의 레알김나지움Realgymnasium으로 전환하는 "실험-단일학교" 프로젝트를 수행하였으나 실패하였다. 또한 1920년 개최된 제국학교회의Reichschulkonferenz에 참석하여 자신들의 학교 이상을 발표하기도 하였다.[17]

일방적인 수업 위주의 학교를 비판하고 자기활동성과 자발성에 기초하여 학생의 인격적, 사회적, 육체적, 감성적 발달을 위한 현대적인 전일

제학교를 추구하는 움직임은 독일국가사회주의Nationalsozialismus가 등
장하면서 표면적으로는 일단락되었다.

제2차 세계대전 이후 전일제학교 확대 노력
(1945~1990)

　제2차 세계대전의 종료 후 학교를 재건하는 과정에서 전일제학교의
필요성에 대한 주장이 다시 등장하였다. 전일제학교 논쟁에 불을 지핀
주요 동기는 전쟁의 결과 빚어진 가정의 비참한 상황과 그로 인하여 제
대로 보살핌을 받을 수 없는 아동·청소년들의 문제를 해결하는 데 있
었다. 1947년에 취학의무연령대의 아동모母 중 52%가 생계유지를 위
해 일을 하고 있었을 정도로[18] 전쟁에서 남편들이 전사하거나 신체적
인 손상으로 노동력을 상실한 경우가 많아 부인들은 일터로 향할 수
밖에 없었다. 이러한 문제를 해결하기 위하여 마이어-쿨렌캄프L. Mayer-
Kulenkampff와 노올H. Nohl은 1947년 학교와 호르트Hort가 결합된 형태
의 전일제학교인 "주간가정학교Tagesheimschule"를 설립할 것을 요구하였
다.[19] 이 학교 모형은 아동모의 생계유지 활동과 아동 방치의 문제를 해
결하기 위해 수업과 식사 및 노작, 놀이 등과 같은 여가시간 활동을 모
두 제공하는 것이 특징이다.
　그러나 이러한 가정의 기능을 수용한 전일제학교 모형이 전후의 상
황에 비추어 이전의 남성-여성-역할 분담에 기초한 학교 모형보다는
현실적으로 필요하였음에도 불구하고 바이마르 공화국 시기의 반일
제학교 모형이 더 애호되었다.[20] 그 이유는 새로운 학교 모형을 도입할
수 있는 시간이 불충분하다는 것과 전일제학교를 내세우고 있는 동독

과 차별을 두어야 한다는 인식이 지배적이었기 때문이다. 주간가정학교의 필요성에 대한 논의는 전일제학교의 촉진과 발달에 관심 있는 사람들로 하여금 1955년 2월 12일 프랑크푸르트시에서 전일제학교협회 Ganztagsschulverband인 공익 주간가정학교단체Gemeinnützige Gesellschaft Tagesheimschule, GGT를 설립하도록 하였다.[21] 그러한 노력의 결과 프랑크푸르트(1956), 카셀Kassel(1957), 함부르크(1958)에 주간가정학교가 개교하게 되었다.[22] 주간가정학교 모형은 비싼 비용 부담에 대한 비판이 계속 제기되면서 오래 지속되지는 못했다.

1960년대에 이르러 전일제학교에 대한 논의는 새로운 전기를 맞게 된다. 독일교육자문위원회Deutscher Bildungsrat[23]는 1968년 학교는 인간적이고 교육적인 요소들을 가져야만 하는데, 이러한 요소들은 전일제학교에서 실현될 수 있다는 견해를 표방하였고 전일제학교의 새롭고 확대된 과제를 다음과 같이 언급하면서 전일제학교의 설립을 권장하였다.[24]

① 강력한 내적·외적인 수업의 세분화, 특히 선택 코스와 자발적인 노작공동체의 도입, 그리고 촉진 코스의 구축

② 통례적인 학교 숙제 대신 학교에서 학습 내용의 연습, 심화, 반복. 특히 새로운 수업 형태의 개발

③ 예술적인 활동의 확대 가능성

④ 스포츠와 놀이를 위한 더 많은 시간과 더 자유로운 형태

⑤ 사회적인 경험 영역의 확대와 직업세계의 준비

⑥ 다양한 사회계층에 속한 학생들 간의 접촉 강화

⑦ 학생과 교사의 협동 작업의 개선

⑧ 학생 공동 책임의 확대

⑨ 학부모와 학교의 밀접한 공동 작업

⑩ 학교 내의 심리학적 상담의 확대

독일교육자문위원회의 전일제학교 권장으로 1971년부터 1978년까지 34개의 종합학교가 실험적으로 운영되었고, 연방–주 교육계획위원회 Bund-Länder-Kommission für Bildungsplanung: BLK[25]는 1973년 교육종합계획 Bildungsgesamtplan 발표를 통해 전일제학교의 학생 수를 1970년에 반일제학교의 4%, 1975년까지 10%, 1980년까지 30%, 1986년까지 60%로 점차적으로 확대해 가는 것을 제시하였다.[26] 그러나 실제로 전일제학교는 크게 증가하지 않았다. 1979년에 전체 학생 수의 3~4%만이 전일제학교 학생이었고,[27] 1988년까지도 3.7%에 불과하였다.[28]

1970년대 전일제학교에 대한 관심의 증가와 필요성 인식에도 불구하고 학교 수가 크게 증가하지 못한 이유는 교육정책을 둘러싼 정당 간의 대립적·감정적 논쟁에서 찾을 수 있다. 이 시기의 교육정책에서 주요한 논쟁거리는 종합학교Gesamtschule라고 할 수 있는데, 종합학교 구상은 전일제학교와 밀접한 연관이 있었기 때문에 종합학교와 전일제학교의 개념이 동일시되었다.[29] 진보 정당인 사민당SPD은 기존의 세 갈래 복선형 학교제도는 교육 기회의 균등을 방해하고 너무 이른 시기에 진로를 결정해야 하는 문제를 갖고 있기 때문에 새로 설립하는 학교는 종합학교여야 하고 기존의 학교들도 종합학교로 전환해야 한다고 주장하였다. 반면 보수 정당인 기민당CDU, 기사당CSU은 종합학교로 전환하면 학력의 저하, 가정의 해체, 아동의 자발적인 활동 침해를 가져온다고 맞섰다.[30] 이러한 대립의 배경에는 이데올로기적인 이유가 자리 잡고 있었다. 동독에서는 여성이 생산 활동에 참여할 수 있도록 돌봄의 기능이 강화된 전일제교육기관의 형태가 지배적이었기 때문에, 전일제학교는 학생들의 자유로운 발달을 통제하는 기능을 수행하는 공산주의적인 모형이라는 강한 선입견이 작용한 결과였다.

이러한 선입견은 서독에서 전일제학교 발달을 저지하는 데 영향을 미쳤고, 그 결과 1980년대에 들어 전일제학교에 대한 공공적인 논쟁은 크게 감소하였다.[31] 서독지역 여성의 사회 진출이 증가하면서 아동 보살핌의 기능을 가진 전일제학교에 대한 요구가 존재했음에도 불구하고 전일제학교에 대한 논의와 확대가 부진했던 것은 전일제학교에 대한 부정적인 시각도 함께 작용했다고 할 수 있다. 즉, 전일제학교는 소외 계층을 위한 학교라는 인식과 특별한 교육적 지원을 필요로 하는 아동을 위한 특수학교라는 인식이 그것이다.

1990년 독일 통일과 냉전체제의 종식은 전일제학교의 확대 논의에 새로운 불을 지폈다. 전일제학교 발달을 저지하는 데 이용되었던 이데올로기적인 근거가 상실되었고, 아동의 전일제 보살핌 기관에 익숙해져 있던 동독지역 주민들의 요구와 아동의 전일 보살핌을 위한 교육·보육기관의 증가를 원하는 서독 여성들의 요구가 부각되면서 전일제학교 논쟁은 이전보다 더욱 강한 추진력을 얻게 되었다.[32] 전일제학교에 대한 상반된 견해는 다음과 같이 요약될 수 있다.[33]

찬성 이유

① 맞벌이의 증가, 편부모의 증가로 인한 전일 보살핌의 필요성이 증가

② 학교 밖의 돌봄 기관의 불충분함(호르트Hort가 부족하고, 집에서 떨어져 있고, 비용이 많이 들고, 집에는 도움을 줄 수 있는 가족 구성원이 없음)

③ 가정, 특히 엄마의 부담 경감(집에서 점심식사를 준비할 필요가 없고, 숙제를 학교에서 보살펴 주기 때문에 부모의 부담이 줄어들고, 집에서

자유시간에 가족이 함께 보낼 수 있음)

④ 아동·청소년의 위험 요소가 경감됨(제멋대로 타락할 위험 감소, 소비 유혹 감소, 약물 접촉 감소)

⑤ 기회의 균등(모든 학생이 경제적, 시간적 또는 부모의 교육 가능성과 상관없이 학교에서 필요한 지원을 받고, 모든 학생이 자기에게 적합한 학급, 교재 등을 이용하여 작업할 수 있음)

⑥ 교육 프로그램 제공을 확대하고, 시간이 많이 소비되는 수업 형태를 도입(자유작업, 주간계획 작업과 같은 열린 수업 형태, 프로젝트 수업, 노작공동체를 보완하여 같은 성향의 집단 구성)하여 특별한 수업 모형을 실현할 수 있는 기회가 됨

⑦ 개인의 어려움을 파악하고 그에 맞는 촉진 대책들 수립될 수 있고 (유연한 집단의 구성), 학생들 간에 서로 촉진할 수 있고, 부족함을 채울 수 있음(외국인 학생들이 장기간 학교에 있음으로 해서 독일어 능력을 향상시킬 수 있고, 학습 결손은 전문 인력의 도움으로 해결할 수 있음)

⑧ 학교가 다양한 교육 제공 장소, 생활의 장소, 만남의 장소가 되고, 청소년에게 적합한 생활방식의 보살핌이 가능함

⑨ 학생들의 사회통합을 위한 더 나은 가능성을 제공함(학생들이 오랜 시간 함께 머무르고, 학급을 넘어서는 노작공동체나 성향 집단의 구성은 우연적인 학급 구성에 의한 소속감의 경직성을 극복하고 학교공동체에 대한 소속감을 높임)

⑩ 여가시간이 증대되는 현대사회에서 자유시간을 스스로 조직하고 의미 있게 활용하는 체험을 통해 자기주도적 활동이 강화됨(지역사회 기관들에서 제공하는 활동들과의 만남을 통해 여가시간 활용 시야도 넓힘)

⑪ 다른 유럽 국가들의 전일제학교 시스템에 적응할 수 있고, 학교에서의 긴 체류 시간은 직업세계에서의 노동 리듬을 더 잘 준비시킴

⑫ 교사 역량의 확대(교사는 더 이상 지식의 중재자가 아니라 교육자이고 아동·청소년의 파트너임, 교육자와 사회교육자를 통해 교사를 보완함, 학교 활동에 학부모들이 활발하게 참여할 수 있음)

⑬ 교사는 수업의 효과 상승과 인간관계 구축을 위해 더 많은 시간을 활용할 수 있음.

반대 이유

① 직업활동이 가정의 교육보다 더 높은 가치를 갖고, 맞벌이 기회가 증가함으로써 아이들은 배척되었다는 느낌을 가질 수 있고, 이를 부모들이 물질적으로 보상함으로써 아이들의 잘못된 소비 태도를 촉진할 수 있다.

② 학교에 너무 오래 체류함으로써 시간적·육체적 부담감이 아이들의 생체리듬을 무시하고, 공격성과 폭력을 연습할 기회를 제공할 수 있다.

③ 숙제를 위해 놀이 공간이 제한되고, 학교에서 제공하는 것에 의존하고, 다른 학생들의 결정에 의존하는 것을 선호함으로써 자기주도성이 감소한다.

④ 친구들과의 사적 만남과 같은 학교 밖의 자유시간 활동이 제한됨으로써 개성이 상실된다.

⑤ 학업성취가 낮은 학생들이 보살핌을 받는 동안 학업성취가 높고 스스로 학습할 수 있는 능력이 있는 학생들에게는 공허한 시간이 된다.

⑥ 부모가 질적으로 높은 수준의 지도를 할 수 있는 학생에게는 그러한 기회가 제한된다

⑦ 교사의 추가적인 부담이 증가하여, 수업을 집중적으로 창조적으로 준비하는 것을 제한한다(박물관, 미술관, 서점 방문 시간이 감소).

⑧ 부모의 교육적 책임을 학교에 전가하고, 부모가 숙제를 돌보아 주지 않음으로써 학습 내용과 학교에 대한 관심이 감소한다.

⑨ 종종 질적 수준이 낮은 인력이 배치됨으로써 단지 보살피는 일만 일어난다.

⑩ 비용이 많이 든다.

2000년 이후 전일제학교 활성화 배경

2000년에 들어 부모들, 단체들, 정당들의 전일제학교에 대한 긍정적인 견해가 더욱 증가하였고, 2001년 초부터는 전일제학교와 전일제 프로그램 제공을 확대해야 한다는 "폭넓은 사회적 공감대"가 형성되었다.[34] 학교발전연구소Institut für Schulentwicklungforschung, IFS가 2년마다 독일 국민과 학부모를 대상으로 실시한 설문조사에 의하면 전일제학교 확대에 대한 찬성 의견이 1991년 39%였던 것이, 2000년 48%, 2004년 56%로 증가한 반면, 반대 의견은 1991년 36%였던 것이 2000년 27%로, 2004년 23%로 크게 감소하였다.[35] 이러한 분위기에서 연방정부와 주정부는 2003년 5월 12일 "교육과 보살핌의 미래Zunkunft Bildung und Betreuung"라는 투자 프로그램에 합의하였고, 연방정부는 주정부에 2007년까지 전일제학교의 확대를 위해 총 40억 유로를 지원하기로 약속하였다.

이전에 비해 이 시기에 갑자기 전일제학교를 옹호하는 견해가 증가하게 된 것은 무엇보다도 2000년에 실시된 PISA(중점 분야: 읽기 능력) 결과에 대한 독일 국민들의 충격 때문이라고 할 수 있다. 독일은 32개 참가국 중 읽기 영역 21위, 수학 영역 20위, 자연과학 영역 20위로 중하위권에 머물렀다. PISA 2000의 결과가 발표된 후 독일의 교육문제를 진단하고 원인을 분석하는 연구들이 줄을 이었고 이를 통해 독일 교육 시스템 전반에 대한 개혁의 요구가 높아졌다. PISA 2000의 결과를 통해 드러난 독일 교육의 두드러진 문제는 성적 상위 집단과 하위 집단 간의 격차가 너무 크다는 것, 경제적인 상위 계층과 하위 계층의 학업성취도 차이가 어떤 나라보다도 크다는 것, 이주외국인 자녀의 학업성취도가 현저히 떨어진다는 것이다.[36] 이러한 문제의식 속에서 주문화부장관협의회는 2001년 12월 5~6일 본Bonn에서 총회를 열어 PISA 2000의 결과에 대한 7개의 대책을 처음으로 발표하였는데, 7번째의 대책이 "특히 교육적 결함과 특별한 재능을 가진 학생들에게 확대된 교육 가능성과 촉진 가능성을 제공하기 위해 학교와 학교 밖에서의 전일제 프로그램 제공을 확대"하는 것이었다.[37]

그 당시 가정·노인·여성·청소년부BMFSFJ의 장관이었던 베르크만C. Bergmann은 2002년 1월 7일 보도자료를 통해 "학교, 대학교, 직업연마과정과 같은 형식적 교육 시스템 이외에 학교 밖의 아동·청소년 지원에서 이루어지는 아동·청소년의 스포츠교육, 문화교육, 정치교육의 몫을 더 강력하게 주의해야만 한다. … 만약 우리가 PISA 연구 이후에 단지 학교 영역에서의 형식적 교육에만 방향을 맞춘다면, 우리는 많은 아동과 청소년을 목적에 이르게 하지 못할 것이다"라고 경고하면서 "보살핌과 교육에서 충분한 전일제 제공은 아동의 관심에서뿐만 아니라 부모의 관심에서 포기할 수 없다"[38]고 강조하였다.

전일제학교의 확대에 대한 견해가 증가한 또 다른 이유는 아동·청소년이 성장과정에서 경험하게 되고 적응해야 할 사회적인 환경의 변화와 그에 기초한 교육정책의 패러다임 전환을 들 수 있다. 앞에서 언급하였던 것처럼 반일제학교의 등장은 아동의 성장에서 가정(지도Erziehung, 보살핌)과 학교(교육Bildung)의 역할 분담과 부모의 역할이 안팎으로 분담된 가정 모형에 근거하고 있었다. 그러나 아동·청소년의 성장에 영향을 미치는 사회적 환경의 변화로 인해 전통적인 이분법적 역할 분담 모형은 더 이상 설득력을 가질 수 없게 되었다. 고학력 여성의 증가, 기혼 및 미혼 직장 여성의 증가, 이혼율의 증가, 편부모의 증가, 맞벌이 부부의 증가, 핵가족의 증가와 같은 사회현상은 가정이 아동·청소년의 발달 과정에서 더 이상 이전처럼 지도와 보살핌을 담당하는 최적의 사회화 기관으로서의 위치를 유지할 수 없게 되어 이를 대신할 사회적 인프라의 확대가 요청된 것이다.

이와 함께 취학 전과 취학 후로 양분되어 있던 지도-보살핌/교육의 관계도 새로운 정립이 요구되었다. 누가 어디서 교육을 하고 지도-보살핌을 수행해야 하는가에 대한 새로운 답이 요구된 것이다. 이러한 요구와 관련하여 교육Bildung 개념을 확대해서 이해해야 한다는 전문가 집단의 견해가 제기되었다.

『제11차 아동·청소년 보고서』(2002)[39]의 작성위원회는 현대사회에서 아동·청소년의 생활 상황과 생활 태도가 이전과 다르다는 것을 인식하고 이러한 점을 고려하여 "아동과 청소년의 성장에 대한 공공의 책임"을 강조하였다. 이것은 가정, 학교, 학교 밖의 아동·청소년 지원기관이 아동·청소년의 정상적인 발달을 위해 공공의 책임을 수용해야 한다는 것을 의미한다. 이러한 이해로부터 가정, 학교, 학교 밖의 아동·청소년 지원기관은 물론 이 기관들이 아동·청소년의 발달에서 분담하여 수행하고 있던 지도, 보살핌, 교육의 관계가 새롭게 설정되어야 한다. 새로운 관계 설정의 당위성 확보를 위해 중점적으로 제기되는 것이 제11차 보고서에서도 주요 주제로 다루어지고 있는 확대된 "Bildung" 개념이다. "확대된"의 의미는 두 가지로 해석될 수 있는데 하나는 Bildung의 기능을 수행하는 기관의 확대이고, 다른 하나는 개념이 갖는 내용의 확대이다. 확대된 교육Bildung 개념은 '교육포럼Forum Bildung'과 연방청소년위원회Bundesjugendkuratorium, BJK가 제안한 Bildung 이해의 연장선에서 파악될 수 있다.

새로운 관점에서 Bildung 개념의 필요성은 독일 교육제도의 혁신이 필요한 부분을 분석하기 위한 목적으로 1999년 연방정부와 주정부의 발의에 의하여 시작된 '교육포럼'에서 이미 제기되었다. 교육포럼은 계속 변화하는 사회에서 "Bildung"이 핵심 역할을 담당할 것으로 예견하면서, Bildung은 미래의 개인에게 삶의 기회와 사회적·경제적 발전을 결정하는 지식과 역량Kompetenzen을 중재해야 하는 도전에 직면해 있다고 인식하였다. 사회의 변화와 관련하여 교육을 이해하는 핵심으로서 역량 습득에 중요한 의미를 부여한 것이다. 이러한 인식은 1997년부터 1998까지 그 당시의 연방교육학문연구공학부Bundesministerium für Bildung, Wissenschaft, Forschung und Technologie[40]의 과제로 수행되었던 델피 연구Delphi-Studie의 연장선에 있다. 이 연구는 교육의 목적은 끊임없이 변화하는 세계에서 개인에게 삶의 방향을 제공하고, 사회적인 삶에 참여하는 능력을 기르고, 사회의 경제적인 발달을 위한 토대를 제공하는 데 있고, 이러한 목적을 달성하기 위해서는 다원성과 변화를 생산적으로 다룰 수 있는 역량 습득이 필요하다고 제안하였다.[41]

연방청소년위원회도 『미래의 능력을 안전하게 하라!Zukunftsfähigkeit sichern!』(2001)[42]에서 "Bildung"은 미래 사회에서 개인과 사회의 성공적인 발달을 위한 열쇠이고, 미래의 사회는 과거보다 훨씬 더 교육에 의존하며, 모든 생활 영역에서의 사회적·경제적 변화는 시민들에게 개인적인 삶과 사회적인 공동생활을 위하여 복잡한 역량을 요구한다고 강조하였다. 그러므로 이미 아동과 청소년 시기에 Bildung은 "주체의 고유한 심사숙고 과정"으로서 주체의 발달을 위하여 그리고 문화와 사회 속으로의 성장을 위하여 근본적인 의미를 갖는다. 이러한 관점에서 "비형식적 교육informale Bildung"은 지금까지 수용되었던 것보다 더 중요하게 인식된다. "주체의 고유한 심사숙고 과정"으로서의 Bildung은 인지적, 사회적, 감성적, 심미적 능력과 같은 "모든 능력의 자극"으로, 낯선 것을 자신의 것으로 변경시키는 "활동적, 주체적 과정"으로, 내적이고 외적인 자극들과의 논쟁을 통한 "주체의 발달과정"으로 이해된다. 이러한 Bildung 이해로부터 "교육과 청소년 지원의 새로운 관계"가 제시된다. 즉, 교육Bildung은 학교뿐만 아니라 청소년 지원에서도 의식적으로 고려되어야 하며, 학교와 학교 밖의 청소년 지원 관계가 상호 협력적이어야 한다는 것이다. 이러한 토대에서 연방청소년위원회는 『새로운 학교로 가는 노정에서Auf dem Weg zu einer neuen Schule』(2003)를 통해 전일제학교를 새로운 학교로 제시하였다.

PISA 2000 연구 결과에서 기인된 교육정책 논쟁에서도 연방청소년위원회, 제11차 아동·청소년 보고서 작성 전문가위원회, 청소년지원사업공동체Arbeitsgemeinschaft für Jugendhilfe, AGJ는 2002년 7월 10일 "Bildung은 학교에 국한된 것이 아니다"라는 공동 의견을 표방하였다.

> 교육Bildung은 인간이 학습하고, 성취 잠재력을 개발하고, 행위하고, 문제를 해결하고, 관계를 형성할 수 있는 능력을 발달시키고 육성하는 것이다. 이러한 의미에서 젊은 인간을 교육한다는 것은 학교만의 과제가 아니다. 성공적인 삶의 운영과 사회적 통합은 가정, 주간아동보호시설, 청소년사업과 직업교육에서의 교육과정 위에서 구축된다. … 교육은 학교를 넘어서는 것이다.[43]

교육Bildung은 『제12차 아동·청소년 보고서』(2005)에서 더욱 비중 있게 다루어진다. 이 보고서는 지금까지 학교가 교육 이외의 보살핌과 지도를 소홀히 해 왔음을 지적하고 가정-학교-아동·청소년 지원기관의 협력 관계에서 전일제학교를 학교교육 정책의 방향으로 제시한다. 앞에서 볼 수 있었던 것처럼 교육은 더 이상 학교에만 국한된 것이 아니라, 생애에 걸쳐 자신과 자신을 둘러싸고 있는 환경과의 논쟁에서 인격을 발전시켜 나가는 과정으로 이해된다. 그러므로 교육은 취학 전-학교-학교 밖 기관 모두의 과제가 된다. 교육이 세계를 자신의 것으로 소화해 가는 과정으로 이해될 때 논쟁의 대상인 세계는 보편적인 문화유산의 세계에만 한정되는 것이 아니라, 태어나서 경험해 가게 되는 자신이 속한 세계를 의미하게 된다. 인문주의 전통의 Bildung 개념이 학교에서 책(고전)을 통한 규범적 차원의 인격 발달을 강조했다면, 확대된 Bildung 개념은 개인의 발달에 방해가 되는 사회의 부당한 요구에 저항할 수 있는 능력을 기르는 것을 포함한다.

현대사회에서 Bildung은 자기 자신과 환경과의 논쟁에서 인격이 발달해 가는 것을 의미하기 때문에 지도, 보살핌이 교육과 분리될 것이 아니라 교육 개념 안에 포함되어야 한다는 것이다. 포괄적 개념으로서 교육이 개인이 세계를 자기의 것으로 이해해 가는 과정으로 이해될 때, 주체가 만나는 논쟁의 세계는 문화유산을 포함해서 다음과 같은 네 개의 차원으로 구분된다.[44]

첫째, "문화적 유산", 즉 종족 역사적-상징적 업적들과 유산들과 관계하는 문화적 세계이다.

둘째, 자연의 외적 세계와 인간의 손에 의하여 창조된 생산물과 관계하는 물질적 세계이다.

셋째, 의사소통적인 교제의 규칙, 인간 사이의 관계 규칙 그리고 공동체의 정치적인 형성 규칙에 관계하는 사회적 세계이다.

넷째, 고유한 "내적 세계"뿐만 아니라, "신체 세계"와 관계하는 주체적인 세계이다.

이제 교육Bildung은 네 개 차원에서 역량들을 구축하고 심화하는 과정으로 이해된다. 교육을 통해 습득되어야 하는 네 개의 세계 특성과 관련된 역량은 다음과 같다.[45]

첫째, 언어적 상징적 능력의 의미에서 문화적 역량이다. 언어적 상징적 능력은 "문화유산", 즉 축적된 문화 지식을 자기 것으로 획득하고, 세계를 언어의 중재로 의미 있게 개척하고, 의미를 부여하고, 이해하고, 소통할 수 있는 능력을 말한다.

둘째, 대상과 관계하는 능력의 의미에서 도구적 역량이다. 대상과 관계하는 능력은 자연과학적으로 개척된 자연과 물질, 생산품과 도구와 같은 기술적으로 생산된 상품의 세계를 그들의 연관성에서 설명하고, 그것들과 교제하고 그것의 재료인 물질의 외적 세계에서 자연과 소통하는 능력을 말한다.

셋째, 상호주관적 의사소통 능력의 의미에서 사회적 역량이다. 상호주관적 의사소통 능력은 사회적 외부 세계를 지각하고, 다른 사람들과 주고받으며 논쟁하고, 사회적 세계에 참여하고 공동체의 형성에 협력하는 능력을 말한다.

넷째, 심미적-풍부한 표현 능력의 의미에서 인격적 역량이다. 심미적-풍부한 표현 능력은 고유한 인격을 발달시키고, 인격체로서 숙달되고, 자신의 정신적·감성적·내적·세계와 교제하고, 자기 자신을 고유한 존재로 지각하고 자신의 신체성, 감정성, 사고, 느낌의 세계를 잘 이해하는 능력을 말한다.

　포괄적 교육Bildung 개념에 대한 이해로부터 이 보고서는 독일에서 지금까지 보살핌, 지도, 교육이 아동의 발달에 따라 단계적으로 구분되어 구성되었던 것처럼 보이던 이 셋의 관계를 아동·청소년 연령을 통틀어서 구분되지 말아야 할 것을 주장한다. 즉, 지금까지 보살핌과 지도는 취학 이전의 가정과 아동보호기관에서 행하던 것이고, 교육은 학교에 입학한 후에 행해지는 것으로 여겨 왔던 관점이 시대의 변화와 더불어 새롭게 정립될 필요가 있다는 것이다.

　이러한 관점으로부터 학교는 교육만 하는 곳이 아니라, 보살핌과 지도의 과제도 수행하는 곳이어야 하기 때문에 성장 세대에게 전일제 교육 프로그램을 제공해야 한다는 것이다. 이것은 전통적인 독일의 학교가 반일제학교였던 것에 반해 혁신적인 관점이라고 할 수 있다. 전일제 학교에서의 청소년 교육이 성공을 거두기 위해서는 학교 밖의 청소년 단체/기관들과 친밀한 협조 관계를 맺고 학교로 그들을 끌어들여야 하며, 이러한 협조 체제가 가능하기 위해서는 지역에 가깝게 기관들이 위치해야 하는데 연방정부와 주정부는 양적이고 질적인 면에서 이러한 기관들 간에 지역 차가 최소화되도록 정책적으로 배려해야 한다는 것이다.

　전일제학교의 확대 요구 배경은 위에서 언급한 것 이외에도 학교중도탈락 방지, 8년제 김나지움의 도입, 어려운 가정 상황에 처한 아동·청소년의 보호(가정 보완), 출산율의 증가 바람 등을 들 수 있다. 전일제학교의 확대 요구가 증가하자 주문화부장관협의회는 2003년 3월 27일 전일제학교의 개념과 유형을 다음과 같이 규정하기에 이르렀다.[46]

전일제 학교에서는

- 오전 수업 이외에 최소한 일주일에 3일(1일 최소 7시간) 학생들에게 전일제 프로그램을 제공하고,
- 전일제 프로그램을 운영하는 날에는 참가한 모든 학생들에게 점심 식사를 제공하고,
- 학교관리자(교장, 교감)의 감독과 책임하에 오후의 활동이 조직되고 학교관리자와 긴밀한 협조에서 행해지고,
- 오후의 활동은 오전 수업과의 연관성에서 이루어진다.

전일제 학교는 세 개의 유형으로 구분된다.

- 완전 결합 전일제학교: 모든 학생들이 최소한 일주일에 3일(1일 최소 7시간) 전일제 활동에 참가할 의무가 있는 학교
- 부분 결합 전일제학교: 학생 중 일부(예: 몇 개의 학급 또는 학년)만이 일주일에 3일(1일 최소 7시간) 전일제 활동에 참가할 의무가 있는 학교
- 열린 전일제학교: 주일에 3일(1일 최소 7시간) 전일제 활동을 제공하는 학교로서 활동의 참여 여부는 원하는 학생과 학부모의 선택에 달려 있다.

전일제학교 학생은 2016년 기준으로 2002년 대비 32.7% 증가하였다(이 책 15장 참고). 전일제학교의 확대는 진행형이며, 사회통합과 교육격차를 줄이기 위한 정책의 틀에서 계속될 것으로 보인다.

시사점

한국에서 전일제학교는 익숙하고 당연한 학교 모습이지만, 독일에서는 2000년 이후 친숙해지고 있는 새로운 학교 모습이다. 한국의 전일제학교는 수업 위주라는 측면에서 독일의 '고전적' 또는 '전통적' 전일제학교에 더 근접해 보인다. 반면, 오늘날 독일의 전일제학교 확산은 사회 변화로 인해 약화된 가정의 사회화 기능을 학교가 보완한다는 교육정책의 패러다임 전환과 2000년 이후 재점화된 교육격차 해소라는 오래된 문제를 해결하기 위한 대책의 차원에서 이해된다. 전일제학교로 전환한다고 해서 교과 수업의 비중을 늘리는 것이 아니라, 학습 결손 보충, 잠재적 능력 개발, 역량 습득 등 학생 개인의 요구에 맞는 프로그램을 제공하는 방향을 취하고 있다. 가능하면 학교에서 학생에게 필요한 지원이 이루어지도록 함으로써 개인의 능력과 노력보다는 부모의 사회경제적 지위와 같은 요인에 의해 교육의 기회가 제한되는 것을 최소화한다는 점에서 독일의 전일제학교 전환은 눈여겨볼 만하다.

1. Ludwig, H.(2003), Moderne Ganztagsschule als Leitmodell von Schulreform im 20. Jahrhundert. Historische Entwicklung und reformpädagogische Ursprünge der heutigen Ganztagsschule. In: Appel, S., Luwig, H., Rother, U., & Rutz, G.(Hrsg.)(2003). *Jahrbuch Ganztagsschule 2004. Neue Chancen für die Bildung.* Schwalbah/Ts.: Wochenschau, 26.
2. Ludwig, H.(2003), 26; Gottschall, K., & Hagemann, K.(2002), Die Halbtagsschule in Deutschland: Ein Sonderfall in Europa? In: *Aus Politik und Zeitgeschichte. Beilage zur Wochenzeitung "Das Parlament", B41,* hrsg. von Bundeszentrale für politische Bildung, 13.
3. Parker, S.Ch./정확실 외 공역(1987), 현대 초등교육의 역사. 서울: 교육과학사, 178.
4. Parker, S.Ch./정확실 외 공역(1987), 현대 초등교육의 역사, 178.
5. Lohmann, J.(1965), *Das Problem der Ganztagsschule. Eine historisch-vergleichende und systematische Untersuchung.* Ratingen, 14-20.
6. Radisch, F., & Klieme, E.(2003), *Wirkung ganztägiger Schulorganisation. Bilanzierung der Forschungslage.* Frankfurt am Main: DIPF, 20.
7. Bildung은 일반적으로 "도야"로 번역되나 여기에서는 Erziehung과 구분하기 위하여 "교육"으로 번역을 하였고, 우리말의 교육으로 번역되는 Erziehung은 "지도"로 번역을 하였다. 이때 Bildung은 개인 내부의 형성하는 힘에 의해 스스로를 완성해 가는 것을 중시한다는 의미를, Erziehung은 아동을 이끌어 완성시킨다는 의미를 갖는다.
8. 정기섭(2007), 독일의 청소년 방과후활동 운영 현황, 비교교육연구, 17(2), 111-131.
9. Gottschall, K., & Hagemann, K.(2002), *Die Halbtagsschule in Deutschland: Ein Sonderfall in Europa?,* 13-15; Kröner, J.(2005), *Der politische Entscheidungsprozeß zur Einrichtung von Ganztagsschulen in Deutschland unter besonderer Berücksichtigung von Baden-Württemberg. Unveröffentlichte Magisterarbeit,* Uni. Augsburg, 42-43 참조.
10. Gottschall, K., & Hagemann, K.(2002), Die Halbtagsschule in Deutschland: Ein Sonderfall in Europa?, 15.
11. 정기섭(2007), 전원기숙사학교: 독일의 대안학교. 서울: 문음사, 29쪽 이하.

12. 직업준비를 위한 학교.

13. Prantl, R.(1917), *Kerschensteiner als Pädagog.* Paderborn: Verlag von Ferdinand Schöngh, 52.

14. Kerschensteiner, G./정기섭 옮김(2004), 노작학교의 이론과 실천. 서울: 문음 사, 125쪽 이하 참조.

15. Choi, J. J.(2004), *Reformpädagogik als Utopie. Der Einheitsschulgedanke bei Paul Oestreich und Fritz Karsen.* Münster: LIT Verlag.

16. Choi, J. J.(2004), *Reformpädagogik als Utopie. Der Einheitsschulgedanke bei Paul Oestreich und Fritz Karsen,* 171.

17. Choi, J. J.(2004), *Reformpädagogik als Utopie. Der Einheitsschulgedanke bei Paul Oestreich und Fritz Karsen,* 159, 164.

18. Lohmann, J.(1965), *Das Problem der Ganztagsschule. Eine historisch-vergleichende und systematische Untersuchung,* 110ff.

19. Ludwig, H.(2005), Ganztangsschule und Reformpädagogik. In: Hansel, T.(Hrsg.)(2005), *Ganztagsschule. Halbe Sache-Groß er Wurf?* Herbolzheim: Centaurus Verlag, 35, 50; BMBF, "Eine kurze Geschichte der Ganztagsschule, Teil3", URL: https://www.ganztagsschulen.org/archiv/8939.php

20. Kröner, J.(2005), *Der politische Entscheidungsprozeß zur Einrichtung von Ganztagsschulen in Deutschland unter besonderer Berücksichtigung von Baden-Württemberg.* Unveröffentlichte Magisterarbeit, Uni. Augsburg, 44.

21. Lepping, D.(2003), *Ganztagsschule vom Tabuthema zum Modethema? Die Debatte und die Begründung der Ganztagsschule in Deutschland seit Beginn der Neunziger Jahre.* Examensarbeit im Rahmen der Ersten Staatsprüfung für das Lehramt Sekundarstufe Ⅱ im Fach Pädagogik, 6.

22. Witting, W.(1997), *Grundschule von acht bis vier. Eine empirische Vergleichsuntersuchung.* Universität Dortmund, 30. 최초의 주간가정학교 설립 연도에 대하여 의견이 엇갈린다. GGT의 홈페이지(www.ganztagsschulver band.de)에는 1958년 프랑크푸르트와 카셀에 최초의 주간가정학교가 설립되었 다고 게시되어 있다.

23. 독일 각 주는 문화주권에 근거하여 교육 영역에서 구별되는 법과 교육과정이 효력을 발휘하기 때문에 주들 간 학생 이동 시에 나타나는 문제를 해결하기 위 하여 연방정부와 주정부 간의 대화 장치가 필요하였고, 독일 전역에 걸쳐 유효 한 독일 교육제도가 요구되었다. 연방정부와 주정부가 공동으로 독일 교육제도 의 발달을 위한 충고와 건의 기구로서 처음 도입한 것은 1953년부터 1965년까지

존재하였던 독일교육위원회(Deutscher Ausschuβ für das Erziehungs- und Bildungswesen)였다. 독일교육자문위원회는 이와 같은 맥락에서 독일 교육제도의 발전계획을 수립하기 위해 1965년에 설립되었으며 1975년까지 유지되었다.

24. Lepping, D.(2003), *Ganztagsschule vom Tabuthema zum Modethema? Die Debatte und die Begründung der Ganztagsschule in Deutschland seit Beginn der Neunziger Jahre.* 부록에서 재인용.

25. 집권당의 교육정책에 따라 야기될 수 있는 교육 영역에서의 지역 간 차이를 극복하고자 연방 차원의 독일교육기본계획이 요구되었고, 그러한 과제를 수행하고자 1970년 연방정부와 주정부의 합의에 의하여 설립되었다. 1975년에는 추가적으로 연구촉진 과제를 부여받아 1976년 "교육계획 및 연구촉진을 위한 연방-주위원회"(Bund-Länder-Kommission für Bildungsplanung und Forschungsförderung)로 명칭이 변경되어 현재에까지 이르고 있다.

26. Bund-Länder-Kommission für Bildungsplanung(BLK)(1973), *Bildungsge samtplan. Bd.1,* Stuttgart: Klett.

27. Rabe-Kleberg, U.(Hrsg.)(1981), *Lernen und Leben in der Ganztagsschule,* Braunschweig, 123.

28. Kröner, J.(2005), *Der politische Entscheidungsprozeβ zur Einrichtung von Ganztagsschulen in Deutschland unter besonderer Berücksichtigung von Baden-Württemberg,* 62.

29. Lepping, D.(2003), *Ganztagsschule vom Tabuthema zum Modethema? Die Debatte und die Begründung der Ganztagsschule in Deutschland seit Beginn der Neunziger Jahre,* 8; 1968년 출판된 『전일제학교 설립 촉진을 위한 회고록(Denkschrift für Förderung der Errichtung von Ganztagsschulen)』은 전일제학교가 종합학교(Gesamtschule)일 때 비로소 그의 과제를 완전하게 수행할 수 있다고 강조하였다: Breuer, C.(2003), *Ganztagsschule und Bildungsmisere. Eine Diskussion vor dem Hintergrund der PISA-2000-Studie.*

30. Lepping, D.(2003), *Ganztagsschule vom Tabuthema zum Modethema? Die Debatte und die Begründung der Ganztagsschule in Deutschland seit Beginn der Neunziger Jahre,* 9 이하; Kröner, J.(2005), *Der politische Entscheidungsprozeβ zur Einrichtung von Ganztagsschulen in Deutschland unter besonderer Berücksichtigung von Baden-Württemberg,* 53 이하.

31. Bargel, T., & Kuthe, M.(1991), *Ganztagsschule-Untersuchungen zu Angebot und Nachfrage, Versorgung und Bedarf.* Bonn, 1-3.

32. Holtappels, H. G.(o.J.), *Ganztagsschule in Deutschland? Situationsanalyse*

und Forschungsergebniss 참조.

33. Ministerium für Bildung, Wissenschaft und Weiterbildung des Landes Rheinlandpfalz(1992), *Ganztagsschule-Notwendigkeit oder Risiko?* 참조.

34. Ganztagsschulverband GGT e.V.(2003), *Ganztagsschulentwicklung in den Bundesländern.*

35. Holtappels, H. G.(o.J.), *Ganztagsschule in Deutschland? Situationsanalyse und Forschungsergebniss.*

36. Baumert, J., u.a.(Hrsg.)(2002), *PISA2000-Die Länder der Bundesrepublik Deutschland im Vergleich.* Leske+Burich: Opladen, 159쪽 이하; 손승남 (2005), PISA 2000 이후 독일의 학교교육 개혁 동향, 비교교육연구, 15(4), 62쪽 이하; Smolka, D.(2002), Die PISA-Studie: Konsequenzen und Empfehlungen für Bildungspolitik und Schulpraxis. In: Aus Politik und Zeitgeschichte, *Beilage zur Wochenzeitung "Das Parlament"*, B41(2002), hrsg. von Bundeszentrale für politische Bildung, 4쪽 이하.

37. KMK-Pressemitteilung(2001.12.06.), *Kultusministerkonferenz beschliesst konkrete Massnahmen zur Verbesserung der schulischen Bildung in Deutschland-Erste Konsequenzen aus den Ergebnissen der PISA-Studie-*

38. www.bmfsfj.de/Kategorien/Presse/pressemitteilungen,did=4778. html(2008.03.30. 접속); 정기섭(2008), 독일에서 전일제학교(Ganztagsschule) 의 발달과 2000년 이후의 활성화 배경, 교육문제연구, 30, 48.

39. 제11차 아동·청소년 보고서는 2001년 7월 19일 제출되었으며 독일연방정부 는 의견을 첨부하여 2002년 1월 30일 의결하였고 2002년 2월 4일 국회 인쇄물 (Bundesdrucksache) 14/8181로 출판되었다. 인용은 Bundesministerium für Familie, Senioren, Frauen und Jugend(BMFSFJ)(Hrsg.)(2002), *Elfter Kinder- und Jugendbericht. Bericht über die Lebenssituation junger Menschen und die Leistungen der Kinder- und Jugendhilfe in Deutschland,* 56.

40. 현재는 독일연방교육연구부(Bundesministerium für Bildung und Forschung, BMBF)임.

41. Schäfer, G. E. *Die Bildungsdiskussion in Deutschland,* URL: https://www. hf.uni-koeln.de/data/eso/File/Schaefer/BildungInDerFruehenKindheit_ Instruktionsanatz.pdf

42. Eine Streitschrift des Bundesjugendkuratoriums(2002), Zukunftsfähigkeit sichern!-Für ein neues Verhältnis von Bildung und Jugendhilfe. In: Münchmeier, R., Otto, H.-U., & Rabe-Kleberg, U.(Hrsg.)(2002), *Bildung und Lebenskompetenz. Kinder- und Jugendhilfe vor neuen Aufgaben.*

Wiesbaden: Springer, 159-173.
43. Bundesjugendkuratorium(2002), *Bildung ist mehr als Schule. Leipziger Thesen zur aktuellen bildungspolitischen Debatte.* Gemeinsame Erklärung des Bundesjugendkuratoriums, der Sachverständigenkommission für den Elften Kinder- und Jugendbericht und der Arbeitsgemeinschaft für Jugendhilfe(Bonn/Berlin/Leipzig, 10. Juli 2002). Broschüre. Neukirchen: Engelhardt, 1.
44. Bundesministerium für Familie, Senioren, Frauen und Jugend(BMFSFJ) (Hrsg.)(2005), *Zwölfter Kinder- und Jugendbericht. Bericht über die Lebenssituation junger Menschen und die Leistungen der Kinder- und Jugendhilfe in Deutschland,* 31-32.
45. Bundesministerium für Familie, Senioren, Frauen und Jugend(BMFSFJ) (Hrsg.)(2005), *Zwölfter Kinder- und Jugendbericht. Bericht über die Lebenssituation junger Menschen und die Leistungen der Kinder- und Jugendhilfe in Deutschland,* 32.
46. Ständige Konferenz der Kultusminister der Länder in der Bundesrepublik Deutschland(KMK)(2018), *Allgemeinbildende Schulen in Ganztagsform in den Ländern in der Bundesrepublik Deutschland-Statistik 2012 bis 2016-,* 2-5.

제7장

방과후활동은
어떻게 하고 있나?

독일의 학교는 전통적으로 반일제학교였기 때문에 청소년의 방과후 활동은 학교보다는 학교 밖의 기관에서 활발히 이루어졌다. 학교에서 방과후활동은 전일제학교에서 이루어졌는데, 2000년 이전에 전일제 학교는 전원기숙사학교처럼 특별한 교육 이념을 실현하는 소수의 실험학교로 인식되었다. 2000년 이후부터 학교에서의 전일제 프로그램 제공에 대한 사회적 요구가 높아지고, 전일제학교 확산을 위한 교육 정책이 실현되면서 학교의 새로운 과제로서 방과후활동에 대한 관심이 확대되고 있다.

방과후활동 주요 정책 방향

독일의 학교는 전통적으로 전원기숙사학교와 같은 소수의 실험적인 학교를 제외하고는 반일제학교였기 때문에 청소년의 방과후활동은 학교보다는 학교 밖의 기관에서 활발히 이루어졌다. 학교 밖의 아동 및 청소년(이하 아동·청소년) 활동에 대한 지원은 〈사회법전 제8권: 아동·청소년 지원법Sozialgesetzbuch Ⅷ〉에 근거를 둔다. 그러므로 아동·청소년의 학교 밖 방과후활동 정책 방향은 아동·청소년 지원 정책 방향과 밀접한 관련성을 갖고 있다. 그러나 2000년 이후 정책적으로 전일제학교가 확대되면서 학교 내에서의 방과후활동이 활발해지고 있다. 학교 내에서의 방과후활동에 대해서는 주정부의 학교법에서 규정하고 있다.

독일 연방정부 차원에서 아동·청소년 정책의 목표를 설정하고 조정하는 주요 부처는 독일 연방 가정·노인·여성·청소년부Bundes Ministerium für Familie, Senioren, Frauen und Jugend, BMFSFJ이다. BMFSFJ는 〈사회법전 제8권〉에 의거하여 주와 지역을 초월한 최상급 주무관청으로서 아동과 청소년 지원을 고무하고 장려하는 임무를 갖고 있다(제83조 제1항). 그러므로 독일 청소년의 방과후활동 정책 동향을 파악하는 것은 이 부처에서 발간한 아동·청소년 정책 관련 자료 검토를 통해 가능하다. 특히, 정기적으로 국회에서 보고되는 『아동·청소년 보고서Kinder- und Jugendbericht』는 모든 영역에서의 아동·청소년 정책을 평가하고 계속 발전시키기 위한 척도로 작용한다. 이 보고서는 청소년 지원 분야에서 실제로 경험이 있는 실천가들과 다양한 학자들로 구성된 위원회에 의하여 작성되는데, 아동과 청소년, 그리고 가정생활의 조건과 발달의 조건, 독일의 미래를 위한 이론을 구성하는 데 비판적인 기여를 하고 있다.

독일의 아동·청소년 정책과 아동·청소년 지원을 이해하기 위해서는 먼저 '독일 아동·청소년 계획Kinder- und Jugendplan des Bundes, KJP'의 목표와 주요 영역을 살펴볼 필요가 있다. 왜냐하면 KJP는 독일 아동·청소년 정책과 지원의 기본 문서로서 독일의 모든 아동·청소년 정책과 관련 단체의 사업에 기본 틀로 작용하고 있기 때문이다.

독일 아동·청소년 계획(Kinder- und Jungendplan des Bundes, KJP)

KJP는 1950년 12월 18일 독일 국회에서 공포된 독일 청소년 계획 Bundesjugendplan의 명칭이 1994년 변경된 것으로, 연방 차원에서 아동·청소년을 지원하기 위한 기본 방향이다. 2016년 10월(2017년 1월 1일 효력 발생) 연방정부와 국회의 기관지에 공고된 BMFSFJ의 'KJP를 통해 아동·청소년 지원을 장려하기 위한 보조금 및 실행 허가에 관한 실행지침Richtlinie über die Gewährung von Zuschüssen und Leistungen zur Förderung der Kinder- und Jugendhilfe durch Kinder- und Jugendplan des Bundes'[1]의 부록으로 첨부된 KJP의 청사진에서는 아동·청소년 지원의 근본 원칙이 유엔아동권리협약을 포괄적으로 실행하는 데 있다고 밝히고 있다. 청사진에서는 젊은이들이 적극적으로 참여하여 사회역량, 문화역량, 상호문화역량, 정치역량, 젠더역량, 매체역량을 기를 수 있는 학교 밖 학습 및 교육 장소들의 중요성이 강조되고 있다. 그러므로 학교 밖 학습 및 교육 장소들은 가정교육, 형식교육과 협력하여 아동·청소년들이 자신들의 장점을 계발하고 공동체 능력을 갖출 수 있도록 활용되어야 한다는 것이다. 이러한 인식에서 KJP는 아동·청소년들이 학교 밖 학습 및 교육 장소들을 이용하는 것을 지원해야 한다고 중점적인 방향을 제시하고 있다. 이전과 비교하여 눈에 띄는 것은 KJP에 토대를 둔 활동들이 모든 젊은이(27세 미만)[2]에게 차별 없이 동등하게 제공되어야 한다는 것을 더욱 강조하고 있는 것이고, 이때 젊은이에는 독일에서 출생한 이주배경을 가진 가정의 아동·청소년, 독일로 이주하고 피난 온 모든 젊은이가 체류의 법적 지위에 상관없이 포함된다는 것이다.

KJP가 청소년 정책에서 의미 있게 중점을 두고 있는 것은 ① 관용, 존중, 민주주의를 위한 교육, ② 위험, 학대, 폭력으로부터의 보호, ③ 참여의 강화와 젊은이의 참여권의 실현, ④ 아동·청소년 지원의 포용적 프로그램 및 구조의 확대와 계발, ⑤ 이주배경을 가진 젊은이의 성장을 위한 긍정적 조건들의 형성이다. KJP의 주요 목표는 ① 인격 교육, ② 민주적이고 헌법적인 가치의식의 촉진, ③ 기회의 균등, ④ 참여, ⑤ 사회적인 삶에 관여하여 적극적으로 영향을 미칠 수 있는 권리Teilhabe, ⑥ 위험으로부터 아동·청소년을 보호하고 그러한 것을 비판적으로 다룰 수 있는 능력 기르기, ⑦ 국가적인 차원과 유럽적인 차원에서 청소년의 정치적 관심 강화하기, ⑧ 유럽적인 그리고 국제적인 만남과 경험의 강화, ⑨ 자질 개발, ⑩ 아동·청소년 지원에서 혁신적인 콘셉트 개발이다.

BMFSFJ의 2016년 실행지침에서 발견되는 KJP의 과제와 목표는 2000년 KJP의 실행지침에서 과제와 목표로 제시되었던 것들이 세련되고 간결하게 정리된 것으로 보이나, 젊은이의 적극적인 사회참여를 반복해서 강조하고 있다는 점에서 구별될 수 있다. 목표 ③으로 제시되고 있는 기회의 균등은 우선순위의 사회적인 과제이므로 아동·청소년 지원이 해결해야 할 중심적인 문제로 인식되고 있다. 아동·청소년이 적극적으로 관여하여 영향력을 미칠 수 있는 가능성을 열어 놓는 것이 기회의 공정성을 촉진한다고 보고 있기 때문이다. 목표 ④로 제시하고 있는 참여는 민주주의와 시민사회는 젊은이의 참여가 필수적이므로 그들이 스스로 자신의 고유한 생활 상황을 형성할 수 있는, 그리고 아동·청소년 지원 프로그램에 적극적으로 참여할 수 있는 가능성을 제공해야 한다는 것이다. 이를 위해서는 아동·청소년 프로그램이 젊은이들을 끌어들이고 그들의 관심을 적극적이고 효과적으로 대리할 수 있는 참여 지향적 구조와 과정을 제시하고, 그 토대에서 개발되는 것이 필요하다. 참여를 위한 가능성을 제공한다는 것은 젊은이들을 고무하고 자신의 관심을 나타낼 수 있는 능력을 갖도록 한다는 것을 의미한다. 목표 ⑤로 제시하고 있는 젊은이가 사회적인 삶에 적극적으로 관여하여 영향을 미칠 수 있는 기본권은 형식적인 교육을 받을 권리 이외에 시민으로서의 참정권을 갖는 것과 마찬가지로 문화, 정치, 스포츠 교육을 받을 권리가 있다는 것을 의미한다. 아동·청소년 지원의 맥락에서 교육받을 권리는 프로그램에 대한 접근 말고도 프로그램을 통해 젊은이가 사회적으로 참여할 수 있는 조건들을 개선하는 것을 의미한다. 특히 주목할 것은 장애가 있는 젊은이, 이주배경 내지는 피난 경험을 가진 젊은이의 포용과 성평등이다. 목표 ⑧의 국제적인 교환은 지식의 지평을 개방하고 글로벌화된 세계에서 행위 역량들을 확대하고, 평화, 자유, 사회적 공정성에 대한 책임 공유를 강화하고, 다양성과의 교제에 대한 책임 능력을 갖게 하는 데 기여한다.

KJP가 연방 차원의 영향력을 가지고 아동·청소년 지원의 모든 영역과 행위의 장에서 장려하는 대책들은 ① 아동·청소년 지원활동과 학교 밖의 아동·청소년 교육(청소년 정치교육, 아동·청소년 문화교육, 스포츠에서 아동·청소년 지원활동, 아동·청소년 협회/동아리 활동, 국제적 청소년 활동), ② 청소년 사회교육활동과 통합, ③ 주간아동보호시설에서의 아동 지원, ④ 가정, 젊은이, 부모, 다른 교육 보호자를 위한 지원, ⑤ 그 외의 연방 차원의 아동·청소년 지원 과제이다.

아동·청소년 보고서(Kinder- und Jugendbericht)

독일 정부는 〈사회법전 제8권〉의 제84조에 의거하여 연방의회에 임기 동안 젊은이들이 처한 상황, 아동·청소년을 위한 지원 노력과 성과에 관한 보고서를 제출해야 한다. 이 보고서는 아동·청소년이 처한 상황 분석 이외에 아동·청소년 지원의 발전 제안을 포함해야 한다. 여기에서는 2000년 이후 『아동·청소년 보고서』의 내용을 소개하기로 한다.

11차 보고서(2002)

11차 보고서는 아동·청소년 정책에 대하여 다음과 같이 권고하고 있다. 첫째, "오늘날의 사회에서 아동·청소년의 생활 상황과 생활 태도가 근본적으로 변화"했기 때문에 이러한 변화에 적합한 대책들이 요구된다. 둘째, 이러한 사회에서 아동·청소년이 성장하기 위한 조건으로 요구되는 것은 변화된 "공공의 책임"이다. 특히, 공적인 책임과 사적인 책임 간의 유기적 협조를 강조하고 있다.[3]

따라서 사회 변화에 따른 아동·청소년의 생활 상황 변화에 대한 인식이 11차 보고서의 토대를 이루고 있고, 청소년 정책 프로그램에서 고려되고 있다. 청소년 정책 프로그램의 주요 영역으로는 능력과 노동시장, 일반교육과 직업교육, 매체능력, 소외된 청소년의 지원과 통합, 가정과 직업의 균형, 지속적인 미래 형성, 참여, 민주주의·관용·세계 개방성을 위한 교육이 다루어지고 있다. 11차 보고서에서 특히 높은 비중을 두고 있는 것은 교육Bildung[4]이다. 급속하게 변화하는 사회에 맞게 학교에 국한되었던 전통적인 교육의 개념도 새롭게 변화되어야 한다는 것이 보고서의 주된 흐름을 형성하고 있다. 형식적인 학교제도를 뛰어넘어 아동·청소년 지원 프로그램에 의해 학교 밖에서 획득되는 교육 요소들도 교육의 개념에 포함되어야만 한다는 것이다. 이러한 관점에서 "포괄적 교육 이해umfassendes Bindungsverständnis"라는 개념을 사용하고, 이 개념에 대하여 심도 있게 논의할 것을 제안한다.[5]

이와 관련하여 11차 보고서는 공공의 책임을 "지도Erziehung와 교육 Bildung의 국영화Vetsaatlicheung가 아니라, 부모의 지도역량 강화와 아동·청소년의 교육역량 강화"라고 정의하고 있다.[6] 그리고 공공의 책임은 사회가 분열되고 그로 인해 성장의 조건들이 악화되어 차별적 대우를 받은 아동·청소년들이 독일 사회의 평화에 부정적인 결과를 가져오지 않도록 하기 위해 필수적이라고 언급하고 있다. 또한 이 보고서는 "포괄적 교육 이해"와 관련하여 청소년 정책은 문화적이고 언어적인 다양성을 인정하는 원칙에 근거하여 학교 밖 교육이 독일 청소년은 물론 이민자 자녀들의 사회적 통합, 상호문화적인 공동생활에 기여할 수 있도록 모든 청소년들에게 평등한 교육 접근의 기회를 제공하고, 이를 위해 학교와 학교 밖의 청소년 지원기관이 친밀한 협력적 관계를 유지하는 방향으로 전개되어야 한다고 제안하고 있다. 이 보고서는 아동·청소년에게 직업교육과 고용을 보장할 것, 가정에서의 지도와 교육의 강화와 더불어 아동주간보호시설과 학교에서 모든 아동·청소년에게 지도, 교육, 보살핌을 위한 질 좋은 전일제 프로그램들을 제공할 것도 제안하고 있다.

12차 보고서(2005년)[7]

12차 보고서의 내용은 11차 보고서의 연장선에 있다. 12차 보고서에서는 교육Bildung의 문제를 더욱 비중 있게 다루고 있다. 이 보고서 역시 11차 보고서와 마찬가지로 사회적인 기본 조건들의 변화와 그러한 변화가 아동과 청소년의 성장에 미치는 영향을 고려하여 현재의 교육, 보살핌, 지도의 시스템을 변형하거나 새롭게 형성해야 할 필요성을 제기하고 있다. 이 보고서는 사회적인 기본 조건들의 변화로 다음과 같은 것을 들고 있다.[8]

첫째, 전통적인 사회에서의 '가정의 생활 형태'가 의미를 상실해 가고 있다. 이전에 당연시되었던 결혼 적령기의 남성과 여성이 결혼하여 아이를 낳고 가정을 꾸리는 것이 오늘날 젊은이들에게 더 이상 당연하고 매력적인 생활 형태로 보이지 않는다.

둘째, 고학력 젊은 여성들의 증가, 직업활동 여성과 기혼 여성의 증가, 이혼의 증가는 "집에서 살림하는 여성"의 역할에 토대를 둔 가정 모형이 그 자명성을 상실하게 하였다. 맞벌이 부부의 증가는 함께하는 가정 시간의 감소를 가져왔고, 가정의 일상을 조직하는 것을 어렵게 하고 있다. 그러므로 이러한 가정 모형은 아동이 성장하는 기관으로서의 척도를 더 이상 유지할 수 없게 되었다.

셋째, 지난 몇 년간의 연구에 의하면, 특히 PISA의 결과에 의하면 사회계층 간의 학업성취도 격차가 심하게 나타났다. 이것은 기존의 교육제도에서 가정환경에 의한 차이가 여전히 해결되지 않았다는 것을 보여준다.

넷째, 성장 세대에게는 예를 들어 정보매체와 대화매체에 대한 접근을 통해, 그리고 성인, 아동·청소년의 여가시간 활동을 통해 연령과 성장단계에 따른 제한을 넘어서는 다양한 경험과 학습 가능성들이 열려있다.

다섯째, 일상에서의 미디어 침투가 젊은이의 생활 태도에 커다란 영향을 미치고 있다. 미디어의 침투는 새로운 정보 가능성과 대화 가능성을 열었고 아동·청소년의 경험세계와 학습세계를 이동시키거나 확장하였다. 생활에서 멀티미디어의 중요성 증가는 새롭고 사회적으로 중요한 교육 요구를 포함하고 있다.

여섯째, 아동·청소년은 오늘날 국제화 시대에 살고 있다. 성장 세대는 국제화된 세계에서 그리고 상호문화적인 사회공간에서 활동하고 자신을 증명할 수 있고, 여기에서 제공되는 학습 및 교육 기회를 이용할 수 있고, 잠재적 갈등을 최소화할 수 있는 능력으로 무장해야 한다.

일곱째, 오늘날의 아동·청소년은 고령화 사회에서 성장하고 있다. 이러한 인구구조 변화가 아동과 청소년의 일상적인 생활 태도와 생활 형성에 어떤 결과를 가져올지는 예측할 수 없지만 지도, 교육, 돌봄 시스템의 조직에 새로운 물음을 던진다.

이 보고서는 이러한 사회의 변화로부터 교육Bildung의 개념에 대한 이해의 변화, 그리고 아동과 청소년의 성장과 관계하는 교육기관의 변화를 요구하고 있다. 교육은 자기 자신과 환경과의 논쟁에서 인격이 발달해 가는 포괄적인 개념을 의미하기 때문에 지도, 보살핌도 이 개념 안으로 가져와야 한다는 것이다. 이 보고서는 독일에서 지금까지 보살핌, 지도, 교육이 아동의 발달에 따라 단계적으로 구분되어 구성되었던 것처럼 보이던 이 셋의 관계를 아동·청소년 연령을 통틀어서 구분되지 말아야 할 것을 주장한다. 이러한 관점으로부터 교육정책의 패러다임 전환을 요구한다. 학교는 교육만 하는 곳이 아니라, 돌봄과 지도의 과제도 수행해야 하는 곳이기 때문에 성장 세대에게 전일제 교육 프로그램을 제공해야 한다는 것이다.

이 보고서는 학교에서의 돌봄, 지도, 교육을 위해 다음과 같은 제안을 한다.

첫째, 포괄적인 교육 개념의 실현은 학교의 근본적인 변화를 전제로 하고 학교와 다른 교육 장소 및 학습세계와의 협조를 전제로 한다. 둘째, 교육에 대한 포괄적인 사회적 요구는 학교에 다니는 아동과 청소년을 위한 전일제 프로그램을 요구한다. 셋째, 다양한 교육 장소들과 학습세계들의 협조는 확대된 능력 발달에 기여해야 한다. 넷째, 종일 제공되는 프로그램의 확대와 변경의 척도는 아동·청소년 개인에게 적합한 것이어야만 한다. 다섯째, 다양한 교육 장소들과 학습세계들의 협조는 구조적으로 그리고 인적으로 보장되어야만 한다. 여섯째, 전일제 학교와 제공되는 프로그램들은 과제 수행에 적합한 자격을 갖춘 멀티 전문팀에 의하여 책임 있게 계획되고 실행되어야 한다.

13차 보고서(2009)[9]

13차 보고서의 핵심적인 주제는 아동·청소년의 건강에 관한 것이다. 이 보고서는 독일의 모든 아동·청소년은 건강하게 성장할 수 있는 동등한 기회를 가져야 한다고 강조하면서 그와 관련된 아동·청소년 지원 프로그램과 대책들을 중점적으로 다루고 있다. 이 보고서에 의하면 소위 문명병이라 불리는 대부분 병은 그 원인이 이미 아동·청소년기에 있다. 3~10세 독일 아동의 9~15%, 14~17세 독일 청소년의 17%가 비만이고, 이것이 당뇨, 심장질환, 관절질환의 원인이 될 수 있다는 것이다. 그러므로 아동기와 청소년기의 건강한 생활 관리를 통해 특정한 병들을 효과적으로 예방할 필요가 있다는 것이다. 이 보고서가 강조하는 것은 아동·청소년의 질병 예방과 건강 증진을 위한 계획이나 프로그램이 부족한 것이 아니라, 이러한 것들이 충분하게 조화를 이루지 못해 제 기능을 발휘하지 못하는 것이 더 큰 문제라는 것이다. 가정은 무엇이 건강하고 건강하지 않은지, 건강한 생활을 위해서는 무엇을 할 수 있는지를 배우는 생애 첫 장소이기 때문에 가정에 대한 지원이 지금보다 더 가정 밖의 기관들과 조화되어야 한다고 역설하고 있다. 특히, 어려운 생활환경에서 성장하는 아동들을 위해서는 지원 시스템들 간의 조화가 무엇보다 필요하므로 연방정부는 다양한 시스템에서 제공되는 프로그램들이 의무적으로 서로 맞물리도록 정책을 시행해야 한다고 강조한다. 아동·청소년의 건강한 성장을 지원하기 위해서 부모 이외의 다양한 시스템들이 유기적으로 책임을 분담해야 한다는 것이다. 이런 맥락에서 보고서 작성위원회는 세 시스템(청소년 지원제도, 국민보건제도, 장애우 지원제도) 사이의 유기적인 관계를 권고하였다.

14차 보고서(2013)[10]

14차 보고서의 핵심 주제는 아동·청소년의 성장에 대한 '공공책임의 증대'이다. 공공책임에 관한 물음은 이미 11차 보고서에서 제기된 것이다. 11차 보고서에서는 독일 사회의 평화를 해치지 않도록 아동·청소년 프로그램을 제공해야 한다는 필요에서 공공책임이 언급되었다면, 14차 보고서는 그런 프로그램들이 어떻게 작동하고 있는지를 묻는다. 즉, 아동·청소년들에게 제공되고 있는 프로그램이 가져온 결과가 무엇이고 부작용이 있는지 분석하고자 한다. 이 보고서에 의하면 오늘날 아동은 예전처럼 엄마나 할머니의 보살핌을 받는 가정에서의 아동기를 체험하지 못한다. 반일제학교를 마치고 집 주변의 공간에서 자유롭게 시간을 보내는 거리에서의 아동기를 경험하지도 못한다. 청소년들은 더 이상 온라인과 오프라인을 구분하지 않는다. 즉, 예전에는 아동·청소년의 성장이 사적으로 가정 주변에서 이루어졌다면, 오늘날에는 가정 밖에서 강력하게 공적으로 이루어진다는 것이다. 아동·청소년의 성장이 공공의 책임에서 이루어지고 있다는 사례로 아동주간보호시설의 확대, 전일제학교의 확대, 신생아가 있는 가정의 조기 지원 체제 구축을 들고 있다.

이것은 오늘날의 아동·청소년이 예전과는 다른 장소에서 무엇을 하고 있으며, 점점 더 많은 아동·청소년이 직업적으로 오전 오후에 그들을 보살피고, 수업하고, 지도하고, 상담하고, 치료하는 교육자, 교사, 사회교육자와 같은 교육전문가와 만나고 있다는 것을 의미한다. 또한 젊은 세대의 생활세계에서 교육적 계획, 형성, 조직이 점점 더 큰 부분이 되고 있다는 것을 자명하게 보여 주는 것을 의미한다. 그렇다면 어떤 기관들이 아동·청소년의 성장에 대한 책임을 져야 하는가? 가정, 국가, 시민사회, 개인적인 실행자들의 협력적인 역할이 어떻게 변해야 하는가? 아동·청소년 성장의 책임이 분할된 상황이라면 이러한 과정에서 아동·청소년 중에 승자와 패자가 있는가? 이런 물음이 14차 보고서의 주요 내용이다.

이 보고서는 이런 물음에서 아동·청소년 지원에서 극복해야 할 문제를 다음과 같이 제안한다.

첫째, 아동·청소년 지원은 젊은이의 관심을 대변하는 역할을 해야 한다. 아동·청소년 지원은 모든 아동·청소년과 관계해야만 하고, 가정과 학교 이외의 포괄적인 역량 개발의 중심 장소가 되어야 한다.

둘째, 가정 이외에도 청소년 성장에 대한 국가, 지역, 시민사회의 공공 책임이 강하게 지각되어야 한다.

셋째, 아동·청소년 지원의 목표 달성은 가정과의 밀접한 협력에서 실현될 수 있기 때문에 프로그램 제공은 가정의 관점을 고려해야만 하고, 가정의 문화적, 사회적, 경제적 지원을 고려해야만 한다.

넷째, 교육에 대한 이해를 확대해야 한다. 오늘날 교육은 형식적으로 정돈된 프로그램에 참여하는 것만 요구하는 것은 아니다. 동호회와 아동·청소년 활동에 참여하는 것도 요구한다. 핵심적인 질문은 이러한 다양한 기관들이 그의 고유 논리와 중점에도 불구하고 공동의 목표에 도달하는 것에 성공할 수 있느냐 하는 것이다. 중요한 것은 참여하는 모든 행위자의 협력이다.

다섯째, 전일제 프로그램의 확대이다. 조기의 교육, 보살핌, 지도의 확대는 미래를 고려할 때 필수적이다. 중요한 것은 그것이 3세 이전에 이루어져야 하기 때문에, 주간아동보호시설의 확대는 올바른 발전 방향이다. 이러한 발전은 계속해서 일어나야만 하므로 전일제 초등학교의 확대는 올바른 방향이다. 그것은 모든 사회적 출신 배경을 가진 아동을 보살피고 능력을 촉진하는 데 기여할 것이다. 전일제학교는 이러한 목표에 맞는다.

여섯째, 아동·청소년 지원은 교육 잠재력을 활성화하고, 불이익을 없애고, 위험을 제한하고, 아동·청소년의 자주성을 촉진하고, 참여권을 개선하는 데 기여해야 한다. 그러므로 고유한 성취의 질을 관찰하고 계속 발전시킬 수 있도록 지원해야 한다.

일곱째, 지역 아동·청소년 정책 구상은 공적 및 사적 책임의 맥락에서 충분한 재정을 요구하므로 지역의 책임을 강화해야 한다.

여덟째, 청소년국Jugendamt은 독일 아동·청소년 지원의 중심이므로 청소년국을 강화해야 한다.

아홉째, 아동·청소년 지원은 아동·청소년 스스로 '새로운' 매체를 성찰적으로 다룰 수 있는 능력을 기르는 교육을 확립하는 데 기여해야만 한다.

열째, 아동·청소년 지원 프로그램은 수강생들의 생활 상황과 생활 스타일의 다양성에 맞도록 개선되어야 한다. 그를 위해서 프로그램들이 다양한 이민자 집단에 매력적인지, 그렇지 않다면 왜 그런지 검토하는 것이 필요하다.

열한째, 사회적 자원과 기회의 분배에서 젊은이들의 몫이 후퇴하여 주변부로 밀리지 않도록 기본법에 아동권을 명문화해야 한다.

15차 보고서(2017)[11]

15차 보고서는 14차 보고서의 연장선에 있다고 할 수 있는데, 사회적 배경에 따른 교육 기회의 불평등, 예전보다 더 적극적으로 정치적 주제에 참여하는 젊은이들의 특성을 고려한 정치교육, 정규적인 프로그램으로서 전일제학교의 확대 실시에 대한 중간 점검이 주로 다루어지고 있다. 이 보고서는 14차 보고서와 마찬가지로 오늘날 젊은이의 일상생활이 더 기관화되고 교육적으로 조직되고 있기 때문에 성취 압력과 결합되지 않은 자유로운 공간들이 상실되고 있다고 진단한다. 사회에서 강력해진 자격을 요구하고 있기 때문에 젊은이들은 그 자격을 충족시키기 위해 학교 밖의 여가시간 프로그램, 동아리, 협회에 많은 관심을 갖고 있다는 것이다. 이때 주목할 것은 첫째, 비형식적으로 소비하는 여가시간이 과소평가되어서는 안 된다는 것이고, 둘째, 이러한 자격 습득을 위한 프로그램들이 모든 젊은이들에게 평등하게 제공되고 있는가 하는 것이다.

이 보고서의 진단은 이러한 프로그램에의 참여가 사회적 출신 배경과 관련이 있고, 학교교육에서도 마찬가지라는 것이다. 부모의 사회적 지위가 높으면 높을수록 그 자녀들은 김나지움에 진학할 가능성이 훨씬 높고, 청소년의 절반 이상이 부모의 학력을 넘어서지 못한다는 것이다. 결론적으로 독일에서 젊은이의 생활 상황은 사회적 불평등에 의해 특징될 수 있다는 것인데, 이것이 경제적, 교육적, 직업적 상황과 관계된다는 것이다. 이 보고서는 예나 지금이나 사회적 출신과 교육적 성공은 여전히 밀접한 관련이 있기 때문에 사회적 불평등을 해소할 수 있는 사회 및 교육정책이 필요하다고 강조한다. 교육 성취가 사회적 배경과 밀접한 관련이 있다는 진단은 이미 1960년대부터 제기되어 왔지만, 최근에 다시 부각되고 있는 것은 독일에서 태어나서 학교를 졸업한 이주배경 청소년이 전체 청소년의 1/4에 해당되고, 2015년부터 난민 유입으로 인한 청소년들이 증가하고 있기 때문이다.

이 보고서는 젊은이들의 수는 독일 전체 인구의 아홉 명 중 한 명으로 소수이지만 예전과 달리 정치적인 주제에 훨씬 더 적극적으로 참여하고 있다고 진단하고, 이들이 강력하게 정치교육을 받아야만 한다고 주장한다. 그를 위해서 젊은이들이 성장하는 기관에 의무적으로 정치교육 프로그램을 정착시키는 것이 필요하다고 제안한다.

지난 15년간의 전일제학교 확대 노력에 대해서는 학교가 학습 및 생활 장소로 발전하였다고 평가하면서, 지금까지의 문제점으로 전일제 프로그램이 연령대별 고려를 하지 않았다고 지적한다. 초등이나 중등의 프로그램이 비슷해서 고학년이 되면서 매력을 느끼지 못하기 시작했다는 것이다. 전일제학교가 조금이라도 긍정적으로 기여한 것은 사회적 관계의 개선, 유급 학생의 감소, 아동-부모 관계의 부담 경감을 들고 있다. 그리고 전일제학교를 학교 밖의 기관과의 협력을 통해 지역의 응집력 있는 교육 영토로 발전시켜 학습 및 생활공간으로 형성하려는 목표는 이제 시작에 불과하다고 지적한다. 또한 전일제학교가 학업성취를 개선했다든지 그에 상응하는 역량을 습득했다든지, 교육에서 출신 배경에 따른 불평등을 해소했다든지 하는 것에 대해서는 아직은 증명할 수 없을 것 같다고 분석한다. 그리고 지금까지 전일제학교 발전에서 학교를 다양한 전문가들이 투입되는 학습 및 생활 장소로 형성하자는 기본 이념이 고려되었는지를 묻는다. 전일제학교는 스포츠와 문화, 아동·청소년 지원 같은 학교 밖의 파트너에 의존하고 있는데, 이 둘의 공동 작업은 일정

기간의 계약에서 이루어지기 때문에 종종 상대적으로 깨지기 쉬운 관계라고 지적한다. 그러므로 전일제학교와 학교 밖 파트너 사이의 확고한 협력 작업 대책 마련을 강조하고 있다. 이러한 진단에서 15차 아동·청소년 보고서는 전일제학교가 매력적인 프로그램을 개발하여 청소년들의 참가 가능성을 강화하고, 집단에서 민주주의 학습, 책임, 연대적 경험을 장려할 것을 제안한다. 또한 학교에서 관습적인 학습 형태로는 잘 따라오지 못하는 학생들에게 개인에게 적합한 학습구조를 제공할 것을 강조한다.

학교와 외부 기관과의 협력적 관계의 강조는 아동·청소년의 방과후활동이 반일제학교가 일반적이었을 때는 학교 밖에서의 아동·청소년 지원에 의해 이루어졌으나, 전일제학교가 늘어나고 있기 때문에 학교 안에서의 방과후활동을 외부 기관과 협력적으로 정착시키는 노력이 중요하다는 점을 상기시키고 있다.

방과후활동 정책 방향

이상으로부터 독일 청소년 방과후활동과 관련된 정책 방향은 다음과 같이 도출될 수 있다.

첫째, 청소년의 방과후활동에서 제공되는 프로그램은 크게 청소년 교육과 여가시간 형성으로 구분될 수 있는데, 이러한 프로그램은 개인적인 인격의 발달과 공동체 능력 발달에 기여하는 틀에서 조직되도록 의도하고 있다. 또한 이러한 프로그램이 정규학교 교육을 보완하고 청소년들이 더욱더 복잡해지는 다원적인 사회에 문제없이 적응해 가는 것을 도와주는 데 기여하도록 하고 있다.

둘째, 인간 문화 활동의 보편적이고 객관적인 내용과의 관계에서 개인이 스스로 자기를 형성하는 데 주안점을 두었던 신인문주의 "교육

Bildung"의 개념을 시대에 맞게 "포괄적 교육 개념"으로 새롭게 이해하고 시대 변화에 맞는 문화적, 물질적, 사회적, 주체적 차원에서의 다양한 능력을 형성하는 데 초점을 맞추고 있다.

셋째, 아동·청소년의 발달단계에 따른 교육과 보살핌의 구분을 하지 않고 교육과 보살핌의 과제를 학교뿐만 아니라, 학교 밖의 다양한 단체들의 과제로 인식하고 있다. 이것은 12차 아동·청소년 보고서의 "교육은 출생부터", "학교는 교육만 하는 장소가 아니다"라는 표현에서 잘 나타난다. 이러한 관점의 전환으로부터 학교와 아동·청소년 지원기관, 가정과의 협조적인 관계가 강조되고 있다.

넷째, 사회적 통합을 위한 프로그램과 지원 체제를 강화하고 있다. 소녀와 소년, 학교중도탈락자, 빈곤계층의 청소년, 이민자 자녀들이 지도, 보살핌, 교육의 과정에서 차별받지 않도록 동등한 기회를 제공하고자 노력하고 있다. 이러한 제공이 지역에 따라 질적·양적 차이가 나지 않도록 연방정부와 주정부가 노력하고 있다. 또한 극우주의, 외국인에 대한 적개심, 인종차별주의를 극복하기 위하여 노력하고 있다.

다섯째, 아동·청소년을 컴퓨터 게임, 인터넷, TV와 같은 매체의 악영향으로부터 보호하기 위해 매체능력을 강화하고 있다. 아동·청소년이 스스로 책임을 갖고 매체와 교제하고 문제가 있는 내용들과 비판적인 거리를 둘 수 있는 능력을 기르고자 하고 있다. 그 때문에 아동·청소년뿐만 아니라 부모와 전문 인력의 매체능력 강화를 위한 대책을 강화하고 있다.

여섯째, 교육정책의 패러다임 전환이라고 언급될 만큼 전일제학교에서의 프로그램 제공을 중요하게 인식하고 있다. 새로운 형태의 학교를 변화하는 사회에서 대두된 아동·청소년 보호의 문제를 해결할 대안으로 인식하고 있는 것이다. 이에 따라 효과적인 전일제 프로그램 운영을 위해 학교와 지역 청소년단체의 친밀한 협조적 관계를 강화하고 있다.

일곱째, 청소년의 성장 환경이 이전과는 현저하게 다르게 변화하였음을 인지하고, 아동·청소년 성장에 대한 공공의 책임을 강조하고 있다. 아동·청소년이 성장하는 과정에서 이용하게 되는 가정 밖의 기관들이 아동·청소년의 성장에 대한 공동의 책임의식을 갖고 유기적인 협력관계를 유지할 것을 강조하고 있다.

학교 밖 방과후활동 행정 및 지원 체제

독일의 학교 밖 청소년 방과후활동은 아동·청소년 지원기관에서 이루어진다. 학교 밖에서의 청소년 방과후활동과 관련된 법규는 아동·청소년 지원법인 〈사회법전 제8권〉을 들 수 있다. 〈사회법전 제8권〉의 제7조에 의하면 아동Kind은 아직 14세가 되지 않은 자, 청소년Jugendlichen은 14세 이상 18세 미만, 젊은 성인junger Volljähriger은 18세 이상 27세 미만, 젊은이junger Mensch는 아직 27세가 되지 않은 자이다. 이 법전의 제2조에서는 청소년 지원은 젊은이와 가정을 위한 실행들과 그 밖의 과제들을 포괄한다고 규정하고 있고, 청소년 지원의 실행으로는 ① 청소년사업, 청소년사회사업, 아동·청소년 보호 교육 프로그램, ② 가정에서의 교육 촉진 프로그램, ③ 주간아동보호시설과 주간아동돌봄시설 아동 촉진 프로그램, ④ 교육 지원과 보완적인 실행, ⑤ 심리적 장애아동·청소년 지원과 보완적인 실행, ⑥ 젊은 성인을 위한 지원과 계속적 도움을 들고 있다.

청소년사업Jugendarbeit(동법 제11조)은 젊은이들에게 그들의 관심과 결부된 것을 제공하여 그들이 함께 결정하고 형성해야 하고, 그를 통해 자기결정 능력을 기르고 사회적 책임과 사회적 참여를 고무하고 안내해야 한다. 청소년사업의 중점은 ① 학교 밖의 청소년 교육: 일반교육, 정치교육, 사회교육, 건강교육, 문화교육, 자연교육, 기술교육, ② 스포츠, 놀이, 사교성의 청소년사업, ③ 노동세계, 학교세계, 가정과 관련된 청소년사업, ④ 국제적 청소년사업, ⑤ 아동·청소년 심신 회복, ⑥ 청소년 상담이다.

독일의 아동·청소년 지원은 〈사회법전 제8권〉을 토대로 연방 차원, 주 차원, 지역 차원의 협조 체제에서 이루어지며, 또한 연방 차원, 주 차원, 지역 차원의 공립 아동·청소년 지원 단체와 사립 아동·청소년 지원 단체 간의 협력관계에서 이루어진다. 연방 차원의 주요 담당 부처는 BMFSFJ로서 연방청소년위원회를 두고 있으며 연방정부, 연방의회, 국회 가족·노인·여성·청소년 위원회, 아동위원회, 주 차원의 최상급 청소년 관청 작업공동체와 직접적인 관련을 맺고 있다. BMFSFJ는 주로 청소년 정책을 담당하고 있으며, 청소년 지원 단체들의 청소년 지원 프로그램을 촉진하는 업무는 주의 청소년국Landesjugendamt이 담당하고 있다. 주의 청소년국은 〈사회법전 제8권〉의 제85조 제2항에 의거하여 넓은 의미에서 지역 차원의 청소년 지원 사업, 시·권역·구역의 청소년국, 청소년 지원 시설의 전문 인력들을 지원하는 업무를 담당하고 있다. 즉, 독일의 청소년 지원은 공립단체에 의한 지원과 사립단체에 의한 지원으로 구분될 수 있는데, 공립단체는 주로 청소년국을 의미한다. 실질적으로 공립단체의 청소년 지원은 지역(도시, 권역) 청소년국의 아동·청소년 지원 부서를 통해 이루어진다. 공립단체의 의한 지원은 계획된 사업을 시, 구역에 위임하는 형태로 이루어지고, 주로 사립단체에 대한 재정 지원을 통해 이루어진다. 그러므로 청소년 지원과제를 실천적으로 수행하는 것은 사립단체들이라고 할 수 있다. 사립단체의 시설들은 청소년국의 지원과

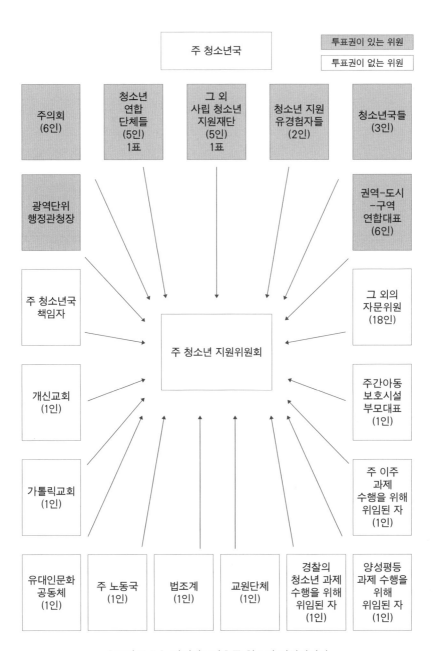

주 청소년국

투표권이 있는 위원
투표권이 없는 위원

주의회
(6인)

청소년
연합
단체들
(5인)
1표

그 외
사립 청소년
지원재단
(5인)
1표

청소년 지원
유경험자들
(2인)

청소년국들
(3인)

광역단위
행정관청장

권역-도시
-구역
연합대표
(6인)

주 청소년국
책임자

그 외의
자문위원
(18인)

주 청소년 지원위원회

개신교회
(1인)

주간아동
보호시설
부모대표
(1인)

가톨릭교회
(1인)

주 이주
과제
수행을 위해
위임된 자
(1인)

유대인문화
공동체
(1인)

주 노동국
(1인)

법조계
(1인)

교원단체
(1인)

경찰의
청소년 과제
수행을 위해
위임된 자
(1인)

양성평등
과제 수행을
위해
위임된 자
(1인)

[그림 7-1] 라인란트팔츠주 청소년 지원위원회

사립 아동 및 청소년 지원

공립 아동 및 청소년 지원

연방 차원

- 국제 독일청소년 위원회
  - 독일 연방 청소년 연합
  - 독일 스포츠 청소년
  - 정치적 청소년 연합
  - 복지 단체들
  - 다른 중앙 단체들과 기관들 예: Z.B.AGJ, AnB, BKL, BAG-JAW, DIH, DJI, IJAB

- 독일 국회
- 연방 정부
- 연방 의회
- 국회, 가족, 노인 여성 청소년 위원회
- 가정 노인 여성 청소년부
- 주최상급 청소년 관청 작업 공동체
- 연방 차원의 지역 선도 단체들
- 아동 위원회
- 연방 청소년 후견회

주 차원

- 주 청소년 연합
- 주독일 스포츠 청소년 연합
- 정치적 청소년 연합 위원회
- 주 차원의 복지 단체들
- 주 차원의 다른 단체들

- 주의회, 주의원 단체
- 주정부
- 주 청소년 지역 위원
- 주의 청소년 최상급 관청
- 주 청소년국
- 지역 선도 단체들의 주 차원 단체

지역 차원

- 시 또는 권역 청소년 연합
- 지역 스포츠 연합
- 정치적 청소년 연합 시 또는 권역 위원회
- 지역 차원의 복지 단체들
- 지역 차원의 다른 단체들

- 시의회, 권역의회 소지역 의회
- 시 권역 소지역
- 시 또는 권역 청소년 위원회
- 시 또는 권역 소지역 행정
- 시 또는 권역 청소년국

⟶ 고유한 권한 영역에서 직접적인 결속 ┈┈▶ 위원회의 대표자 파견 ┈┈┈▶ 임명

[그림 7-2] 독일 아동 및 청소년 지원 체제

설립단체의 지원금, 그리고 개인의 후원금으로 재정을 충당하고 있다.

주의 청소년국은 〈사회법전 제8권〉 제70조에 의거하여 행정부서Verwaltung des Jugendamtes와 주 차원의 아동·청소년 지원위원회 Landesjugendhilfeausschuss로 구성되어 있다. 주 차원의 아동·청소년 지원 위원회는 주 청소년국의 모든 업무를 결정한다. 이 위원회는 투표권이 있는 위원과 투표권이 없는 자문위원으로 구성되어 있는데, 라인란트팔 츠Rheinland-Pfalz주의 아동·청소년 지원위원회 회원 구성은 [그림 7-1] 과 같다.[12]

지역 차원(시, 권역, 구역)에도 〈사회법전 제8권〉에 의거하여 청소년국을 설치하도록 되어 있으며, 형태는 주 청소년국과 같다. 또한 청소년국이 설치되지 않은 농촌지역은 청소년사업 촉진을 위한 별도의 프로그램에 의하여 지원을 받고 있다. 이상에서 언급한 독일의 아동 및 청소년 지원 체제를 그림으로 나타내면 [그림 7-2]와 같다.[13] 이 그림에서 권역-도시-구역 연합은 법률적으로 인정된 위상을 갖고 연방정부의 정책에 영향을 미친다.

학교에서의 방과후활동

전원기숙사학교

학교 내에서의 방과후활동은 전일제학교에서 이루어지고 있다. 2000년 이전에 전일제학교는 특별한 교육 이념을 실현하는 소수의 실험학교로 인식되었다. 대표적인 학교가 19세기 말부터 존속하고 있는 전원기숙사학교로 학생 스스로의 활동적인 경험을 중시하는 방과후 프로그램을 운영해 왔다. 독일에서 전원기숙사학교는 헤르만 리츠Hermann Lietz,

1868~1919에 의해 1898년 처음으로 설립되었고, 그에 의해 전원기숙사학교 운동으로 전개된 이래 현재에도 그 맥을 이어 가는 전원기숙사학교들이 있다. 전원기숙사학교가 추구하는 교육은 리츠의 다음과 같은 질문에 잘 나타나 있다.

> 일방적으로 지력만 형성하지 않고, 총체적인 인간적 본질, 즉 육체, 손, 발, 귀, 근육을 심미적이고 도덕적인 능력들과 마찬가지로 훌륭하게 형성할 수 있는 학교가 있는가? 또는 이러한 '모든 힘들의 조화로운 형성'에 관한 페스탈로치의 생각은 성취될 수 없는 꿈인가?[14]

이러한 교육을 위해 중요한 세 요소는 리츠가 전원기숙사학교라고 이름을 붙인 것에 이미 포함되어 있다. 첫째, 학교는 도시문화의 좋지 못한 영향을 배제하기 위해 도시에서 벗어나 인간의 본원적인 생활 터전과 같은 전원Land에 위치해야 한다는 것이다. 둘째, 교육Erziehung은 지식 전달 이상의 것이기 때문에 학생들의 자발적인 참여와 활동을 통해 자신의 능력을 계발할 수 있는 교육을 지향해야 한다는 것이다. 셋째, 학교는 학생들에게 가정Heim과 같은 아늑함을 느낄 수 있는 곳이어야 하기 때문에 교사와 학생이 가족처럼 생활할 수 있는 기숙사학교가 교육적으로 효과적이라는 것이다. 전원기숙사학교와 2000년 이후 활성화되고 있는 전일제학교의 차이는 전원기숙사학교가 고유한 교육 이념에 의해 방과후학교를 운영했다면, 전일제학교는 사회적 요구에 의한 보살핌의 성격이 강하다는 것이다.

여기에서는 슈피케록 학교Hermann Lietz-Schule Spiekeroog의 학교생활을 소개하기로 한다.[15] 슈피케록 학교는 국가가 인정하는 학교로 리츠의 이념을 계승하고 있다는 의미로 '헤르만 리츠'라는 이름이 붙어 있는 현존하는 4개의 학교 중 하나이다. 슈피케록 학교는 5학년에서 12학년까지 있는 김나지움으로 1928년 설립되었으며, 독일 북부의 유명한 휴양지 섬 슈피케록에 위치하고 있다. 이 섬에는 리츠학교 소속의 국립공원 하우스가 있고, 이곳에서는 크고 작은 생태 관련 전시와 체험 프로그램들이 제공된다. 전교생은 약 120명까지 모집하고, 교사 및 교육활동 지원 인력은 27명으로 교사 대 학생 비율이 1:6이다. 저학년에 해당되는 5학년에서 7학년은 별도의 건물을 사용하며 혼합연령 수업을 진행하고 독자적으로 주말, 저녁 프로그램을 운영하고 있다. 이 학교는 기숙사학교이고, 일과는 다음과 같다.

06:30 기상
07:00 아침식사
07:20 침구, 책상, 쓰레기 정리
07:45 수업
13:15 점심식사
14:30 길드와 노동공동체 동아리에서 활동(수요일만 실천적 노작, 그 외는 자유시간)
15:20 공부시간
17:00 길드와 노동공동체 동아리에서 활동(상급반 학생들을 위한 활동)
18:30 저녁식사
22:00 수면(상급반 학생들은 24시까지 자유시간 허용)

오후 15:20~17:00까지의 공부시간은 5학년에서 10학년까지 모든 학생에게 해당되는 시간으로 숙제를 하거나 학년 과제를 수행한다. 이 시간은 두 명의 교사와 10~12학년 '공부시간 길드' 회원 학생이 팀을 이루어 돌본다. 길드 회원인 상급 학년 학생은 8학년과 9학년을 보살핀다. 길드Gild는 리츠학교가 머리, 가슴, 손으로 하는 학습을 중시하여 인지적 능력 이외에 수공적, 음악적, 조직적인 능력을 장려하기 위한 노작공동체로 모든 학생들이 자신의 관심과 흥미에 맞게 선택하여 공동체의 구성원으로서 일주일에 약 2시간 활동하는 것이 의무로 되어 있다. 길드는 학교 설립 초기에 학생들 각자가 역할을 분담하여 학교를 관리할 필요성에서 생겨난 것으로, 길드 활동을 통해 학생들은 자신의 재능을 발견할 기회를 가지면서 공동체에 대한 책임의식을 기른다. 길드에는 다음과 같은 것이 있다.

- **도서관 길드** 도서관에서 책을 탐독하고, 정리하고, 필요한 책을 주문하기도 하고, 숙제를 하기도 한다.
- **보트관리 길드** 이 학교에는 11개의 보트가 있는데, 8학년에 일주일 기본 지식을 배우고 보트를 관리하며 수업과 자유시간에 이용할 수 있다.
- **제방관리 길드** 학교가 해일 위험 지역에 위치해 있기 때문에 설립 초기부터 학생들이 학교를 보호하기 위해 제방을 쌓는 일에 참여하고 관리를 해 오고 있다. 2012년부터 니더작센주에서 해수면 상승에 대비해 새로운 제방을 건설하여 이것을 관리하는 활동이 추가되었다.
- **자전거 길드** 학교가 위치한 섬에서 자전거가 학생들의 중요한 이동 수단이기 때문에 타이어를 갈아 끼우는 등 자전거를 수리하는 모든 활동을 한다.

- **정원/온실 길드** 일부분이긴 하지만 학교 식단에 오를 식물을 재배하고 관리하는 활동을 한다.
- **매체 길드** 인터넷 매거진을 제작하여 학교의 생활을 알리는 활동을 한다.
- **비트하우스 길드** 일주일에 2회 자율적으로 파티가 열리는 만남의 장소로, 16세 이상 학생만이 회원으로 가입 가능하다. 이 길드에 속한 학생들은 행사를 계획하고, 조직하고, 수리하는 데 책임이 있다. 열린 만남offener Treff 길드는 그 외의 시간에 학생들이 사용할 수 있도록 관리하기 때문에 협력적으로 활동한다.
- **박물관 길드** 국립공원-하우스 내에 있는 수족관을 관리하고, 방문객을 안내하는 활동을 한다.
- **열린 만남 길드** 학생들이 오후와 저녁에 비트하우스에서 커피를 마시고, 수다 떨고, 놀이하고, 음악을 즐길 수 있도록 조직하는 활동을 한다.
- **공부시간 길드** 8학년과 9학년 학생들이 숙제를 할 때 돌보는 활동을 한다.
- **동물관리 길드** 학교에 있는 양과 소를 관리하는 활동을 한다. 먹이를 주고 저녁에는 울타리 안으로 데려오고, 울타리를 수리하는 활동을 한다.

길드 외에도 학생 개인의 흥미와 관심에 따라 참여할 수 있는 노작공동체Arbeit Gemeinschaft가 있다. 노작공동체에는 악기 연주, 예술 활동, 스포츠 활동, 바닷가 활동 등이 있다. 스포츠 활동으로는 배드민턴, 비치발리볼, 피트니스, 단체 스포츠, 유도, 승마, 수영, 항해, 서핑, 독일식 야구, 모형자동차 만들기 및 경주가 있다.

전일제학교

위에서 살펴본 것처럼 아동·청소년 정책의 주요 방향에 학습 장소 및 생활 장소로서의 전일제학교에 대한 지원이 포함되어 있다. 2000년 이후 전일제학교에 대한 요구가 거세져 반일제학교에서 전일제학교로의 전환이 계속해서 추진되고 있다.[16] 전일제학교에 대한 요구가 커진 것은 크게 다음과 같은 이유를 들 수 있다.

첫째, PISA 2000의 결과를 통해 드러난 독일 교육의 두드러진 문제는 경제적인 상위 계층과 하위 계층의 성적 차이가 어떤 나라보다도 크다는 것, 이주 외국인 자녀의 학업성취도가 현저히 떨어진다는 것이다. 그러므로 학교가 이러한 가정을 대신해서 학업이 뒤처지지 않도록 돌보아 주어야 한다는 것이다.

둘째, 고학력 여성의 증가, 기혼 및 미혼 직장 여성의 증가, 이혼율의 증가, 편부모의 증가, 맞벌이 부부의 증가, 핵가족의 증가와 같은 사회현상은 가정이 아동·청소년의 발달과정에서 더 이상 이전처럼 지도와 보살핌을 담당하는 최적의 사회화 기관으로서의 위치를 유지할 수 없게 되어 이를 대신할 사회적 인프라의 확대가 요청된 것이다.

KMK(2018)에 의하면 2016년 현재 전일제학교는 일반학교 전체의 42.5%로 매년 증가하는 추세를 보이고 있다. 전일제학교 방과후활동에 관해서는 주정부의 학교법에서 기본적인 것을 규정하고 있다. 헤센주의 학교법Hessisches Schulgesetz in der Fassung vom 30. Juni 2017 제15조는 보살핌 프로그램, 전일제 프로그램, 전일제학교에 대해 규정하고 있고, 이 법에 근거한 전일제학교 실행지침Richtlinie für ganztägig arbeitende Schule in Hessen nach §15 Hessisches Schulgesetz(2011년 11월 1일부터 효력 발생)에는 전일제학교의 유형과 인가 조건이 규정되어 있다. 헤센주 학교법은 전일제학교의 유형을 3개로 구분하고 있다. 유형 1은 일주일에 최소한 3일

07:30~14:30까지 7시간 프로그램을 제공하는 학교, 유형 2는 일주일에 5일 07:30~16:00 또는 17:00까지 프로그램을 제공하는 학교이다. 유형 1, 2는 학교에 따라 일주일 중에 3, 4, 5일을 선택할 수 있고, 학년도 선택해서 시행할 수 있다. 유형 3은 일주일에 5일 보살핌, 수업, 모든 학생들이 참여하는 의무적인 전일제 프로그램을 07:30~16:00 또는 17:00까지 운영하는 학교이다. 실행지침에 의하면 전일제학교로 인가받기 위해서는 다음과 같은 조건을 충족시켜야 한다(2.1.1).[17]

- 따뜻한 점심식사 제공
- 숙제 돌봐 주기 내지는 학교 과제를 돌봐 주는 연습 및 학습 시간
- 학생과 교사들이 안정을 취할 수 있고, 조용하게 작업할 수 있고, 머물 수 있는 공간
- 학교에서의 연령에 맞는 놀이, 스포츠, 운동의 가능성
- 맞춤형 학습 지원 수업과 선택 프로그램의 제공
- 교육과 돌봄, 그리고 직업 준비를 위한 프로그램들이 의무수업 이전과 이후에 제공되고 있는지에 대한 증명

그리고 학교는 최소한 다음과 같은 공간을 갖추어야 한다(2.1.2).

- 조리실이 딸린 식당
- 만남이 이루어질 수 있는 카페, 필요에 따라 식당과의 연계
- 자유시간 활동 영역(탁구, 운동놀이, 스포츠)
- 학교도서관 또는 충분한 매체를 보유하고 있는 지역시립도서관
- 숙제를 도와줄 수 있고, 집단 작업을 할 수 있고, 조용하게 작업하며 쉴 수 있는 공간

• 교실을 다양하게 사용하기 위한 계획

전일제 학교의 인적 구성은 다양한 직업군으로 구성된다(2.4).

• 교사
• 학교교육 및 사회교육 전문가
• 사회복지사
• 그 외의 교육활동을 위해 필요한 인력

바이에른주의 경우 결합gebundene 전일제학교는 일주일에 4일, 아침 8
시부터 오후 4시까지 전일제학급에 있는 모든 학생에게 의무적으로 프
로그램을 제공하는 학교로, '결합'은 오전 활동과 오후 활동이 교육적
구상에 따라 일관성 있게 형성된다는 의미이다. 즉, 오전에 수업시간 오
후에 특별 프로그램이 배치되는 것이 아니라, 수업시간, 연습시간, 학습
시간이 스포츠, 음악적, 예술-창조적, 자연 과학적 선호(취미) 프로그램
과 교대로 종일 제공된다. 결합 전일제학급 학생은 학교에서 숙제를 마
치고 귀가한다. 전일제학급 참여 여부는 학부모가 신청한다. 선호(취미)
프로그램에는 외부 전문가와 기관이 협력적으로 참여할 수 있다. 결합
전일제학교는 다음과 같은 주요 관심에서 프로그램이 조직된다.[18]

• 학습 및 연습 단계들을 통해 결손을 극복하고 특별한 재능을 지원
  하는 더 강력한 개인 맞춤형 촉진
• 가치 교육, 사회적 역량 및 문화적 정체성 촉진
• 직업 오리엔테이션 및 학생의 직업 능력 촉진
• 자주성과 책임을 위한 교육

- 의미 있는 여가시간 형성을 위한 교육과 개인적인 취미 촉진
- 운동과 영양섭취 교육을 통한 건강 교육
- 오후 시간에 신뢰할 수 있고 전문적인 학생 보살핌과 촉진을 통한 가정 지원

열린 전일제학교는 시간표에 따른 수업을 주로 오전에 제공하고, 수업 후에 일주일에 최소한 4일 오후 프로그램을 제공한다. 부모는 자녀가 특정한 시간과 특정한 날에 참여하도록 선택할 수 있다. 열린 전일제 학교 프로그램은 점심식사(공통), 숙제돌봄(공통), 협력전문가에 의한 선호(취미) 프로그램 제공이라는 3개의 요소로 구성되어 있다. 열린 전일제학교의 활동 예는 다음과 같다.[19]

08:00~13:00　학급에서 의무수업(활동적인 휴식 포함)
13:00~14:00　점심식사 및 자유시간(휴식 및 회복, 활동적인 자유시간
　　　　　　　활용 가능성)
14:00~15:15　보살핌을 받는 학습 및 연습 시간: 대부분 개인의 숙제
　　　　　　　작성 정도에 따라 다양한 그룹에서 이루어지거나 추가
　　　　　　　적인 연습 및 촉진 대책들
15:15-15:30　활동적인 휴식(공놀이, 움직임 놀이 또는 사회적 놀이)
15:30-16:00　취미 프로그램(스포츠 활동, 음악 활동, 만드는 활동)

전일제 프로그램 제공 형태는 〈표 7-1〉과 같이 제시할 수 있지만, 지역과 학교의 특성에 따라 다양하고 더 적합한 조합이 있을 수 있다.[20]

<표 7-1> 전일제 프로그램 제공 형태

	학교에서의 전일제 제공		학교 밖에서의 전일제 제공	
	완전 전일제	열린 전일제	호르트Hort	점심 제공
시간	수업 시작부터 16:00까지 일주일에 4일 모든 학생에게 의무	수업 종료부터 16:00까지 일주일에 2~4일	수업 종료부터 필요에 따라 19:00까지 일주일에 5일까지	수업 종료부터 14:00 내지는 15:30/16:00까지 일주일에 5일까지
프로그램 구조	학급에서 종일 주기적인 교육 및 돌봄 제공; 숙제 대신 통합된 학습 및 연습 단계	학급을 포괄하는 교육 및 돌봄 제공으로 수업을 마치고 숙제 돌봄을 제공	학급을 포괄하는 교육 및 돌봄 제공으로 수업을 마치고 숙제 돌봄을 제공	수업을 마치고 사회교육학적, 여가교육학적으로 수행되는 돌봄 제공; 시간이 연장된 아이에게 숙제 돌봄
특색	주기적이고 완전한(분할되지 않은) 형성이라는 의미에서 교육적 구상의 일관성	부모의 개인적 돌봄 요구를 고려한 시간의 유연성	독자적으로 완전한 교육적 접근을 갖고 학교 밖 돌봄 제공	초등학생(1~4학년) 대상으로 아동 및 가정에 적합한 반일제 초등학교를 지탱하는 지주
담당 인력	주로 교사 그리고 학교 밖 협력 파트너인 교육 종사자	학교 밖 협력 파트너인 교육 종사자	전문 교육 인력(예: 교육자, 사회교육자), 교육 보완 인력(예: 아동케어사 Kinderpflegerin)	교육 종사자
책임 영역	학교(교장)	학교(교장)	아동·청소년 지원	점심 돌봄 주체(예: 지역, 자발적 부모단체)

베를린의 경우 전일제학교의 형태를 다음과 같이 정의하고 있다.[21]

- 완전(의무) 전일제학교: 전일에 걸쳐 의무수업과 추가적인 프로그램을 배치하고, 학생들은 오전 8시에서 오후 4시까지 일주일에 4일 출석의무가 있다.
- 열린 전일제학교: 학생들이 자발적으로 일주일에 4일 오후 4시까지 제공하는 추가적인 프로그램에 참여할 수 있다.
- 부분(의무) 전일제학교: 완전 전일제와 열린 전일제가 섞여 있는 형

태로 일반적으로 완전 전일제 2일, 열린 전일제 2일을 운영한다. 의무적이고 자발적으로 학생들이 참여할 수 있는 프로그램을 일주일에 4일 오후 4시까지 제공한다.

베를린 초등학교의 경우 반일제학교에서 수업이 일찍 끝났다고 하더라도 7시 30분부터 13시 30분까지 아이들이 학교에서 보살핌을 받으므로 사실상 모든 초등학교가 전일제학교라고 할 수 있다. 부모는 아이를 위해서 반일제학교, 열린 전일제 학교, 완전 전일제학교 중 희망하는 전일제학교 모형을 선택할 수 있다. 베를린 초등학교의 80% 이상이 열린 전일제학교이다. 열린 전일제 초등학교에서는 반일제학교의 프로그램(7:30~13:30)이 다음과 같은 보완적인 촉진 및 보살핌 시간으로 확대된다.

- 이른 보살핌 6:00~7:30
- 오후 프로그램 13:30~16:00
- 늦은 보살핌 16:00~18:00
- 휴가 보살핌

열린 전일제학교 프로그램에 참여하기 위해서는 부모는 보살핌이 필요하다는 것을 증명(직업활동, 직업교육, 특별한 사회적, 가정적 또는 교육적 이유)해야 한다. 보살핌과 점심식사는 부모가 경제적 능력에 따라 부담해야만 한다.

방과후활동 프로그램 사례
학교 방과후활동 프로그램들은 학교의 사정에 따라 다양하다. 여기에

서는 몇 학교를 사례로 어떤 프로그램들이 제공되고 있는지 소개하기로
한다. 학교의 선택은 자료 접근의 용이성에 의한 것이다.

미들룸 초등학교(Grundschule Midlum)[22]

이 학교는 니더작센주에 있으며 열린 전일제학교이다. 시간표는 〈표
7-2〉와 같다.

〈표 7-2〉 시간표

시간	수업/활동	기타
06:30-08:07	이른 보살핌	
08:12-08:30	학급협력회의	
08:30-09:15	수업	
09:15-10:00	수업/1학년 또는 2학년은 스포츠	
10:00-10:15	아침식사(학급에서)	
10:15-10:35	휴식(움직이기)	
10:40-11:25	수업/1학년 또는 2학년은 스포츠	
11:25-12:10	수업/1학년 또는 2학년은 스포츠	
12:10-12:25	휴식(움직이기)	
12:30-13:15	수업	
공식적 학교 수업 종료(학교버스 출발)		
13:15-14:00	점심식사(놀이 및 휴식)	
14:10-15:00	놀이, 휴식/숙제/운동 또는 휴식	늦은 보살핌
15:00-16:00	스포츠, 음악 등	
학교버스		
16:00-17:00	늦은 보살핌	늦은 보살핌

1, 2학년은 주당 21시간 의무수업시간에 2시간의 학급협력회의
Klassenrat가 추가된다. 3, 4학년은 주당 25시간 의무수업시간에 2시간의

학급협력회의가 추가된다. 학급협력회의는 매일 학생들이 사회문제를 규명하고, 예방 프로그램을 수행하는 기회를 제공한다. 또한 공동으로 수업을 준비하거나 성찰하는 기회를 제공한다. 이 학교에서 제공하는 방과후 프로그램은 〈표 7-3〉과 같다. 각 프로그램마다 20유로를 부담해야 한다.

〈표 7-3〉 방과후활동

요일	시간	활동
월	13:00-16:00	사회성놀이, 사계절을 통한 창조적 활동, 요리/빵 굽기/먹거리, 힙합(3학년부터)
화		도예, 원 놀이 및 혼자 놀이, 요리/빵 굽기/먹거리, 놀이, 컴퓨터자격증(3학년부터), 꾸미기, 미세근육 발달시키기(3학년, 4학년)
수		합창, 아이에게 적합한 긴장 풀기, 수영(3학년부터), 목공작업(3학년부터), 아이의 안전
목		초보자를 위한 플루트, 식물 가꾸기, 육상(2학년부터), 소방서 노작공동체(3학년부터), 꾸미기 프로그램, 미세근육 발달시키기(1학년, 2학년)

카를-바이간트-슐레 플로슈타트(Karl-Weigand-Schule Florstadt)[23]

이 학교는 헤센주에 있으며, 초등학교, 중등교육 Ⅰ단계인 하우프트슐레, 레알슐레를 함께 운영하는 학교이다. 방과후활동 신청은 자유이지만 신청을 하면 1년은 의무적으로 참여해야 한다. 2018/19학년도부터 월~금요일까지 숙제에 대한 도움과 노작공동체 활동을 제공하고 있다. 노작공동체 활동은 14:00~15:30까지 이루어진다. 학생은 요일과 활동을 선택할 수 있다. 요일별로 제공되는 노작공동체 활동은 다음과 같은 것이 있다.(〈표 7-4〉)

<표 7-4> 방과후활동

요일	월	화	수	목	금
활동 (학년)	핸드볼 (3-6학년)	배드민턴 (7-10학년)	바느질 (4-6학년)	북치기 (3-6학년)	가라테 (3-6학년)
	학교위생봉사 (7-10학년)	축구1 (7-10학년)	전자기기 (5-8학년)	놀이 (3-6학년)	1년 동안 만들기 (3-6학년)
	테니스 (5-8학년)	기타 연주 (3-4학년)	축구2 (3-7학년)	놀이와 스포츠 (3-5학년)	예술 (3-6학년)
	예술 (7-10학년)	요리 (7-10학년)	독서클럽 (3-4학년)	솜털로 만들기 /도자기 (3-6학년)	
	현미경 관찰 (7-9학년)	배구 (7-10학년)	벌꿀 관찰 및 실험 (3-7학년)	카드놀이 (3-6학년)	
	여성 호신술 (3-6학년)	컴퓨터 (3-4학년)	그림자연극 (4-8학년)		
	나무곤충 (3-6학년)	사진촬영 (7-10학년)	인공암벽타기 (7-10학년)		
		연극 (7-10학년)			
		댄스 (3-4학년)			

베르팅엔(Wertingen) 김나지움[24]

이 김나지움은 바이에른주에 있으며 일주일에 4일(월~목) 16:05까지
필요에 따라 16:50까지 방과후활동이 제공되며, 며칠 참여할 것인지는
선택할 수 있다. 그러나 6, 7, 8학년은 방과후활동 참여가 의무이다. 방
과후활동 시간표는 <표 7-5>와 같다.

<표 7-5> 방과후활동

시간	활동
13:00-13:45	점심식사
13:45-14:30	숙제 끝내기, 복습 및 예습을 교사에게 도움받기
14:30-15:15	선택수업(축구, 탁구, 학교신문 만들기, 합창, 연극, 실험 등)
15:15-16:05	놀이휴식시간. 요구에 따라 학습시간

시사점

독일 학교에서 방과후활동의 확산은 전통적인 반일제학교를 전일제학교로 전환하는 학교교육 정책과 관련이 있다. 그 배경에는 소외 계층학생의 낮은 학업성취도를 향상시키고자 하는 의도도 있지만, 아이의 성장 발달에서 가정과 학교의 역할 분담은 더 이상 커다란 의미를 갖지못한다는 인식이 자리하고 있다. 이미 오늘날 많은 아이가 가정이 아닌 어린이집, 유치원과 같은 기관에서 지도와 보살핌을 받으며 성장하고 있고, 학교는 방과후학교 운영을 통해 교육 이외에 어느 정도 위탁 기능을 수행하고 있다. 학교가 가정의 기능을 수용해야 한다는 것은 이제 논쟁의 대상이 아니라 사회의 변화에 기인한 현실적인 과제로 보인다. 그러므로 학교가 가정의 기능을 잘 수행할 수 있도록 인적·물적 지원과 프로그램 개발이 지속적으로 이루어져야 한다. 이때 경계해야 할 것은 독일의 교육학자 기젝케H. Giesecke가 지적하고 있는 것처럼, 부모들이 아동 발달에서 필요로 하는 가정의 기능을 모두 학교에 떠넘기고 요구만하는 책임 회피적인 "성인의 유아화"에 빠져드는 것이다. 또한 독일의 경우 방과후활동에 종사할 수 있는 전문 인력의 하나인 '교육자Erzieher'를 일정 기간 양성과정을 거쳐 국가시험을 치르게 하고 "국가가 인정하는" 자격증을 부여하는 것은 교육활동의 질적 수준 담보라는 측면에서 한국의 방과후학교 종사 인력의 체계적인 관리와 양성 시스템에 시사하는 바가 있다.

1. Bundesministerium für Familie, Senioren, Frauen und Jugend(BMFSFJ) (Hrsg.)(2016), Richtlinine über die Gewährung von Zuschüssen und Leistungen zur Förderung für Kinder- und Jugendhilfe durch den Kinder- und Jugendplan(KJP). In: Bundesministerium des Innern(Hrsg.)(2006.10.12.), *Gemeinsammes Ministerialblatt.* 67(41), 801-822.

2. 〈사회법전 제8권〉의 개념 정의(§7)에 의하면 아동(Kind)은 아직 14세가 되지 않은 자, 청소년(Jugendlichen)은 14세 이상 18세 미만인 자, 젊은 성인(junger Volljähriger)은 18세 이상 27세 미만인 자이다. 젊은이(junger Mensch)는 아직 27세가 되지 않은 자이다.

3. Bundesministerium für Familie, Senioren, Frauen und Jugend(BMFSFJ) (Hrsg.)(2002), *Elfter Kinder- und Jugendbericht. Bericht über die Situation junger Menschen und die Leistungen der Kinder- und Jugendhilfe in Deutschland.* Berlin: Medien- und Kommunikations GmbH.

4. Bildung은 일반적으로 "도야"로 번역이 되나 Erziehung과 구별하여 "교육"으로 번역을 하였고, 우리말의 교육으로 번역되는 Erziehung은 "지도"로 번역을 하였다. 이 책 6장 주석 7 참조.

5. Bundesministerium für Familie, Senioren, Frauen und Jugend(BMFSFJ) (Hrsg.)(2002), *Elfter Kinder- und Jugendbericht. Bericht über die Situation junger Menschen und die Leistungen der Kinder- und Jugendhilfe in Deutschland,* 9.

6. Bundesministerium für Familie, Senioren, Frauen und Jugend(BMFSFJ) (Hrsg.)(2002), *Elfter Kinder- und Jugendbericht. Bericht über die Situation junger Menschen und die Leistungen der Kinder- und Jugendhilfe in Deutschland,* 260.

7. 정기섭(2007), 독일의 청소년 방과후활동 운영 현황, 비교교육연구, 17(2), 111-131의 내용을 요약하였음.

8. Bundesminsterium für Familie, Senioren, Frauen und Jugend(BMFSFJ) (Hrsg.)(2005), *Zwöflter Kinder- und Jugendbericht. Bericht über die Lebenssituation junger Menschen und die Leistungen der Kinder- und Jugendhilfe in Deutschland.* Berlin: DruckVogt GmbH, 59 이하.

9. Bundesminsterium für Familie, Senioren, Frauen und Jugend(BMFSFJ)

(Hrsg.)(2009), *13. Kinder- und Jugendbericht. Bericht über die Lebenssituation junger Menschen und die Leistungen der Kinder und Jugendhilfe in Deutschland.* Berlin: DruckVogt GmbH.

10. Bundesminsterium für Familie, Senioren, Frauen und Jugend(BMFSFJ) (Hrsg.)(2013), *14. Kinder- und Jugendbericht. Bericht über die Lebenssituation junger Menschen und die Leistungen der Kinder und Jugendhilfe in Deutschland.* Paderborn: Bonifaus.

11. Bundesminsterium für Familie, Senioren, Frauen und Jugend(BMFSFJ)(Hrsg.) (2017), *15. Kinder- und Jugendbericht. Bericht über die Lebenssituation junger Menschen und die Leistungen der Kinder- und Jugendhilfe in Deutschland.* Paderborn: Bonifatius GmbH.

12. Zusammensetzung des Landesjugendhilfeausschusses(Rheinland-Pfalz), URL: https://lsjv.rlp.de/fileadmin/lsjv/Dateien/Aufgaben/Kinder_Jugend_Familie/Landesjugendhilfeausschuss/LJHA_Zusammensetzung.pdf

13. Infosystem. Kinder- und Jugendhilfe in Deutschland, URL: http://www.kinder-jugendhilfe.info/wai1/showcontent.asp?ThemaID=5002

14. 정기섭(2007), 전원기숙사학교: 독일의 대안학교. 서울: 문음사, 61.

15. Herman Lietz Schule Spiekeroog, URL: https://www.lietz-nordsee-internat.de/

16. 이 책 6장 참조.

17. Richtlinie für ganztägig arbeitende Schulen in Hessen nach §15 Hessisches Schulgesetz. Erlass vom 1. November 2011.

18. Bayerisches Staatsministerium für Unterricht und Kultus(2020), *Ganztagsschule bewegt! Bd.1. Schullandschaft bewegen.* Schneckenlohe: Appel & Klinger Druck und Medien GmbH, 13.

19. Bayerisches Staatsministerium für Unterricht und Kultus(2020), *Ganztagsschule bewegt! Bd.1. Schullandschaft bewegen,* 14.

20. Bayerisches Staatsministerium für Unterricht und Kultus(2020), *Ganztagsschule bewegt! Bd.1. Schullandschaft bewegen,* 16.

21. Senatverwaltung für Bildung, Jugend und Familie. Ganztägiges Lernen, URL: https://www.berlin.de/sen/bildung/schule/ganztaegiges-lernen/ganztagsschulen/

22. URL: http://www.grundschule-midlum.de/seite/348602/nachmittagsangebote.html

23. Karl-Weigand-Schule Florstadt, URL: http://www.karl-weigand-schule.

de/startseite.html

24. http://www.gymnasium-wertingen.de/ueber-diese-schule/nachmi
ttagsangebote/

제8장

이주배경을 가진
아동·청소년을 위한
교육 지원 정책은 어떠한가?

1955년 이후 독일의 이주민 정책은 1990년대 중반까지 시기적으로 강조점의 차이는 있지만 '통합과 귀국'이라는 이중 전략을 추구하면서 궁극으로는 외국인의 이주를 제한하는 방향으로 진행되어 왔다. 이 시기의 이주민 자녀 교육정책은 언어-문화적, 인종적, 국가적 다양성을 고려하지 않고 단지 국적에 의하여 구별되는 '독일인'과 '외국인' 두 집단에 맞추어져 있었다. 1996년 주문화부장관협의회의 〈학교에서의 상호문화교육 권고〉는 소수와 다수를 구분하지 않고 모두를 대상으로 하는 상호문화교육을 주제로 다루면서 이전의 정책과 확연히 구분되는 패러다임의 전환을 보여 준다. 2007년부터 독일에 거주하는 외국인 상황에 관한 연방정부 차원의 보고서에서는 국적에 의하여 구분해 오던 '독일인'과 '외국인' 용어의 사용을 이주배경을 '가진' 또는 '갖지 않은' 개인으로 구분하여 사용하고 있다.

이주민 정책: 1945년 이후

1945년 이후 독일의 이주민 정책은 〈이주법Zuwanderungsgesetz〉이 발효된 2005년을 기준으로 그 이전과 이후로 구분할 수 있다. 2005년 1월 1일 새로운 이주법이 효력을 발생하기까지 이주민 정책은 크게 여섯 단계로 나뉜다.[1]

첫 단계는 1955년 외국인 노동력 모집 협정에서부터 1973년 외국인 노동력 모집 중단 조치가 취해질 때까지의 시기를 말한다. 이 시기의 외국인 정책은 경제적인 성장에 따른 노동력의 수요에 의하여 이루어졌다. 독일 정부는 전쟁 사망자와 부상자로 인해 국내 노동시장에서 노동력의 수요와 공급 균형을 이룰 수 없었기 때문에 외국에서 노동력을 모집하였다. 이탈리아와 노동력 모집 협정 체결(1955. 12. 20)을 시작으로, 스페인(1960. 3. 29), 그리스(1960. 3. 30), 터키(1961. 10. 30), 모로코(1963. 5. 21), 포르투갈(1964. 3. 17), 튀니지(1965. 10. 18), 유고슬로비아(1968. 10. 12)와 노동력 모집 협정을 체결하였다. 이 시기에 수백만의 외국인 노동자가 독일로 유입되었고, 이들에 대한 독일인의 태도는 외국인 노동자를 소위 "손님 노동자Gastarbeiter"라고 일컬었던 것에서 알 수 있듯이, 손님처럼 잠시 머물다 되돌아갈 것으로 생각하였다. 외국 노동인력 모집의

결과 외국인 인구는 1961년 전체 인구의 1.2%(약 686,000명)에서 1970
년에는 4.5%(약 2,700,000명)로 증가하였다.[2] 1955년부터 1973년까지 독
일로 들어온 외국인 노동자와 그의 가족은 현재까지 독일에서 생활하
는 이주배경을 가진 인구들 중 가장 큰 집단을 이루고 있다.

두 번째 단계는 1973년 11월 27일 독일 정부가 발표한 외국인 노동력
모집 중단부터 1979년 초대 "외국인 문제를 위한 연방정부의 과제 수행
자Beauftragte der Bundesregierung für Ausländerfrage"[3]였던 퀸H. Kühn[4]에 의
하여 새로운 외국인 정책이 제안되기까지의 시기를 말한다. 경제성장의
틀에서 외국인의 "통제되지 않았던 팽창"[5]은 1973년 오일쇼크로 인한
경기의 침체와 더불어 외국인 노동자 모집 중단이 공포(11. 17)되면서 외
형적으로 멈추는 것처럼 보였다.

그럼에도 불구하고 외국인 인구는 감소하지 않고 오히려 증가하는 현
상이 나타났다. 본국으로 되돌아가지 않고 계속 거주하기를 원하는 외국
인 노동자들이 일단 귀국하면 독일로 되돌아올 수 없다는 두려움에 본
국에 있는 가족들을 데려오기 시작한 것이다.[6] 거주 외국인 가족의 이
주는 1965년부터 시행되던 〈외국인법Ausländergesetz〉[7]에 의하여 허용되
고 있었다. 외국인 노동력 모집 금지 조치가 취해진 지 2년 뒤인 1975년
의 인구통계를 보면 외국인 인구가 6.3%(약 3,900,000명)로 이전보다 증
가하였고, 1980년에는 7.4%(약 4,566,000명)로 증가한 것을 알 수 있다.[8]
원래 외국인 노동자를 모집할 때는 "로테이션 원칙"이 적용되어 기간이
만료되는 외국인 노동자를 본국으로 돌려보내고, 다른 외국인 노동자가
그 자리를 대체하도록 계획되었다. 그러나 사용자 측에서 숙련된 노동력
을 계속해서 쓰고 싶어 했기 때문에 돌려보내지 않고 계약을 연장하였
고, 그사이에 외국인 노동자들이 가족을 이주시켰기 때문에 외국인 인
구가 늘어난 것이다. 외국인 가족의 이주와 더불어 아동과 청소년, 그

리고 여성의 외국인 인구가 증가하게 되자 독일 정부는 한편으로는 아동과 청소년의 통합을 위해 노력을 하면서, 다른 한편으로 외국인 노동자의 귀국을 위한 "이중 전략"[9]을 구사하였다. 이 시기의 외국인 정책은 외국인 문제가 일시적인 현상이 아님을 인식하기 시작하고 외국인의 독일 이주를 제한하고 있는 것으로 특징된다.

이러한 경향은 헤센주 림부르크Limburg시 교구의 이주외국인 담당자였던 로이닝어H. Leuninger가 1976년 독일 노동사회부장관의 국회담당관에게 보낸 편지(6월 24일)와 헤센주의 사회부장관이었던 슈미트H. Schmidt에게 보낸 편지(7월 20일)에 잘 나타나 있다. 그는 편지에서 6월 10일의 정부 보도 자료에서 외국인 정책의 우선순위로 언급되고 있는 외국인의 "귀국 준비 촉진"에 대해 자신의 의견을 전달하고 지금까지 독일의 외국인 통합정책은 "귀국전략Rückwanderungsstrategie"이었음을 비판하면서 독일에 거주하고 있는 외국인 노동자와 그의 가족들의 통합을 위한 정책을 촉구하였다.[10]

세 번째 단계는 1979년 퀸에 의하여 제안된 새로운 외국인 정책이 1982년 콜H. Kohl 정부가 들어설 때까지 논쟁이 된 시기이다. "외국인 문제를 위한 연방정부의 과제 수행자"로서 퀸은 1979년 말에 자신의 업무일지를 통해 지금까지 독일 정부의 외국인 정책에는 노동시장 정책의 관점이 강하게 반영되어 있다고 비판하면서 실제적인 외국인 이주 상황을 인식하고 현실적인 정책을 실시할 것을 요구하였다.[11] 특히 그는 학교에서 외국인 아동·청소년의 통합, 독일에서 태어난 이주민 아동의 국적취득 요건, 합법적으로 오랫동안 체류한 외국인에게 자치단체 선거의 투표권 부여를 요구하였다. 그의 주장은 찬성자와 반대자들 사이에 활발한 논쟁을 불러일으켰지만, 1982년 새로운 정부가 들어서면서 관심권에서 멀어지게 되었다. 이 시기의 외국인 정책의 특징은 일시적이나마 사회적인 통합을 시도하고 있었으나 이러한 제안들이 수용되지 않아 결국 사회적 통합을 위한 대책들이 포괄적으로 마련되지 못했다는 데 있다.[12]

네 번째 단계는 1982년 10월 1일 새로운 정부의 수립에서부터 1990년 〈외국인법〉이 개정될 때까지의 시기이다. 이 시기의 외국인 정책의 특징은 통합 정책보다는 제한 정책이라고 할 수 있다. 외국인 노동력 모집 중단 조치의 틀을 유지하면서 가족의 이주를 제한하고 귀국 준비를 촉진하는 것이 그것이다. 정권 교체 후에 콜 수상은 그해 10월 13일에 발표한 시급한 현안에 일자리 창출과 더불어 외국인 정책을 포함시켰다. 사실 외국인 정책은 선거와 경기의 침체 때마다 등장하는 단골 메뉴였다. 1978년에 야기된 제2차 오일쇼크로 인하여 실업률이 상승하자 (1983년에는 실업자가 200만 명에 이름) 기민당CDU의 우파 정치인들은 외국인 문제를 선거 전략으로 활용하였다. 이 시기에 외국인 문제에 대하여 기민당/기사당CSU이 사민당SPD과 자민당FDP보다 더욱 완고한 입장이었다.[13]

> 1983년부터 '외국인'과 '정치적 망명자'는 선거에서 아주 중요한 주제가 되었고, 이것은 CDU/CSU에 긍정적인 영향을 미쳤다.[14]

콜 역시 수상 취임 직전인 1982년 9월 3일 일간지에서 외국인 문제에 대한 자신의 입장을 다음과 같이 밝혔다. "터키 시민의 수는 줄어들어야만 한다."[15] 이러한 사회적 분위기를 반영하여 1982년 7월 SPD/FDP 연립정부는 이주노동자의 귀국을 촉진하는 대책들을 결정하기에 이르렀고, 이것은 다음 정부에서 1984년 6월 30일까지 귀국을 희망하는 외국인 노동자를 지원하는 〈외국인 귀국 준비 촉진법Gesetz zur Förderung der

Rückkehrbereitschaft von Ausländer〉으로 1983년 12월 1일부터 시행되었다. 또한 시대에 적합한 새로운 외국인법에 대한 지속적인 논의 결과 1990년 7월 14일 1965년부터 유지되어 오던 〈외국인법〉이 개정되어 1991년 1월 1일부터 시행되었다. 새로운 〈외국인법〉의 주요 내용은 외국인 이주자의 증가를 제한하고, 오랜 기간 독일에서 살고 있는 외국인의 통합에 힘쓰며, 구동구권 독일 민족과 유럽공동체 내에서의 이주권에 대해 개방한다는 것이다.

다섯 번째 단계는 새로운 〈외국인법〉이 통과된 시기부터 1998년 10월 국회에서 사민당과 녹색당이 중심이 되어 새로운 국적 취득법 개혁안을 제안할 때까지의 시기이다. 이 개혁안은 1999년 5월 7일 독일 국회를 통과하였다(2001년 1월 1일부터 시행). 이 시기의 외국인 정책의 특징은 이전의 이주 노동자에 쏠려 있던 관심이 정치적 망명자Asyl와 귀환 독일인Spätaussiedler[16]으로 옮겨진 데 있다. 1985년에서 1994년 사이에 독일에서 정치적 망명을 신청한 자는 유럽연합 내의 전체 신청자 중 64%를 차지하였고, 1992년에는 유고슬라비아의 내전으로 인해 75%에 해당되는 440,000명(문헌에 따라 500,000명 이상)이 신청을 하여 정점에 달했다.[17] 신청자의 증가로 인해 신청에서 결과 판정까지 기간이 늘어날 수밖에 없었고, 그것은 결과적으로 절차가 진행되는 동안 이들에게 소요되는 막대한 체류비용의 부담 문제를 야기하였다. 이러한 상황은 정치적 망명자를 제한하자는 여론으로 확대되었고, 급기야는 극우파에 의하여 일련의 외국인 적대 감정으로 표출되었다. 1991년 작센Sachsen주의 도시 호이에르스베르다Hoyerswerda, 1992년 메클렌부르크포어포메른Mecklenburg-Vorpommern주의 로슈톡Rostock, 1992년 슐레스비히홀슈타인Schleswig-Holstein주의 작은 도시 묄른Mölln, 1993년 노르트라인베스트팔렌Nordrhein-Westfalen주의 도시 졸링겐Solingen에서 외국인에 대한 폭행과 방화사건이 잇달아 일어났다. 마침내 연방의회는 1993년 5월 26일 〈정치적 망명자법Asylverfahrensgesetz〉을 개정하여(1993년 7월 1일 시행) 독일 내에서의 정치적 망명 신청자와 전쟁 난민 신청자를 제한하기로 결정하였다. 1995년에는 베트남과 비합법적으로 독일에 체류 중인 베트남인의 단계적 귀국(1995년 2,000명, 1996년 5,000명, 1997년 6,000명, 1998년 6,500명)에 대한 협정을 체결하였다.[18]

또한 이 시기에 귀환 독일인이 사회문제가 된 것은 구소련을 비롯한 동구권 국가들이 붕괴하면서 그 지역에 있던 독일인과 부인, 그 자손들이 유입되었기 때문이다. 독일 정부는 이들에게는 다른 이주자 집단과는 달리 독일어 과정을 개설해 주는 등 우호적인 편입 정책을 실시하였다. 독일 국민들 사이에서도 같은 혈통이라는 이유로 초기에는 이들에 대하여 우호적인 입장을 취하였다. 그러나 시간이 지나면서 문화와 역사적 배경의 차이로 인해 통합되기 어려운 "러시아인"[19]으로 인식되었다. 독일어 능력이 결핍되어 있던 외국인 부인과 아이들은 기대와는 달리 쉽게 적응하지 못하였고, 청소년들은 알코올 중독과 약물 중독 같은 사회문제를 일으켰다. 이렇게 되자 독일 정부는 형식적으로 서류만 제출하면 되었던 독일 국적 회복 절차에 1997년부터는 독일어 능력 증명 구두 시험을 추가하였다.

귀환 독일인에 대한 경험으로부터 독일에서 오랫동안 거주하고 있는 외국인의 국적 취득, 특히 독일에서 태어난 아동·청소년의 독일 국민 인정에 대한 논쟁이 다시 활발하게 이루어지게 되었다. 이 시기의 외국인 정책은 한편으로는 독일은 이민국가가 아니라는 지금까지의 입장을 고수하면서 다른 한편으로는 외국인 정책의 현실적인 대책을 강구하고자 하는 분위기가 형성되고 있었다.

여섯 번째 단계는 새로운 국적법이 국회에서 제안된 1998년부터 새로운 이주법이 공포된 2004년까지의 시기이다. 이 시기의 특징은 이주 정책의 패러다임 전환이 이루어졌다는 데 있다. 1998년부터 시작된 국적 취득법의 개정은 그 동안 사소한 개정은 있어 왔지만 1913년 〈제국국적법Reichs- und Staatsangehörigkeitsgesetz〉이 제정된 이후 처음으로 이루어진 근본적인 개혁이었다. 2001년 1월 1일부터 시행된 국적법 Staatsangehörigkeitsgesetz의 주요 내용은 혈통주의jus sanguinis에 토대를 두고 87년간 지속되어 왔던 국적 취득이 속지주의jus soli로 전환된 것이다. 이전까지는 부모 중 한 사람이 독일인이어야 그 자녀가 독일 국적을 취득할 수 있었으나 개정된 국적법에서는 부모 모두 외국인이라도 한 사람이 8년 이상 합법적으로 독일에 거주한 경우 독일에서 태어난 자녀에게 독일 국적 취득이 가능하도록 하고 있다. 이것은 독일 사회가 인구 구조에 있어서 다인종 다문화 사회임을 실제적으로 인정한 것이라고 할 수 있다.

현실적인 요구를 반영한 또 다른 정책으로는 독일 수상 슈뢰더G. Schröder가 2000년 2월 23일 하노버에서 개최된 CEBIT-메세에서 IT산업 분야에 필요한 외국의 고급 전문 인력 20,000명과 그 가족의 이주를 허락하겠다고 발표한 것을 들 수 있다. 이것은 1973년의 외국인 노동자 모집이 중단된 이후 처음으로 외국인 노동자의 이주를 허락한 것으로 거센 논쟁을 불러일으켰으나 그해 8월부터 소위 녹색카드Green Card 프로그램[20]으로 시행되었다. 1955~1973년의 외국인 노동자 모집과 다른 점이 있다면 첨단 분야의 검증된 고급인력을 선택적으로 이주시킴으로써 독일 첨단산업의 발달을 촉진하고자 한 데 있다.

슈뢰더 총리의 CEBIT-메세 발표 이후 독일 사회의 변화와 이주문제 방안을 모색하기 위하여 구성된 '이주위원회Unabhängige Kommission 'Zuwanderung''는 외국인의 독일 이주를 점수제Punktsystem라는 새로운 방식으로 제한할 것을 제안하였다. 외국인 이주를 무조건 제한할 것이 아니라, 나이, 언어능력, 학력 정도 등에 따라 점수를 부여하여 지원자들 중에서 필요한 인력을 선발하자는 것이다.[21] 필요한 노동 인력의 이주 허용 배경에는 독일 인구 구조의 변화가 자리하고 있었다. 현재와 같은 인구 변화 추세라면 20년 후에는 독일의 전문 인력이 절대적으로 부족하여 "조정된 이주가 없다면 독일은 불충분한 국제적 인적 자원을 확보하기 위해 첨예화되는 경쟁에서 뒤처질 것"이고, 그 때문에 "매년 700,000명의 외국인 이주가 필요하다"는 것이다.[22]

2001년 '이주위원회'는 독일 사회가 다문화 사회임을 전제로 하는 이주 및 통합 정책의 근본적인 전환을 요구하였다.

> 수십 년간 대표되던 '독일은 이민국가가 아니다'라는 정치적, 규범적 규정은 오늘날의 관점에서 독일의 이주 및 통합정책을 위한 격언으로서 더 이상 유지할 수 없게 되었다. … 독일은-처음은 아니지만-이민국가가 되었다.[23]

2005년 1월 1일부터 효력을 발생한 〈이주법〉은 이전까지의 외국인법이 통합과 귀국이라는 이중성을 가지고 귀국에 중점을 두었던 것과는 달리 상대적으로 통합을 법적으로 강제하고 있다. 이 법에 의하면 이주 행정은 이주·난민청Bundesamt für Migration und Flüchtlinge[24]으로 집중되고, 이주·난민청은 외국인이 독일에서 경제적, 문화적, 사회적인 삶으로 통합되는 것을 촉진하고 지원하는 과제를 수행해야 한다. 이와 관련하여 눈에 띄는 것은 〈이주법〉의 제3장 '촉진과 통합'의 제43조(통합 코스), 제44조(통합 코스의 참가 자격, 제44조a: 통합 코스 참가의 의무), 제45조(통합 프로그램)이다. 이들 조항에서는 이주·난민청이 독일어, 법질서, 사회질서, 독일 문화와 역사 지식 습득 등을 위한 '통합 코스Integrationskurs'를 제공하여 외국인의 통합을 지원하고, 법률이 정하는 기준에 미흡한 외국인에게 통합 코스에 참가할 의무를 확정하고 있다. 이 법에서 외국인 통합을 위해 무엇보다 중점을 두고 있는 것은 독일어의 습득이다.

2005년 이후 이주외국인 정책의 기본 방향은 이주외국인이 오랜 기간 자신의 능력과 성과로 독일의 복지와 사회적·문화적 다양성 형성에 기여한 점을 인정하고 독일의 미래를 위해 그들의 잠재적 가능성을 인식하고 강화하는 사회통합의 문제에 관심을 집중하고 있다. 이러한 관심과 노력은 2007년 개최된 '국가통합정상회의Deutscher Integrationsgipfel'와 거기에서 결정한 『국가통합계획Der Nationale Integrationsplan』에 잘 드러나 있다. 『국가통합계획』은 사회통합을 위해 필요한 대책들을 10개의 영역에 걸쳐 제시하고 있는데, 그 서문에서 메르켈A. Merkel 수상은 "통합은 인구학적 변화를 통하여 점점 더 중요해지고 있는 우리 시대의 핵심적 과제이다"라고 강조하였다.[25]

통합정책의 맥락에서 통합을 위한 주 담당 장관협의회Integrationsministerkonferenz, IntMK가 2011년 개최된 제6차 회의에서 처음으로 주 차원을 넘어 이주배경을 가진 인구의 상태를 평가하는 『모니터링 보고서Integrationsmonitering der Länder(통합상태 점검 보고서)』를 출간하였고, 그 후 2년마다 정기적으로 발행하고 있다. 또한 2012년 1월부터 소위 〈인정법Gesetz zur Verbesserung und Anerkennung in Ausland erworbener Berufsqualifikation〉이 발효되었다. 이 법은 독일의 전문 인력 수요를 안정적으로 충족하기 위하여 외국에서 취득한 직업과 관련된 자격을 일정한 심사과정을 거쳐 동등하게 인정해 주는 내용을 담고 있다. 이 법의 목적은 독일 내에 함께 살고 있는 사람의 잠재적 능력을 이용하고, 노동시장과 사회에로의 통합을 촉진하는 것이다.

2015년 메르켈 수상이 난민 수용 결정을 내리면서 2005년부터 국가의 의무적 과제로 추진해 왔던 이주민 통합정책이 뜨거운 사회적, 정치적 논쟁으로 점화되었다. 100만 명 이상의 난민이 독일로 유입되면서 인도주의적으로 그들을 수용해야 한다는 입장과 되돌려 보내야 한다는 반대 진영의 목소리가 충돌했다. 2015년부터 '난민위기Flüchtlingskrise'란 표현이 등장하였고, 이에 대한 반응으로 2016년 8월 6일 〈통합법Integrationsgesetz〉이 발효되었다(2019년 7월 4일 수정, 7월 12일 효력 발생). 이 법은 기존의 법들(〈사회법전 제2권〉, 〈사회법전 제3권〉, 〈사회법전 제12권〉, 〈망명신청자이행법Asylbewerberleistungsgesetz〉, 〈체류법Aufenthaltgesetz〉, 〈망명자법Asylgesetz〉, 〈외국인등록법AZR-Gesetz〉)의 관련 조항을 개정한 것으로 조기에 노동시장에 접근하도록 하여 노동을 통한 통합을 촉진하고자 하고 있다. 난민과 이주민의 첫 독일어가 "일자리 주세요Bitte Arbeit"이므로 노동을 통합을 위한 최고의 대책으로 파악한 것이다.

그를 위해 기존의 '통합 코스'와 언어 코스를 개선하고 확장하였다. 이 법은 또한 노동시장으로의 조기 통합을 위해 제공되는 것들을 이주자들이 수용할 것을 요구하고 있다. 제공하는 프로그램에 참여하여 통합 이행 정도가 높은 사람에게는 빠른 시기에 영주권을 부여하지만, 그렇지 않을 경우 제한을 두겠다는 것이다. 통합법의 기본 사상은 촉진과 요구Förderung und Forderung이다. 예를 들어 18세 이상의 망명신청자는 〈망명신청자이행법〉에 따라 연방정부 차원에서 한시적으로 운영되고 있는 '난민통합대책Flüchtlingsintegrationsmassnahmen' 프로그램의 틀에서 6개월 동안 일주일에 30시간 단순한 일을 할 수 있다. 시간당 80센트가 수당으로 제공된다. 이 대책은 망명신청자들에게 조기에 낮은 수준의 일

거리를 제공함으로써 언어 습득에도 도움을 주고 그들을 노동시장으로 자연스럽게 인도하려는 의도에서 이루어지는 것이다. 단순한 일은 담당 관청으로부터 배정될 수 있으나, 최종 결정은 본인이 자율적으로 한다. 결정은 자율이지만, 거부하거나 하고 있던 일을 중단하면 〈망명신청자 이행법〉에 의거해서 통합 실행 정도에 반영된다.[26]

난민 문제가 사회적·정치적 화두이던 2016년 10월 16일 프라이부르크 브라이스가우Freiburg Breisgau에서 망명신청자에 의해 여대생 살인사건이 발생하고, 2016년 12월 19일 베를린 크리스마스 시장에서 테러가 발생하자 사회의 잠재적 위험성 증가에 대한 위기의식에서 그때까지 개인에 대한 정확한 신분 파악 없이 신속히 진행되던 난민 및 망명신청자에 대한 신분 심사(여권 심사 강화)가 강화되었다. 2016년 프라이부르크 브라이스가 사건의 범인은 망명신청 시에 본인의 진술에 근거하여 미성년자로 분류되었으나, 검거 후 실제 나이가 의심되었고 난민으로 독일에 입국하기 전에도 전과가 있는 것으로 드러났다.[27]

이러한 사회적 분위기에서 망명신청자의 본국 귀환과 제3국으로의 이주 및 재적응을 재정적으로 지원하는 프로그램REAG/GARP[28], Reintegration and Emigration programme for Asylum Seekers in Germany/ Government Assisted Repatriation Programme을 보완하여 선별적인 국가 국민에게는 이주 국가에서의 초기 정착 지원금을 추가로 지원하는 'Starthilfe Plus'를 2017년 2월 1일 새롭게 도입하였다. 'REAG/GARP 프로그램 2019'에 따르면 신청자는 다음과 같은 지원금을 받을 수 있다.[29]

- 18세 이상 개인당 200유로, 18세 미만 개인당 100유로 여행경비 지원
- 추가적인 의료비용: 목표로 하는 국가에 도착한 후 3개월까지 최대

2,000유로 지원

• 일회성Starthilfe: 18세 이상 개인당 1,000유로, 18세 미만 500유로

REAG/GARP와는 별도로 REAG에 지정된 46개 국가Starthilfe에 한해서는 18세 이상 1,000유로(동반자가 없는 미성년자 포함), 18세 미만 500유로를 추가 지원한다. 지원 금액은 가족당 최대 3,500유로로 제한한다. 조기 출국자는 추가로 500유로를 지원한다. 조기 출국자란 망명신청 과정을 조기에 포기하거나 망명신청 결과 통보 후 늦어도 2개월까지 출국 지원 신청을 하는 자를 말한다. 이러한 정책적 노력으로 망명신청 건수는 2016년을 기점으로 2015년 이전의 수준을 회복한 것으로 보인다. 망명신청 건수는 2013년 109,580명, 2015년 441,899명, 2016년 722,370명, 2018년 161,931명, 2019년 142,509명으로 나타났다.[30]

이상에서 볼 때, 2000부터의 외국인 정책은 포괄적인 이주자 정책을 취하고 있음을 알 수 있다. 지속적으로 독일에 거주하는 외국인뿐만 아니라, 일정 기간 체류하는 외국인에게도 적용되는 통합정책을 실시하고 있는 것이다. 이러한 이해는 '이주위원회'의 보고서에서 독일어의 이주에 해당하는 Einwanderung과 Zuwanderung을 포괄적으로 사용하고 있는 것에서도 드러난다. 이 보고서에 따르면 Einwanderung은 독일에 지속적으로 정주하는 것을 의미하고, Zuwanderung은 일시적인 성격을 갖는 이주를 포함한 모든 종류의 이주를 의미한다.[31] 2005년부터 시행된 〈이주법〉이 Einwanderungsgesetz 아니라 Zuwanderungsgesetz라고 명명된 것에서도 독일의 이주정책이 이전과는 다르다는 것이 상징적으로 나타나고 있다. 또한 오랜 기간 고수해 오던 〈외국인법〉에서 〈이주법〉으로의 명칭 변화는 인구통계학적으로 국적에 의하여 외국인과 독일인을 구분하는 것이 이주민 정책 수립에서 더 이상 큰 의미가 없다는

것을 인식했음을 보여 주는 것이다.

2015년 이후 독일의 이주민 정책은 독일 사회에 통합하려는 의지가 있는 이주 신청자는 조기에 노동시장으로의 진입을 적극 지원하고, 통합 의지가 약한 이주자는 제한하는 정책을 취하고 있는 것으로 보인다. 그리고 학교 의무교육 기간 연령대 이주 아동·청소년이 교육 시스템에 성공적으로 적응하고 높은 성취를 이룰 수 있도록 하는 지원 대책을 이전보다 더욱 강화하고 있는 것으로 보인다.

이주민의 범주와 현황

관련 연구보고서와 각종 문헌들에는 이주민과 관련된 용어가 다양하게 사용되고 있어 그 범위를 이해하는 것이 쉽지 않고 독자를 혼란에 빠뜨린다. 외국인, 외국인 노동자, 이주민, 이주민 아동·청소년, 터키계 아동·청소년, 이탈리아계 아동·청소년 등, 이주아동, 이주청소년, 이주학생, 이주배경을 가진 아동·청소년, 이주신분을 가진 아동·청소년 등 다양하게 표현되고 있고, 통계에서는 주로 외국인으로 나타내고 있어서 어떤 집단을 대상으로 하고 있는지가 불명확한 경우가 많다. 이러한 이유에서 통계치가 다른 경우도 종종 발견된다. 2005년 이후의 문헌에서는 이주민 또는 이주배경을 가진 사람, 이주배경을 가진 아동·청소년, 학생이란 표현이 이전보다 더 많아진 것이 특징이다. 『이주·난민·통합을 위한 연방정부 과제 수행자의 독일에 거주하는 외국인 상황에 대한 제7차 보고서Bericht der Beauftragten der Bundesregierung für Migration, Flüchtlinge und Integration über die Lage der Ausländerinnen und Ausländer』 (2007)에서는 이전 보고서까지 "국적에 의하여 구분해 오던 '독일인'과

'외국인' 용어의 사용을 처음으로 이주배경을 '가진' 또는 '갖지 않은' 개인으로 구분하였다. 이주배경에 대한 고려는 얼마나 많은 사람들이 독일로 이주하여 살고 있고, 독일로 이주하여 온 부모를 갖고 있는지를 보여 준다."[32]

이주민 개념의 범주에 대한 언급을 보면 "독일에서 이주민은 다양한 이주 집단을 대표하는 개념이다". 여기에는 "외국인 노동자(외국인 이주자), 외국인 난민, 강제이주 독일인, 구소련지역에서 온 유대인 이주자"가 속하고, "일상적 대화에서는 이 범주에 따라 구별하지 않고 일반화하여 외국인이라고 말한다".[33] 또한 이주의 형태에 따라 "유럽연합 내 이주, 유럽연합 이외 국가의 가족과 배우자 이주, 귀환 독일인, 구소련 지역의 유대인 이주, 전쟁난민 수용, 망명자, 강제추방 일시 정지 외국인, 불법 이주외국인 등"[34]으로 구분되기도 한다. 법률적 신분에 따른 이주민의 범주에는 "노동이주민, 유럽연합 시민, 유럽연합 이외의 국민, 공사 계약 노동자, 계절 노동자Saisonarbeiter,, 난민, 망명신청자, 망명자, 디팩토 난민De-facto-Flüchtlinge[35], 균등분담난민[36]; 귀환 독일인, 증명서류가 없는 불법 귀환 독일인"[37]이 포함된다. 2008년 내무부Bundesministerium des Innern에서 발간한 『이주와 통합Migration und Integration』에서는 이주자 집단에 "외국인 유학생Ausländische Studierende: Bildungsausländer"을 포함시키고 있다.[38]

2005년에 실시된 총인구조사Mikrozensus 2005는 처음으로 개인과 가족의 이주 경험과 법률적인 지위(독일인, 비독일인)에 따라 이주 상황을 구별하는 작업을 시행하였다. 즉, 국적, 독일과 독일 이외 지역의 출생지, 이주 연도, 귀화, 부모의 국적, 출생지, 자녀의 국적, 귀화, 출생지를 표시하도록 한 것이다. 이 인구조사를 분석하면서 독일의 미래 교육의 방향을 제시한 보고서 『독일의 교육Bildung in Deutschland』(2006)은 총인구조사 2005를 인용하여 외국인과 독일인 중 귀환 독일인, 귀화 외국인, 속지주의에 의한 국적 취득자, 부모 중 한 사람이 이주배경을 가진 독일인을 이주배경을 가진 인구로 정의하고 그 구조를 〈표 8-1〉과 같이 파악하고 있다.[39]

2005년의 총인구조사에서 일반학교와 직업학교에 다니는 이주배경을 가진 학생의 60% 이상이 독일 국적을 갖고 있고(귀환 독일인 가족 학생 27%, 귀화 또는 독일인으로 태어난 이주가정의 아동 34%), 39%만이 외국 국적을 갖고 있는 것으로 나타났다.[40] 이 결과는 사회통합에서 교육문제가 핵심 주제로 부상하고, 이주배경을 가진 학생의 성공적인 학교생활을 지원하기 위해 교육 시스템 전반에 대한 점검이 필요하다는 요청이 커지는 계기가 되었다.

독일은 2005년 총인구조사 이후로 이전에 국적 위주로 파악하던 것에서 이주배경을 가진 인구와 그렇지 않은 인구 항목을 추가하여 조사하고 있다. 총인구조사의 정의에 의하면 "이주배경을 가진 인구에는 모든 외국인, 귀화 외국인, 독일인으로서 1945년 이후 독일의 모든 영역으로 이주한 자(귀환 독일인), 독일에서 태어난 독일인 중 최소한 부모 중 한쪽이 이주자이거나 독일에서 태어난 외국인 부모를 둔 사람이 속한다."[41] 독일 연방통계청 자료[42]에 의하면 2018년 현재 독일 인구 81,613,000명 중 이주배경을 가진 인구는 20,799,000명(25.5%)인 것으로 파악되고 있다. 즉, 인구 4명 중 1명이 이주배경을 가지고 있다는 의미이다. 이주배경을 가진 인구 중 독일 국적을 가진 인구가 10,892,000명(총인구의 13.3%), 외국인이 10,107,000명(총인구의 12.1%)이다. 이주배경을 가진 인구의 52%가 독일 국적, 48%가 외국 국적이다. 이주배경을 가진 인구 중 직접 자신이 이주한 경험을 가진 인구는 13,457,000명(13.5%)이다. 이주배경을 가진 인구 중 독일에서 태어난 인구는 5,508,000명(26.4%)이

〈표 8-1〉 이주배경과 이주 형태에 따른 2005년의 인구 정의와 구조

이주의 지위	개인적 이주	부모의 특성		독일	
		이주	국적	(천 명)	%
이주배경을 가진 개인				15,332	18.6
외국인				7,321	8.9
… 제1세대	예			5,571	6.8
… 제2세대	아니오	예		1,643	2.0
… 제3세대	아니오	아니오		107	0.1
독일인				8,012	9.7
… 제1세대				4,828	5.9
강제이주 독일인	예		독일	1,769	2.1
귀화 독일인	예		비독일 또는 귀화	3,059	3.7
… 제2세대				3,184	3.9
강제이주 독일인	아니오	예 (둘 다)	독일	283	0.3
귀화 독일인	아니오 (스스로 귀화함)			1,095	1.3
	아니오		최소 부모 중 한 사람이 귀화		
속지주의에 의한 독일 국적 취득자	아니오		비독일 (둘 다)	278	0.3
부모 중 한 사람이 이주배경을 가진 독일인	아니오		1. 부모 중 한 사람 독일 2: 부모 중 한 사람이 이주배경을 갖고 있음	1,528	1.9
이주배경이 없는 개인	아니오	아니오	독일	67,133	81.4
인구 총계				82,465	100

다. 이 중 부모 모두 이주배경을 가진 인구는 2,373,000(11.4%), 부모 중 한쪽만 이주배경을 가진 인구는 3,136,000명(15.0%)이다. 이주해 온 국가별로는 터키 2,769,000명(13.3%), 폴란드 2,253,000명(10.8%), 소련연

방 1,366,000명(6.6%). 루마니아 965,000명(4.6%), 이탈리아 868,000명
(4.6%) 순이다. 참고로 귀환 독일인Spätaussiedler은 2,640,000명(12.7%)이
다. 다른 자료[43]에 의하면, 독일 국적이 아닌 독일 거주 외국인의 평균
체류 기간은 2016년 기준으로 15.4년인 것으로 나타났고, 장기 체류자
의 많은 부분은 1955년부터 1973년까지 모집되었던 소위 "손님 노동자"
이다.

이주배경을 가진 학생 인구에 대한 최근 정보는 2015년 총인구조사에
서 확인할 수 있다. 2015년 기준으로 전체 인구의 21%가 이주배경을 가
진 인구이고, 일반학교 학생의 33%가 이주배경을 가진 학생으로 조사
되었다. 그중 초등학교 학생의 36%, 중간단계 학교 학생의 33%(하우프
트슐레 56%, 김나지움 26%), 상급 단계 학교 학생의 26%가 이주배경을
가진 학생으로 나타났다. 지역으로는 베를린을 포함한 구서독지역 36%,
구동독지역 10%로[44] 나타났다. 이주배경을 가진 학생 인구가 증가하고
있음에도 불구하고 교육격차는 크게 좁혀지지 않고 있다. 2017년 기준
으로 15~20세 인구 중 이주배경이 있는 인구와 이주배경이 없는 인구의
학교 졸업 유형을 비교한 결과를 보면 다음과 같다.[45]

〈표 8-2〉 이주배경 유무에 따른 졸업 유형

졸업 유형	이주배경이 없는 인구 %	이주배경이 있는 인구 %
졸업장이 없음	5.7	10.3
하우프트슐레 졸업	17.4	25.7
중간 수준 학교 졸업	48.7	39.6
전문대학 진학 자격/아비투어	28.2	19.4

이러한 인구구조는 2005년 총인구조사에서 이주배경을 가진 인구가
18.6%였던 것과 비교하여 독일 사회가 더 문화적으로 다양해지고 있음

을 보여 준다. 독일 사회에 이주민이 증가하면서 난민 수용, 이주외국인 범죄율, 소수민족의 게토화, 높은 이주외국인 실업률, 이주배경을 가진 학생들의 낮은 학업성취도 등이 사회적 문제가 되고 있고, 이러한 문제를 해결하고 사회통합을 이루기 위한 다양한 정책들이 시도되고 있다. 2005년부터 유지되고 있는 이주민 정책의 기조는 통합이며, 특히 교육 시스템과 노동시장으로의 통합을 강조하고 있다.

이주민 자녀 교육정책

위에서 살펴본 것처럼 1955년 이후 독일의 외국인 정책은 1990년대 중반까지는 시기적으로 강조점의 차이는 있지만 '통합과 귀국'이라는 이중 전략을 추구하면서 궁극으로는 외국인의 이주를 제한하는 방향으로 진행되어 왔다. 이러한 사실은 '이주위원회'의 보고서가 지적하고 있듯이 "독일은 이민국가가 아니다"라는 전통적인 민족국가에 대한 암묵적인 지지 정서가 배경으로 작용하고 있는 것으로 보인다. 이러한 외국인 정책은 교육정책에도 반영되었기 때문에 독일의 이주민 자녀교육 정책도 독일 사회를 다문화 사회로 인식하기 시작한 1990년대를 기준으로 그 이전과 이후로 나뉠 수 있다.

1950년대부터 1990년대 중반까지 독일의 이주민 자녀 교육정책은 언어-문화적, 인종적, 국가적 다양성을 고려하지 않고 단지 국적에 의하여 구별되는 '독일인'과 '외국인' 두 집단에 맞추어져 있었다.[46] 그러므로 교육적으로 중요한 언어에 의한 사회화, 제1언어와 독일어 능력, 사회문화적 배경, 종교적 배경 등 다양한 집단 특성을 고려한 교육정책이 수립될 수 없었다.

1960년대 외국인 아동과 청소년이 일반적인 학교취학 의무에 편입이 되었으나 모든 계속적인 교육정책적 대책들은 민족국가에서 언어-문화적, 인종적, 동질성을 형성하기 위하여, 그럼으로써 낯선 자를 배척 Ausgrenzung하기 위하여 규정되어 온 전통적 규정들의 연장선에 있다.[47]

이중 전략의 대표적인 예는 학교교육에서 통합을 촉진하면서 한편으로는 귀국해서 요구되는 문화적 동질성을 유지하도록 준비시킨 데서 발견된다. 이러한 경향은 주문화부장관협의회의 외국인 아동·청소년 교육 결정에서 드러난다. 주문화부장관협의회는 1964년 처음으로 손님 노동자 가정의 아동이 독일 학교에 쉽게 적응할 수 있도록 "외국인 아동을 위한 수업"을 결정하였다. 이 결정은 이주 가정의 아동에게 부족한 독일어 습득을 지원하고 동시에 모국어를 유지하도록 하는 것이었다. 1970년대의 외국인 아동·청소년을 위한 학교교육 정책 역시 그들이 겪고 있는 독일어 능력의 결핍을 해소시켜 가능한 한 학교에 통합시키고 동시에 귀국을 고려하는 의도를 가지고 있었다. 통합의 과제는 정규수업을 통해 이루어지고 귀국하여 적응하는 데 필요한 "문화적 동질성의 유지"는 외국인 교사를 통한 보충수업을 통해 이루어졌다.[48] 1980년대까지도 이주배경의 다양성을 인정하는 "상호문화적인 과제는 보이지 않았다".[49] 왜냐하면 1980년대 말 동구권으로부터 귀환한 독일인 자녀에게 취한 교육정책은 독일어 습득 코스 개설 등 학습과정에서 "손님 노동자 자녀들"에게 취한 것과 유사한 것이었기 때문이다.[50]

1996년 주문화부장관협의회의 '학교에서의 상호문화교육 권고 Empfehlung Interkulturelle Bildung und Erziehung in der Schule'는 이전의 교육정책과 확연히 구분되는 패러다임의 전환을 보여 준다. 주문화부장관협의회의 이전 결정들이 주로 이주 아동·청소년을 대상으로 했다면, 이 '권고'는 처음으로 소수와 다수를 구분하지 않고 모두를 대상으로 하는

'상호문화교육'을 주제로 하고 있다.

> 20세기 말은 (의사소통 기술과 네트워크의 발전으로) 증가하
> 는 국제화로 특징되었다. … 현대사회는 문화적 관점에서 복
> 잡하고 다원적이다. … 일상에서 이주민은 문화적인 다양성이
> 이 사회에서 사실이 되었음을 분명히 보여 주고 있다. … 그러
> 므로 상호문화교육은 학교교육의 일반적인 과제로서 진정으로
> 인식되어야 할 것이다. … 상호문화역량은 모든 아동·청소년에
> 게, 소수 집단과 다수 집단 모두에게, (요구되는) 하나의 핵심역
> 량이다.[51]

상호문화교육은 다수의 문화에 소수가 적응하는 것을 요청하는 것이
아니라, 소수와 다수가 동등한 사회 구성원으로 서로 교류하는 가운데
형성되어 가는 문화에 주목하고 그러한 과정에서 요구되는 개인의 능력
을 요청하고 있다. 이러한 '권고' 결정은 1950~1960년대에 이주자와 지
속적으로 함께 살 것을 의도하지 않았던 것과는 다르게 일상화되어 버
린 이주자와의 공동생활을 의식한 것으로 언어적, 문화적으로 다양해진
학급 현실을 반영한 결과이다.

'이주위원회'는 2001년 7월 보고서 『이주를 설계하기, 통합을 촉진하
기Zuwanderung gestalten Integration fördern』에서 인구구조의 변화를 예측
하면서 이주외국인 통합과 관련하여 새로운 성인 외국인 이주자는 '통
합과정'을 통해 체계적으로 독일어, 정치질서의 특징, 노동시장의 기
능 방식에 대하여 능숙해져야만 하고, 외국인 아동과 청소년의 촉진
은 이미 유치원과 학교에서 시작되어야 한다고 제안하고 있다. 그 이유
는 자신의 기회와 가능성을 이른 시기에 실제적으로 평가하는 사람은

그의 개인적인 능력을 목적을 갖고 계속 발전시켜 갈 수 있기 때문이라고 밝히고 있다. 독일 교육제도가 미래 경쟁력을 갖출 수 있는 제안들을 마련하기 위하여 1999년 연방정부와 주정부의 발의에 의해 도입된 '교육포럼Forum Bildung' 역시 2001년 11월 보고서 『교육포럼의 권고 Empfehlungen des Forums Bildung』에서 이주, 유럽 통합, 지구화에 따른 정치적 사회적 변화를 반영한 "교육개혁의 필요성"을 권고하고 있다.[52]

2006년 7월 14일 메르켈 수상을 비롯한 사회각계의 대표들이 이주민 통합에 대한 논의를 위하여 베를린에서 처음으로 '독일통합정상회의'를 개최하였고, 1년 뒤에 국가통합계획을 확정하기로 합의하였다. 2007년 7월 12일 베를린에서 제2차 '독일통합정상회의'를 개최하고 『국가통합계획』을 결정하였는데, 주요 내용은 다음과 같다.

> 인구통계학적 변화와 최고의 인력을 확보하기 위한 세계적인 경쟁에 직면해서 우리는 이주를 의도적으로 독일의 경제적 사회적 관심을 위하여 이용해야 한다. 그를 위해서는 지속적인 통합정책이 시급하다.[53] … 독일 정부는 이주자의 결함에만 초점을 맞추는 것이 아니라 그들의 잠재 가능성을 인식하고 강화하는 통합정책의 새로운 길을 간다.[54]

통합정책에서 이러한 관점의 변화는 이미 장래의 독일 교육제도 발전을 위한 시금석이라 할 수 있는 『독일의 교육』(2006)에서 이미 예고되었다.

> 이주 인구의 문화적이고 사회적인 이질성은 독일 사회의 발전을 위한 커다란 잠재 가능성이다. … 예를 들어 오랫동안 다

중언어능력과 문화적 다양성은 증가하는 국제교류를 위한 자원으로서 과소평가되고 그 기회가 인식되지 못하였다.[55]

1996년 '권고'로부터 17년이 지난 2013년 주문화부장관협의회는 시대 변화에 맞게 수정된 '권고'를 발표하였는데, 서로 다름의 인정과 신뢰, 존중을 기반으로 한 '다양성의 촉진'과 '동등한 참여의 권리'를 이전보다 더욱 강조하고 있다. 그 사이 "사회문화적 다양성이 증대"하였고, 그에 따라 사회 모든 영역에서의 "동등한 참여권(이) 요청"되므로 "상호문화적 개방성"과 "구조적 차별 철폐"가 특별한 과제가 되었다는 것이다.[56] 이러한 강조는 그동안의 노력에도 불구하고 독일 사회가 여전히 그렇지 못하거나 아직 기대에 못 미치고 있다는 현실을 전제하고 있음을 보여 준다. 동등한 참여권의 실현은 학교(교육 시스템)가 얼마나 출신 배경에 상관없이 모든 아동과 청소년들에게 교육에 참여할 수 있고 교육적인 성취에 도달할 수 있는 기회를 제공하느냐에 달려 있고, 다양성의 촉진은 학교가 학생들의 잠재력을 발전키고 상호문화역량, 성공적인 직장생활과 평생학습을 위한 기초를 습득할 수 있도록 "의식적으로 학생들의 사회적, 문화적, 언어적 이질성에 방향을 맞추는 것이다".[57]

이러한 관점은 1970년대까지의 '외국인 교육학'에서 취했던 "결핍"의 관점과는 확연히 구분된다. 결핍의 관점에서는 부족한 것(특히, 독일어능력)을 '보완'하는 시혜적인 지원이 동반되었다면, 다양성 촉진은 '차이'의 관점에서 '보완'보다는 개인의 '잠재력' 개발에 초점을 두고 있음을 알 수 있다. 지금까지 살펴본 것을 토대로 이주외국인 자녀/이주배경을 가진 아동·청소년을 위한 교육정책에서의 패러다임 전환에 영향을 미친 주요 계기로는 다음과 같이 정리될 수 있다.

첫째, 인구통계학적 변화이다. 국적에 의한 독일인/외국인 구분에서 이주배경을 가진 인구로 확대하면 전체 인구의 1/4에 해당되고, 이 인구의 절반 이상이 독일 국적을 소유하고 있다. 이러한 상황에서 각종 연구보고서와 문헌들은 이주배경을 가진 학생들이 이전보다 나아졌다 하더라도 상대적으로 중도탈락률이 높고, 상급학교 진학률이 낮을 뿐만 아니라 직업교육의 참여율도 낮아 사회통합의 문제가 되고 있다고 지적하고 있다. 관련 보고서들은 이주배경을 가진 인구가 교육에 접근하기 어렵기 때문에 통합에 문제가 있다는 견해를 계속해서 제시하고 있다.

둘째, "PISA-쇼크" 이후에 이주배경을 가진 아동·청소년에 대한 문제 인식의 확산이다. PISA 2000의 결과를 통해 드러난 독일 교육의 두드러진 문제 중의 하나는 이주배경을 가진 자녀가 경제적으로 하위계층인 경우가 많고 그들의 학업성취도가 현저히 떨어진다는 것이다.[58] 이러한 문제의식에서 주문화부장관협의회는 2001년 12월 5~6일 본Bonn에서 총회를 열어 PISA 2000의 결과에 대한 7개의 대책을 처음으로 발표하였는데, 4번째 대책이 "교육에서 불리한 아동, 특히 이주배경을 가지고 있는 아동·청소년의 효과적인 촉진을 위한 대책"이었다.[59] 주문화부장관협의회는 이후 계속해서 2003년 3월 6일 베를린에서 막스-플랑크-교육연구소Max-Planck-Institut für Bildungsforschung가 연구한 PISA 보고서를 조언하면서 "지금까지보다 더 예리하게 이주배경을 가진 학생들의 문제를 분석하였다. … 이와 관련하여 주문화부장관협의회는 각 주에서 이미 다양한 대책들을 도입하였다. … 학교에서 공공연하게 어려운 이질성과의 교제는 강화된 개인적인 촉진을 통하여 대처해야만 한다"[60]고 강조하였다. 2003년에 실시된 IGLU(Internationale Grundschul-Leseuntersuchung, 초등학생 읽기 능력 평가국제연구)에서 PISA 2000의 결과가 증명되자 주문화부장관협의회는 이주배경을 가진 아동의 효과적인 촉진이 더욱 강한 의미를 갖게 되었다고 재차 강조하였다.[61] 독일에서 학교를 다니고 독일 사회에서 성장했음에도 불구하고 학교에서 학업 성취가 떨어지는 이유는 언어적 조건에 있음을 파악하고 독일어의 완전한 습득을 위한 많은 대책들을 강구하기 시작하였다.

셋째, 지구화에 직면해서 이주배경을 가진 아동·청소년의 잠재 가능성 발견이다. 미래의 이주민 정책과 교육정책의 방향을 제시하고 있는 『국가통합계획』, 『독일의 교육』에서 눈에 띄는 것은 국제적인 교류의 증가에 따라 이주배경을 가진 아동·청소년의 다중언어능력을 높게 평가하기 시작한 것이다. 이러한 교육정책의 방향은 이미 '이주위원회'의 보고서(2001. 7)와 '교육포럼'의 보고서(2001. 11), 그리고 이 두 보고서를 평가한 주문화부장관협의회의 결정(2002. 5. 24)을 통해 예고되었다. 이 보고서와 결정은 두 개의 언어 속에서 성장하는 이주배경을 가진 아동·청소년의 잠재 가능성을 주목하고, 이주아동의 이중언어능력 내지는 다중언어능력이 학교에서 "제2언어로서의 독일어"와 모국어수업의 제공을 통해 의도적으로 촉진됨으로써 지구화 시대에서 필요로 하는 다중언어능력을 배양해야 한다고 강조하였다.

여기에서의 모국어 중시는 1990년 이전에 이주외국인 자녀들의 귀국을 의도했던 것과는 달리 다국언어능력의 습득과 상호문화교육에 기여하는 것으로 이해된다. 이러한 제안은 독일어와 모국어의 상호보완적인 습득을 요구한다. 즉, 언어의 다양성은 인정하지만 사회적 통합을 위한 과제로 독일어 습득 또한 강조하고 있는 것이다. 이것은 PISA 2000 이후의 많은 연구들을 통해서 이주배경을 가진 아동·청소년의 사회적 통합을 위해 무엇보다도 중요한 것이 독일어 습득이라는 사실이 명백해졌기 때문이다. 이렇게 볼 때 아무리 늦어도 PISA 2000과 IGLU 2003 이후 독일에서 기존의 국적 유무에 따른 이주민 조사는 교육 실천과 교육정책에 적합하지 않다는 의식이 관철된 것으로 보인다.

독일 국적을 취득하고 있을지라도 '이주배경을 가진 아동'으로 표기하는 것은 외국 국적의 아동처럼 독일어를 완전하게 구사하지 못하는 언어적 조건에 따른 것이다. 이러한 아동은 '독일어가 모국어가 아닌 아동'(베를린), '제1언어가 독일어가 아닌 아동'(바이에른), '모국어가 독일어가 아닌 학생'(슐레스비히홀슈타인)으로 표현된다.[62]

이주외국인 자녀를 위한 언어 촉진 대책

PISA 2000과 IGLU 2003을 통해 드러난 문제는 이주배경을 가진 학생이 이주배경이 없는 학생과 마찬가지로 정상적으로 독일 학교교육을 받았음에도 불구하고 읽기 능력이 떨어져 학교에서 높은 학업성취를 보이고 있지 못하다는 것이다. 즉, 두 연구의 결과는 독일 학교에서의 성공 여부가 사회적인 출신 배경과 밀접한 관계가 있다는 것과 학교에서 성공을 위한 절대적인 조건은 독일어 능력임을 보여 주었다. KMK는 PISA 2000의 연구 결과에 따라 앞에서 언급한 것처럼 2001년 12월 이주 아동·청소년을 위한 효과적인 촉진 대책을 시행할 것을 합의하였고, 2002년 5월 24일에는 PISA 2000의 결과를 분석한 보고서 『보고 "이주"』를 가결하면서 이주 아동·청소년을 위한 촉진 대책의 핵심이 언어적 촉진이어야 함을 강조하였다.

이러한 연구 결과들로부터 연방정부와 주정부는 사회통합을 위해서는 이주배경을 가진 아동·청소년이 학교교육과 직업교육에 성공적으로 참여하도록 해야 한다는 데 인식을 같이하고, 이를 중점적으로 지원하고 있다. 특히 학교교육과 직업교육에서 높은 성취를 보이지 못하는 가장 큰 원인이 독일어 습득 수준에 있다고 보고 독일어 촉진을 위한 지원을 주로 하고 있다. 사회통합 대책의 기본 방향을 제시하고 있는『국가통합계획』에서도 이주배경을 가진 아동·청소년 교육 지원 대책의 핵심이 언어적 지원에 있음을 명확히 하고 있다.

> 독일은 기회를 개방하고, 잠재성을 발달시키고 교육 성공이 사회적 출신에 종속되지 않는 교육체계가 필요하다. … 학교와 직업에서 성공을 위한 결정적인 조건은 보증된 독일어이다. 그 때문에 단어와 작문에서 지속적이고 체계적이고 명확한 독일어 촉진은 전체 학교 과정을 넘어서 전문 직업 연마에서도 절대적으로 보장되어야만 한다.[63]

다음에서는 이주외국인의 사회통합을 위한 핵심적인 조건으로 인식되고 있는 독일어 촉진 대책이 학교에서는 어떻게 이루어지고 있는지 대표적인 사례를 간략하게 살펴보기로 한다. 학교에서의 언어 촉진 대책으로는 준비학급, 모국어수업, 이중언어수업을 들 수 있다. 준비수업 Vorbereitungsunterricht은 준비학급Vorbereitungsklasse 등으로 불리며 독일어 능력이 뒤처지는 이주배경을 가진 학생들이 정상수업에 참여할 수 있도록 준비하는 과정이다. 베를린 학교법에도 "독일어가 모국어가 아닌 학생이 독일어를 완전하게 습득하지 못하여 수업을 충분히 쫓아갈 수 없고 정규 학급에서 촉진이 가능하지 않다면, 정규반으로의 편입을 준비하는 과도기로서 특별한 학습 집단에 통합되어야 한다"(제15조 제2항)라고 규정하고 있다.[64]

독일어 준비(촉진)수업은 1970~1980년대에는 같은 국적의 아이들을 같은 반에 통합하여 독일 아동들과 구분하여 수업을 진행하였으나, 현재는 국적이 아니라 독일어 능력을 반영하여 반을 편성하고 정상 수업에 참여하는 학생들과 가능한 한 격리하지 않고 조화시키는 원리를 적용하고 있다. 바이에른주의 '독일어 플러스-분리학급Deutsch PLUS-Differenzierung'은 이와 관련된 좋은 사례가 될 수 있다. 바이에른주는 독일어 준비수업을 취학 전부터 주 취학전교육연구소Staatsinstitut für Frühpädagogik, IFP와 학교의 질 및 교육연구소Staatsinstitut für Schulqualität und Bildungsforschung, ISB가 개발한 '취학 전 독일어 240Vorkurs Deutsch 240'이란 프로그램을 통해 제공한다. 유치원에서 초등학교 취학 2년 전 1학기 동안 아이의 독일어 발달 상태를 평가 도구Simik, Seldak를 통해 진단하고, 그 결과 독일어 촉진이 필요한 아이는 240시간 독일어 수업에 참여할 것을 부모에게 권유한다. 이주배경을 가진 아이와 언어 발달 때문에 초등학교 입학이 취소된 아이는 의무적으로 참여해야 한다. 수업은 1년 반에 걸쳐 이루어지며(취학 전 3학기) 유치원 교사와 초등학교 교사의 협력관계와 공동책임으로 실시된다. 120시간은 유치원에서 담당하고 120시간은 초등학교에서 담당한다. 수업 장소는 유치원 또는 초등학교로 형편에 따라 정할 수 있다.

학교에서는 '독일어 학급Deutschklasse', '독일어 플러스 코스 DeutschPLUS-Kurs', '독일어 플러스-분리학급DeutschPLUS-Differenzierung'이 설치되어 있다.[65] '독일어 학급'은 독일어 지식이 전혀 없거나 거의 없는 이주민 학생이 1년, 최대 2년 참여한다. 이 학급의 설치 목적은 이전에 '과도기 학급Übergangsklasse'이란 이름으로 운영되었던 것에서 알 수 있듯이 정규학급의 편입을 준비하고, 아동·청소년의 통합을 가능하게 하는 데 있다. 이 학급의 특징은 시간표에 주당 10시간의 '제2언어로서의 독일어Deutsch als Zweitprache, DaZ'가 편성되어 있다는 점이다. 중등학교의 '독일어 학급' 수업시간표는 다음과 같다.[66]

<표 8-3> 중등학교 '독일어 학급' 시간표

교과목	학년	
	5-6	7-9
의무교과		
종교론/윤리	2	2
제2언어로서의 독일어	10	10
수학	5	5
노동-경제-기술 또는 경제와 직업	-	1
물리/화학/생물/지리/역사/사회 또는 자연과 기술/역사/정치/지리	5	6
예술/음악/작업과 만들기	4	-
문화교육 및 가치교육	4	4
스포츠	2+2*	2+2*
의무교과 영역의 전체 시수	32+2	30+2
선택교과		
기술, 경제, 사회생활	-	5/4/4
언어 및 학습 실천**	4-6	2-4
전체 수업시수	36-38+2	36-39+2

*추가 가능
**언어 및 학습 실천은 획득한 독일어를 연습하고 심화하고 구체적인 행위 상황에 적용할 수 있도록 하는 시간으로 문화교육 프로그램도 제공된다.

'독일어 플러스 코스'는 모국어가 독일어가 아닌 학생의 수요에 의해 정규학급 시간표에 주당 4시간까지 추가적인 독일어 촉진수업을 편성하여 운영하는 것이다. 여기에 참여할 수 있는 학생은 ① 독일어 학급에 참여했던 학생, ② 예외적으로(예를 들면 학급 편성의 어려움으로) 독일어 학급에 참여하지 못한 학생, ③ 독일에서 출생했으나 독일어 능력이 충분하지 않은 학생('취학 전 독일어 수업 240'에 참여한 학생이 이어서 참여 가능)이다. 이 코스는 이전에 학교에 설치되었던 독일어 촉진 코스Deutschförderkurs와 독일어 촉진 학급Deutschförderklasse[67]이 통합된 것이다.

'독일어 플러스-분리학급'은 의무수업의 범위에서 주당 12시간까지 독일어 촉진이 필요한 학생(독일어 수업 참여가 어려운 학생)을 원적 학급에서 분리하여 수업하는 일반 학급의 특수 형태이다. 이러한 학급은 독일어를 거의 못하거나 약간 할 수 있는 학생에게 집중적인 독일어 습득과 통합을 목적으로 모든 학년에 설치될 수 있다. 독일어 촉진을 위해 분리된 학급은 약 12명으로 구성되며 학생은 2년까지 머무를 수 있다. 분리 수업은 선택교과에서 이루어지고, 일반교과 수업은 원적 학급에서 함께 이루어진다. 선택교과는 독일어, 수학, 향토학Heimatkunde 및 사물수업(초등학교), 노동-경제-기술 또는 경제와 직업(중등), 물리/화학/생물 또는 자연과 기술(중등) 등이다. 언어 습득 정도에 따라 독일어로 진행되는 정규학급에서의 선택교과에 참여할 수 있다. 수업은 제2외국어로서의 독일어 자격증을 갖고 있거나 경험이 있는 교사가 진행한다. 학생의 격리(고립)를 줄이기 위해 종교론/윤리와 음악, 예술, 만들기, 체육 등과 실천적인 교과에서는 독일어 언어학급 학생들을(원적 학급)과 함께 수업을 받는다. 독일어 촉진학급을 그림으로 나타내면 다음과 같다.

독일어 촉진학급 (독일어 수업이 가능하지 않은 학생)	원적 학급 (독일어 수업이 가능한 학생)
분리 수업	
선택된 교과 수업	독일어, 수학, 향토학 및 사물수업, 사회 및 자연과학 등
공동 수업	
종교/윤리, 음악, 예술, 작업과 만들기, 체육 등	

[그림 8-1] 독일어 플러스-분리학급

모국어수업Muttersprachlicher Unterricht은 국적을 떠나서 독일어와 다른 언어 사이에서 성장한 학생을 위하여 제공된다. 1960년대 중반 도입된 외국 학생을 위한 모국어 교육은 귀국 준비에 초점을 두었지만, 오늘날의 모국어수업은 2개 언어 속에서 성장한 학생을 위한 제공으로 독일어 습득과 개인적·사회적 자원으로 인식되는 다중언어능력을 유지·촉진하는 데 기여하고 젊은 학생들이 가족의 출신 국가와 연결 관계를 유지하도록 하는 데 목적이 있다. 모국어수업 도입 배경으로는 크게 세 가지를 들 수 있는데, 첫째는 이주가정의 아이들이 독일에서 태어나서 성장한 경우에도 일반적으로 이중언어의 환경에서 성장하고 학교에 입학을 하는 현실이다. 이러한 학생들에게 독일어는 제2언어이므로 독일어로만 진행되는 학교 수업이 그들이 학교에서 성공하기에 불리하다는 것이다. PISA와 IGLU의 결과가 보여 주듯이 학교에서 이주가정의 아이들이 성공하기 위해서는 학생의 언어와 문화가 학교에 반영되어야만 한다는 것이다. 둘째는 제2언어의 습득과 제1언어 습득 사이에는 밀접한 관계가 있다는 언어학적인 관점이다. 제1언어 습득과 제2언어 습득 사이에 상호의존성[68]이 있다는 것은 학교가 이주가정 청소년의 독일어 촉진을 위해서는 제1언어의 촉진이 함께 이루어져야 함을 의미한다. 제1언어가 제2언어 습득에 긍정적인 영향을 미친다면 학교에서 출신 국가 언어 수업이 독일어 수업과 함께 요구되어야 한다. 아이가 유아기에 모국어 환경에서 사회화되었다면 제2언어 습득을 위한 토대로서 모국어가 포기될 수 없다는 것이다. 셋째는 국제화와 유럽연합 내에서의 자유로운 이동이 학생들에게 다중언어능력뿐만 아니라 상호문화역량을 요구하고 있다는 것이다. 그러므로 이중언어 환경에서 성장한 아이뿐만 아니라, 이주배경이 없는 독일 학생들에게도 학생들이 학교생활 속에서 외국 언어를 자연스럽게 접할 수 있는 기회와 더불어 외국 문화를 이해할 수 있는 기회를 제공해야 한다는 것이다.

모국어수업은 일반적으로 중등교육 1단계까지 정규수업을 보완하는 형태로 시간표 이외에 주당 3~5시간 정도 오후에 보충수업으로 이루어진다. 수업 참여는 자발적 신청에 의하여 이루어지며, 한 학교에서 동일한 모국어를 사용하는 학생 신청자가 일정 수(10~20명)를 넘지 않으면 특정 학교에 여러 개의 학교 학생들을 모이도록 해서 수업을 한다. 수업은 원어민 교사가 담당한다.

헤센주의 경우 1학년에서 10학년까지 출신국 언어로 하는 수업을 제공하고 있다. 현재 알바니아어, 아랍어, 보스니아어, 이탈리아어, 크로아티아어, 마케도니아어, 폴란드어, 포르투갈어, 세르비아어, 슬로베니아어, 스페인어, 터키어로 하는 수업이 제공되고 있다. 학교 수업 언어는 독일어이지만, 출신국 언어 수업을 제공함으로써 가정에서 사용하는 출신국 언어로 일상생활에서 소통할 수 있고, 텍스트를 읽고 해석할 수 있고, 연령에 맞게 매체를 활용할 수 있는 능력을 갖도록 하고 있다. 수업시간은 1~2학년 주당 1~2시간, 3~4학년 주당 2~3시간, 5~6학년 주당 3~4시간, 7~10학년은 선택수업으로 이루어진다. 교사는 출신국에서 교원양성과정을 마치고 교원자격을 갖춘 자이다. 출신국 언어 수업을 통해 취업을 하는 데 도움이 될 수 있도록 유럽공동언어정보규범Gemeinsamer Europäischer Referenzrahmen für Sprachen, GER에 따른 언어증명서도 발급하고 있다. 수업료는 부분적으로 학습자가 부담한다.[69]

이중언어수업Bilingualer Unterricht은 이주가정 자녀의 측면에서 볼 때 이주자의 모국어 능력을 강화하고 교과 내용의 이해를 돕고 동시에 독일어 능력을 향상시키는 기회를 포함하고 있다는 관점에서 정규학급에서 행해지는 모국어수업의 형태라고 할 수 있다. 모국어수업과 마찬가지로 상호문화교육의 구성 요소이며, 이중언어수업은 이주외국인 자녀뿐만 아니라 독일 학생들에게도 국제화 시대에 필요한 다중언어능력을 강화하는 데 기여한다는 의도를 갖고 있다. 이중언어수업의 유형은 크게 2개로 나눌 수 있다. 하나는 입학부터 각기 다른 언어를 사용하는 2개의 학생 집단에게 모든 교과 수업을 2개의 언어로 제공하는 경우이다. 여기에는 유일하게 베를린 국립유럽학교Staatliche Europa-Schule Berlin가 해당된다.[70]

다른 하나는 전통적인 외국어 수업과 달리 특정 교과 수업을 외국어로 진행하는 경우이다. 이러한 수업은 이중언어 트랙Bilingualer Zug이라 할 수 있다. 이는 확장된 외국어 수업으로부터 시작하여 특정한 교과 수업Sachfachunterricht에서 단계적으로 또는 완전히 외국어로 진행되는 수업을 의미한다. 라인란트팔츠주[71]의 경우 5, 6학년에 이중언어 트랙을 선택하는 학생을 위하여 해당 외국어 시간을 주당 2시간까지 늘리고 7학년에 시작되는 이중언어 교과 수업을 준비한다. 김나지움 7~9학년, 레알슐레와 종합학교 7~10학년에서 이중언어 교과 수업을 실시한다. 하나의 교과에서 이중언어수업이 시작되는 7학년에 해당 과목 수업시간을 주당 1시간 늘리고(예: 2+1) 김나지움 8~9학년, 레알슐레와 김나지움 8~10학년 시간표에 이 교과 수업을 계속해서 편성한다(예: 주당 2시간). 8학년에 추가적인 이중수업 교과를 실시하고 해당 교과의 수업시간을 주당 1시간 늘리고, 김나지움 9학년, 레알슐레와 종합학교 9~10학년 시간표에 이 수업을 계속해서 편성한다. 하나의 교과에 대해 이중언어수업이 시작되는 첫 1년간 주당 시수를 늘리는 것은 외국어로 진행하는 수업의 속도가 느려지는 것을 고려한 것이다. 이중언어수업은 모든 학생에게 열려 있지만, 외국어 능력을 고려하여 학생이 신청한다. 이중언어수업을 이수한 학생은 성적표의 '소견Bemerkungen'란에 언제부터 언제까지 어떤 과목의 이중언어수업에 성공적으로 참여했다는 기록을 해 준다.

이러한 이중언어수업은 대부분의 주에서 많은 학교가 운영하고 있다.

독일어-영어, 독일어-프랑스어 트랙이 가장 많고, 학교에 따라 독일어-터키어, 독일어-이탈리아어, 독일어-네덜란드어, 독일어-포르투갈어, 독일어-스페인어, 독일어-그리스어 등 다양한 트랙이 있다. 이중언어수업은 교과에 대한 전문성과 외국어 수업 능력을 겸비한 허가된 교사에 의해 수행된다. 노르트라인베스트팔렌주는 아헨, 보쿰, 도르트문트, 쾰른, 부퍼탈 대학교 교사양성과정에서 이중언어수업을 위한 추가적인 학업을 통해 "이중언어 학습Bilinguales Lernen"이라는 자격을 취득할 수 있도록 하고 있다. 교사가 된 이후에도 교사 연수를 통해 이중언어수업 능력을 향상시킬 수 있는 기회를 제공하고 있다.

시사점

독일의 이주민 정책에서 먼저 눈에 띄는 것은 '사회통합' 개념에 대한 의식 변화이다. 독일에서 오랫동안 사회통합의 개념이 이주외국인에 대한 자국 중심의 일방적인 문화적 동화를 의미했다면 1990년 이후 독일 사회를 다문화사회로 인식하면서부터 통합의 개념은 상호 존중의 관점에서 이해되고 있다. 이러한 관점에서 통합은 이주자가 일방적으로 참고 받아들기만 하는 것이 아니라, 이주자의 입장에서 그들의 기대를 충족시키는 것이다. 이민국의 국민이 좋은 직장을 갖기를 원하고 좋은 학교 교육을 받기를 원하는 것처럼, 이주자들도 마찬가지로 이러한 것을 원하므로 "문화적 다양성을 존중하면서 정치, 경제, 사회, 문화생활에 동등한 권리로 참여할 수 있도록 하는 것"[72]이 통합으로 이해된다. 이러한 통합 개념은 단일민족주의, 순수혈통주의에 뿌리를 두고 "우리"와 "타자"를 구분하는 편견적 사고와 태도가 오늘날과 같은 지구화·다문화 시대에 고립을 초래할 수 있다는 점을 시사한다. 그러므로 다문화교육은 이주외국인에 대한 시혜로 인식되어서는 안 되고 공동적인 삶을 위한 조건으로 인식되어야 한다. 이러한 관점에서 한국 학교에서 다문화 가정 학생에게 제공되는 교육 지원이 독일의 외국인 교육학의 관점인지, 상호 문화교육의 관점인지 성찰할 필요가 있다. 한국의 다문화가 독일과 다른 특수성을 갖고 있다고 하더라도 인구구조의 변화와 그로 인한 문화 다양성에 직면해서 독일의 사회통합을 위한 학교교육 정책의 전환은 한국 학교의 다문화교육 정책과 좋은 비교 대상일 수 있다.

학교에서 이주배경을 가진 아동·청소년을 위한 언어 촉진 프로그램을 제공하면서 동시에 외국어를 통한 수업을 강조하고 있는 독일의 사례는 사회통합의 문제를 이주자에 대한 지원 대책에서만 찾는 것이 아니라, 상호 존중의 관점에서 내국인의 변화 노력을 보여 주고 있다. 이것은 이주배경을 가진 학생들이 언어 때문에 학교 수업에 참여하지 못하는 문제에 도움을 줄 수 있을 뿐만 아니라, 일반 학생들에게도 상호작용을 통해 언어능력의 향상과 타문화에 대한 이해를 높이는 기회를 제공하고 있다. 또한 독일어 촉진과 함께 일반 교과에서 이주배경을 가진 학생들이 수업에서 낙오되지 않도록 이중언어/다중언어 능력을 가진 교사를 중요한 조건으로 인식하고 있다는 점을 눈여겨볼 필요가 있다. 교사양성과정에서 외국어로서의 독일어교육을 이수하게 하고, 이주배경을 가진 교사의 비율을 늘리는 주가 늘어나고 있다. 이것은 한국에서도 상황을 고려하여 교원양성과정에서 외국어로서의 한국어 교원 자격 취득 과정, 다중언어능력을 가진 이주배경을 가진 교사의 채용 비율에 대한 논의가 어느 시점에서는 필요할 수 있음을 시사한다.

독일의 사례에서 주목해야 할 것은 무엇보다도 모든 학생이 자신이 살고 있는 사회가 다문화사회임을 당연하게 받아들여 함께 살아가는 데 필요한 능력을 습득하게 하고, 이주배경을 가진 아동·청소년의 학교 적응과 학교에서의 성취 경험이 사회적 통합을 위해 무엇보다 중요하다고 인식하여 학교를 사회통합의 장으로 형성하기 위하여 노력하고 있다는 점이다.

1. Meier-Braun, K. H.(2002), *Deutschland Einwanderungsland*. Frankfurt am Main: Suhrkamp; Reisslandt, C.(2005), Von der "Gastarbeiter"-Anwerbung zum Zuwanderungsgesetz; Meinhardt, R.(2006), Einwanderung nach Deutschland und Migrationsdiskurs in der Bundesrepublik-eine Synopse. In: Leiprecht, R., & Kerber, A.(2006), *Schule in der Einwanderungsgesellschaft.* 2.Aufl. Schwalbach/Ts.: Wochenschau Verlag, 24-55 참조.

2. Bundeszentrale für politische Bildung, *Die soziale Situation in Deutschlan,* URL: https://www.bpb.de/system/files/dokument_pdf/04%20Migration.pdf

3. '연방정부의 과제 수행자'자로 번역한 'Der Beauftragte der Bundesregierung' 은 특별한 과제의 수행을 위하여 법 규정에 의해(예: 이주법 제92조에 규정된 '이주난민통합을 위한 과제 수행자'), 또는 수상이나 각 부(部: Ministerium) 장관의 지시에 의해 임명되는 사람을 말한다. 이들은 수상청(Bundeskanzleramt)이나 해당 부에 소속되고, 설치된 과제 전담팀(부서)을 이끌면서 정부에 자문하는 역할을 한다. 연방정부 각 부서의 조직과 행정 절차를 규정하고 있는 '연방정부부서 공동 업무규정(Gemeinsame Geschäftsordnung der Bundesministerien, GGO)' 제21조에서 이들의 역할에 관한 내용을 발견할 수 있다.

4. Heinz Kühn(1912~1992)은 1966년부터 1978년까지 노르트라인베스트팔렌주의 수상(Ministerpräsident)을 역임하였으며, 1978년부터 1980년까지 "외국인 문제를 위한 연방정부의 과제 수행자"의 직무를 수행하였다.

5. Thränhardt, D.(2003), Einwanderungs-und Intergrationspolitik im Deutschland am Anfangs des 21. Jahrhunderts. In: Meendermann, K.(Hrsg.) (2003), *Migration und politische Bildung.* Münster: Waxmann, 13 재인용.

6. Meinhardt, R.(2006), Einwanderung nach Deutschland und Migrations diskurs in der Bundesrepublik-eine Synopse. In: Leiprecht, R., & Kerber, A.(2006), *Schule in der Einwanderungsgesellschaft.* 2.Aufl. Schwalbach/ Ts.: Wochenschau Verlag, 36.

7. 외국인법(Ausländergesetz)은 1950년대 1960년대 외국인 노동자 모집에 따라 1965년 10월 1일부터 시행되었고, 1990년 7월 14일에 개정(1991년 1월 1일 효력 발생)되었으며 2004년 12월 31일 효력을 상실하고 2005년 1월 1일부터 이주법 (Zuwanderungsgesetz)의 Artikel 1로 대체되었다.

8. 정기섭(2009), 독일의 사회통합을 위한 이주외국인 자녀의 교육 지원 현황 및 시 사점 분석, 교육의 이론과 실천, 14(2), 108.

9. Auernheim, G.(2007), *Einführung in die interkulturelle Pädagogik.* 5.Aufl. Darmstadt: WBG, 38.

10. 정기섭(2009), 독일의 사회통합을 위한 이주외국인 자녀의 교육 지원 현황 및 시사점 분석, 교육의 이론과 실천, 14(2).

11. Meinhardt, R.(2006), Einwanderung nach Deutschland und Migrationsdiskurs in der Bundesrepublik-eine Synopse, 38.

12. Reisslandt, C.(2005), Von der "Gastarbeiter"-Anwerbung zum Zuwander ungsgesetz.

13. Thränhardt, D.(2003), Einwanderungs-und Integrationspolitik im Deutschland am Anfangs des 21. Jahrhunderts, 14.

14. Thränhardt, D.(2003), Einwanderungs-und Intergrationspolitik im Deutschland am Anfangs des 21. Jahrhunderts, 18.

15. Frankfurter Rundschau(1982.09.03.), Thränhardt(2003), 14에서 재인용.

16. 1993년부터 관청에서 사용된 용어로 이전에는 독일강제이주자법(Bundes vertriebengesetz)에 의하여 강제이주자(Aussiedler)라고 불림. 2차 대전 이후 독일인이란 이유로 추방되어 각 나라에 흩어져 살고 있는 독일인 당사자와 그의 부인, 그리고 자손들로서 특별한 절차에 의하여 독일 국적을 회복할 수 있었다. 독일 기본법(Grundgesetz) 제116조(Artikel1)는 "1933년 1월 30일에서 1945년 5월 8일까지 정치적, 혈통적, 종교적 이유에서 국적을 상실한 자와 그의 자손들 은 신청하면 국적이 회복될 수 있다"라고 규정하고 있다.

17. Thränhardt, D.(2003), Einwanderungs- und Intergrationspolitik im Deuts chland am Anfangs des 21. Jahrhunderts, 28.

18. 정기섭(2009), 독일의 사회통합을 위한 이주외국인 자녀의 교육 지원 현황 및 시사점 분석, 교육의 이론과 실천, 14(2), 111.

19. Elinor Sauer, C.(2007), *Integrationsprozesse von Kindern in multikul turellen Gesellschaften.* Wiesbaden: Springer, 35. 1993년부터 2001년까지 약 140만 명이 독일로 이주하였는데, 그중 130만 명이 구소련 지역의 국가에서 이 주하였다(Schulz-Kaempf, W.(2006), Herausforderungen für Eingewanderte und Angehörige der Mehrheitsgesellschaft. In: Leiprecht, R., & Kerber, A.(2006), *Schule in der Einwanderungsgesellschaft.* 2.Aufl. *Schwalbach/ Ts.*: Wochenschau Verlag, 427.

20. 2000년 8월에서 2001년 4월까지 독일에서 일자리를 찾기 위해 등록한 외국 인 IT 전문 인력은 45,000명이 넘었다(Ministerium für Gesundheit, Soziales,

Frauen und Familie des Landes Nordrhein-Westfalen(2004), *Zuwanderung und Integration in Nordrhein-Westfalen. 3. Bericht der Landesregierung,* 78).

21. Unabhängige Kommission "Zuwanderung"(2001.07.04.), *Zuwanderung gestalten Integration fördern.* Zusammenfassung. Berlin: Druckerei Conrad GmbH.

22. Meinhardt, R.(2006), Einwanderung nach Deutschland und Migrations diskurs in der Bundesrepublik-eine Synopse, 47에서 재인용.

23. Unabhängige Kommission "Zuwanderung"(2001.07.04.), *Zuwanderung gestalten Integration fördern.* Zusammenfassung, 12-13.

24. 2004년까지 "Bundesamt für die Anerkennung ausländischer Flüchtlinge"였으며 2005년 1월 1일부터 이주법 Art.1에 의하여 이름이 변경됨.

25. Presse-und Informationsamt der Bundesregierung(Hrsg.)(2007), *Der Nationale Integrationsplan. Neue Wege-Neue Chancen,* Baden-Baden: Koelblin-Fortuna-Druck, 7.

26. https://www.bundesregierung.de/breg-de/aktuelles/integrationsgesetz-setzt-auf-foerdern-und-fordern-411666

27. https://www.tagesspiegel.de/politik/mord-an-studentin-was-ueber-den-mord-in-freiburg-bekannt-ist-und-was-nicht/14980044.html

28. REAG는 1979년 이주노동자의 자발적 본국 귀환을 재정적으로 지원하기 위해 그 당시의 독일연방가정청소년건강부(BMFJG)가 국제이주기구(IOM)에 위탁하여 실행되었던 프로그램이며, GRAP는 독일연방내무부에 의해 도입되고 재정 지원되며 1989년 자발적 본국 귀환자를 지원하기 위한 재정을 조달하는 프로그램으로 실행되었다. 2010년 1월 1일부터 독일연방내무부가 두 프로그램을 모두 맡게 되면서 두 프로그램이 결합되었다. REAG/GRAP는 인도적인 지원 프로그램으로 유럽연합 거주권이 없는 제3의 국가 국민(유럽연합법의 용어)의 자발적인 본국 귀환과 계속적인 이주를 재정적으로 지원한다. Starthilfe는 선별된 국가의 국민에게는 REAG/GRAP에서 지원하는 것 이외의 추가적인 지원을 한다(http://germany.iom.int/de/reaggarp; https://www.returningfromgermany.de/de/programmes/reag-garp).

29. REAG/GARP-Programm 2019. Reintegration and Emigration Programme for Asylum-Seekers in Germany(REAG) Government Assisted Repatriation Programme(GARP).

30. Statista(독일 통계 온라인 포털). Anzahl der Asylanträge (Erstanträge) in Deutschland von 1991 bis 2020, URL: https://de.statista.com/statistik/

daten/studie/154286/umfrage/asylantraege-erstantraege-in-deutschland-seit-1995/

31. Unabhängige Kommission "Zuwanderung"(2001.07.04.), *Zuwanderung gestalten Integration fördern*. Zusammenfassung, 13.

32. Die Beauftragte der Bundesregierung für Migration, Flüchtlinge und Integration(2007), 7. *Bericht der Beauftragten der Bundesregierung für Migration, Flüchtlinge und Integration über die Lage der Ausländerinnen und Ausländer*, 16.

33. Meinhardt, R.(2006), Einwanderung nach Deutschland und Migrationsdiskurs in der Bundesrepublik-eine Synopse, 25.

34. Konrad-Adenauer-Stiftung e.V.(Hrsg.)(2001), *Projekt Zuwanderung und Intergration*, 5-10.

35. 법률상으로 인정된 난민(정치적 망명신청을 하지 않았거나 인정되지 않았거나)은 아니지만, 모국에서 신분상의 위험 등과 같은 사유로 계속 체류하고 있는 자를 말한다.

36. 인도주의적 차원에서 독일 내무부의 비자 발급과 수용 설명에 근거해서 받아들이는 난민. 예를 들어 1985년 3,000명의 보트피플, 1991년부터 구소련에서 온 유대인 이주자 수용이 여기에 해당된다. 각 주에 확정된 수에 따라 균등하게 배치되기에 균등분담난민이라 칭한다.

37. Auernheim, G.(2007), *Einführung in die interkulturelle Pädagogik*, 20.

38. Bundesministerium des Innern(BMI)(2008), *Migration und Integration*, 19.

39. Konsortium Bildungsberichterstattung(Hrsg.)(2006), *Bildung in Deutschland. Ein Indikatiorengeschützter Bericht mit einer Analyse zu Bildung und Migration*. Bielefeld: W. Bertelsmann Verlag, 140.

40. Die Beauftragte der Bundesregierung für Migration, Flüchtlinge und Integration(2007), 7. *Bericht der Beauftragten der Bundesregierung für Migration, Flüchtlinge und Integration über die Lage der Ausländerinnen und Ausländer*, 57.

41. Demografie Portal des Bundes und Länder(연방 및 주 인구통계 포털), URL: https://www.demografie-portal.de/SharedDocs/Informieren/DE/ZahlenFakten/Bevoelkerung_Migrationshintergrund.html

42. Statistisches Bundesamt(2019), *Bevölkerung und Erwerbstätigkeit. Bevölkerung mit Migrationshintergrund. -Ergebnisse des Mikrozensus 2018-*

43. Demografie Portal des Bundes und Länder(연방 및 주 인구통계 포털)

44. Statistisches Bundesamt. *Pressemitteilung*(2017.02.07.), URL: https://www.destatis.de/DE/Presse/Pressemitteilungen/Zahl-der-Woche/2017/PD17_006_p002.html

45. Die Beauftragte der Bundesregierung für Migration, Flüchtlinge und Integration(Hrsg.)(2019), *Deutschland kann Integration: Potenziale fördern, Integration fordern, Zusammenhalt stärken. 12. Berichte der Beauftragten der Bundesregierung für Migration, Flüchtlinge und Integration*, 148.

46. Krüger-Potratz, M.(2006), Migration als Herausforderung für Bildungspolitik. In: Leiprecht, R./Kerber, A.(2006), *Schule in der Einwanderungsgesellschaft*. 2.Aufl. Schwalbach/Ts.: Wochenschau Verlag, 62.

47. Krüger-Potratz, M.(2006), Migration als Herausforderung für Bildungspolitik, 68.

48. Auernheim, G.(2007), *Einführung in die interkulturelle Pädagogik*, 38.

49. Auernheim, G.(2007), *Einführung in die interkulturelle Pädagogik*, 40.

50. Auernheim, G.(2007), *Einführung in die interkulturelle Pädagogik*, 40.

51. Ständige Konferenz der Kultusminister der Länder in der Bundesrepublik Deutschland(KMK)(1996), Empfehlung "Interkulturelle Bildung und Erziehung in der Schule".

52. Arbeitsstab Forum Bildung in der Gesellschaftsstelle der Bund-Länder-Kommission für Bildungsplanung und Forschungsförderung(2001), *Empfehlung des Forum Bildung*.

53. Presse- und Informationsamt der Bundesregierung(Hrsg.)(2007), *Der Nationale Integrationsplan. Neue Wege-Neue Chancen*, 12.

54. Presse- und Informationsamt der Bundesregierung(Hrsg.)(2007), *Der Nationale Integrationsplan. Neue Wege-Neue Chancen*, 13.

55. Konsortium Bildungsberichterstattung(Hrsg.)(2006), *Bildung in Deutschland. Ein Indikatorengeschützter Bericht mit einer Analyse zu Bildung und Migration*, 137.

56. Ständige Konferenz der Kultusminister der Länder in der Bundesrepublik Deutschland(KMK)(2013), Interkulturelle Bildung und Erziehung in der Schule.

57. Ständige Konferenz der Kultusminister der Länder in der Bundesrepublik Deutschland(KMK)(2013), Interkulturelle Bildung und Erziehung in der Schule, 2.

58. 정기섭(2008), 독일에서 전일제학교(Ganztagsschule)의 발달과 2000년 이후의 활성화 배경, 교육문제연구 제30집, 49(이 책 6장 참조).

59. KMK-Pressemitteilung(2001.12.06.), Kultusministerkonferenz beschlieβst konkrete Maβnahmen zur Verbesserung der schulischen Bildung in Deutschland -Erste Konsequenzen aus der Ergebnissen der PISA-Studie-

60. KMK-Pressemitteilung(2003.03.06.), Kultusministerkonferenz fasst Beschluss zu vertiefendem PISA-Bericht, URL: https://www.kmk.org/presse/pressearchiv/mitteilung/kultusministerkonferenz-fasst-beschluss-zu-vertiefendem-pisa-bericht.html

61. Ständige Konferenz der Kultusminister der Länder in der Bundesrepublik Deutschland(KMK)(2003), Beschluss der Kultusministerkonferenz zu den IGLU-Ergebnissen vom 08.04.2003.

62. Bund-Länder-Kommission für Bildungsplannung und Forschungsförderung(BLK)(2003), *Heft 107. Förderung von Kindern und Jugendlichen mit Migrationshintergrund,* 63.

63. Presse- und Informationsamt der Bundesregierung(Hrsg.)(2007), *Der Nationale Integrationsplan. Neue Wege-Neue Chancen,* 63, 64.

64. 베를린 학교법(Schulgesetz für das Land Berlin).

65. https://www.km.bayern.de/ministerium/schule-und-ausbildung/foerderung/sprachfoerderung.html

66. Schulordnung für die Mittelschulen in Bayern(Mittelschulordnung-MSO) vom 4. März 2013. Anlage2.

67. 2002/2003학년도에 언어적 결손이 있는 학생들을 위해 도입한 신입생 대상 '언어학습학급(Sprachlernklasse)'이 2007/2008학년도에 '독일어학습집단(Deutschlerngruppe)'으로 명칭이 변경되었고, 2019년까지 '독일어촉진학급(Deutschförderklasse)'으로 불림.

68. 캐나다의 언어학자인 James Cummins는 아이가 제2언어(두 번째 언어)를 배우기 전에 우선 하나의 언어에서 충분한 역량을 가져야만 습득된 지식을 배우고자 하는 언어에 전이할 수 있다는 '상호의존가설(Interdependenzhypothese)'을 제시하였다. 이주가정의 아동·청소년이 독일어를 효과적으로 습득하기 위해서는 모국어수업을 병행해야 한다는 주장은 이 가설과 이 가설에 토대를 둔 연구 결과들에 기인하고 있다.

69. https://schulaemter.hessen.de/schulbesuch/herkunftssprache-und-mehrsprachigkeit/herkunftssprachlicher-unterricht/angebotene-sprachen

70. 정영근(2009), 학교의 이중언어수업과 상호문화교육-독일 베를린의 공립학교

이중언어수업 실험모형을 중심으로, 교육의 이론과 실천, 14(1), 167-185.

71. Ministerium für Schule, Jugend und Kinder des Landes Nordrhein-Westfalen(Hrsg.)(2011), *Bilingualer Unterricht in Nordrhein-Westfalen*.

72. Unabhängige Kommission "Zuwanderung"(2001), *Zuwanderung gestalten Integration fördern*. Zusammenfassung, 200.

제 9 장

학교부적응 학생을 위한
지원 대책은 어떤 것들이 있나?

학교부적응은 학생들이 다양한 이유에서 학교 또는 수업으로부터 멀어짐을 서술하는 개념이다. 학교부적응은 학생이 그로 인해 학업을 중단하고 학교를 떠나든지 계속 학교에 머물러 있든지 간에 심각한 문제를 야기할 수 있다. 학교를 떠난다면 학생 개인적으로 학업의 기회를 상실하여 청년실업, 장래 전망 상실로 이어지고 이는 지속적인 사회적 지원에 의존하게 될 가능성이 높아 사회적 비용이 증가하는 것은 물론, 일탈행동으로 인한 사회적인 문제를 가져올 수 있다. 학교를 계속해서 다닌다 해도 수업과 학교생활에 적응하지 못하여 정서 불안, 학습 무기력, 학교폭력, 따돌림 등의 문제를 야기함으로써 개인은 물론 다른 학생들의 학교생활에도 영향을 미칠 수 있는 위험성이 도사리고 있다. 독일 연방정부 차원의 대표적인 학교부적응 학생을 위한 지원 프로그램으로는 "학교거부학생을 위한 제2의 기회(Schulverweigerung-Die 2. Chance)"를 들 수 있다.

학교부적응의 개념

독일에서 학교부적응에 대한 연구와 관심이 이전에도 없었던 것은 아니지만, 2000년 PISA-쇼크 이후 학문적·대중적 관심이 크게 높아진 것으로 보인다. 학교부적응 현상은 청소년 범죄와 PISA결과 저조한 성적과 관련하여 독일 학계뿐만 아니라, 매체에서 주요한 주제가 되었다.[1] 연구 문헌과 매체에서 학교부적응 현상을 나타내는 개념들은 무단결석 혹은 수업불참Schulschwänzen[2], 학교거부Schulverweigerung, 학교태만 Schulversäumnis, 학교피로Schulmüdikeit, 미등교Schulabsentismus, 학교회피 Schulvermeidung, 학교하차Schulausstieg, 학교혐오Schulaversion 등 다양하지만, 학자들 간에 동의하는 포괄적이고 통일적인 상위 개념은 발견되지 않는다.[3] 학자(연구자)에 따라 각각의 개념을 학교부적응 현상을 대표하는 개념으로 사용하기도 하고, 동의어로 사용하기도 하며, 동일한 용어를 다르게 정의하기도 한다. 예를 들어 '학교거부'를 학교에 가지 않는 행동[4]으로 정의하는가 하면, 학교에는 와있지만 수업에 주의 깊게 참여하지 않는 태도를 포함하는 넓은 의미로 정의하기도 한다.[5] 후자의 입장에서 '학교거부'는 수업방해와 수업불참 혹은 결석을 포괄한다.

1990년대 말부터 국제적인 비교논의를 위하여 영어권에서 사용하는

'school absenteeism' 개념을 수용하여 학교부적응 현상을 포괄하는 개념으로 Schulabsentimus를 사용하는 학자들이 점차적으로 늘어나고 있다.[6] 이러한 경향은 동일한 현상을 다루면서 학자마다 구별되는 개념을 사용하는 데서 오는 혼란을 피하기 위하여 학교부적응 현상과 관련된 개념들을 체계화하려는 시도와 무관하지 않다. 이와 관련하여 대표적으로 언급되는 학자는 릭킹H. Ricking[7]이다. 학교부적응 개념을 체계화하려는 시도는 학교부적응을 표현하는 다양한 개념들을 범주화하여 학교부적응의 유형을 구분하는 데 기여했다고 평가할 수 있다.

릭킹(1997)은 "학교불참Schulabsentismus"을 학교부적응을 표현하는 상위 개념으로 설정하고, 그 아래에 학교불참의 형태를 "무단결석 혹은 수업불참Schulschwänze", "학교거부Schulverweigerung", "등교제지 Zurückhalten"로 구분하였다.[8] "무단결석 혹은 수업불참"은 학생이 합법적인 조치에 의하지 않고 부모 모르게 학교 밖에서 자신이 더 매력적이라고 생각하는 것을 즐기는 것을 의미하는데, 이러한 학생의 특징은 학교에서의 좌절 경험을 갖고 있고 학교생활을 이겨내기 위한 개인적인 조건들이 불충분하고 또한 가정적인 지원이 부족하여 학교생활에서의 불만족과 낮은 학업성취를 보인다. "무단결석 혹은 수업불참"을 통해 다시 불만족과 학교실패가 증가하고, 이것은 재차 수업 빼먹기로 이어진다. "무단결석 혹은 수업불참"이 지속되면 학업중단, 비사회적 행동으로 이어질 가능성이 높다.[9] 참고로 독일 각 주의 학교법과 각 학교규정, 그리고 일반학교규정Allgemeine Schulordnung, ASchO에서는 학생이 정해진 시간에 규칙적으로 수업과 학교 활동에 참여해야 할 의무를 규정하고 있다. 학생이 병 또는 피치 못할 이유로 수업에 출석하는 것이 어렵다면, 보호자는 늦어도 2일 이내에 학교에 사실을 통보해야 하며, 결석 기간이 끝나면 반드시 양식을 작성하여 서면으로 결석 사유를 제출해

야 한다.[10]

"학교거부"는 "학교공포증Schulphobie"과 동의어로 사용되기도 하는데, 학생이 학교에 대한 불안과 공포로 등교를 거부하는 것으로 부모가 사실을 알고 있고, 학생이 집에 머무는 것을 의미한다. 학교거부의 원인은 학생의 불안과 공포로 정신병리학적으로 이러한 문제행동은 감정적이고 내면화된 장애로 분류되고, 치료가 필요한 정신적 장애로 간주된다.[11] 릭킹에 의하면 "학교거부"와 관련하여 불안, 두려움, 공포가 특별한 의미를 갖는데, 그는 "학교거부"의 원인으로 개인적인 차원에서 우울한 기분과 부모와의 이별 불안을, 그리고 학교 차원에서 시험, 교사와의 갈등, 친구와의 갈등과 같은 구체적인 불안 상황을 들고 있다.[12] "등교제지"는 "아이의 의지에 반하거나 그것에 관하여 물어보지도 않고 부모에 의하여 아이가 학교로부터 격리되는 것이다".[13] 그 이유로는 부모가 학교 상황에 만족하지 않거나, 학교를 혐오하거나, 아이가 집에서 노동력으로 필요하거나, 아이의 학교교육에 커다란 의미를 부여하지 않거나, 혹은 문화적인 차이, 가정폭력의 숨김, 휴가연장 등을 들 수 있다.

위에서 언급된 상위 개념으로서의 학교불참은 학생이 "수업시간에 교실과 학교에 없고, 자신이 선호하는 대안적 공간에 있는 것"으로 "학교의 영향영역으로부터 육체가 멀리 있는 것이 명확한 특징이다".[14] 이러한 관점은 육체는 학교에 머물고 있지만 수업의 과정과 요구를 거부하거나 반대하는 수업 방해 행동과 같은 심리적 반응을 포함하는 '학교혐오적 행동형태' 혹은 '수업회피적 행동형태'의 개념을 통해 보완된다.[15] 슐체와 비트록Schulze & Wittrock(2000)은 "학교혐오적 행동Schulaversives Verhalten"이라는 상위 개념을 설정하고 그 아래에 부적응 행동으로서 "미등교Schulabsentismus(결석)", "수업불참Unterrichtsabsentismus(학교에는 있으나 교실에 없음)", "수업거부Unterrichtsverweigerung(육체적으로는 수업

에 참석하고 있으나 실제적으로는 수업에 참여하지 않음)"를 위치시켰다.[16]

슐체는 위의 연구, 그리고 비트록과의 다른 공동연구(2001)를 토대로 학교부적응 행동을 "수업회피적 행동전형"이라는 개념 아래에 "학교불참", "수업불참", "수업거부"라는 상위 범주를 설정하고 각 범주를 다시 하위 범주로 구분하였다. "학교불참"은 앞에서 언급했던 것처럼 "학교의 영향 영역으로부터 육체가 멀어져 있는 것"으로 그 하위 범주에는 "무단결석 혹은 수업불참", "불안으로부터 야기된 멀어짐", "등교제지", "억류Zurückhaltenwerden"가 속한다. "등교제지"는 다른 문화적 전통, 가치와 규범의 이유에서, 가정적 이유, 경제적 이유에서 의도적으로 제지하는 것이며, "억류"는 가정에서의 자녀폭행과 같은 흔적을 숨기기 위하여 부모에 의해 제지당하는 것으로 주로 초등학생에게서 일어난다. "수업불참"은 수업시간 동안 가끔씩 내지는 2~3시간 동안 교실에는 없지만 학교의 어딘가에 있는 것으로 이러한 학생에게 학교는 친구들 소통과 상호작용을 위한 교제의 장소로서 더 중요하다. 수업불참은 "부분적인 수업 참석", "내적 회피innerer Rückzug", "지각", "학교의 다른 장소에 머무름"으로 구분된다. "부분적인 수업참석"은 수업이 끝나기 전에 교실을 떠나는 행동으로 학생이 의도적으로 교실을 떠나는 경우와 교사에 의에 야기되는 경우로 나뉜다. "내적 회피"는 육체적으로 수업에 참석하고 있지만 수업의 과정에 참여하지 않고 무관심하고 어떠한 자발성도 보이지 않고, 휴식시간에도 친구들과 사회적인 교제 없이 혼자 있는다. "지각"은 의도적으로 매일 수업시간 이후에 학교에 오는 행동이다. "학교의 다른 장소에 머무름"은 일정한 시간만 수업에 참여한 후에 학교 클럽, 화장실과 같은 학교의 다른 장소에 있거나 다른 장소에서 또래집단을 만나는 행동이다. "수업거부"는 4개의 형태로 구분되는데, "수업저항Unterrichtabwehr", "공개적으로 관여하는 수업거부", "모르게 관여하는 수업거부", "의식적인 불참"이 그것이다.

수업저항은 외부적인 영향에 의해 일어날 수 있는 것으로 학생이 학습과정에서 벗어나 소리를 지른다거나 이리저리 돌아다니는 등의 행동을 보이는 것이다. "공개적으로 관여하는 수업거부"는 학생이 수업의 규범이나 가치 혹은 수업 방법을 인정하지 않고 시위하는 행동으로, 예를 들면 토론을 적합하지 않은 형태로 진행하는 것이다. "모르게 관여하는 수업거부"는 학생이 적극적인 수업 활동에서 벗어나는 것으로 이러한 학생들은 종종 숙제나 수업 준비물을 잊어버린다. "의식적인 불참"은 내적인 회피 형태로 학생이 수업에는 육체적으로 참석하고 있지만 수업에는 참여하지 않고 조용히 다른 짓을 한다. 예를 들면 수업에 관계없이 그리기, 잠자기, 이리저리 갈겨쓰기를 하는 행동이다.[17]

수업불참의 구체적인 형태는 슐레스비히홀슈타인Schleswig-Holstein 주의 범죄예방위원회에서 발간한 보고서 『학교불참 대책Konzepte gegen Schulabsentismus』을 통해 확인할 수 있다. 이 보고서는 수업불참 Unterrichtsabsentismus과 학교불참Schulabsentismus을 구분하고 있는데, 수업불참은 학생이 수업에 참여하고 있으면서 보여 주는 학교혐오적 행동이고, 학교불참은 결석을 통한 학교혐오적 행동으로서 릭킹이 구분한 학교불참, 학교거부(학교불안, 학교공포증), 등교자제 결정이 여기에 속한다. "수업불참"의 형태에는 다음과 같은 것들이 있다.[18]

① 수업피로/수업의욕 상실/수업에 대한 짜증
- 몽상
- 과제를 늦게 시작하거나 하지 않음
- 수업재료들을 이용하지 않음/가방 안에 그대로 둠
- 지각

② 정신적 수업 이반mentale Unterrichtsemigration
- 내적 이반(현재 이루어지고 있는 과정으로부터 등을 돌림)
- 언어적 소통에서 심리적 장애
- 행위 차단

③ 수업거부Unterrichtsverweigerung
- 수업에서 학교규칙을 위반하는 행동적 학교거부

④ 학업중단Schulabbruch
- 참여를 갈등을 통해 중단하기 위하여 수업에서 학교 규칙을 위반하는 행동적 학교거부

학교부적응이라는 동일한 현상을 다루면서 학자들마다 다양한 개념들이 사용되고 있음에도 불구하고, 공통점이 있다면 학생들이 다양한 이유에서 학교 또는 수업으로부터 멀어짐을 서술하고 있다는 것이다. 학교부적응은 학생의 학습의욕 상실, 학습 무관심, 의도적 결석, 수업불참(거부), 무의미한 학교생활, 대인관계 기피, 정서적·신체적 장애, 일탈 등과 같은 행동 특성을 대표하는 개념으로 이해될 수 있다. 이러한 이해로부터 학교부적응은 학교 영역으로부터 학생이 육체적·심리적으로 멀어지는 현상이라고 할 수 있고, 학교부적응 학생은 내적·외적 원인에 의하여 학교 영역으로부터 육체적·심리적으로 멀어져 있는 학생이라고 할수 있다. 학교부적응 학생은 학교의 (영향)영역으로부터 멀어지는 정도에 따라 1) 육체적으로 참석하고는 있지만 심리적으로 불참하는 학생(학습동기를 상실하고 학습의욕이 없이 학교에 몸만 머물고 있는 학생), 2) 무단지각, 무단결석 등 교칙에 반하여 학교 이탈 행동양식을 보이는 학

생, 3) 학업중단 학생 등으로 구분될 수 있을 것이다.

학교부적응 학생 현황과 원인

현황

독일 전체의 학교부적응 학생 현황을 파악하는 것은 어렵다. 독일 내에 학교부적응 현상을 독일 전역에 걸쳐 체계적으로 파악하고 있는 데이터가 없고,[19] 학교부적응 개념은 잠재적 학교부적응 등 다양한 학교부적응 현상을 포함하고 있기 때문에 객관적인 지표로 파악하는 것 역시 한계가 있기 때문이다. 예전에 비해 학교부적응 학생이 증가하였다는 우려와 심각성에 대한 경고, 원인 및 대책에 대한 논의가 연구물과 매체를 통해 계속해서 제기되고 있지만, 연구물에서 근거로 사용되고 있는 데이터들이 특정 지역에 한정되어 있거나 매체의 경우 그 근거를 "일반적으로 전문가의 추측성 주장"에 기대고 있다.[20] 이러한 문제를 감안하여 여기에서는 학교부적응 학생 현황을 연방통계청을 통해 파악할 수 있는 학업중단자Schulabgänger 통계, 2년마다 발간되고 있는 『독일교육보고서 Bildung in Deutschland』, 슐레스비히홀슈타인주의 보고서인 『학교불참 대책』, 그리고 개별적인 연구물들을 토대로 살펴보기로 한다.

연방통계청의 일반학교 졸업생 및 학업중단 학생

연방통계청에서 파악하고 있는 일반학교 졸업생과 학업중단 학생의 현황은 〈표 9-1〉과 같다.[21]

<표 9-1> 연방통계청의 졸업생 및 학업중단 학생 현황

연도	졸업장	총 인원(%)	독일 학생(%)	외국 학생(%)
2012	하우프트슐레 졸업장 없음(학업중단자)	47,648(5.5)	38,706(4.9)	8,942(11.4)
	하우프트슐레 졸업장	157,498(18.1)	131,535(16.6)	25,963(33.1)
	레알슐레 졸업장	34,527(39.7)	314,886(39.8)	29,641(37.7)
	전문대학입학자격을 갖는 졸업장	13,945(1.6)	12,658(1.6)	1,287(1.6)
	일반대학입학자격을 갖는 졸업장	305,172(35.1)	292,468(37.0)	12,704(16.2)
	계	868,790(100)	790,253(100)	78,537(100)
2014	하우프트슐레 졸업장 없음(학업중단자)	46,950(5.5)	37,546(4.9)	9,404(11.9)
	하우프트슐레 졸업장	146,649(17.2)	122,804(15.9)	23,845(30.3)
	레알슐레 졸업장	375,791(44.2)	342,397(44.4)	33,394(42.4)
	전문대학입학자격을 갖는 졸업장	841(0.1)	644(0.1)	197(0.3)
	일반대학입학자격을 갖는 졸업장	280,090(33.0)	268,587(34.8)	11,903(15.1)
	계	850,721(100)	771,978(100)	78,743(100)
2018	하우프트슐레 졸업장 없음(학업중단자)	53,598(6.6)	39,960(5.4)	13,683(18.2)
	하우프트슐레 졸업장	13,515(16.4)	110,190(14.9)	23,328(31.3)
	중등학교 졸업장 (레알슐레, 하우프트슐레 10학년)	341,640(42.1)	315,648(42.8)	25,995(34.7)
	전문대학입학자격을 갖는 졸업장	900(0.1)	804(0.1)	96(0.3)
	일반대학입학자격을 갖는 졸업장	282,552(34.8)	270,708(36.7)	11,844(15.8)
	계	812,205(100)	737,307(100)	74,898(100)

학업중단 학생은 Schulabgänger를 말하며 위의 표에 제시된 학생 수는 일반학교Allgemeinbildende Schule에 한정된 것이다. 학업중단 학생의 기준을 하우프트슐레 졸업장이 없는 학생으로 삼는 것은 독일의 학교 의무교육 기간이 최소 9년이기 때문에 최소한 하우프트슐레를 졸업해야 학교의무교육을 마친 것으로 인정되기 때문이다. 하우프트슐레 졸업생은 2015년 현재 일반학교 졸업생의 16.5%에 해당되는데, 이는 1960년대 동년배 졸업생의 약 70%가 하우프트슐레 졸업생이었던 것과 비교할 때 현저하게 줄어든 것이고 지금도 계속해서 줄어들고 있는 추세이다. 학생들이 상급학교 진학에서 하우프트슐레를 선택하지 않는다는 것은 학교졸업의 가치가 그만큼 떨어진다는 것을 의미한다. 학업성취도에 있어서도 하우프트슐레 학생이 다른 유형의 학교에 비해 낮기 때문에 인기가 없는 "찌꺼기 학교Restschule"라고 표현되기도 한다.[22] 이러한 표현에서 하우프트슐레에 학업중단 위험군에 속하는 잠재적 학생이 상대적으로 많다는 것을 읽을 수 있다. 독일의 경우 학업성취도는 사회경제적 배경과 밀접한 관계가 있기 때문에 최근 학교구조개혁에서 하우프트슐레를 다른 학교 유형과 결합하는 새로운 학교 모형을 도입하는 경향을 보이고 있다.[23] 2016년 하우프트슐레 졸업장이 없는 학업중단자는 52,685명인데, 그중 하우프트슐레 학업중단자 19.9%, 여러 졸업과정을 가진 학교 10.3%, 종합학교 12.5%, 레알슐레 3.3%, 김나지움 2.4%, 자유발도르프학교 0.6%, 촉진학교 50.9%인 것으로 나타났다.[24]

『독일교육보고서』의 일반학교(촉진학교 포함) 학업중단자 현황

『독일교육보고서 2014』와 『독일교육보고서 2016』은 비교적 최근(2008, 2010, 2012, 2014)의 학업중단 학생 현황을 다음과 같이 보고하고 있다.

〈표 9-2〉『독일교육보고서』의 일반학교 학업중단자 현황

주	하우프트슐레 졸업장이 없는 학업중단자									
	2006		2008		2010		2012		2014	
	수	%	수	%	수	%	수	%	수	%
바덴뷔르템베르크	3,372	6.3	6,883	5.6	6,240	5.2	5,951	5.1	5,868	5.0
바이에른	10,463	7.3	9,043	6.4	7,579	5.6	6,459	4.8	5,892	4.5
베를린	3,363	9.7	3,127	10.6	2,730	10.5	2,339	9.0	2,430	9.2
브란덴부르크	3,555	11.7	2,448	11.8	1,629	9.8	1,439	8.4	1,462	7.7
브레멘	580	8.9	530	8.4	415	6.7	412	6.8	448	7.3
함부르크	1,802	11.3	1,349	8.8	1,224	8.3	993	6.7	755	4.9
헤센	5,435	8.2	4,478	7.0	3,863	6.2	3,351	5.4	3,031	4.9
메클렌부르크포어포메른	2,768	12.6	2,063	15.8	1,434	13.8	1,266	11.9	961	8.4
니더작센	7,749	8.2	6,780	7.3	5,218	5.9	4,773	5.4	4,245	4.9
노르트라인베스트팔렌	14,383	6.8	14,254	6.8	11,925	6.0	10,627	5.5	11,692	6.2
라인란트팔츠	3.613	7.4	3,342	7.2	2,565	5.8	2,353	5.5	2,357	5.6
자를란트	889	7.4	760	6.7	566	5.4	527	5.2	463	4.9
작센	4,316	9.0	3,134	10.5	2,341	9.5	2,288	8.9	2,348	8.3
작센안할트	3,486	11.8	2,573	13.6	1,844	12.6	1,668	11.3	1,528	9.7
슐레스비히홀슈타인	3,164	9.6	2,690	8.3	2,202	7.1	2,114	6.9	2,323	7.6
튀링겐	2,311	8.5	1,426	8.0	1,266	8.6	1,024	6.8	1,118	7.2
합계(독일)	76,249	8.0	64,880	7.4	53,041	6.5	47,584	5.9	46,921	5.8

위의 표를 통해서 알 수 있는 것은 독일의 학업중단 학생 수가 감소하고 있으며, 동독과 서독지역을 비교할 경우 2006년 기준 동독이 9.9%, 서독이 7.9%이고, 2008년 기준 동독이 12.3%, 서독이 6.8%로 학업중단 학생 수가 일반적으로 동독지역이 높은 것을 알 수 있다. 노르트라인베스트팔렌주 경제연구소RIW의 연구(2016)는 주 또는 지역별로 학업중단자 비율이 차이를 보이는 원인으로 경제적 성장의 차이를 들고 있다. 특히 일반학교에 적응하기 어렵고 특수한 교육적 지원이 필요한 학

생들을 대상으로 하는 촉진학교Förderschule 학생들의 학업중단이 높은 편인데, 2012년, 2014년도 학업중단 학생 중 촉진학교 학생들이 차지하는 비율은 아래와 같다. 촉진학교는 특수학교Sonderschule, 촉진센터 Förderzentrum라고도 하며, 언어 발달, 학습, 감성 발달, 사회성 발달, 청각과 시각, 정신적 발달, 육체적 발달, 의사소통에 문제가 있는 학생들을 지원하는 학교이다. 학업중단 학생 중 촉진학교 학생의 비율은 〈표 9-3〉과 같다.

〈표 9-3〉 학업중단 학생 중 촉진학교 학생의 비율

주	하우프트슐레 졸업장이 없는 학업중단자			
	2012		2014	
	수	%	수	%
바덴뷔르템베르크	3,803	63.9	3,682	62.7
바이에른	3,243	50.2	2,845	48.3
베를린	625	26.7	666	27.4
브란덴부르크	966	67.1	975	66.7
브레멘	199	48.3	166	37.1
함부르크	597	60.1	414	54.8
헤센	1,900	56.7	1,777	58.6
메클렌부르크포메른	970	76.6	569	59.2
니더작센	2,632	55.1	2,430	57.2
노르트라인베스트팔렌	5,990	56.4	6,483	55.4
라인란트팔츠	1,396	59.3	4,375	58.3
자를란트	305	57.9	271	58.5
작센	1,572	68.7	1,509	64.3
작센안할트	1,155	69.2	1,002	65.6
슐레스비히홀슈타인	962	45.5	878	37.8
튀링겐	577	56.3	495	44.3
합계(독일)	26,892	56.5	25,537	54.4

슐레스비히홀슈타인주의 연구(2007)

슐레스비히홀슈타인주의 범죄예방위원회Rat für Kriminalitätverhütung in Schleswig-Holstein는 2005년 촉진학교와 하우프트슐레 학생을 대상으로 학교부적응에 대한 설문조사를 실시하였다. 응답자는 촉진학교 91개교 5,543명(전체 학생의 97.2%: 남 3,438, 여 2103), 하우프트슐레 228개교 3,8153명(전체 학생의 86.1%: 남 21,438, 여 16,715)이었다. 응답자 중 이주배경을 가진 학생이 촉진학교 575명(남 325, 여 250), 하우프트슐레 5,367명(남 2,974, 여 2,393)이었다. 연구 결과에 의하면 촉진학교에서 2004/05년 겨울학기에 11일 이상 무단결석한 학생이 전체 응답자의 20%(1,106명)였고, 이 중 남학생이 18.7%, 여학생이 21.9%로 여학생이 더 많았다. 이주배경을 가진 학생들의 경우에는 22.1%로 평균보다 높았다. 이 중 남학생은 20.3%, 여학생이 24.4% 여학생이 더 많았다. 11일 이상 결석한 학생 중 43%는 20일 이상 결석한 것으로 나타났다. 총 결석일수 26,760일 중 8,558일(32%)이 무단결석이었다. 촉진학교에서 10일 이상 결석한 학생의 비율은 학년별로 다음과 같이 나타났다([표 9-4]).

〈표 9-4〉 촉진학교에서 학년별 11일 이상 결석자 비율(2004/2005)(%)

	5, 6학년	7, 8학년	9학년	총계
학생 총계	15.7	20.7	26.7	20.0
남학생	14.8	19.4	23.4	18.7
여학생	17.3	22.0	32.0	21.9
이주배경을 가진 학생	13.1	18.4	38.2	22.1
남학생	10.7	17.1	31.4	20.3
여학생	16.1	20.0	47.4	24.4

하우프트슐레의 경우는 응답자의 13.2%가 11일 이상 결석한 것으로

나타났고, 이 중 남학생이 11.9%, 여학생이 14.9%였다. 이주배경을 가진 학생의 경우는 12.4%(남학생 11.7%, 여학생 13.2%)가 11일 이상 결석한 것으로 나타났다. 총 결석일 92,832일 중 19,153일(20.6%)이 무단결석으로 나타났다. 학년별로 11일 이상 결석자 비율은 다음과 같다(〈표 9-5〉).

〈표 9-5〉 하우프트슐레에서 학년별 11일 이상 결석자 비율(2004/2005)(%)

	5학년	6학년	7학년	8학년	9학년	10학년	총계
학생 총계	8.5	10.4	13.7	15.3	15.1	17.9	13.2
남학생	8.3	9.8	12.6	13.8	12.4	15.7	11.9
여학생	8.8	11.1	15.0	17.2	18.4	20.5	14.9
이주배경을 가진 학생	7.7	8.0	13.3	14.6	14.4	21.4	12.4
남학생	6.9	8.3	13.0	13.5	12.8	17.6	11.7
여학생	8.7	6.3	13.7	16.0	16.0	26.3	13.2

슐레스비히홀슈타인주의 연구가 촉진학교와 하우프트슐레를 대상으로 한 것은 두 학교에 학업부적응 학생이 가장 많기 때문인 것으로 보인다. 학교부적응 학생(결석)에게 교사가 사용한 방법은 '학생과 대화', '경고', '학교에서 보호자와 대화', '학년주임, 교장, 보호자와 함께 대화', '보호자가 있는 가정 방문', '청소년 복지단체와 상담 및 협업'이었고, 그 효과에 대해서 학생들은 방법별로 11%(경고)에서 22%(학교에서 보호자와의 대화) 사이인 것으로 응답하였다.

슐레스비히홀슈타인주의 범죄예방위원회는 2010년 12월 그동안 자신들의 학교부적응을 줄이기 위한 노력이 어느 정도 성과를 거두고 있는지 평가하기 위한 연구를 진행하였다. 이때 주된 대상은 촉진센터, 하우프트슐레, 공동체학교Gemeinschaftsschule, 레알-/지역학교Real-/ Regionalschule, 김나지움의 교장들이었다. 이 연구에서 교장들의 2/3가

예방위원회가 구상한 예방 및 대책에 대해 인식하지 못하고 있었으며, 학교부적응(결석)의 문제를 갖고 있는 학교들은 부모들이 학교생활에 적게 참여하고, 학교 활동들도 적게 개최되며, 교사와 학생의 좋지 못한 관계가 학교 활동을 저해한다고 보고하였다. 심각한 학교부적응(결석) 문제를 가지고 있는 김나지움은 극히 소수에 불과했고, 학교부적응(결석)문제를 갖고 있는 하우프트슐레와 촉진센터는 이주배경을 가진 학생들과 사회경제적 소외 계층의 학생들이 많이 재학 중이라고 보고하였다. 실제로 학교부적응(결석)의 문제를 갖고 있는 학교는 그렇지 않은 학교보다 이주배경을 가진 학생과 사회경제적 소외 계층의 학생들이 더 많은 것으로 나타났다.[25]

그 외의 연구들

베첼스 외Wetzels et al.(2005)는 하노버Hannover, 델멘호르스트Delmenhorst, 오스나부뤽Osnabrück, 프리스반트 지역권Landkreis Friesband에 있는 촉진학교, 직업학교, IHR, 하우프트슐레, 레알슐레, 종합학교, 김나지움의 9학년 4,369명을 대상으로 조사시점에서 지난 6개월간의 무단결석Schulschwänz 경험에 대한 설문조사를 한 결과 '한 번도 하지 않았다' 56.2%(2,455), '하루 했다' 20.1%(880), 5~10일 5.2%(228), 11일 이상 4.6%(202), '일수를 모르겠다' 1.6%(68)로 나타났다. 학교 형태별로는 '한 번도 하지 않았다'에 응답한 학생은 촉진학교 55.7%, 직업학교 BJV 36.4%, 하우프트슐레 44.5%, IHR 49.2%, 레알슐레 63.5% 종합학교 46.0%, 김나지움 61.1%로 나타났다. 11일 이상 결석은 촉진학교 4.9%, 직업학교 21.4%, 하우프트슐레 8.6%, IHR 4.6%, 레알슐레 3.2%, 종합학교 5.2% 김나지움 1.4%로 나타났다.

바이어 외Baier, D., Pfeiffer, Ch., Windzio, M., & Rabold, S.(2005)는 도르트

문트Dortmund, 카셀Kassel, 뮌헨München, 올덴부르크Oldenburg, 파이네 Peine, 슈베비쉬 게뮌트Schwäbisch Gemünd, 졸타우 팔링스보스텔Soltau-F., 슈투트가르트Stuttgart, 레르테Lehrte 도시의 9학년 담당 교사 636명 (여 49.8%, 담임 88.3%)을 대상으로 설문조사한 결과 지난 학기에 최소 1회 무단결석한 학생이 19.3%, 5일 이상 결석한 학생이 6.0%인 것으로 응답하였다. 최소 1회 무단결석 한 학생은 학교 유형별로 보면 하우프트슐레가 32.0%(5일 이상 12.5%), 레알슐레가 16.7%(4.6%), 종합학교가 20.9%(7.4%), 김나지움이 12.9%(2.6%), 발도로프학교가 14.0%(2.6%)로 나타났다. 5일 이상 결석한 학생은 독일계보다 비독일계 학생이 더 많았다. 학생들을 대상으로 한 설문조사에서 무단결석의 이유는 늦잠(49.3%), 기분 나쁨(39.0%), 다른 계획이 있음(31.2%), 친구와 약속(28.4%), 학급과제를 함께 하지 않음(27.1%), 숙제를 하지 않음(19.9%), 교사와 좋지 않음(18.3%), 다른 사람 보고 싶지 않음(13.7%), 학교가 너무 어려움(7.6%), 친구가 놀림(4.6%), 집안일 도와야 함(3.2%), 부모가 원함(2.7%), 친구의 폭력 위협(2.6%), 돈벌이(1.9%) 순으로 나타났다.

원인

독일의 학교부적응에 관한 연구물에서 학교부적응에 영향을 미치는 위험 요인은 일반적으로 다음과 같이 요약되고 있다.[26]

첫째, 개인 요인으로 나이, 성, 지능, 개인적인 실망, 불안이 주로 언급된다. 연령과 학교부적응 관계에 관한 연구[27]에 따르면 연령이 높을수록 학교부적응이 높아지는 것으로 나타났다. 14세 이하에서는 1%, 14세는 8%, 15세는 28%, 16세는 40%, 16세 이상은 23%가 학교를 거부하는 것으로 나타났다. 성별에 따른 학교부적응에 관해서는 남학생이 여학생보다 높은 경우와 남학생과 여학생이 같은 경우가 나타나고 있어 확정할 수 없다는 연구[28]가 있다. 지능과 부적응의 관계에 관한 연구에서는 결석을 자주하는 학생은 지능이 낮은 경우가 많고, 학교거부학생은 지능이 보통인 것으로 나타났다.[29] 불안은 학교에서의 실패 경험, 유급, 이별 불안(부모와의), 따돌림에 대한 불안, 교사에 대한 불안, 등하교시에 일어날 수 있는 사건에 대한 불안 등을 말한다.

둘째, 가정요인으로 생활 상황(경제적 어려움), 형제자매의 관계, 그리고 부모 관련 요인들이 주로 언급된다. 무엇보다도 부모와 관련된 요인들이 언급되는데, 자신 또는 부모의 출신 배경, 부모-자식의 관계, 부모의 병, 부모에 의한 폭력의 경험, 부모의 비일관적 교육 스타일, 등교에 대한 부모의 확인 유무, 부모의 세계관, 부모의 적은 사회적 교류, 생활세계에 대한 부모의 무관심(특히, 자녀의 학교생활에 대한 무관심), 부모의 무계획적인 일상, 부모의 학교 또는 특정 교사에 대한 거부감, 부모의 자녀에 대한 비전 등이 이러한 것들에 해당된다.

셋째, 학교 요인으로 학교 형태, 학교조직, 학교 및 교실 분위기, 교사의 태도, 예고되거나 예고되지 않은 수업 결손, 교사-학생과의 관계, 교사-학부모의 상호작용(부모의 기대와 희망, 요구가 자신의 아이와 교사에게 향함, 부모가 아이에게 학교에 대한 견해를 전달), 교사의 통제, 참여 기회가 적은 학교 등이 언급된다.

넷째, 친구 요인으로 친구와의 갈등, 동료집단과의 동일시, 동료집단에서 자신의 위치 확보, 친구로부터의 폭력, 위협, 따돌림이 언급된다.

다섯째, 사회 요인으로 방향 상실로 인도하는 가치의 다양성, 일자리를 얻을 수 있는 적은 기회, 진지하지 못한 유흥 및 이벤트 사회 Spassgesellschaft에서의 삶, 매체가 보여 주는 비현실적인 생활상 등이 언급되며 이러한 사회적 분위기가 학습의 동기를 상실하게 한다고 보고 있다.

이러한 요인들로 인한 학교부적응은 결과적으로 학업 실패, 학급공동체에 통합의 어려움, 학습 경험 및 생활 경험의 축소, 범죄로의 일탈, 사회적인 고립, 약물 남용, 심리적인 병을 유발하게 되는 것으로 보고되고 있다. 학교부적응은 학교관련 집단과의 관계 상실로 이어지고, 연령에 적합한 사회적 환경에서 탈락할 위험성이 있어 학생은 사회적 접촉을 상실하고 요구되는 지식, 능력, 학업성취증명의 부족으로 직업교육시장 내지 노동시장에서 거의 기회를 갖지 못하게 된다. 그 때문에 오늘날 학교 시스템에서의 탈락은 예전보다 더 장래의 직업적 삶에 많은 영향을 미친다고 할 수 있다.

학교부적응 학생 지원 사례

연방정부의 학교거부학생을 위한 제2의 기회 (Schulverweigerung-Die 2. Chance)[30] 프로그램

이 프로그램은 가족노인여성청소년부BMFSFJ가 유럽연합의 유럽사회복지기금Europäischer Sozialfond, ESF의 지원으로 2006년부터 2013년까지 독일 전역에서 실시하였다. 이 프로그램은 다양한 프로젝트를 통해 학업중단을 예방하는 데 그 목적이 있다. 즉, 학업중단 위기의 학생들을 학교 밖에서의 지원을 통해 정규학교에 재통합시키는 것이 이 프로그램의 목적이다. 이 프로그램의 대상은 학교부적응으로 인해 졸업이 어려워진 12세 이상의 학생으로 하우프트슐레, 촉진학교 또는 하우프트슐레 수준의 졸업이 가능한 형태의 학교에 다니는 학생이다. 하우프트슐레 학생을 주된 대상으로 하고 있는 것은 이 학교 유형의 학생 중도탈락률이 가장 높기 때문이다.

이 프로그램의 가장 큰 특징은 프로그램 운영을 신청하여 허가받은 단체는 이 프로그램을 실천에 옮길 수 있는 조정 기관 Koordinierungsstelle을 설치해야 하는 것이다. 각 지역에서 제공되고 있는 "학교거부학생을 위한 제2의 기회" 프로그램은 조정 기관을 통해 이루어지는 것이다. 조정 기관은 학교부적응 학생, 그의 부모, 전문가, 유관 기관을 위한 중심적인 상담기관으로서 학교부적응 학생들과 접촉하고, 그들과 개인적인 교육계획과 발달계획을 수립하고, 이를 실행하는 것을 관리하고 조정하는 책임을 갖고 있다. 이러한 맥락에서 "학교거부학생을 위한 제2의 기회" 프로그램의 핵심적인 방법은 사례 관리Case management이고, 그 과제는 다음과 같이 요약될 수 있다.

첫째, 학생들과 개별적인 재적응계획을 합의하고 계속 발전시켜 나가는 것이다. 학생과 사례 관리자Case Manager가 학생 개인의 발달 및 교육계획을 함께 수립하며, 이는 학생이 의무적으로 수행해야 하는 과제로서 목표 지향적 지원과 잠재능력의 실현을 위한 기본 토대가 된다. 이 계획은 진단과정을 통해 학생 개인의 발달 상태와 학습 상태에 맞게 수립되며, 진행과정에서 지속적으로 관리된다. 이때 학생이 작은 성취를 경험할 수 있도록 하고 그 과정을 학생과 함께 평가하도록 한다. 이러한 과정을 통해 학생 스스로 자신의 취약점과 보완점을 파악하도록 하면서 성취동기와 노력준비성을 촉진한다. 또한 이 계획은 학업성취의 촉진과 더불어 팀과제 수행능력, 갈등해결능력, 자주적인 작업, 토론능력, 학습기술과 작업기술의 습득과 같은 사회적 핵심역량의 중재를 가능하도록 한다.

둘째, 학생의 학교·사회적 통합(적응)을 위하여 필요로 하는 모든 지원 프로그램들을 조정하는 것이다. 프로그램의 조직과 구조는 지역 특성과 연결망을 고려하여 결정되고, 필요에 따라 프로그램을 개발하고 운영해야 한다.

셋째, 유관 기관과의 협력적 관계에서 학생을 지원하는 것이다. "학교 거부학생을 위한 제2의 기회" 프로그램의 목적인 학교에 재적응하기를 성취하기 위해서는 조정 기관, 학교, 다양한 협력 기관들이 밀접한 연결망을 구성하는 것이 전제되어야 한다. 학교, 청소년국, 경찰, 동호회, 청소년사업단체 등과의 밀접한 협력 작업이 아동·청소년의 학교 재적응을 위해서 의미가 있다. 협력 기관들과의 성공적인 공동 작업을 위해서는 정기적인 논의, 학생의 발달 전망에 대한 단일화된 공동의 계획, 공동 작업에 대한 합의를 규정화하고 실행해야 한다.

넷째, 부모 및 교사, 전문가와의 협력에서 학생을 지원하는 것이다. 부모의 참여는 청소년과 학생에 대한 태도와 견해를 바꿀 수 있기 때문에 성공적이고 지속적인 학생의 재적응은 부모들이 얼마나 책임을 갖고 동반자로서 신뢰하면서 참여할 수 있는 관계를 구축했느냐에 달려 있다.

이러한 과제와 관련하여 뉘른베르크시의 조정 기관 사례 관리자의 구체적인 업무는 다음과 같다.[31]

- 포괄적 진단
- 학생이 극복할 수 있는 학교 상황 생산
- 교사, 학생, 부모와의 개인적인 면담
- 바람에 따른 지원
- 결손 메우기-촉진수업
- 성공 체험 가능하게 하기
- 학업 전망과 직업적 전망 계속 발전시키기
- 하루 생활 구조 변경하기
- 실습 중재하기

- 학습 테크닉 중재하기
- 작업 재료 자유롭게 사용할 수 있게 하기
- 부모의 교육 능력 촉진하기
- 학교에 다시 돌아갔을 때 수업에 정기적으로 참여하는 것 준비하기

　2013년에 발간된 『'학교거부학생을 위한 제2의 기회' 평가보고서
BMFSFJ, 2013』[32]에 따르면 2007년부터 2012년까지 사례 관리를 받은 학
생은 5~9학년이 97.2%로 나타났고, 특히 7~8학년이 59.3%로 가장 많
았다. 여학생이 38.7%, 남학생이 61.3%, 이주배경을 가진 학생이 40.5%
였다. 이들의 평균연령은 14.5세였으며, 12~17세가 97.5%, 13~16세가
83.7%를 차지하였다. 학교별로는 하우프트슐레 학생이 45.8%로 가장
많았고, 하우프트슐레와 레알슐레가 합쳐진 형태의 학교(종합학교 포함)
학생이 22.7%, 레알슐레 학생이 10.7%, 김나지움 학생이 0.5%인 것으로
나타났다. 사례 관리를 받기 전 학생의 학교거부 태도를 3개의 유형으
로 구분하여 살펴본 결과 ① '양해를 구하거나 구하지 않은 결석'의 태
도는 '매우 그렇다' 43%, '그렇다' 11.9%, ② '수업을 적극적으로 방해하
거나 교사에 대한 공격적 태도'는 '매우 그렇다' 31.3%, '그렇다' 13.4%,
③ '수업에 수동적이고 무관심하거나 함께 하는 것 거부' 태도는 '매우
그렇다' 51.8%, '그렇다' 19.0%로 나타났다. 3개의 모든 유형에 겹쳐서 최
소한 '그렇다'라는 응답이 23.1%, 2개의 유형에 겹쳐서 '그렇다'라는 응
답이 41.9%, 하나의 유형에서만 '그렇다'라는 응답은 30.3%인 것으로
분석되었다.
　사례 관리 대상자의 60.9%에게서 학교거부의 원인이 가정에서 기인
하는 것으로 나타났다. 가정적인 요인으로 영향을 많이 미치는 것은 가
정 갈등(37.3%), 한 부모(33.8%), 적은 소득(25%)인 것으로 나타났다. 부

모의 교육역량과 관련해서는 적극적인 촉진을 하지 않는 부모(63.3%), 적합한 감독을 하지 않는 부모(39.3%), 감정적 안정감을 제공하지 않는 부모(29.9%), 교육에서 폭력을 동반하는 부모(17.5%)가 영향을 미치는 것으로 나타났다.

이 프로그램의 효과에 대한 분석은 사례 관리를 마친 학생의 75.6%가 복교에 성공한 것으로, 학교적응 상태로 보아 그중 66.7%가 졸업을 할 것으로 추정하였다. 프로그램의 성과와 관련해서는 다른 연구의 결과를 참조할 수 있다. 하노버의 한 조정 기관Kinder- und Jugendheim Waldhof이 2006년 10월부터 2013년 3월까지 이 기관의 프로그램에 참여하였던 186명의 학생[33]을 대상으로 효과를 분석하였는데, 그 결과에 의하면 이사를 가거나 파악할 수 없는 경우(6%)를 제외하고 83%가 정규학교로 복교한 것으로 나타났다.

바덴뷔르템베르크주의 "협력학년(Kooperationsklasse)"

협력학년은 두 학교 간의 협력을 통해 교육과정을 구성하고 두 학교의 인력이 공동으로 참여하여 교육과정을 운영하는 형태로 주마다 다양한 유형의 학교 간에 이루어지는 협력 형태가 존재한다. 여기에서는 바덴뷔르템베르크주에서 실시하고 있는 하우프트슐레와 직업학교 Berufliche Schule 간의 협력학년Kooperationsklasse Hauptschule-Berufsschule 모델을 소개한다.

바덴뷔르템베르크주 문화부의 '하우프트슐레와 직업학교의 협력학년에 관한 법령Verordnung des Kultusministeriums über die Ausbildung und Prüfung in den Kooperationsklassen Hauptschule-Berufliche Schule, Kooperationsklassen VO vom 2008'은 "하우프트슐레의 졸업이 어려운 학생은 8학년을 마치고 하우프트슐레와 직업학교에 설치된 협력학년을

다닐 수 있다"(제1조 제1항)고 규정하고 있다. 이 규정은 시간이 지나
긴 했으나 여전히 유효한 것으로 보인다. 왜냐하면 2012년 '학교법 규
정 변경을 위한 문화부 법령Verordnung des Kultusministeriums zur Änderung
schulrechtlicher Vorschriften'에서 8학년 이후의 협력학년에 대한 규정은
"손대지 않고" 유효하다고 명시하고 있고(제4조 제1항)[34], 2016년 개정된
학교법 규정들에서도 베르크레알슐레Werkrealschule와 관련된 제4조 제1
항에서 여전히 유효하기 때문이다.[35] 협력학년과 관련된 규정의 법적 근
거는 바덴뷔르템베르크주 학교법 제6조(베르크레알슐레[36], 하우프트슐
레) 제3항이다.

> 하우프트슐레 졸업이 어려운 학생을 위하여 8학년 이후
> 에 2년 기간의 교육과정이 운영될 수 있다. 이 교육과정에
> 는 베르크레알슐레Werkrealschule 9학년과 직업준비의 해
> Berufsvorbereitungsjahr가 결합되어 있다.

협력학년의 설립 목적은 하우프트슐레에 다니는 학생의 중도탈락을
방지하기 위하여 졸업이 어려운 학생이 하우프트슐레와 직업학교에 설
치된 협력학년 과정을 8학년을 마친 후에 이어서 다닐 수 있도록 하는
데 있다. 즉, 대상은 하우프트슐레에 적응하지 못하거나 졸업이 어렵다
고 판단되는 학생이다. 협력학년은 하우프트슐레에서 학습의 어려움을
겪고 있는 학생들에게 새로운 기회를 제공하고, 중도탈락으로 직업연마
의 기회를 갖지 못하거나 아직 의무교육에 해당되는 상급학교에 진학하
지 못하는 학생을 위하여 고안된 것이다. 이 과정을 마치게 되면 의무교
육을 충족시키고 동시에 하우프트슐레의 졸업장을 획득하게 된다. 협력
학년의 중점 과제는 가능한 한 산업체와의 밀접한 협력 관계에서 직업

연마능력을 개선하여 직업세계로의 진출 가능성을 높이는 데 있다.[37] 협력학년에 등록 절차는 보통 하우프트슐레의 학급담임이 8학년을 마친 학생을 '추천 → 부모가 협력학교 등록 신청 → 선발하는 과정'을 거친다. 학생 선발은 하우프트슐레의 교장이 직업학교 교장, 학생의 보호자의 의견을 수렴하여 결정한다. 학교에 따라서는 선발 과정에 하우프트슐레의 협력학년 담임교사, 직업학교의 전공부서의 장, 직업학교에 있는 협력학년의 담임교사가 참가하기도 한다.

협력학년에 등록된 학생은 2개의 학교에 번갈아 다니면서 2년 기간의 교육과정에 참여한다. 수업은 주 문화부에서 허가한 하우프트슐레와 직업준비의 해 교육·교수계획에 따르며, 두 학교의 교사들이 번갈아 가면서 담당한다. 바덴뷔르템베르크주의 엠멘딩엔Emmendingen 권역Kreis의 『직업학교 안내서 2013/2014Berufliche Schule. Schulwegweiser 2013/2014』에 소개된 협력학년의 내용은 다음과 같다.[38]

협력학년은 하우프트슐레, 베르크레알슐레와 직업학교 간에 운영되며, 9학년에는 하우프트슐레/베르크레알슐레에서 3일, 직업학교에서 2일 수업을 받는다. 이때 주당 6~10시간의 전공 영역 수업이 포함된다. 10학년에는 하우프트슐레/베르크레알슐레에서 2일, 직업학교에서 3일 수업을 받는다. 이때 12~16시간의 전공실습이 포함된다. 직업 영역(금속기술, 목공, 영양 및 가정경제, 건축기술, 경제 및 행정)은 상담을 통해 선택한다. 9학년 말에는 일터에서 현장실습이 시작되고, 10학년에는 현장실습이 장기간 및/혹은 블록으로 이루어진다. 이 과정에 등록할 수 있는 조건은 하우프트슐레나 베르크레알슐레에서 제공하는 교육과정을 마치기 어렵다고 예견되는 학생, 성적은 나쁘지만 동기가 있는 학생, 불충분한 독일어 능력을 가지고 있는 학생이다. 선발은 하우프트슐레, 베르크레알슐레가 직업학교와 학생보호자의 의견을 청취하고 결정한다.

2017/18학년도 프라이부르크 학교감독관청Staatliche Schulamt에서 Freiburg-Breisgau-Hochschwarzwald-Emmendingen권의 학교교육 안내를 위해 제작한 『Hilfekompass für Schulen』[39]에 따르면, 협력학년은 두 개의 모형이 존재한다. 1) 하우프트슐레-직업준비의 해 Berufsvorbereitungsjahr, BVJ 협력 모형과 2) 촉진학교-직업준비의 해 협력 모형이 그것이다. 1) 협력 모형은 위에서 언급한 것처럼 하우프트슐레 졸업장 취득이 어려운 학생들이 직업세계로의 진출할 수 있는 가능성을 높게 하는 것이고, 2) 협력 모형은 촉진학교 학생들에게 직업세계로 진출할 수 있는 가능성을 높게 하는 것이다. 두 개의 협력 모형 모두 2년의 과정을 성공적으로 마치면 BVJ 졸업과 하우프트슐레 졸업에 상응하는 졸업이 인정된다. 바덴뷔르템베르크주 Schramberg직업학교[40]는 2) 협력 모형의 학교인데, 촉진 중점이 학습인 특수교육 및 상담센터 Sonderpädagogisches Bildungs-und Berantungszentrum-Lernen, SBBZ-L(구촉진학교)와 협력하여 협력학년을 제공한다. 독일어, 수학과 같은 교과교육은 SBBZ 교원이 담당하고 직업교육 및 실습은 직업학교 교원이 담당한다. 비용은 무료이다. 위에서 언급한 엠맨딩엔『직업학교 안내서 2019/2020』에도 두 개의 협력학년 모형이 제시되고 있다.[41]

협력학년 규정에 의하면 졸업시험은 서술시험, 실기시험, 프로젝트시험, 구두시험으로 구성되며, 시험에 합격하면 하우프트슐레의 졸업과 동등한 가치를 갖는 증명서를 수여한다. 합격한 학생은 협력학년에 계속해서 다닐 수가 없고, 불합격한 학생은 협력학년의 2년차 과정에 한 번 다시 다닐 수 있다. 중도에 그만두면 불합격으로 처리된다.[42] 협력학년의 장점으로는 일반학교에 적응하지 못하는 학생에게 새로운 기회를 준다는 것, 소규모, 단성, 소수 교육 인력으로 학급을 형성하여 친밀한 인간관계가 가능하다는 것, 정기적인 교외 활동과 실천적 활동을 실시한다는 것, 학습 장소를 직업학교로 변경함으로써 성인들과 함께 학습할 수 있는 기회를 갖게 되고 이를 통해 직업학교의 진지한 분위기가 학생들에게 자극을 주어 학습이 꼭 필요하다는 인식을 갖도록 하는 데 도움을 준다는 것, 관련 기관과의 협력적인 관계에서 학생의 성취수준에 맞게 직업교육 준비를 한다는 것을 들 수 있다.

시사점

우리나라 중등학교 학생들의 학교만족도는 그리 높지 않은 것으로 보고되고 있다. 『2016년 사회조사보고서(가족, 교육, 보건, 안전, 환경)』에 따르면 13세 이상 재학생의 52.3%, 15세 이상 재학생의 50.3%가 전반적인 학교생활에 만족하는 것으로 나타났다. 재학생 중 절반 정도의 학생만이 학교생활에 만족하고 있는 것이다. 학교생활에 대한 낮은 만족도는 학교부적응과 중도탈락으로 이어질 가능성이 높다. 이러한 문제를 인식하고 각 시도는 학교부적응 학생을 위한 대안교육 위탁기관(장기)을 지정하여 운영해 오고 있고, 개별 학생의 부적응 상태와 정도에 따라 맞춤형 프로그램을 3단계(Wee-class, Wee-school, Wee-center)에 걸쳐 제공하는 학교안전통합 시스템을 구축하였다. 2008년 도입된 Wee 프로젝트 사업이 학교에서의 상담체계 구축과 상담문화의 확산, 학업중도탈락률 감소, 학업에 대한 긍정적 태도 변화, 학업성취도 향상, 긍정적 대인관계 형성, 미래에 대한 비전과 진로계획 수립 등에 효과가 있는 것으로 보고되고 있다.[43]

학생들의 학교부적응 요인은 다양하며 개별적 특성에 따라 다양한 범위의 지원이 요구된다. 따라서 Wee 프로젝트가 개별 학생의 요구를 고려한 더욱 체계적인 지원을 위해서는 학교 밖의 활용 가능한 프로그램 및 자원에 대한 충분한 정보를 가지고 있는 프로그램 조정자와 같은 전문 인력의 보완이 요구된다. 즉, 학교부적응 학생을 맞춤형으로 지원하기 위해서는 지역 유관 기관과의 관계망 구축에서 한 걸음 더 나아가 유관 기관의 프로그램 및 특성을 파악하고, 성과와 문제점을 면밀하게 연구·검토하여 상호보완적 관계를 구축할 수 있는 전문 인력을 배치할 필요가 있다. 독일의 사례에서 사례 관리자(coordinator 혹은 case manager)는 그를 위한 좋은 참고가 될 수 있다.

또한 독일의 사례에서 협력학교 모델은 위탁형 대안학교와 특성화고등학교와의 협력 관계에서 고려될 수 있다. 특성화고등학교와의 협력 관계는 위탁형 대안학교의 학생들이 자신의 진로와 특기 및 적성에 맞는 특성화고등학교 교육과정에 참여할 수 있는 기회를 제공하는 것이다. 이러한 협력적인 수업 운영은 위탁기관 학생들의 소외감과 고립감을 해소할 수 있고 원적 학교로의 복귀를 도울 수 있는 징검다리 역할을 할 수 있을 것으로 보인다.

그러나 무엇보다 고려되어야 할 것은 학교가 교육 공간이어야 한다는 점이다. 한국의 학생들이 국제학업성취도비교연구PISA에서 우수한 성적을 내고 있으면서도 지나치게 경쟁적인 학교문화로 무력감과 피로감을 느낀다는 분석 결과들은 학교부적응 학생에 대한 개별 지원도 중요하지만, 예방적 차원에서 학교문화의 쇄신이 동반되어야 함을 시사한다.

| 주석 |

1. Goethe, F.(2012), Zum Ausmaß des Schulschwänzens-Eine Darstellung der neueren empirischen Untersuchungen und ihren Methoden. In: Barth, G., & Henseler, J.(Hrsg.)(2012), *Jugendliche in Krisen. Über den pädagogischen Umgang mit Schulverweigerern.* Nürnberg: Schneider Verlag Hohengehren, 65; Dunkake, I., Wagner, M., Weiss, B., Frings, R., & Weiß brodt, Th.(2012), Schulverweigerung: Soziologische Analysen zum abweichenden Verhalten von Jugendlichen. In: Barth, G., & Henseler, J.(Hrsg.)(2012), *Jugendliche in Krisen. Über den pädagogischen Umgang mit Schulverweigerern.* Nürnberg: Schneider Verlag Hohengehren, 23.

2. Schulschwänzen은 학자에 따라 학교에 등교하지 않는 무단결석에 제한하거나 혹은 특정한 수업시간에 불참하는 것도 포괄하는 의미로 사용됨.

3. Radamacker, H.(2006), Verweigerung oder Ausgrenzung? Schulver säumnisse, öffentliche Schule und das Recht auf Bildung für alle: In: Gentner, C., & Mertens, M.(Hrsg.)(2006), *Null Bock auf Schule?* Münster: Waxmann Verlag GmbH, 19; Mau, I., Messer, S., & von Schemm, K.(2007), Schulabsentismus-ein neuer Blick auf ein altes Phänomen. *Neue Kriminalpolitik 4/2007,* 122; Gentner, C.(2006), Was leisten Produktions schulen für Schulverweigerer. Aus einem Modellprojekt an der Kasseler Produktionsschule BuntStift. In: Gentner, C., & Mertens, M.(Hrsg.)(2006), *Null Bock auf Schule?* Münster: Waxmann Verlag, 213; Dunkake, I., Wagner, M., Weiss, B., Frings, R., & Weiß brodt, Th.(2012), Schulverweigerung: Soziologische Analysen zum abweichenden Verhalten von Jugendlichen. In: Barth, G., & Henseler, J.(Hrsg.)(2012), *Jugendliche in Krisen. Über den pädagogischen Umgang mit Schulverweigerern.* Nürnberg: Schneider Verlag Hohengehren, 24 참조.

4. Ricking, H.(2003), *Schulabsentismus als Forschungsgegenstand(E-Version).* Oldenburg: BIS Verlag.

5. Barth, G.(2012), Schulverweigerung aus soziologischer Perspektive. In: Barth, G., & Henseler, J.(Hrsg.)(2012), *Jugendliche in Krisen. Über den pädagogischen Umgang mit Schulverweigerern.* Nürnberg: Schneider Verlag Hohengehren, 115.

6. Ricking, H., Schulze, G., & Wittrock, M.(2009), Schulabsentismus und Dropout. Strukturen eines Forschungsfeldes. In: Ricking, H., Schulze, G., & Wittrock, M.(Hrsg.)(2009), *Schulabsentismus und Dropout*. Paderborn: Verlag Ferdinand Schöningh, 14.

7. 이 시기에 Schulabsentismus 개념에 대한 체계화 시도로 언급되는 논문은 Ricking, H., & Neukäter, H.(1997), Schulabsentismus als Forschungsgegen stand. Heilpaedagogische Forschung XXⅢ(2), 50-70으로 Schulabsentismus 를 국제적인 논의로부터 수용하여 학생이 학교로부터 멀어지는 현상을 표현하는 집합개념(Sammelbegriff)으로 사용하였다.

8. Ricking, H.(2003), *Schulabsentismus als Forschungsgegenstand(E-Version)*, 55.

9. Ricking, H.(2003), *Schulabsentismus als Forschungsgegenstand(E-Version)*, 77-80.

10. Schulordnung für schulartübergreifende Regelungen an Schulen in Bayern (Bayerische Schulordnung-BaySchO) vom 1. Juli 2016, 제20조 참조.

11. Ricking, H.(2003), *Schulabsentismus als Forschungsgegenstand(E-Version)*, 92-93.

12. Ricking, H.(2003), *Schulabsentismus als Forschungsgegenstand(E-Version)*, 93.

13. Ricking, H.(2003), *Schulabsentismus als Forschungsgegenstand(E-Version)*, 11.

14. Ricking, H., Schulze, G., & Wittrock, M.(2009), Schulabsentismus und Dropout. Strukturen eines Forschungsfeldes, 14.

15. Ricking, H.(2003), *Schulabsentismus als Forschungsgegenstand(E-Version)*, 69.

16. Schreiber-Kittle, M., & Schröpfer, H.(2002), *Abgeschrieben?-Ergebnisse einer empirischen Untersuchung über Schulverweigerer*-München: Verlag Deutsches Jugendinstitut, 37.

17. Schulze, G.(2009), Die Feldtheorie als Erklärungs-und Handlungsansatz bei unterrichtsmeidendem Verhalten. In: Ricking, H., Schulze, G., & Wittrock, M.(Hrsg.)(2009), *Schulabsentismus und Dropout*. Paderborn: Verlag Ferdinand Schöningh, 137 이하.

18. Rat für Kriminalitätverhütung in Schleswig-Holstein(Hrsg.)(2007), *Konzept gegen Schulabsentismus*. Kiel, 12.

19. Gentner, C.(2006), Was leisten Produktionsschulen für Schulverweigerer.

Aus einem Modellprojekt an der Kasseler Produktonsschule BuntStift, 214; Wagner, M.(2009), Soziologische Befunde zum Schulabsentismus und Handlungskonzeptionen. In: Ricking, H., Schulze, G., & Wittrock, M.(Hrsg.) (2009), *Schulabsentismus und Dropout.* Paderborn: Verlag Ferdinand Schöningh, 123; Hillenbrand, K.(2009), Schulbasierte Prävention von Schulabsentismus und Dropout. In: Ricking, H., Schulze, G., & Wittrock, M.(Hrsg.)(2009), *Schulabsentismus und Dropout.* Paderborn: Verlag Ferdinand Schöningh, 174; Radamacker, H.(2006), Verweigerung oder Ausgrenzung? Schulversäumnisse, öffentliche Schule und das Recht auf Bildung für alle, 24; Goethe, F.(2012), Zum Ausmaß des Schulschwänzens-Eine Darstellung der neueren empirischen Untersuchungen und ihren Methoden, 65; Landkreis Osnabrück Maß Arbeit kAöR(2012), Projekt Prompt. Schulabsentismus im Landkreis Osnabrück: Annährung aus unterschiedlichen Perspektiven. Abschluß bericht.

20. Goethe, F.(2012), Zum Ausmaß des Schulschwänzens-Eine Darstellung der neueren empirischen Untersuchungen und ihren Methoden, 65.

21. Statistisches Bundesamt에서 발간하는 Jahrbuch의 Bildung 부분 데이터를 정리함.

22. Gaupp, N., & Hofmann-Lun, I.(2012), Wie bewältigen Hauptschüler ihr letztes Schulbesuchsjahr? In: Barth, G., & Henseler, J.(Hg.)(2012), *Jugendliche in Krisen. Über den pädagogischen Umgang mit Schulver weigerern.* Nürnberg: Schneider Verlag Hohengehren, 11.

23. 이 책 9장, 16장 참조.

24. Statistisches Bundesamt(2018), *Schulen auf einen Blick.*

25. Rat für Kriminalitätverhütung in Schleswig-Holstein(2011), *Konzept gegen Schulabsentismus. Evaluation.*

26. Ricking, H.(2006), *Wenn Schüler dem Unterricht fernbleiben-Schulabsentismus als pädagogische Herausforderung.* Bad Heilbrunn: Klinkhardt; Wagner, M.(2007), Schulschwänzen und Schulverweigerung: Ergebnisse und Defizite der Forwschung. In: Wagner, M.(Hrsg.)(2007), *Schulabsentismus. Soziologische Analyse zum Einfluss von Familien, Schule und Freundkreis.* Weinheim: Juventa; Ricking, H., Schulze, G., & Wittrock, M.(2009), Schulabsentismus und Dropout. Strukturen eines Forschungsfeldes. In: Ricking, H., Schulze, G., & Wittrock, M.(Hrsg.)(2009), *Schulabsentismus und Dropout.* Paderborn: Verlag Ferdinand Schöningh;

Mau, I., Messer, S., & von Schemm, K.(2007), Schulabsentismus-ein neuer Blick auf ein altes Phänomen; Baier, D., Pfeiffer, Ch., Windzio, M., & Rabold, S.(2005), *Schülerbefragung 2005: Gewalterfahrung, Schulabsentismus und Medienkonsum von Kindern und Jugendlichen;* Rat für Kriminalitätverhütung in Schleswig-Holstein(2007), Konzept gegen Schulabsentismus; Barth, G., & Henseler, J.(Hg.)(2012), *Jugendliche in Krisen. Über den pädagogischen Umgang mit Schulverweigerern.* Nürnberg: Schneider Verlag Hohengehren.

27. Schreiber-Kittle, M., & Schröpfer, H.(2002), *Abgeschrieben?-Ergebnisse einer empirischen Untersuchung über Schulverweigerer-*, 115.

28. 정기섭(2016), 독일의 학교부적응 학생을 위한 지원 사례 및 시사점, 교육의 이론과 실천, 21(3), 86.

29. Ricking, H.(2003), *Schulabsentismus als Forschungsgegenstand(E-Version)* 참조.

30. Bundesministerium für Familie, Senioren, Frauen und Jugend(BMFSFJ) (2008), Förderrichtlinien zur Förderung der Initiative "Jugend und Chance-Integrations fördern" gefördert aus Mitteln des Europäischen Sozialfonds;Handbuch für Koordinierungsstellen.

31. Amt für Kinder, Jugendliche und Familien-Jugendamt der Stadt Nürnberg(2008), Sachverhalt. Europäischer Sozialfonds: Modellprogramm "Schulverweigerung-Die 2.Chance" Die Nürnberger Koordinierungsstelle.

32. Bundesministerium für Familie, Senioren, Frauen und Jugend(BMFSFJ) (2013), *Abschlussbericht der Evaluation des ESF-Programms "Schulver weigerung-Die 2. Chance".*

33. 남학생 57%, 여학생 43%, 이주배경을 가진 학생 24%.

34. Verordnung des Kultusministeriums zur Änderung schulrechtlicher Vorschriften vom 11. April 2012.

35. Verordnung des Kultusministeriums zur Änderung schulrechtlicher Vorschriften vom 19. April 2016.

36. 베르크레알슐레는 2010/2011학기에 기존의 김나지움, 레알슐레, 하우프트슐레 이외의 새로운 학교 형태도 도입되었다. 수업은 6년 과정으로 주로 졸업 후에 심화된 직업교육을 준비하는 취지로 설립되었다. 이 학교에서는 교육과정 이수에 따라 하우프트슐레 졸업장과 레알슐레에 해당되는 졸업장을 받는다. 진로지도를 위해 7학년 때 학생의 역량 진단을 실시하고 있다. 이 외에도 한 학교에서 세 갈래 학교 진로가 가능한 공동체학교(Gemeinschaftsschule)가 2012/2013학기에

도입되었다.

37. Verordnung des Kultusministeriums über die Ausbildung und Prüfung in Kooperationsklassen Hauptschule-Berufliche Schule(Kooperationsklassen VO) vom 28. Mai 2008.

38. 정기섭(2016), 독일의 학교부적응 학생을 위한 지원 사례 및 시사점, 교육의 이론과 실천, 21(3), 91 이하.

39. Staatliches Schulamt Freiburg(2018), *HilfeKompass für Schulen. Schuljahr 2017/2018.*

40. https://www.bs-schramberg.de/angebot/was-bieten-wir/vab/bve/kooperationsklasse-vabkf.html

41. https://www.emmendingen.de/fileadmin/Dateien/Dateien/Schulen/Schulwegweiser_2019-2020_01.pdf

42. Verordnung des Kultusministeriums über die Ausbildung und Prüfung in Kooperationsklassen Hauptschule-Berufliche Schule(Kooperationsklassen VO) vom 28. Mai 2008.

43. 김소용·김지은(2014), 학교안전망 구축사업(Wee Project)의 효과분석, 정책분석평가회보 24(1), 115-133; 손재환 외(2013), 청소년들의 Wee 스쿨 참여경험에 대한 현상학적 분석, 한국교육, 40(4), 5-34; 김인규(2013), Wee 프로젝트 발전방안 연구, 교육종합연구, 11(1), 137-156; 한길자·손진희(2011), 청소년이 지각한 Wee 스쿨 도움 요인, 인간이해, 32(2), 53-70.

제10 장

대학에는
어떻게 입학하나?

대학에 입학하기 위해서는 일반적으로 김나지움 상급반에 진학하여, 주문화부장관협의회가 합의한 김나지움 상급 단계 교육과정을 이수하고, 대학입학자격 시험(Abiturprüfung)에 합격해야 한다. 대학입학자격 시험 교과와 시험 방식의 기본 사항은 주문화부장관협의회의 합의에 따르고, 일반 사항은 주에서 정한다. 대학입학자격 취득 점수의 만점은 900점이며, 김나지움 상급 단계 4학기 교과 성적(600점)+대학입학자격 시험(300점)이다. 총점으로 최소 300점(교과 성적 200점, 대학입학자격 시험 100점)은 획득해야 대학진학자격이 주어진다.

학업성취기준과 평가

학업성취기준

통일적인 학업성취기준(Bildungsstandards)의 도입

주문화부장관협의회KMK는 1997년 10월 콘스탄츠에서 독일 연방공화국 내에서 학교교육의 균형과 교육제도의 원활한 연계를 위하여 주를 초월해서 일반학교의 선택된 학년 학생을 대상으로 정기적인 학업성취도 비교 연구를 수행하기로 합의하였다. 우선적인 대상은 3개의 학교 유형으로 갈라지는 중등교육 Ⅰ단계였다. 그 배경에는 1995년 처음으로 참가한 TIMSSTrends in International Mathematics and Science Study(수학 과학 학업성취도 국제비교 연구)에서 학업성취와 관련하여 독일 학교교육제도의 문제점이 드러난 데 있다. 46개국 15,000개 학교 500,000명을 대상으로 3개의 연령대(초등 단계, 중등교육 Ⅰ단계, 중등교육 Ⅱ단계)에 걸쳐 실시된 TIMSS에 독일은 중등교육 Ⅰ단계(TIMSS/Ⅱ)에 7, 8학년생 7,000명, 그리고 중등교육 Ⅱ단계(TIMSS/Ⅲ)에 김나지움 상급 단계 학생 3,928명, 직업교육과정 학생 1,417명이 참가하였다. 결과는 독일 학생들의 역량 수준이 중간 정도인 것으로 확인되었고, 유럽의 참가국들보다 낮은 것으로 나타났다. 그리고 역량수준의 차이는 총 학교 수업시간의 차이에 의한 것으로 분석되었다.[1]

KMK 콘스탄츠 회의에서는 이러한 TIMSS의 결과를 토대로 학교교육의 질을 안정적으로 유지하기 위하여 각 주들이 평가를 위한 도구를 개발하고 실행하는 것이 필요하다는 인식을 공유하였다. 그를 위해 일반학교의 선택된 학년 학생들을 대상으로 학습 및 학업성취 정도를 비교할 수 있는 정기적인 연구를 수행하자는 데 합의하였다. 그리고 비교연구는 우선적으로 학생들이 사회적, 경제적, 문화적, 정치적 삶에 참여할 수 있는 기본 역량의 발달 정도에 초점을 맞추기로 하고, 모국어 역량, 수학적 역량, 자연과학-기술역량, 외국어 역량을 위한 '중간단계 학교 졸업을 위한 학업성취기준Standards für den mittleren Schulabschluss'을 마련하는 것을 고려하기로 하였다.[2]

그로부터 몇 해 지나지 않아 발표된 학업성취도 국제비교연구PISA 2000 결과는 독일 국민을 충격에 빠트렸다. PISA 결과가 발표된 이후 독일의 교육문제를 진단하고 원인을 분석하는 연구들을 통해 드러난 독일 교육의 두드러진 문제 중의 하나는 주들 간(지역 간)의 학업성취도 격차가 심하다는 것이었다. 몇몇 주는 상위권의 국가와 비교해도 손색이 없는 반면, 몇몇 주는 참가국 평균에도 미치지 못하는 참담한 성적을 받은 것이다.

이러한 불만족스러운 결과는 독일 교육 시스템에 대한 이전에 경험하지 못했던 강력한 논쟁을 불러일으켰고, 특히 주된 논쟁의 대상은 중등교육 I단계와 II단계였다. 이에 대한 반응으로 KMK는 독일 전역에 통용되는 학업성취기준을 도입하기로 합의하였다. 2003년에는 중간단계 학교(일반적인 경우 레알슐레에 해당됨) 졸업을 위한 독일어, 수학, 제1외국어의 학업성취기준에 합의하였고, 2004년에는 하우프트슐레 졸업을 위한 독일어, 수학, 제1외국어와 초등학교의 독일어, 수학의 학업성취기준에 합의하였다. 그리고 중간단계 학교 졸업을 위한 자연과학 교과인 생물, 화학, 물리의 학업성취기준에 합의하였다. 2012년에는 독일어, 수학, 제1외국어(영어, 프랑스어)의 일반대학입학자격을 위한 학업성취기준에 합의하였다.[3] 실제적인 도입은 2004/05학년도부터 단계적으로 이루어졌다. 학업성취기준은 주요 교과에 한하여 도입되었으며 학생이 학교교육의 특정한 단계에서 습득해야 하는 역량을 제시하고 있다.

독일 학교교육의 근본적인 전환은 TIMSS와 PISA의 결과로 인하여 촉발되었고, 학업성취기준은 학생들이 학교에 다니는 동안 특정 단계(학년)에서 습득해야 하는 역량으로 학교교육 질 관리의 핵심적인 요소라고 할 수 있다. 학업성취기준의 기능은 첫째, 학교가 교육의 중점적인 방향을 역량 모델에서 제시하고 있는 목표에 맞출 수 있다는 것이다. 주정부는 핵심 교육과정을 제시하고 학교는 내용과 수준을 학교의 특성에 맞게 구체화할 수 있다. 둘째, 학업성취기준을 토대로 학업의 결과가 파악되고 문제가 진단된다는 것이다. 즉, 도달하려고 하는 역량을 학생들이 실제로 습득하였는지를 확인하고, 학교가 무엇을 보완적으로 지원해야 하는지를 분석할 수 있다는 것이다. 학업성취기준은 역량 영역들로 제시되어 있고, 이를 구체화하는 것은 학교의 의무이다. 학교는 학업성취기준의 틀에서 학교에 맞는 교육과정을 결정할 수 있다.

KMK 학업성취기준의 예(일반대학 입학자격을 위한 '독일어' 교과)[4]

학업성취기준은 다음과 같은 복잡한 방식으로 서로 맞물려 있는 5개의 역량 영역으로 나뉜다.

- 말하기와 듣기

- 쓰기
- 읽기
- 텍스트 및 매체와 논쟁하기
- 언어와 언어 사용을 성찰하기

말하기와 듣기, 쓰기, 읽기 역량 영역에서는 생산적인 역량뿐만 아니라 수용적인 역량도 명시된다. 이러한 과정과 관련된 역량들은 교과와 관련해서뿐만 아니라 교과를 초월해서 중요하다. 이 역량들은 중간단계 학교 졸업을 위하여 확정된 역량들과 연결되어 있고, 김나지움 상급 단계의 학문을 위한 예비교육의 의미에서 질적으로 계속해서 발전된다. 텍스트 및 매체와 논쟁하기, 언어와 언어 사용을 성찰하기 역량 영역은 교과와 관계하는 특수한 영역이며, 이 영역 내에서 과정 관련 역량들이 의무적으로 구체화된다.

학업성취기준

교과 관련 특수 역량 영역 (기초 수준)	과정 관련 역량 영역들	교과 관련 특수 역량 영역 (상급 수준)
텍스트 및 매체와 논쟁하기	말하기와 듣기	언어와 언어 사용 성찰하기
	쓰기	
	읽기	

KMK 학업성취기준을 토대로 발전시킨 헤센주의 핵심 교육과정
(김나지움 상급 단계 독일어)[5]

교과를 초월하는 역량들: ① 사회 역량, ② 인격적 역량, ③ 언어 역량, ④ 학문 입문 역량, ⑤ 자기규제 역량, ⑥ 참여, ⑦ 가치를 의식하는 태도, ⑧ 상호문화 역량

교과와 관련된 그리고 교과를 초월하는 이러한 역량의 습득은 '민주주의와 참여/시민사회에의 참여', '지속가능성/글로벌 연관성에서의 학습', '매체화된 세계에서 자기가 결정하는 삶'을 목표로 한다.

헤센주 독일어 교과 핵심 교육과정 역량 영역

교과 관련 특수 역량 영역	과정 관련 역량 영역들	교과 관련 특수 역량 영역 (상급 수준)
텍스트 및 매체와 논쟁하기	말하기와 듣기	언어와 언어 사용 성찰하기
	쓰기	
	읽기	

'텍스트 및 매체와 논쟁하기'에서 학습자는 전문지식을 성찰적으로 사용하여 다양한 매체 형태의 문학적이고 실용적인 텍스트를 파악한다.

문학적인 텍스트를 논쟁적으로 파악한다.
- **기초 수준(기초 코스와 성취 코스)** TM1-TM11(학습자는 ~할 수 있다로 서술된 학습 목표: 숫자가 클수록 생산적인 능력을 요구함)
- **상급 수준(성취 코스)** TM12-TM15

실용적인 텍스트를 논쟁적으로 파악한다.
- **기초 수준(기초 코스와 성취 코스)** TM16-TM24
- **상급 수준(성취 코스)** TM25-TM27

다양한 형태의 텍스트와 연극(공연) 연출을 논쟁적으로 파악한다.
- **기초 수준(기초 코스와 성취 코스)** TM28-TM31
- **상급 수준(성취 코스)** TM32-TM33

한 학기 코스의 주제와 주제 영역

●입문 단계(Einführungsphase: E)

E1 규범과 관점	
주제 영역	
E1.1	언어와 매체
E1.2	현대 서사문학
E1.3	관점들과 주장들
E1.4	글쓰기와 글쓰기 전략
E1.5	문법의 이해와 적용

의무: 주제 영역 1-3

E2 대립과 상호작용	
주제 영역	
E2.1	드라마와 연극(공연)
E2.2	청소년 문학운동과의 대화
E2.3	다양한 시대의 연애시
E2.4	읽기와 읽기 전략
E2.5	(자기)표현의 형식들

의무: 주제 영역 1-3

●자격 단계(Qualifikationsphase: Q)(기초 코스와 성취 코스)

Q1 허구와 현실	
주제 영역	
Q1.1	18/19세기의 변혁-1800년경과 19세기 초의 문학
Q1.2	언어, 매체, 현실
Q1.3	공상과 현실로서의 자연
Q1.4	낭만주의적 신기루
Q1.5	해방과 계몽

의무: 주제 영역 1과 2, 규정을 통해 3-5 중 1개를 확정하고 중점과 구체화가 지정될 수 있다.

Q2 정치-사회적 긴장 영역에서 언어와 문학

주제 영역

Q2.1	언어와 공공성
Q2.2	사회적 드라마와 정치적 연극(공연)
Q2.3	대립적인 문인들
Q2.4	실재주의에서 현실 묘사
Q2.5	여성상과 남성상

의무: 주제 영역 1과 2, 규정을 통해 3-5 중 1개를 확정하고 중점과 구체화가 지정될 수 있다.

Q3 전통과 실험, 위기와 새로운 시작 사이에서

주제 영역

Q3.1	주체성과 책임-인간학적 물음
Q3.2	19/20세기의 변혁-20세기 초의 문학적 현대
Q3.3	1945/1990 역사적 전환점 후의 새로운 시작
Q3.4	언어와 정체성-정체적 위기로서 언어위기
Q3.5	영화와 문학

의무: 주제 영역 1과 2, 규정을 통해 3-5 중 1개를 확정하고 중점과 구체화가 지정될 수 있다.

Q4 현대의 경향과 논쟁

주제 영역

Q4.1	오늘날의 문학적인 삶
Q4.2	토론에서의 현대 매체들
Q4.3	변화하는 의사소통
Q4.4	이주와 글로벌화의 맥락에서 문학
Q4.5	문학적 영향과 평가

의무: 1-5 중 2개의 주제 영역을 교사가 선택

학교교육 질 관리 연구소(IQB) 설립

KMK는 학업성취기준의 개발과 적용을 위하여 2004년 베를린 훔볼트 대학에 '학교교육 질 관리 연구소Institut zur Qualitätsentwicklung im Bildungswesen, IQB[6]'를 설치하였다. 이 연구소는 국책기관이 아니라 16

개 주정부가 회원이 되어 등록한 협회eingetragener Verein의 학문적 시설이다. 연구소의 주요 과제는 KMK의 위탁을 받아 독일 전역을 포괄하는 학업성취기준을 계속해서 발전시켜 나가는 것이다. 이를 위하여 연구소는 학업성취기준 진단도구를 개발하고 정기적으로 측정·비교·분석하여 각 주의 학교교육이 질적으로 향상될 수 있도록 학문적인 지원을 하고 있다. 특히, 초등학교 졸업반인 4학년과 중등교육과정 9학년(학교의무교육 최종학년)을 대상으로 주기적으로 학업성취기준 도달 여부를 측정하고 주들 간 비교 가능한 연구보고서를 발간하고 있다. 2009년에는 전국 1,500여 개 학교의 9학년 학생 4,000명을 대상으로 독일어와 제1외국어로서 영어 학업성취도 평가를, 2011년에는 전국 1,300개 초등학교 및 촉진학교 학생 2,700명 대상으로 독일어, 수학 학업성취도 평가를, 2012년에는 1,300개 학교 9학년 학생 대상으로 수학, 생물, 화학, 물리 학업성취도 평가를, 2015년에는 1,700개 학교 9학년 3,700명 학생 대상 독일어, 영어(주에 따라 프랑스어 추가) 2016년에는 1,500개 학교 4학년 학생 3,000명 대상 독일어, 수학 학업성취도 평가를 실시하였다.

또한 학업성취기준을 정착시키고 수업을 역량 중심으로 발전시키기 위하여 매년 전국의 3학년과 8학년 모두를 대상으로 주들 간의 비교연구Vergleichsarbeiten, VERA를 수행하고 있다. 연구의 목적은 개별 학교의 수업과 학교 발전을 지원하기 위해서이다. 이것은 2009년 KMK에서 교육 모니터링에 관한 합의에 의해 실행되는 것으로 2012년 3월 VERA의 계속발전에 대한 합의를 통해 더욱 강화되었다.

VERA는 학업성취기준을 학교에서 도입하는 것을 지원하고 수업을 역량 중심으로 계속발전시킬 수 있는 조언을 제공한다. VERA의 특징은 주들 간의 비교를 위하여 일반학교의 모든 학생들이 참여하여 전국적으로 시행되는 지필형태의 테스트이다. 이를 통해 주들 간의 결과를 비교하여 한 학교의 학생들이 어떤 역량을 습득하고 있는지를 확인할 수 있다. 비교를 위한 문제는 IQB의 관할하에 교사들이 출제하며, 이를 대학의 교과교수학자들이 검토하고 평가한다. 이 과정을 마치면 파일럿 테스트를 실시하여 문제점을 보완한다. 3학년(VERA-3)은 독일어와 수학, 8학년(VERA-8)은 독일어, 수학, 제1외국어가 대상이다. KMK의 합의에 의하면 모든 주는 최소한 1개의 교과에 의무적으로 참여해야 한다.

IQB는 최근 들어 학업성취기준을 고려한 공통적인 아비투어 문제풀을 구축하는 과제를 수행하고 있다. 2012년 KMK는 2017년 아비투어 시험에서 처음으로 공통 문제풀을 제공하기로 하였다. 아비투어 문제풀을 발전시키기 위한 코디네이터 역할을 IQB가 위탁받고, 각 주에서 문제풀 이용과 문제의 적용에 대한 평가를 수행하였다. 동시에 IQB는 주의 동의하에 아비투어 문제 모음집을 발행하였다.

평가

독일의 각 주정부는 교육과 관련된 사안에 대하여 KMK에서 합의한 틀 내에서 세부적인 규칙과 절차를 자신들의 권한 아래서 결정하고 시행한다. 그렇기 때문에 "학생의 학습 성과를 평가하는 데 있어서도 주별로 크고 작은 차이점들과 용어상의 혼선이 있다".[7] 학습 성과 평가에 관해서는 각 주의 학교법과 그를 토대로 한 관련 법령Verordnung에서 규정하고 있다. 평가에 관한 법령에는 평가체계, 평가방법, 성적표, 요구사항, 시험시간, 횟수, 숙제 등이 공식적으로 규정되어 있다. 학생평가는 김나지움 상급반 전까지 교과 학업성취도 평가 이외에 행동발달(주에 따라 학습 태도 및 사회적 태도, 일반적인 평가, 태도, 협업 등으로 표현됨)에 대한 평가가 함께 이루어진다. 바덴뷔르템베르크주의 법령에 의하면 행동발달평가는 학급과 학교공동체에서의 수업(활동) 태도(예: 성실, 주의력이 높음), 자주성(예: 자발성, 책임성), 협업(협조적, 공정) 등에서 이루어진다. '학습 성과'와 '행동발달'에 대한 평가는 모두 평점이 부여된다. '학습 성과'와 '행동발달' 평가 등급체계는 〈표 10-1〉과 같다.[8]

〈표 10-1〉'학습 성과' 평가 등급체계(바덴뷔르템베르크주의 평가법령)

평가	평점	의미
매우 잘했음	1	주어진 요구에 특별한 정도로 일치함
잘했음	2	주어진 요구에 충분히 일치함
만족스러움	3	주어진 요구에 대체로(전반적으로) 일치함
충분함	4	부족하긴 하지만 주어진 요구 수준에 대체로(전반적으로) 일치함
불충분함	5	주어진 요구에 일치하지 않지만, 그럼에도 불구하고 필수적인 지식(기본 지식)이 있고, 결함이 어느 정도 시간 내에 제거될 수 있음
매우 불충분함	6	요구 수준에 일치하지 않고 필수적인 지식(기본 지식)도 불완전해서 결함이 어느 정도 시간 내에 제거될 수 없음

〈표 10-2〉'행동발달' 평가 등급체계(바덴뷔르템베르크주의 평가법령)

평가	평점	의미
매우 잘했음	1	태도 내지는 협업이 특별하게 인정됨
잘했음	2	태도 내지는 협업이 부여된 기대에 일치함
만족스러움	3	태도 내지는 협업이 부여된 기대에 대체로 일치함
불만족스러움	4	태도 내지는 협업이 부여된 기대에 일치하지 못함

브란덴부르크Brandenburg주에서는 3학년에서 10년까지 다음과 같은 기준에 의하여 학습 및 사회적 태도Arbeits- und Sozialverhalten를 평가한다.[9] 평가의 법적 근거는 브란덴부르크주 학교법 제58조 제3항, 초등학교법령Grundschulverordnung 제11조 제6항, 중등교육 Ⅰ단계 법령Sek Ⅰ-Verordnung 제14조 제2항, 성적표 행정규정Verwaltungsvorschrift Zeugnisse에 두고 있다.

학습 태도(Arbeitsverhalten)

- 학습 및 성취 준비성
- 신뢰성과 신중함(면밀함)
- 지속성과 참을성
- 독자성

사회적 태도(Sozialverhalten)

- 책임감
- 협동 및 팀 능력
- 갈등해결능력 및 관용

평가는 4단계 평점으로 이루어진다.

1점 탁월하게hervorragend 나타남
2점 뚜렷하게deutlich 나타남
3점 부분적으로teilweise 나타남
4점 조금wenig 나타남

작센주의 초등학교규정Schulordnung Grundschule 제15조는 학생의 행실, 근면, 협력, 질서를 평가하고 점수를 부여하도록 규정하고 있다. 평가는 '매우 좋음(1)', '좋음(2)', '만족스러움(3)', '충분함(4)', '불충분함(5)'의 5단계로 이루어진다.

대학진학을 위한 교육과정 및 평가:
중등교육 II단계(김나지움 상급반)

중등교육 II단계

중등교육 단계에는 앞에서 살펴본 것처럼 외형적으로 네 갈래 학교 형태(하우프트슐레, 레알슐레, 김나지움, 종합학교/혼합형 학교)가 존재한다. 여기에서는 한국의 대학진학 준비과정에 해당되는 중등교육 II단계의 김나지움에 제한하여 살펴본다. 중등교육 단계는 초등학교 4년(베를린, 브란덴부르크는 6년) 이후 5~12학년 혹은 5~13학년에 해당되며, 중등교육 II단계의 김나지움은 10~12학년 혹은 11~13학년으로 대학입학자격시험을 준비하는 3년 과정의 김나지움 상급 단계이다. 상급 단계는 1년 기간의 입문 단계Einführungsphase와 2년 기간의 자격 단계 Qualifikationsphase로 구분된다. 김나지움 상급 단계에 관한 주문화부장관 합의는 1972년에 이루어졌으며, 이 단계는 학문에 입문하는 교육을 제공하고 대학에서 독자적으로 학업을 수행할 수 있는 능력을 기르는 데 목표를 두고 있다. 12학년 혹은 13학년이라고 표기하는 것은 김나지움이 8년제(G8)와 9년제(G9)가 있기 때문이다. G8의 입문 단계는 10학

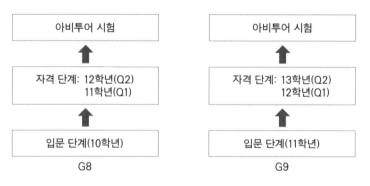

[그림 10-1] 김나지움 상급반 단계

년, 자격 단계는 11, 12학년이고 G9의 입문 단계는 11학년, 자격 단계는 12, 13학년이다. 입문 단계에서는 자격 단계에서의 교과목 선택을 준비하는 단계로서 이 단계에서는 교과별 기본 지식을 습득한다.

독일 통일 이후 구동독 주들은 서독의 학제를 수용하여 13학년 후에 대학입학자격시험Abitur(이하 아비투어)에 응시할 수 있도록 하거나(브란덴부르크 1992년, 작센안할트 1998년, 메클렌부르크포어포메른 2001년), 구동독에서처럼 12학년 후에 아비투어 시험에 응시할 수 있도록 하는 제도를 유지했다(작센, 튀링겐). 오히려 9년제 김나지움을 유지하고 있던 구서독의 주들이 격렬한 찬반 논쟁 끝에 2003년을 전후로 12학년을 마치고 아비투어 시험을 치르는 8년제 김나지움을 도입하였다(2012년 첫 졸업). 9년제 김나지움 재도입에 대한 요구가 거세지자 2013년부터 9년제 김나지움이 다시 도입되고 있으며, 몇몇 주에서는 9년제 김나지움으로 전환하고 있다. 2019년 현재 많은 주에서는 G8, G9를 병행하고 있다. 주에 따라 학생의 자유로운 선택에 맡기거나 학교의 유형에 따라 12학년 이후 혹은 13학년 이후에 대학에 진학하도록 하고 있다. 9년제로 전환하는 추세이면서도 김나지움 학업 기간 1년 단축(G8)에 대한 논쟁은 지금도 이어지고 있는데, 그 요지는 1년 단축이 학생에게 도움이 되는지 혹은 해가 되는지에 대한 견해차이다. 찬성하는 측에서는 노동 시장에 빠르게 진입할 수 있다는 점과 국제적인 경쟁력이 더 있다는 점을 내세우고 있고, 반대하는 측에서는 동일한 교육과정을 짧은 시간에 이수해야 하기 때문에 학생들의 학업 스트레스가 가중되고 시간적 여유가 없어 수업 활동이 다양한 형태로 충실하게 이루어지기 어렵고, 수업 이외의 다양한 활동을 할 수 있는 시간이 부족하다는 것을 내세운다. 이미 G8의 첫 졸업생이 배출되던 해인 2012년 바덴뷔르템베르크주는 9월부터 22개의 9년제 김나지움을 모델 학교를 운영하기 시작하였다.

중등교육 II단계의 교육과정

아비투어를 준비하는 과정인 중등교육 2단계의 김나지움 상급반 교과교육과정은 주문화부장관협의회의 〈중등교육 II단계 김나지움 상급단계 구성에 관한 합의〉를 토대로 편성된다. 〈합의〉에 의하면 김나지움 상급반 자격 단계의 학생들이 이수해야 할 교과들은 최소한 다음과 같은 과제 영역을 포함해야 한다.

- 언어-문학-예술 과제 영역: 독일어(4학기), 외국어(4학기)[10], 문학교과(2학기) 또는 예술교과(2학기)
- 사회과학 과제 영역: 역사(4학기) 또는 역사가 확실한 부분으로 수업이 되는 사회과학 교과(4학기). 역사가 확실한 부분으로 다루어지지 않는 사회과학 교과를 선택했다면 추가적으로 최소한 2학기 역사를 수강해야 한다.
- 수학-자연과학-기술 과제 영역: 수학(4학기), 자연과학 교과인 생물, 화학 또는 물리에서 한 과목(4학기)
- 스포츠(4학기)
- 주정부의 결정에 따라 종교론 또는 대체 과목

〈합의〉에 의하면 학생들은 높은 요구 수준의 교과를 2개에서 4개까지 수강해야 하고, 높은 요구 수준의 교과는 주당 4시간 편성된다. 그리고 높은 요구 수준의 교과 2개는 최소한 주당 5시간 편성된다. 독일어, 수학, 하나의 외국어 또는 하나의 자연과학 교과들 중에서 최소한 1개의 교과는 높은 요구 수준에서 수강해야 한다. 독일어, 수학, 외국어는 기본적인 요구 수준에서 주당 3 또는 4시간 수업, 그 외의 기본적인 요구 수준의 교과들은 주당 2 또는 3시간 수업한다. 입문 단계의 학생들은 2개의 외국어를 수강해야만 한다. 이것은 이전부터 수강해 오던 외국어 2개이거나 계속 수강해 오던 외국어 1개와 새롭게 시작하는 외국어 1개일 수 있다. 제2외국어를 최소한 4년 배우고 김나지움 상급 단계로 진학하는 학생은 입문 단계에서 요구되는 제2외국어를 수강하지 않을 수 있다. 입문 단계 이전에 제2외국어를 배우지 않은 학생은 김나지움 상급 단계에서 연간 12시간으로 편성된 제2외국어를 수강해야만 한다. 입문 단계에서 새로 시작하는 제2외국어는 기본 요구 수준이다. 자격 단계에서의 제2외국어는 2개 학기 성적이 아비투어 총점에 반영된다. 주정부는 최소한 2학기의 범위에서 자격 단계의 학생들이 자신의 선택에 의해 특별한 학습 성과를 달성할 수 있도록 규정할 수 있다. 특별한 학습 성과로는 주정부에서 장려하는 경진대회, 연간 아르바이트 또는 세미나 아르바이트, 교과를 포괄하는 프로젝트, 학교에서 추천하는 교과 영역에서의 실습 등을 예로 들 수 있다. 특별한 학습 성과는 세 개의 과제 영역 중 하나의 영역을 대체할 수 있다. 그에 대한 자세한 내용은 주정부에서 규정한다. 주정부는 이러한 내용들을 교육과정 편성에 반영해야 한다.

이러한 내용은 각 주정부에서 김나지움 상급 단계의 교목을 편성할 때 최소한 고려되어야 하는 것으로, 바덴뷔르템베르크주의 교과교육과정은 구체적으로 〈표 10-3〉과 같다.[11]

코스의 유형

- 자격 단계에서 제공되는 코스들은 주당 2시간 또는 4시간으로 편성한다.
- 외국어 코스는 일반적으로 4시간으로 편성한다.
- 다만 선택 영역에서 늦게 시작하는 외국어는 예외로 2~4시간으로

편성한다.
- 세미나 코스는 일반적으로 3시간으로 편성한다.

〈표 10-3〉 바덴뷔르템베르크주 김나지움 상급 단계의 자격 단계에서 의무교과와 선택교과

과제 영역	의무 영역	선택 영역
I 언어-문학-예술	독일어 늦어도 8학년에 시작한 외국어: 영어, 프랑스어, 라틴어, 그리스어, 러시아어, 스페인어, 이태리어, 포르투갈어, 중국어 음악, 시각예술	늦어도 입문 단계에서 노작 공동체로 시작하는 외국어: 프랑스어, 라틴어, 그리스어, 러시아어, 히브리어, 그리스어, 스페인어, 포르투갈어, 중국어, 일본어, 터키어 문학, 문학과 연극
II 사회과학	역사, 지리, 사회, 경제, 종교론/윤리	철학 심리학
III 수학-자연과학-기술	수학 생물, 화학, 물리 정보학	심화 수학 화법기하학 컴퓨터-알게브라-시스템을 활용한 문제 해결 천문학 정보학 지리학
과제 영역으로 분류되지 않음	스포츠	

핵심 교과
- 4학기 동안 주당 4시간으로 편성된 5개의 핵심 교과를 수강해야만 한다.
- 핵심 교과는 독일어, 수학, 외국어, 외국어 또는 자연과학(생물 또는 화학 또는 물리), 그리고 의무 영역에서 1개의 교과이다.
- 학생들은 주당 20시간의 핵심 교과(4시간×5개 교과)를 수강한다.

일반 교과
- 주당 최소한 20시간의 코스를 이수해야 한다.

- 다음 교과들은 4학기에 걸쳐서 수강해야 한다: 시각예술 또는 음악, 역사, 지리와 사회(각 2학기), 종교론 또는 윤리, 2개의 자연과학 (생물, 화학, 물리 중), 스포츠
- 핵심 교과인 경제를 수강하고 있다면, 사회는 첫 학기에만 그리고 지리는 3학기에만 수강할 수 있다.
- 학생들은 의무수강 이외에도 의무 영역과 선택 영역에서 교과를 선택할 수 있다.
- 학생들은 선택한 코스와 노작공동체에 정기적으로 참여할 의무가 있다.
- 최소한 한 학기에 평균적으로 최소 33시간 코스 또는 노작공동체에 참여한다.

학습 성과 평가

다음에서는 대학진학을 목표로 하는 김나지움 상급 단계의 교과 학습 성취 평가에 관한 규정을 노르트라인베스트팔렌주의 법령Verordnung über den Bildungsgang und die Abiturprüfung in der gymnasial Oberstufe[12]을 토대로 소개하기로 한다. 학습 성취 평가의 기본 원칙은 노르트라인베스트팔렌주 학교법 제48조에서 규정하고 있는데, 평가점수는 6단계로 부여된다. 김나지움 상급 단계 교과학습 성취 평가의 원칙은 다음과 같다(법령 제13조).

(1) 각 코스가 끝날 때마다 평가 영역 '클라우주어Klausuren'[13]와 '그 외의 협업'이 평가되며 코스 성적은 두 평가 영역의 점수를 동등하게 반영한 합으로 부여된다. 클라우주어가 없는 코스는 '그 외의 협업' 영역에서 획득한 점수가 최종 코스 성적이 된다.

(2) 학업성과의 평가는 지식, 능력, 숙련성의 범위와 서술 방식의 올바른 적용이 기준이 된다. 지필평가schriftliche Arbeiten에서는 독일어의 언어적 오류와 외적 형식의 오류가 고려된다.

(3) 교사는 코스가 시작될 때 요구되는 '클라우주어'와 '그 외의 협업' 영역에서 요구되는 성과를 안내할 의무가 있다. 코스의 중간에 그때까지의 성취정도를 알려 준다.

(4) 학생은 요구되는 성과를 특별한 사유 없이 이수하지 못하면, 추가적으로 이수할 수 있는 기회를 갖는다.

클라우주어와 프로젝트 평가 영역(제14조)

(1) 입문 단계에서는 독일어, 수학, 외국어 교과에서 학기마다 2개, 사회과학과 자연과학교과에서 학기마다 1~2개의 클라우주어를 작성해야 한다. 학생들은 다른 기초 코스 교과를 클라우주어 교과로 선택할 수 있다. 독일어와 수학에서 1개의 클라우주어는 주 전역에 걸쳐 통일적으로 부여된다.

(2) 자격 단계에서는 첫 3개 학기에 2개의 성취 코스 교과와 최소한 학생이 선택한 2개의 기초 코스 교과에서 각 2개의 클라우주어를 작성해야 한다. 클라우주어 교과들 중에는 아비투어교과인 독일어, 수학, 외국어, 경우에 따라서 입문 단계에서 새롭게 시작한 외국어 그리고 제11조 제5항에 맞게 선택한 의무교과가 포함되어야만 한다. 자격 단계의 마지막 학기에는 세 번째 아비투어 교과까지 클라우주어가 작성될 수 있다.

(3) 자격 단계에서는 학교에 따라 하나의 클라우주어가 교과 과제로 대체될 수 있다.

(4) 일반적으로 학생들은 일주일에 3개까지의 클라우주어를 작성할

수 있다. 클라우주어는 사전에 공지된다. 일반적으로 하루에 1개의 클라우주어만 작성한다. 클라우주어에 관해서는 그 외의 김나지움 상급 단계 지침과 교육계획에 따른다. 과제는 아비투어 시험에서 요구하는 것을 준비하는 것이어야만 한다.

(5) 클라우주어에 대한 점수부여와 논평 후에는 부모들이 알 수 있도록 학생들을 통해 집으로 전달하고 일주일 후에 돌려받는다.

(6) 프로젝트 코스가 끝날 때는 2학기에 해당되는 1년 점수가 부여된다. 여러 학생들이 참여하는 프로젝트에서는 개별적인 학생의 성취가 인식될 수 있어야만 한다.

평가 영역 '그 외의 협업'(제15조)

(1) 이 평가 영역에는 수업과의 연관성에서 보여 준 모든 지필, 구술, 실천적 성취들이 속한다. 클라우주어와 교과 작업, 그리고 프로젝트 코스에서의 문건은 제외된다.

(2) '그 외의 협업' 형태는 김나지움 상급 단계의 수업지침과 교수안에 따라 이루어진다.

평점과 점수(제16조)

(1) 학교법 제48조에 따라 평가된다.

(2) 자격 단계에서 획득한 코스 평점과 아비투어 시험에서 획득한 평점이 점수로 환산된다.

〈표 10-4〉 평점과 점수

평점(Note)	점수(Punk)	평가 정의
매주 잘했음	15-13점	요구에 특별한 정도로 부합함
잘했음	12-10점	요구에 충분히 부합함
만족스러움	9-7점	요구에 일반적으로 부합함
충분함	6-5점	부족하긴 하지만 전체적으로 요구에 부합함
어느 정도 충분함	4점	부족하고 요구에 제한적으로 부합함
불충분함	3-1점	요구에 부합하지 않음. 그럼에도 불구하고 필요한 기본 지식을 알고 있고 부족함이 예측되는 시기에 극복될 수 있음
매우 충분함	0점	요구에 부합하지 않음. 기초 지식도 예측되는 시기에 극복할 수 없을 정도로 허술함

특별한 학업성취(제17조)

(1) 특별한 학업성취는 4배의 가중치로 평가되며 최대 15점까지 가능하다. 여러 주에서 열린 어떤 경연대회에서 포괄적인 기여, 또는 프로젝트 코스의 결과물, 또는 폭넓은 교과 프로젝트의 결과물, 또는 교과를 넘어서는 프로젝트의 결과물이 해당될 수 있다.

(2) 특별한 학업성취를 제출할 의도가 있으면 늦어도 자격 단계 2년째 시작 시점에 학교로 제출하여야 한다. 교장은 교사들의 동의하에 제출된 업적을 특별한 학업성취로 인정할 것인지를 결정한다.

(3) 여럿이 협업한 경우에는 개별 학생의 성취가 인식될 수 있고 평가될 수 있어야 한다.

유급과 재시도(제19조)

자격 단계의 첫해에 성공적으로 학업을 수행할 수 없다면, 입문 단계로 내려갈 수 있다. 입문 단계의 2학기 말에 자격 단계에 재진입할 것인지를 결정할 수 있다.

학생 수업시간표

김나지움 학생이 의무적으로 수강해야 하는 2017/18학년도 총 주간 수업시수는 각 주별로 다음과 같다.[14] 여기에서 제시한 주당 수업시수는 해당 학년의 모든 학생이 의무적으로 이수해야 하는 기본 수업시간을 말한다.

〈표 10-5〉 김나지움 학생의 주정부별 주당 의무수업 시수

		BW	BY	BE	BB	HB	HH	HE		MV	NI	NW	RP	SL	SN	ST	SH	TH
김나지움	5-6		62	61 ~ 64	62		61	60+0 -5	57		59	69 ~ 66	60	60	63	60	63	55	62
	7-9 /10		98	97	98		102	100+ 0-5	122- 124	134	90 ~ 94	94 ~ 103	120/ 124/ 102	99	136	102 ~ 103	105	121	101
	중등 I	199	160	160	160	161	197	165/ 166	179/ 181	195	149 ~ 153	163	180/ 184/ 162	159	199	162 ~ 163	168	176	163
	10/11- 12/13	64	최소 100	최소 100	103 내지 100	103	68	일반적 100	일반적 100	70	102	102	96/ 103	101	70	최소 102	최소 97	최소 97	103
								G8	G9								G8	G9	

바덴뷔르템베르크주의 학교 유형별 2017/18학년도 주당 의무수업 시간은 〈표 10-6〉과 같다.[15]

〈표 10-6〉 바덴뷔르템베르크주의 학교 유형별 학생의 주당 의무수업 시수(2017/18)

	1학년	2학년	3학년	4학년	5학년	6학년	7학년	8학년	9학년	10학년	11학년	12학년	13학년
Gr		102											
H								188					
R								180/182					
G								199			32	32	
GS		102					189/195			31/32/33	32	32	

Gr: Grundschule 초등학교　　R: Realschule 레알슐레
H: Hauptschule 하우푸트슐레, 2010/11학년도부터 Werkrealschule und Hauptschule 도입
G: Gymnasium 김나지움　　GS: Integrierte Gesamtschule 통합형 종합학교

〈표 10-7〉 바덴뷔르템베르크주 김나지움 상급 단계의 자격 단계 학생 개인 시간표 예시

이름	JAN				HANNA				LEONE			
학기	1	2	3	4	1	2	3	4	1	2	3	4
핵심교과	독일어	독일어	독일어	독일어	독일어	독일어	독일어	독일어	독일어	독일어	독일어	독일어
	수학	수학	수학	수학	수학	수학	수학	수학	수학	수학	수학	수학
	영어	영어	영어	영어	라틴어	라틴어	라틴어	라틴어	프랑스어	프랑스어	프랑스어	프랑스어
	프랑스어	프랑스어	프랑스어	프랑스어	물리	물리	물리	물리	생물	생물	생물	생물
	지리	지리	지리	지리	경제	경제	경제	경제	스포츠	스포츠	스포츠	스포츠
시각예술 또는 음악	시각예술	시각예술	시각예술	시각예술	음악	음악	음악	음악	시각예술	시각예술	시각예술	시각예술
역사	역사	역사	역사	역사	역사	역사	역사	역사	역사	역사	역사	역사
지리와 사회과목 (호환)	사회			사회	사회		지리		사회	지리	지리	사회
종교론 또는 윤리	종교론	종교론	종교론	종교론	종교론	종교론	종교론	종교론	윤리	윤리	윤리	윤리
자연과학 생물	생물	생물	생물	생물	생물							
자연과학 화학	화학				화학	화학	화학	화학				
자연과학 물리	물리	물리	물리	물리					물리	물리	물리	물리
스포츠	스포츠	스포츠	스포츠	스포츠	스포츠	스포츠	스포츠	스포츠				
선택 영역	심리학	심리학							세미나 코스	세미나 코스		
	정보학	정보학	정보학	정보학					철학	철학		
노작 공동체					합창	합창						
학기당 시수	38	36	34	36	34	32	32	30	35	35	30	30
수강 코스 수	52				42				44			

대학입학자격시험 판정

 대학진학자격 취득에 반영되는 학습 성과는 김나지움 상급 단계의 자격 단계 2년 과정(Q1, Q2)의 평점 등급이다. 상급 단계에서 학습 성과 평가의 기본 사항은 주문화부장관협의회의 합의에 의한 규정에 따르고, 그 외의 사항은 주정부가 자율적으로 결정할 수 있다. 대학진학자격취득 점수는 상급 단계의 자격 단계에서의 특정 교과 성적과 아비투어 시험 성적을 2:1로 반영하여 산출한다. 대학입학자격 취득 점수의 만점은 900점이며, 4학기 교과 성적(Block I: 600점) + 아비투어(Block II: 300점)이다. 총점으로 최소 300점(Block I: 200점, Block II: 100점)은 획

〈표 10-8〉 자격 단계의 평가점수 체계

등급	평가	점수
+	매우 좋음	15
1		14
-		13
+	좋음	12
2		11
-		10
+	만족스러움	9
3		8
-		7
+	충분함	6
4		5
-	약하게 충분함	4
+	불충분함	3
5		2
-		1
6	매우 불충분함	0

득해야 대학진학자격이 주어진다. 상급 단계의 자격 단계에서 취득한 6단계 등급은 〈표 10-8〉과 같은 점수체계에 의하여 변환되어 총 점수에 반영된다.[16]

아비투어 성적에 합산되는 Block I에 해당되는 자격 단계의 점수 산출 방법은 다음과 같다.

한 학기 한 개의 과목에 대한 최고 점수는 15점이고, 2년 동안 과목별 이수 학기의 합계가 40이다. 그래서 최고점이 40×15=600점이다.

$$E I = \frac{P}{S} \cdot 40$$

E I = Block I의 총점
P = 4학기 동안 수강한 과목들의 점수 총계
S = 4학기 동안 과목별 이수 학기 수의 합(이중으로 인정된 과목은 이중으로 인정됨)

〈표 10-9〉 바이에른주 상급 단계의 자격 단계 이수 학기 예시

	수강 학기 수	아비투어 (S/M)	성공적 이수 학기	
의무 영역				
종교론(또는 윤리)	4	M	4	아비투어 시험 교과
독일어	4	S	4	의무적인 아비투어 논술시험 교과
수학	4	S	4	의무적인 아비투어 논술시험 교과
역사+사회	4		3	한 학기 성과 삭제
스포츠	4		1	프로필 성과
선택의무 영역				
프랑스어	4	S	4	의무적인 아비투어 논술시험 교과
물리	4		3	한 학기 성과 삭제
생물	4		2	두 학기 성과 삭제, 한 학기 의무교과 성과, 한 학기 프로필 성과
지리	4		3	한 학기 성과 삭제
음악	4	M	4	아비투어 시험 교과

프로필 교과				
W-세미나: 지리	3		2+2	11/1, 11/2 (2학기에 상응함)
P-세미나: 물리	3		2	전체 성과는 2개 학기와 일치
보컬 앙상블	2		2	프로필 성과
			40	

S: 아비투어 논술시험   M: 아비투어 구술시험

〈표 10-9〉는 바이에른주의 김나지움 상급 단계의 자격 단계에서 이수한 학기의 예시이다.[17]

자격 단계(Q1, Q2)에서 성공적으로 이수한 과목별 학기 수의 합계(40)가 대학입학자격 취득을 위한 총점에 반영된다. 바이에른주의 경우 5개의 아비투어 시험 교과는 4학기 모두 수강하여야 한다. 성공적으로

〈표 10-10〉 성공적 학기 이수

의무교과 및 선택의무교과 영역	성공적 이수 학기	프로필 영역	성공적 이수 학기
독일어	4	W-세미나	
수학	4	11/1과 11/2 (2학기×15점)	2
외국어(계속 배워 온)	4	세미나 아르바이트(30점)	2
종교론(내지 윤리)	3	P-세미나(30점) 학기가 정해져 있지 않고, 4학기 전체	2
역사+사회	3	그 외에 이수 가능:	
지리/경제와 법	3	의무 및 선택의무교과에서 선택하지 않은 교과 추가적으로 제공되는 교과 및 스포츠 특별한 프로필 관련 교과 수강 내지는 아비투어 시험 교과 선택 (예: 늦게 시작한 외국어)	4
예술/음악	3		
자연과학1(생물/화학/물리)	3		
자연과학2(생물/화학/물리)	1		
다른 외국어/정보학(계속해 온)	1		
4차 학기에 4번째 시험과목	1		
4차 학기에 5번째 시험과목	1		
계	30		10

이수한 과목별 학기 수 40은 〈표 10-10〉에서처럼 의무 영역 및 선택의무 영역에서 30, 프로필 영역에서 10을 채운다.

상급 단계의 입문 단계(Q1)부터 아비투어 시험을 거쳐 최종 대학입학 자격 성적을 취득하는 과정은 [그림 10-2]와 같다.

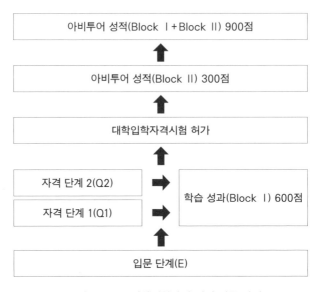

[그림 10-2] 대학입학자격 성적 취득 과정

대학입학자격시험(Abiturprüfung)

대학입학자격시험에 관한 일반적인 사항은 KMK의 합의 규정에 따른다. 〈중등교육 Ⅱ단계 김나지움 상급 단계의 아비투어 시험에 관한 합의Vereinbarung über die Abiturprüfung der gymnasialen Oberstufe in der Sekundarstufe Ⅱ〉[18]에 의하면,

- 시험을 수행하기 위하여 학교장을 포함하는 3인(자격조건을 충족한 자)으로 구성된 대학입학자격시험위원회를 구성한다.

- 논술시험의 과제는 꼭 학기에 배운 것으로 제한되지는 않는다. 시험시간은 높은 요구 수준의 교과는 최소 240분, 최대 300분, 기초적인 요구 수준의 교과는 최소 180분, 최대 240분이 주어진다. 시험의 유형에 따라 학교감독관청은 최대 60분을 연장할 수 있다.

- 논술시험 평가를 할 때 올바른 언어 사용이 아니거나 표현에 문제가 있는 것은 1~2점을 감한다. 논술시험의 수정, 판정, 평가는 전문인력이 담당한다. 첫 번째 채점자가 평가하고, 두 번째 채점자가 그것을 확인하면서 첫 평가자의 평가 결과를 유지하거나 그와 다른 평가를 한다. 시험위원회의 위원장 또는 학교감독관청은 또 다른 평가인력을 추가할 수 있다. 논술시험의 최종평가는 시험위원회의 위원장 또는 학교감독관청에 의해 이루어진다. 평가 결과는 학교감독관청이 정해진 날에, 또는 구술시험이 시작되기 전에 수험생에게 알린다.

- 구술시험은 의무적으로 기초요구 수준의 과목 하나를 포함한다. 이 과목은 논술시험과 겹치지 않아야 한다. 하나의 교과에서 논술과 구술시험이 치러지면 2:1의 비율로 반영한다. 최종 결과는 계산방식에 따라 결정된다. 구두시험은 일반적으로 개인시험으로 치러진다. 집단시험의 형태가 선택된다면 집단의 크기와 과제의 종류를 세심하게 살피고, 개인적인 성취가 분명하게 인식될 수 있도록 한다. 개인시험은 일반적으로 20분이다. 구술시험이 논술시험의 반복이 되어서는 안 되고, 중점을 벗어나지 않는다면 문제는 학기 중에 배운 내용에만 국한되지 않는다. 수험생은 20분 동안 과제에 대한 준비를 할 수 있고, 메모도 할 수 있다. 시험의 과정은 기록된다. 개별 구술시험에 대한 평가는 담당 전문 인력의 제안에 따라 기록된 내용을 고려하면서 교과위원회에서 확정한다.

• 대학입학자격 시험 응시가가 합격할 경우 재시험을 치를 수 없다. 불합격할 경우 1회에 한해 재시험을 치를 수 있다.

아비투어 시험 교과목에 관해서는 주문화부장관협의회 〈중등교육 II 단계 김나지움 상급 단계 구성에 관한 합의Vereinbarung zur Gestaltung der gymnasialen Oberstufe in der Sekundarstufe II〉에 기본적인 사항이 규정되어 있다. 이 〈합의〉를 토대로 각 주의 김나지움 상급 단계 교과 교육 과정이 편성된다. 개별적인 교과의 시험에 관한 합의사항은 〈아비투어 시험에서 통일적 시험 요구들에 관한 합의Vereinbarung über einheitliche Prüfungsanforderungen in der Abiturprüfung〉에 규정되어 있다. 최근에는 몇 개의 주가 특정 교과의 문제를 전체 혹은 부분적으로 공동 출제하는 데 합의하였다. 바이에른, 함부르크, 메클렌부르크포어포메른, 작센, 슐레스비히홀슈타인주는 2014년부터 대학입학자격시험에서 독일어, 영어, 수학 교과의 과제를 공통으로 혹은 부분적으로 통합하는 것에 합의하였다.

아비투어 시험 교과는 〈중등교육 II단계 김나지움 상급 단계 구성에 관한 합의〉에 의해 4 또는 5개이다. 의무적으로 최소한 3개 교과에서 논술시험을 치러야 하고, 최소한 1개의 구술시험을 치러야 한다. 최소한 두 개의 교과는 높은 수준의 요구 수준을 갖는 것이어야 하며, 독일어, 외국어, 수학 중의 2개 교과를 포함해야만 한다. 최소한 한 개의 교과는 의무과제 영역에 있는 것이어야 한다. 논술시험은 최소한 두 개의 교과가 높은 요구 수준이어야 하고, 독일어, 외국어, 수학 또는 자연과학에서 최소한 1개 교과를 포함해야 한다. 조형예술, 음악 또는 예술 영역에서의 다른 교과가 논술시험 과목이라면, 논술시험 대신에 논술을 포함하는 특별한 교과시험을 치를 수 있다. 스포츠 교과도 논술 또는 구두 시험 교과로 허가될 수 있다. 스포츠 논술시험의 경우 시험은 논술 부분을 포함하는 특별한 시험으로 구성된다. 구술시험의 경우 실기와 구술시험으로 구성된다. 평가점수는 최고 15점에서 최하 0점이다.

아비투어 시험 교과 선택(예):
•아비투어 시험 교과는 〈표 10-3〉의 과제 영역 I, II, III을 모두 포괄해야 한다.

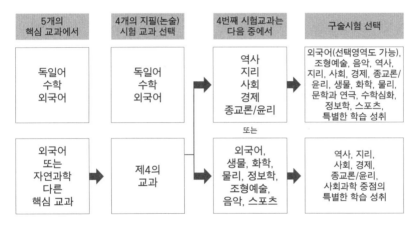

[그림 10-3] 바덴뷔르템베르크주의 아비투어 시험 교과목 선택

Bock II에 해당되는 아비투어 시험의 계산 방식은 다음과 같다.

•시험과목이 4개인 경우

$$E II = 5 \times PF(1) + 5 \times PF(2) + 5 \times PF(3) + 5 \times PF(4)$$

•시험과목이 5개인 경우

$$E II = 5 \times PF(1) + 5 \times PF(2) + 5 \times PF(3) + 5 \times PF(4) + 5 \times PF(5)$$

$E II = $ Bock II의 총점 $PF = $ 교과 시험 점수

대학입학자격 총점(E=EⅠ+EⅡ)이 300점이면 평점 4.0, 570~553점은 2.5, 660~643점은 2.0, 750~733점은 1.5, 900~823점은 1.0에 해당된다. 300점 이상이면 합격이다. 합격자는 재응시할 수 없으며, 불합격자는 1회에 한하여 재응시할 수 있다. 2006/07학년도의 대학입학자격시험 응시자는 30.66%, 취득 평균 평점은 2.51점, 불합격자는 응시자의 3.28%, 평점 1.0을 획득한 응시자는 1.01%였다.[19] 아비투어 시험 일정은 주문화부에서 공지를 하는데, 2017년 바덴뷔르템베르크주의 시험 기간은 논술이 4월 25일~5월 5일이고, 구술시험이 6월 26일~7월 7일이었다. 이 기간 내에서 해당 학교마다 과목별 시험날짜를 정하여 공지하고 실시한다. 논술의 경우 1개 교과시험 후 대략 3일 후에 다른 교과 시험을 치른다.

시사점

독일의 대학입학자격 취득은 김나지움의 경우 최종학년 4학기 동안의 내신성적과 대학입학자격시험 성적을 2:1로 반영한 총점으로 결정된다. 이것은 대학입학을 위해서는 입학자격시험보다 내신성적이 더욱 중요하다는 것을 의미한다. 내신성적은 주에 따라 차이가 있을 수 있지만, 의무적으로 이수해야 하는 교과(전체 교과의 약 80%)의 교과별 이수 학기 수와 자율적 선택이 가능한 교육활동(약 20%) 이수 학기 수의 총합으로 산출된다. 자율적 선택이 가능한 교육활동이 내신성적에 반영되기 때문에 학생의 입장에서는 자신의 관심과 재능을 살릴 수 있는 기회를 가질 수 있고, 자율적 교육활동을 포함한 과목별 이수 학기 수 총합(40)을 기준으로 점수가 산출되기 때문에 점수가 나쁜 과목의 학기를 만회할 수 있는 기회를 가질 수 있다. 현행 한국의 대학 입시제도에서는 고등학교 전 과정에서 한 번의 시험 실수가 결정적인 영향을 미치는 점을 고려한다면, 과목별 이수 학기 총합제는 학생 개인이 학교생활을 상대적으로 여유 있게 설계할 수 있다는 장점이 있다. 또한 외국어의 경우 영어를 필수로 지정하지 않고, 아비투어 시험과목의 선택에서 또는 의무교과 영역의 교과 선택에 김나지움 상급 단계 진학 이전부터 학교에서 꾸준하게 이수해 온 외국어 과목이 반영됨으로써 학생 개인의 관심과 적성에 맞는 다양한 외국어 학습을 가능하게 하고 있다는 점도 비교될 수 있다.

1. Baumert, J., u.a.(2000), *TIMSS/Ⅲ-Deutschland. Der Abschlussbericht.*
2. Grundsätzliche Überlegungen zu Leistungsvergleichen innerhalb der Bundesrepublik Deutschland(KMK)(1997). Konstanzer Beschluss.
3. https://www.kmk.org
4. Ständige Konferenz der Kultusminister der Länder in der Bundesrepublik Deutschland(KMK)(2012), Bildungsstandards im Fach Deutsch für die Allgemeine Hochschulreife(2012. 10. 8).
5. Hessisches Kultusministerium(헤센주 문화부 홈페이지). Bildungsstandards, Kerncurricula und Lehrpläne
6. Institut zur Qualitätsentwicklung im Bildungswesen, URL: https://www.iqb.hu-berlin.de/
7. 정창호(2013), 독일 초등학교에서의 학습 성과 평가. 경기도율곡교육연수원 (2013). 창의지성 역량강화 심포지엄 자료집, 360.
8. Verordnung des Kultusministeriums über die Notenbildung(Notenbildungs verordnung, NVO)(바덴뷔르템베르크주 평가에 관한 법령), URL: http://www.landesrecht-bw.de/jportal/?quelle=jlink&query=NotBildV+BW&psml=bsba wueprod.psml&max=true&aiz=true
9. Ministerium für Bildung, Jugend und Sport des Landes Brandenburg. Verwaltungsvorschriften zur Leistungsbewertung in den Schulen des Landes Brandenburg, URL: http://mbjs.brandenburg.de/bildung/weitere-themen/arbeits-und-sozialverhalten.html
10. 자신이 선택해서 이전부터 계속해서 수강해 오고 있는 외국어.
11. Ministerium für Kultus, Jugend und Sport des Landes Baden-Württem berg(2015), *Leitfaden für die gymnasiale Oberstufe Abitur 2018.*
12. Verordnung über den Bildungsgang und die Abiturprüfung in der gymnasialen Obertufe(APO-GOSt) für das Land Nordrhein-Westfalen
13. 일반적으로 다른 학생들과 함께 정해진 시간에 시험감독하에 치르는 필기(논술)시험방식이다.
14. Ständige Konferenz der Kultusminister der Länder in der Bundesrepubli k Deutschland(KMK)(2017), Wochenpflichtstunden der Schuelerinnen und Schüler im Schuljahr 2017/2108.

15. Ständige Konferenz der Kultusminister der Länder in der Bundesrepublik Deutschland(KMK)(2017), Wochenpflichtstunden der Schülerinnen und Schüler im Schuljahr 2017/2108; Ministerium für Kultus, Jugend und Sport des Landes Baden-Württemberg (2015), Leitfaden für die gymnasiale Oberstufe Abitur 2018.

16. Ständige Konferenz der Kultusminister der Länder in der Bundesrepublik Deutschland(KMK)(2016), Vereinbarung zur Gestaltung der gymnasialen Oberstufe in der Sekundarstufe Ⅱ.

17. Bayerisches Staatsministerium für Bildung und Kultus, Wissenschaft und Kunst(2014), Oberstufe des Gymnasiums in Bayern. Informationen für Schülerinnen und Schüler des Abiturgangs 2017.

18. Ständige Konferenz der Kultusminister der Länder in der Bundesrepublik Deutschland(KMK)(2008), Vereinbarung über die Abiturprüfung der gymnasialen Oberstufe in der Sekundartsufe Ⅱ.

19. Neumann, M.A.M.(2009), *Aktuelle Problemfelder der gymnasialen Oberstufe und des Abiturs, Diss.* Freie Universitaet Berlin.

제11장

학부모의 학교 참여는
어떻게 이루어지나?

학교와 학부모는 아이를 매개로 밀접하게 서로 연결되어 있다. 학교와 학부모는 아이의 교육이라는 공동의 목표를 갖고 있다. 학교와 학부모의 협력관계는 아이의 교육에서 서로 간의 이해를 돕고, 신뢰를 강화하고, 부담을 완화시킬 수 있다. 그럼에도 불구하고 숙제, 성적, 성취에 대한 기대, 수업 내용 등에 대한 의견 차이로 부모와 교사 사이에 긴장 관계가 형성되곤 한다. 학교와 학부모의 바람직한 협력관계는 아이의 교육을 위해 필요하지만, 부모의 학교 참여는 어느 정도까지 가능한가? 학부모의 학교 참여는 〈기본법〉에 기초하여 주헌법과 주학교법에서 규정하고 있다.

부모의 자녀 교육권과 아이의 권리

부모의 자녀교육에 대한 권리와 의무는 독일연방 〈기본법 Grundgesetz〉, 〈주헌법Landesverfassung〉, 〈주학교법Schulgesetz〉 등에 규정되어 있다.

〈기본법〉제6조는 "아이의 양육(보살핌)과 교육은 부모의 자연적인 권리이면서 무엇보다도 우선하여 부모에게 부여된 의무이다"(제2항)라고 규정하고 있다. 부모가 이것을 제대로 실현하고 있는지 감독하는 권한은 국가에게 부여되어 있다(제2항). 만약 부모가 이 권리와 의무를 다하지 못하고 아이를 방치한다면 국가는 아이를 부모로부터 격리시킬 수 있다(제3항).

아동·청소년지원법인 〈사회법전 제8권〉제1조(교육에 대한 권리, 부모의 책임, 청소년 지원)에서도 아동·청소년의 교육 권리와 부모의 책임을 명시하고 아동·청소년 지원이 이와 관련되어 있음을 규정하고 있다. "모든 젊은 사람은 자신의 발달을 촉진할 권리와 자기책임 및 공동체 능력을 갖춘 개인으로 성장하는 교육을 받을 권리를 갖는다"(제1항). 제2항은 〈기본법〉제6조 제2항과 동일하다. 아동·청소년 지원은 제1항의 권리를 실현하기 위한 것으로 특히, "젊은이의 개인적 사회적 발달을 촉진하고, 차별 대우를 예방하거나 철폐하는 데 기여해야 한다"(제3항 제1호), "부모와 다른 교육권자에게 교육에 대한 조언을 하고 지원해야 한다"(제3항 제2호), "아동·청소년의 안녕을 위해 그들을 위험으로부터 보호해야 한다"(제3항 제3호).

건강한 교육을 위해서 아이가 존경, 존중, 따뜻함, 안정감, 개방성, 격려와 지지를 경험할 수 있는 가정의 분위기는 매우 중요하다. 그러므로 부모는 18세까지 자녀를 잘 보살피고 돌보아야 할 책임이 있는 것이다. 부모의 교육권이 자연권이라고 하더라도 그 범위는 다른 법들을 통해 제한되고 있다. 예를 들어 주의 헌법은 학교교육 의무와 폭력 없는 교육을 받을 아이의 권리를 규정하고 있고, 〈민법Bürgerliches Gesetzbuch, BGB〉과 〈사회법전 제8권〉에서도 아이들이 폭력으로부터 자유롭게 교육받을 권리를 규정하고 있다. 또한 〈아이의 종교교육에 관한 법Gesetz über die religiöse Kindererziehung〉도 아이의 종교교육에서 부모의 영향을 제한하고 있다.

아이들은 폭력 없는 교육을 받을 권리가 있다. 육체적인 처벌, 심리적인 상해 그리고 그 외의 인간의 품위를 떨어뜨리는 대책들은 허용되지 않는다. _민법 제1631조 제2항

아이의 육체적, 정신적 또는 심리적 행복 또는 능력이 위태롭게 된다면, 그리고 부모가 이러한 위험을 예방할 의지가 없거나 능력이 없다면 가정법원은 위험에서 벗어나는 데 필수적인 대책들을 결정한다. _민법 제1666조 제1항

교육 촉진을 위한 가정에서의 제공은 어떻게 가정에서 갈등

상황들이 폭력 없이 해결될 수 있는지도 함께 제시하여야 한다.

_〈사회법전 제8권〉 제16조 1항

모든 아이는 자신의 인격을 발달시킬 권리, 폭력 없는 교육
을 받을 권리, 폭력, 멸시, 착취로부터 공동체의 특별한 보호를
받을 권리가 있다. _베를린 헌법 제13조 제1항

이러한 아동의 권리에 대한 법적 규정은 유엔 아동권리협약, 그리고
『아동에게 적합한 독일을 위한 국가실행 계획Der Nationale Aktionsplan
"Für ein Kindergerechtes Deutschland"』(2005)과 밀접하게 연관되어 있다. 민
법은 아이(자녀)가 보호받고 교육받을 권리를 규정하고 있지만, 동시에
부모에 대한 자녀의 의무도 규정하고 있다.

자녀는, 부모의 보호를 받고 있고 부모에 의해 교육되고 있
거나 부양되고 있는 한, 가사와 생업에서 자신의 능력과 지위
에 맞는 방식으로 부모에게 봉사할 의무가 있다. _민법 제1619조

다음에서는 법에 나타난 학부모의 자녀교육에 대한 권리와 의무의 내
용을 살펴보고, 학부모와 교사를 대상으로 추구해야 하는 교육의 목표
를 무엇이라고 생각하는지 조사한 결과를 소개하기로 한다.

부모의 자녀교육권 내용

자녀교육에 대한 부모의 권리는 내용적으로 다음과 같은 것을 들 수

있다.

첫째, 학교선택권을 들 수 있다. 독일의 경우 학교교육은 6세부터 최소 9학년까지 의무로 되어 있기 때문에 가정에서 교육하는 것은 허락되지 않는다. 자녀가 입학 연령이 되면 부모는 학교를 선택해야 한다. 이때 학교를 선택한다는 것은 원하는 지역의 초등학교를 자유롭게 선택한다는 의미는 아니다. 대부분의 주에서 초등학교 입학은 아이의 등록 주소에 따라 배정된다(관할구역 원칙, Sprengelprinzip). 초등학교를 마치고 상급학교인 김나지움 입학을 희망하는 경우에도 주마다 다른 규정이 적용된다. "학부모의 학교선택권을 최초로 확인한 1953년의 함부르크 상급행정재판소의 판결"에 의하면 자녀의 진로와 관련된 "학교선택권은 원칙적으로 부모에게 위임"되어 있지만 "항상 보장되는 것이 아니므로"[1] 학부모의 학교선택권은 주로 공립학교와 사립학교를 선택할 수 있는 자유와 관계된다. 부모가 사립학교를 선택한다는 것은 발도르프 학교나 몬테소리 학교와 같이 고유한 교육 이념을 가진 학교를 자녀를 위해 선택하는 것을 의미한다. 〈기본법〉 제7조 제1항은 "전체 학교제도는 국가의 감독하에 있다"고 규정하고 있다. 이때 국가의 '감독'은 연방헌법재판소의 판례에 따라 내용적인 것과 조직적인 것을 포함하는 것으로 이해된다.[2] 학교제도를 국가가 감독한다고 규정하고 있음에도 불구하고 〈기본법〉은 국가가 학교를 스스로 경영해야 한다고 요구하지는 않는다. 제3제국(나치)을 통해 통치 이데올로기에 의한 학교 독점이 얼마나 큰 폐해를 가져오는지 경험했기 때문에 〈기본법〉은 고유한 교육 이념을 가진 사립학교를 설립할 권리를 보장하고 있다(제7조 제4항). 학교교육 의무가 인정되는 공립학교의 대체 학교로서 사립학교 설립에 관한 규정은 주헌법과 주학교법에서 규정하고 있다. 즉, 학교제도에 대한 감독은 국가에서 하는 것으로 〈기본법〉에서 규정하고 있지만, 그에 관한 세부 내용은 주정부 의회에서 의결한 학교법을 통해 이루지고 있는 것이다.

둘째, 교육 내용 선택권을 들 수 있다. 이것은 주로 공립학교에서의 종교수업 참여 여부와 관계된다. 〈기본법〉은 "종교로부터 자유로운 학교"(예: 발도르프학교)를 제외한 공립학교에서 종교수업을 "정규교과"로 보장하고 있고(제7조 제3항), 교육권자가 자신의 자녀를 종교수업에 참여시킬 것인지를 결정할 권리도 보장하고 있다(제7조 제2항). 주헌법(예: 바덴뷔르템베르크)도 〈기본법〉에 의거해 종교수업에 관한 규정을 포함하고 있는데, 종교수업과 학교의 종교 행사에 자녀를 참여시킬 것인지는 "교육권자(부모)의 의지 해명"에 달려 있다고 명시하고 있다(제18조). 교사는 자신의 의지에 반할 경우 종교수업을 하지 않아도 된다(기본법 제7조 제3항). 종교수업 이외에도 부모가 선택할 수 있는 권리의 내용은 바이에른주 교육 및 수업에 관한 법Bayerisches Gesetz über das Erziehung- und Unterrichtswesen, Bay EUG에서 확인할 수 있다. 이 법은 학부모가 선택할 수 있는 권리로 ① 학교 유형, 교육 시설, 전공 방향 선택(제44조 1항), ② 학교에서 제공하는 선택의무교과들 중 선택의무교과 선택 및 참여 결정(제50조 2항), ③ 종교수업 참여 여부(제46조 4항), ④ 의무교육 기간에 해당되는 자녀에게 특수 교육적 요구가 필요한 경우 촉진학교와 일반학교 중에서 선택 가능(제41조 1항)을 규정하고 있다.

셋째, 학교 참여권을 들 수 있다. 학부모의 학교 참여권은 많은 주의 헌법에서 보장하고 있고, 주학교법을 통해 세부 내용을 규정하고 있다. 예를 들어 바덴뷔르템베르크주 헌법 제15조 제3항, 제17조 제4항, 노르트라인베스트팔렌주 헌법 제10조 제2항, 헤센주 헌법 제56조 제6항, 라인란트팔츠주 헌법 제27조 제1항에 부모의 학교 참여권을 규정하고 있다. 주헌법에 학부모의 학교 참여권이 명시되지 않은 경우라도 주학교법에서 그 내용을 규정하고 있다(예: 함부르크주 학교법 제70조-76조, 베를린 학교법 제88조-91조).

학부모의 학교 참여권

학부모의 학교 참여에 관해서는 주헌법과 주학교법에서 주마다 다르게 규정하고 있지만, 일반적으로 학부모의 학교 참여권은 개인적인 권리와 집단적인 권리로 구분될 수 있다. 개인적인 권리는 부모의 개인 관심사를 학교를 통해 인지할 수 있는 권리로 학급 또는 학년 차원에서 수반된다. 이 권리는 교사에게는 의무에 해당되기도 한다. 학부모의 개인적인 권리는 학교로부터 정보를 얻을 권리, 상담을 받을 권리, 수업을 참관할 권리 등이 해당된다. 주학교법(라인란트팔츠)에 의하면 ① 부모는 교과에 관한, 교육에 관한, 학교에 관한 문제들에 대해 상담과 통지받을 권리가 있다(제2조 제4항), ②부모는 자녀가 초등 단계 또는 중등교육 I단계에 재학하는 동안 자녀의 수업과 학교 행사에 참여할 권리가 있다(제5항), ③ 부모는 자녀의 발달에 영향을 주는 특별한 상황을 학교에 알린다(제6항), ④ 학교는 수업과 교육의 모든 본질적인 문제에 관해 부모에게 정보를 제공한다(제7항). 부모는 학교에 대한 정보를 주로 부모면담 시간Elternsprechstunde, 부모 면담의 날Elternsprechtage, 학급학부모회Klassenversammlungen를 통해서 얻는다. 베를린 학교법Schulgesetz Berlin에 의하면 학급이 새로 편성되는 경우 담임교사는 학급학부모회를 소집하고, 학급학부모회에서 늦어도 새로운 학년 시작 후 1개월 전까지 동등한 권한을 갖는 2명의 학급학부모대변인과 2명의 학급회의 대표자가 선발되어야 한다(제89조 제3항). 학부모대변인은 담임교사와 협조하여 1년에 3회 학급학부모회를 소집한다(제89조 제4항). 학부모의 요청에 의해서도 학급학부모회가 소집된다. 교사는 학급학부모회의에 참석해야 한다. 학급학부모회에서는 학급 또는 학년에서의 수업과 교육활동에 관한 정보와 의견 교환이 이루어진다.

바이에른주 교육 및 수업에 관한 법에 의하면 학부모는 ① 가능한 한 조기에 학생의 현재 진행 상황, 특히 학업성취에서 눈에 띄게 하락한 경우에 관한 정보를 서술된 형태로 받을 권리가 있다(제75조 제1항), ② 부모 또는 학생의 요구가 있다면 교사는 성취된 점수를 알려 주어야만 한다(제52조 제2항), ③ 서술형 성적증명서를 학부모가 인식할 수 있어야만 한다(바이에른주 초등학교 규정Schulordnung für die Grundschulen in Bayern 제10조 제4항), ④ 부모는 개인 데이터에 관한 정보를 요구할 수 있다(제85조 제1항), ⑤ 가정 및 성교육의 목적, 내용, 형식에 관한 정보를 요구할 수 있다(제48조 제3항), ⑥ 자녀가 마지막 학년인 경우 진로에 관한 상담을 학교에 요청할 수 있다(제75조 제2항).

학부모의 집단적인 권리는 학부모 대표기구를 통해 학부모가 학교의 수업과 교육에 관한 요구를 실현해 가는 권리를 말한다. 이것은 학부모의 단체교섭권을 보장하는 것으로 주로 학교 전체 차원 또는 주에 따라서는 학교를 넘어서 지역 차원, 도시 차원, 주 차원에서까지 권리가 행사된다. 바덴뷔르템베르크주 헌법(제17조 제4항)은 "학부모(교육권리자)는 선출된 대표자를 통해서 학교생활과 학교 활동 형성에 참여한다. 상세한 것은 법으로 규정한다"고 명시하고 있다. 학부모 대표기구는 주마다 명칭이 상이하다. 예를 들어 학급학부모회가 학급학부모회Klasseneltternversammlung, 학급보살핌회Klassenpflegeschaft, 학급학부모자문위원회Klasselternbeirat 등으로 표현된다. 라인란트팔츠주 학교법에 의하면(제38조) 학부모 대표기구에는 학급학부모회, 학교학부모자문위원회Schulelternbeirat, 지역학부모자문위원회Regionalelternbeirat, 주학부모자문위원회Landeselternbeirat가 있다. 헤센주 학교법(제106조-제120조)은 주헌법에 의거(제56조 제6항: 교육권자는 수업 형성에 참여할 권리를 갖는다)하여 학부모는 학급학부모자문위원회Klassenelternbeirat, 권역 및 도시학부모자문위원회Kreis-und Stadtelternbeirat, 주학부모자문위원회Landeselterbeirat를 통해 자신의 참여권을 행사할 수 있다. 학급학부모회의에서 학급학부모자문위원 1인과 대리인 1인을 선출하고, 이 자문위원을 통해 최소 1년에 1회 학급학부모회의가 소집된다. 그리고 학급학부모자문위원이 학교학부모자문위원회의 위원이 된다. 바덴뷔르템베르크주 학교법(제55조-제61조)에 의하면 학부모는 학교교육을 촉진하고 함께 형성할 권리를 학급보살핌회Klassenpflegeschaft, 학교학부모자문위원회, 학교회의Schulkonferenz, 주학교학부모자문위원회를 통해 행사할 수 있다. 슐레스비히홀슈타인주 학교법에서는 학부모 대표기구로 학급학부모자문위원회, 학교학부모자문위원회, 권역학부모자문위원회Kreiselternbeirat, 주학부모자문위원회를 규정하고 있다. 주-권역-학교학부모자문위원회는 상-하급기관처럼 행정지침을 하달할 수 있는 관계는 아니다. 학부모자문위원회는 다음과 같은 역할을 수행한다(슐레스비히홀슈타인주 학교법 제70조 제3항).

- 학교와 학부모 사이의 신뢰를 확고히 하고 깊게 한다.
- 교육의 과제에 대한 모든 부모의 관심과 책임을 유지하고 돌본다.
- 학부모에게 정보와 의견 교환의 기회를 제공한다.
- 학교의 상태를 개선하기 위한 부모들의 바람, 촉구, 제안을 협의하고 학교와 학교행정기관 담당자에게 제출한다.
- 학교에서 인격 도야의 필요성과 수업에 대한 일반 대중의 이해를 강화한다.

학급학부모자문위원회(제71조: IQ.SH, 2015)는 학급학부모회의에서 학부모의 대표로서 선출된 1인의 의장과 2인의 대리인으로 구성된다. 의장은 학급학부모회의를 주재하며, 투표권을 가진 학년회의Klassenkonferenz의 위원이 된다. 학년회의에서 성적에 관한 평가를 할 때는 조언만 할 수 있다. 학급학부모자문위원회 의장의 임무는 다음과 같다.

- 정기적으로 담임교사와 만나 대화한다.
- 학부모회의를 소집하고 주재한다(학부모의 저녁모임Elternabend이 대표적인 학부모회의).
- 학급학부모자문위원회를 소집하고 주재한다.
- 학급학부모들의 바람, 촉구, 제안을 담당자(일반적으로 학년부장, 교장, 교학부모자문위원회, 학생대표)에게 제출한다.
- 학부모, 교원, 교장, 학생대표 사이에서 중재한다.
- 투표권을 갖고 학년회의에 참석한다.
- 학업성취 평가회의 및 유급회의에 참석한다(투표권은 없음).
- 교육 관련 회의들에 참석한다.

학교학부모자문위원회(제72조: IQ.SH, 2015)는 각 학급의 학부모자문위원들 중 1명이 위원으로 참여한다. 학교학부모자문위원 중에서 3명의 임원을 선출하고, 그중 1명이 의장 역할을 한다. 또한 1명의 권역학부모자문위원과 그를 대리할 1명을 선출한다. 그리고 학교의 최상급 심의위원회인 학교회의에 참석하는 학부모대표를 선출하고, 교과교사회의Fachkonferenz에 참석하는 2명의 학부모대표를 선출한다. 교장선발위원회의 위원으로 최대 5명의 학부모대표를 선출한다. 다음과 같은 사안을 결정할 때 학교학부모자문위원회 동의가 있어야 한다(주학교법 제72조

제4항).

- 일상적인 수업시간 확정
- 매월 수업이 없는 토요일에 대한 결정
- 전일제 학교의 도입
- 학교에서 실험적 시도 도입
- 금지 물품 구매의 예외 및 그 밖의 업무 체결에 관한 결정

학교학부모자문위원회는 1년에 1회 모든 교원에게 자신들의 활동에 관한 정보를 제공해야 한다.

권역학부모자문위원회(KEB)(제73조: IQ.SH, 2015)는 권역 차원에서 모든 학교 유형의 학부모 관심사를 대표하고, 학교학부모자문위원회와 학급학부모자문위원회를 지원한다. KEB는 학교학부모자문위원회의 관심사와 문제를 파악하고, 사안에 따라서는 해결책을 찾기 위해 학교감독청 또는 학교관리 주체/재단에 전달한다. 권역학부모자문위원회는 위원 중 1명을 주학부모위원회에 참여할 대표 1명을 선출한다.

주학부모자문위원회(LEB)(제74조: IQ.SH, 2015)는 주 차원의 모든 학교 유형의 학부모 관심사를 대표하고 학교 및 권역학부모자문회의 활동을 지원한다. 주학부모자문위원회는 주교육부에 학부모의 관심사가 되고 있는 중요한 교육문제와 학교제도의 문제를 조언한다. 주교육부는 주학부모자문위원회에 모든 학교가 관심 있는 근본적인 문제에 관해 보고하고 필요한 정보를 제공한다.

라인란트팔츠주 학교법에 의하면 학교학부모자문위원회는 모든 학교에 설치되고, 위원 수는 최소 3인, 최대 20인으로 구성되며, 학부모 중에서 선거를 통해 선출된다. 임기는 2년이며, 위원 중에서 위원회를 대표하는 대변인을 선출한다. 학교학부모자문위원회 회의에는 교장이 참석하고, 학교관청의 대표가 참석할 수 있다. 또한 위원회는 외부 인사를 초청할 수 있다(제41조). 학교학부모자문위원회의 임무와 학교사안에 참여하는 방식은 다음과 같다(제40조).

- 임무: 학교교육과 활동을 촉진하고 함께 형성하기 위해 조언하고, 지지하고, 촉구하고, 안건을 제안하며, 학교생활과 학교 프로젝트 활동 등에 참여하고 참관할 수 있다. 교장과 교사는 학교학부모위원회에 학교생활에 관한 중요 정보를 제공해야 할 의무가 있다.
- 학교 문제에 참여하는 방식: 학교학부모자문위원회가 학교 문제에 참여하는 방식은 경청, 협의, 동의가 있다.

① 경청Anhören 학교학부모위원회는 학교 문제 해결을 위해 구두로 의견을 제시할 수 있다. 학교장은 학교학부모위원회의 동의가 없어도 결정할 수 있으나, 학교학부모위원회는 교장의 결정에 대해서 특히 다음과 같은 사안의 경우에는 경청권을 요구할 수 있다.

- 학교 건물, 학교 시설, 학교 설비의 변경
- 학교교재위원회의 권한에 해당되지 않는 새로운 학습교재 등의 도입
- 학교관리 주체(재단)의 학교 예산안
- 노작공동체와 같은 자발적인 수업 활동 설치

- 학생을 촉진하기 위한 학교 규정과 관계된 문제
- 학교 내 도서관 설치에 관한 규정
- 학교 임시 휴일 지정

② **협의**Benehmen 다음과 같은 사안은 학교학부모위원회와 협의한다.

- 학교 발전 및 수업의 질 보장에 대한 조치
- 학교 확장, 축소, 폐교 계획
- 실험학교 운영
- 교명 사용 또는 교명 변경
- 전일제학교에서 수업계획 및 정규수업 이외의 학생 돌봄(방과후활동) 계획
- 방과 후에 학교 건물 및 시설 사용에 대한 원칙

③ **동의**Zustimmung 다음과 같은 사안의 경우 학교학부모위원회의 동의를 얻어야 한다.

- 시간표 변경(교과 중점 또는 교육학적 중점을 두기 위해 시간표 변경이 개별 학교의 고려대상이 될 때)
- 특별한 수업을 제공하는 원칙 수립
- 숙제의 범위와 숙제를 내주는 원칙 수립
- 자녀의 수업을 학부모가 참관하는 규정
- 학교 차량 운행의 원칙 수립
- 주 5일제 수업의 도입 및 종료, 수업시간의 변경(개별 학교에 위임된 경우에)

- 협력학교의 결정 및 학생 교환의 원칙을 수립
- 학교에서의 직업상담, 건강관리, 영양, 아동 보호에 대한 근본적인 문제
- 방과후 학교 행사들을 실행하기 위한 학교의 원칙 수립
- 특별한 기상 상황일 때 수업 조직을 위한 학교의 원칙 수립
- 생활규칙Hausordnung 수립

학교 측과 학교학부모위원회의 의견이 일치하지 않을 경우, 교장 또는 학교학부모위원회는 학교위원회Schulausschuss의 결정을 근거로 삼을 수 있다.

그 외의 권리

- 회의 참관 권리: 학교학부모위원회 회원은 자문을 통해 학교위원회 의원과 동수로 학교회의 참가가 가능하며, 총회 소집을 요청할 수 있다.
- 대학입학자격시험인 아비투어 문답시험 참여권: 학교학부모위원회 는 수험자가 동의할 경우, 문답시험에 참관하여 투명성을 평가할 수 있다.

학교위원회는 모든 학교에 설치되며, 회의는 최소한 1년에 1회 개최된다. 위원은 선출된 교사, 학생, 학부모로 구성된다. 직업학교의 경우 고용주 대표와 피고용인 대표가 위원으로 추가된다. 위원 수는 학교 규모에 따라 3~12인이며, 교장이 회의를 주재한다. 임기는 교사대표, 학부모 대표가 2년, 학생대표가 1년이다(라인란트팔츠주 학교법 제48a조). 학교 교육연간계획은 학교위원회의 논의 사안이다. 학교위원회가 학교 사안에

참여하는 방식은 협의Benehmen, 합의Einvernehmen, 결정Entscheidung이
다(제48조).

협의 사안

- 학교 확장, 축소 또는 폐지에 앞서
- 교명의 사용 또는 변경에 앞서
- 실험학교 운영에 앞서
- 학생 제적에 앞서
- 반대자의 건의로 학교 결정에 반대할 때
- 학교장을 요청할 때

합의 사안

- 학교 발전과 질 관리의 원칙
- 생활규정 수립(심의를 통해 의견 일치가 되지 않을 경우 참석위원 2/3
  의 찬성으로 결정)

결정 사안

- 교장과 학생대표 사이의 이견이 있을 때(제31조 3항에 의거)
- 교장이 학교신문의 내용이 언론의 자유를 넘어서는 것이거나 학교
  교육의 임무에 어긋난다고 판단하여 학교 내에서 판매를 금지하고,
  학생들이 이에 이의를 제기할 때(제36조 3항에 의거)
- 학교학부모위원회의 동의 사안에 이견이 있을 때(40조 6항에 의거)

헤센주 학교법에는 학교학부모자문위원의 동의가 의무적인 사안(제
111조), 경청이 필요한 사안(제112조)이 규정되어 있다. 동의가 의무적인

사안을 논의하고 이해를 구하기 위해 교장이 학교학부모자문위원회를 소집한다. 만약, 학교학부모자문위원회가 동의하지 않는다면, 학교회의 또는 전체회의Gesamtkonferenz에서 학교감독관청의 결정을 신청하는 결정을 할 수 있다(제111조 제2항). 전체회의는 교사, 사회교육자, 학교교육에 참여하고 있는 협력자Mitarbeiter가 참석하는 회의로 교장이 주재한다(제133조). 학교회의는 교장이 주재하며 교사대표, 학부모대표, 학생대표가 위원으로 참여한다(제131조). 학교회의 또는 전체회의가 학교학부모위원회가 제의한 동의의무가 있는 사안을 반대한다면, 학교학부모자문위원회는 학교감독관청에 결정을 요청할 수 있다(제111조 제4항).

헤센주 학교법(제118조)에는 의무적으로 주학부모자문위원회의 동의가 필요한 사안이 다음과 같이 규정되어 있다.

- 교육 목표, 교육과정, 교과과정, 시험규정에 관한 일반적인 결정
- 상급학교 진학, 학교 유형 간 학생 이동 규정에 관한 일반적인 결정
- 교과 선택에 관한 일반적인 방침
- 수업과 관련된 일반적인 학교규정

자녀교육에 대한 부모의 의무

〈기본법〉 제6조 제2항에서 명시하고 있는 것처럼 자녀교육은 부모의 권리이자 동시에 무엇보다 앞서는 의무이다. 그러므로 학부모는 학교의 무교육 기간 동안 자녀교육을 학교에 위탁한 이상 자녀교육을 위해 학교와 협력해야 할 의무가 있다. 학부모는 학급학부모회의에 참석해서 담임교사와 협력해야 하고, 학부모대표로서 다양한 위원회에 위원으로 참

여하여 학교와 협력해야 할 의무와 책임이 있다. 주의 헌법과 학교법은
〈기본법〉에 근거하여 학부모의 의무를 규정하고 있다.

라인란트팔츠주 헌법(제25조 제1항)은 부모의 의무를 다음과 같이 규
정하고 있다.

"부모는 자녀가 육체적, 도덕적, 사회적인 유능성Tüchtigkeit을 갖도록
교육시킬 자연권과 최고의 의무를 갖는다. 국가와 지자체Gemeinde는 부
모가 이러한 교육을 실행하고 있는지를 감시하고 지원할 권리와 의무를
갖는다."

라인란트팔츠주 학교법에 의하면 "학교와 학부모는 공동으로 교육에
관한 아동의 권리를 보장"해야 한다(제2조 제2항).

바덴뷔르템베르크주 학교법(제55조 제1항)에서도 "부모는 학교교육에
협력할 권리와 의무가 있다. 청소년 교육을 위한 부모와 학교의 공동책
임은 두 주체 간의 신뢰가 충만한 협력을 요구한다"고 규정하고 있다.

베를린 학교법(제88조 제1항)에 의하면 "교육권자는 교육 목표 실현을
위해 학부모 대표기구를 통해 적극적으로 그리고 책임의식을 갖고 협
력"할 의무가 있다.

바이에른주 교육 및 수업에 관한 법(제76조)은 교육권자(부모)의 의무
로 "자녀의 학교교육 의무 이행하기", "학교교육활동 지원하기", "수업
및 학교 행사에 자녀를 정기적으로 참여시키기", "학교에서 필요로 하
는 개인정보를 제공하기", "주간아동보호시설의 언어 발달을 진단하고
지원하는 취학 전 통합 코스에 자녀를 정기적으로 참여시키기" 등을 규
정하고 있다.

자를란트주 학교법(제25조 제1항)은 학부모(교육권자)가 학교교육 의
무기간 중에 자녀에게 경제적인 능력의 범위에서 학교교육을 위해 필수

적인 것을 제공해야만 한다고 규정하고 있다.

바이에른주의 교육 및 수업에 관한 법(제37조 4항)에 의하면 독일어를 모국어로 사용하지 않는 아이의 교육권자는 언어능력을 표준으로 끌어올리는 과정(경우에 따라서 초등학교는 취학을 유보하고 취학 전 단계의 언어 향상 코스에 참여하도록 함)에 아이를 반드시 참여시켜야 한다.

라인란트팔츠주 학교법(제2조 제6항)에 의하면 "부모는 학교에서 자녀의 발달에 영향을 미치는 특별한 상황을 학교에" 알려야 한다.

바이에른주의 교육 및 수업에 관한 법(제80조)은 건강한 학교생활을 위해서 부모가 협력해야 하고, 부모는 자녀가 건강관청의 검진에 참여하도록 해야 한다고 규정하고 있다(베를린 학교법 제52조, 브란덴부르크주 학교법 제37조, 바덴뷔르템베르크주 학교법 제85조에서도 규정함).

이상의 사례에서 살펴본 것처럼 독일의 학부모의 학교 참여는 학교와의 협력관계에서 이루어지고, 그를 위한 학부모의 권리와 의무가 유사한 내용으로 대부분의 주에서 법으로 규정되어 있다. 주문화부장관협의회는 2003년, 2018년 각 주에서 학교와 학부모의 협력이 어떻게 이루어지고 있는지 그 구조와 사례를 소개하는 문건을 발간하였다.

학부모와 교사가 생각하는 학교교육의 목표

바덴뷔르템베르크주에 있는 튀빙겐대학교 교육학과(학교교육학 분과)의 위탁으로 Forsa 정책 및 사회연구회사Forsa Politik-und Sozialforschung GmbH가 2018년 5월에 독일 전역의 학부모 1,111명(그중 209명 노르트라인베스트팔렌주), 7월에 일반학교 교사 1,185명(그중 235명 노르트라인베

스트팔렌주)을 대상으로 학교교육에서 중요한 교육 목표가 무엇이라고
생각하는지 설문조사 실시하였다. 설문조사는 온라인으로 이루어졌다.
설문조사의 문항으로 사용될 교육 목표들은 독일 각 주의 헌법과 학교
법 내용 분석을 근거로 〈표 11-1〉과 같이 도출하였다. 그리고 노르트라
인베스트팔렌주의 학부모/교사의 관점과 그 외의 학부모/교사의 관점
을 비교하기 위해 도출된 교육 목표들이 노르트라인베스트발렌주의 학
교법에서도 최소한 1회 이상 언급되고 있는지 확인하였고, 그 결과 '갈
등해결능력 습득/갈등을 평화롭게 해결하기'를 제외하고 모두 1회 이상

〈표 11-1〉 각 주의 법문(Gesetztexten)에 나타난 교육 목표[3]

	교육 목표	빈도
1	자유-민주적인 기본 질서 지향/민주주의 교육	16
2	관용의 체득	16
3	사회적 역량들 습득	16
4	책임 있는 행위의 촉진	16
5	미래 삶에 대한 준비	16
6	문화다양성 인정	15
7	평화를 위한 투신(einsatz)	15
8	인격 발달 촉진	15
9	자연과 환경에 대한 책임의식 형성	15
10	인권 존중	14
11	사회적 기본 가치 인정	13
12	양성평등	13
13	성취능력 지향	13
14	국가에 대한 소속감(국가 결속력) 촉진	10
15	자기주도적 학습 촉진	7
16	갈등해결능력 습득/갈등을 평화롭게 해결하기	6

독일은 16개 주가 있으므로 빈도 16은 모든 주의 법에서 언급됨을 의미함

언급되고 있는 것으로 나타났다.

자료 수집을 위해 〈표 11-2〉의 16개 교육 목표를 설문조사 참여 학부모와 교사에게 동일하게 제시하고, 그 중요도를 6점 척도로 답하도록 하였다. 질문: 학교가 다음의 교육 목표들을 추구한다면, 당신의 관점에서 어느 정도 중요하다고 봅니까? 답: 6점 척도(1: 아주 중요하지 않다, 6: 매우 중요하다).

〈표 11-2〉 학교교육 목표의 중요도

교육 목표	부모(%)	교사(%)
책임 있는 행위의 촉진	96	98
자기주도적 학습 촉진	94	94
사회적 역량들 습득	93	98
인격 발달 촉진	92	95
갈등해결능력 습득/갈등을 평화롭게 해결하기	92	97
사회적 기본 가치 인정	91	96
인권 존중	91	97
미래의 삶에 대한 준비	91	92
자연과 환경에 대한 책임의식 형성	89	94
관용의 체득	86	94
양성평등	83	91
자유-민주적인 기본 질서 지향/민주주의 교육	82	95
평화를 위한 투신(einsatz)	72	86
문화다양성 인정	70	89
성취능력 지향	61	59
국가에 대한 소속감 촉진	45	30

연구 결과는 〈표 11-2〉와 같다.[4] 교육 목표별로 제시된 부모/교사의 %는 척도 6='매우 중요하다' ~ 1='아주 중요하지 않다' 중 6점과 5점에

표시한 응답자의 비율이다.

연구 결과를 보면, 독일의 학부모와 교사들은 전체적으로 제시된 학교교육의 목표들이 중요하다고 인식하고 있는 것을 알 수 있다. 학부모들의 경우 16개의 학교교육 목표 중 '책임 있는 행위 촉진', '자기주도적 학습 촉진', '사회적 역량 습득', '인격 발달 촉진', '갈등해결능력 습득', '사회적 기본 가치 인정', '인권 존중', '미래의 삶에 대한 준비'에 90% 이상이 중요하다고 인식하고 있다. 교사들의 경우 90% 이상이 4개를 제외한 모든 목표가 중요하다고 인식하고 있다. 학부모와 교사들 간 어느 정도 차이를 보이는 교육 목표는 '문화다양성 인정', '평화를 위한 투신', '민주주의 교육'이고, '성취능력 지향'과 '국가에 대한 소속감 촉진'이 두 집단 모두에서 최하위로 나타났다. 이러한 결과들이 실제로 학교교육에서 그 목표가 달성되고 있는지를 말해 주는 것은 아니지만, 적어도 학부모와 교사가 학생이 인격적인 주체로 성장하여 함께 살아가는 데 필요한 가치들을 인정하고 상호 소통하면서 인류와 환경에 대해 책임 있는 행위를 할 수 있는 인간을 교육의 지향점으로 설정하고 있다는 점에서 학부모와 교사/ 학교의 적극적 상호 협력 가능성을 시사하고 있다.

시사점

우리나라 〈교육기본법〉에서도 학부모가 자녀의 보호자로서 자녀가 "바른 인성을 가지고 건강하게 성장하도록 교육할 권리와 책임"이 있고 (제13조), "법령으로 정하는 바에 따라 학교 운영에 참여할 수 있다"(제5조)고 규정하고 있다. 시도교육청에 따라서는 학부모회 설치 및 운영에 관한 조례를 제정하여 학부모의 학교 참여를 유도하고 있다. 학부모들은 실제로 학부모회뿐만 아니라 학부모교육, 학교운영위원회, 교사 면담, 수업 참관, 학교 행사 등 학교의 활동 및 운영에 참여하고 있다. 학부모의 학교 참여 동기는 학교교육의 질적 향상보다는 주로 자녀의 학교생활과 학업성취에 도움이 될 것이라는 기대 또는 확신에서 비롯되는 경우가 보통이다. 그러다 보니 학교운영위원회와 같은 심의기구에서도 안건에 대한 심도 있는 논의보다는 눈도장 찍기와 같은 학부모의 형식적 학교 참여가 이루어지기도 한다. 독일의 교사와 학부모가 중요하다고 생각하는 학교교육의 목표가 무엇인지 대한 연구 결과는 한국의 학부모 학교 참여가 주로 자녀의 학업성취, 소위 좋은 대학 진학이라는 목표와 관련된 것과 대조를 이룬다. 학부모의 학교 참여는 부모의 이기적 교육열보다는 바른 인성을 가진 자율적이고 책임 있는 미래 시민을 기르는 교육에 동참한다는 책임감에서 비롯되어야 할 것이다.

1. 노기호(2003), 독일 학교법상(Schulrecht)의 학부모의 교육권과 그 제한 및 한계, 공법연구, 31(4), 159.
2. Lambert, J., u.a.(o.J.), Elternrecht und Elternmitwirkung in der Schule.
3. Tübingen Universität. Institut für Erziehungswissenschaft/Abteilung Schulpädagogik(2018), *Wertorientierung und Werterziehung von Lehrerinnen und Lehrern in Nordrhein-Westfalen. Kurzbericht zentraler Ergebnisse einer Befragung von Eltern schulpflichtiger Kinder und von Lehrerinnen und Lehrern allgemeinbildender Schulen*, 10.
4. forsa Politik- und Sozialforschung GmbH(2018), *Wertorientierung und Werterziehung. Ergebnisse einer Befragung von Lehrerinnen und Lehrern sowie von Eltern schulpflichtiger Kinder*, 5.

제12장

정치교육(민주시민교육)은
어떻게 이루어지나?

독일에서 정치교육(Politische Bildung)은 1945년 이후 히틀러의 나치즘을 극복하고 민주주의의 토대를 확고히 하려는 서방 연합국의 독일교육재건 정책과 그 영향으로 시작되었다. 지난 수십 년간 정치교육의 발전과정에는 시기마다 정치적 또는 학문 이론적 입장 차이에서 비롯된 대립적인 논쟁이 있어 왔고 지금도 여전히 진행 중이다. 정치교육의 개념, 구체적인 목표, 내용, 방법에 대해 합의된 견해가 존재하지 않기 때문에 정치교육을 체계적으로 조망하는 것은 매우 어렵다. 그럼에도 불구하고, 정치교육을 둘러싼 논쟁의 기저에는 정치교육이 민주주의를 위해 필요한 교육이라는 규범적 차원의 합의가 자리하고 있다. 이러한 정치교육의 규범적 차원은 1997년 5월 26일 연방정치교육원(Bundeszentrale für politische Bildung)과 주정치교육원(Landeszentrale für politische Bildung)이 작성한 뮌헨 선언(Münchner Manifest)의 제목 '민주주의는 정치교육을 필요로 한다'에서 확인될 수 있다.[1]

정치교육에서 '교육'의 의미

정치교육Politische Bildung은 "민주적인 의식을 형성하고, 정치적인 삶에 성숙하게, 비판적으로, 적극적으로 참여하도록 동기를 부여하고 그러한 능력을 갖게 하는 교육이다."[2] 정치교육은 성숙하고, 비판적이며, 참여적인 민주시민을 기르는 교육인 것이다. 정치교육에서 사용하고 있는 Bildung이란 '교육' 개념은 독일어의 또 다른 교육 개념인 Erziehung과는 구분된다. 비판적 합리주의의 영향 아래에 있는 대표적인 교육학자인 브레친카W. Brezinka는 Erziehung을 목적-수단의 관계에서 파악한다. 그에 의하면 Erziehung은 항상 목적을 향한 의도적인 사회적 행위이다.

> Erziehung은 다른 사람의 심리적 성향Persönlichkeit을 어떤 하나의 관점에서 (지속적으로) 촉진하려고 시도하는 행위들이다.[3]

여기서 행위는 "사회적 행위"[4]이며, 사회적 행위란 다른 사람과의 관계에서 이루어진다는 것을 의미한다. 즉, 행위하는 교육자와 피교육자와의 관계를 설정하고 있는 것인데, 교육자가 피교육자에게 어떠한 영향을 주는 관계로 읽힌다. 왜냐하면 어떤 의도를 가지고 촉진하려고 시도하는 행위자가 교육자이기 때문이다. 촉진한다는 것은 "다른 사람의 고유한 심리적 성향을 개선하거나 그의 질에서 유지하는 것"[5]이고, 시도한다는 것은 의도한 방향으로 영향력을 행사하는 것을 의미한다. 심리적 성향은 "의도한 자의 의식 속"에서 "바라는 모습Wunschbilder, 像"이며,[6] 어떤 하나의 관점은 가치의 문제를 배제하려는 비판적 합리주의의 학문적 성향(목적합리성)을 반영하고 있다. 즉, 교육 개념의 특징을 "특정한 심리적 성향들을 형성하거나 유지해야 한다는 당위적인 규정 또는 요청"이 아닌, "사실"로서 접근하고 있는 것이다.[7] 이러한 관점에서 Erziehung은 외부로부터의 의도된 영향에 의한 인간형성과 관련된 개념이라고 이해할 수 있다.

Bildung은 스스로 자신을 형성해 갈 수 있는 내적인 힘이 개인에게 주어져 있다고 보고, 개인(학습자)이 외부 세계와의 자발적인 논쟁을 통해 자신의 내부로부터 스스로를 형성해 가는 것을 중시하는 개념이다. Bildung이란 개념은 누구보다도 훔볼트의 교육 이념에 기초하고 있다. 슈프랑거E. Spranger에 의하면 훔볼트의 교육 이념Bildungsidee은 첫째, 인간은 자유롭고 이성적인 자기결정 능력을 가진 존재라는 인간 이해에 바탕을 두고 있다. 인간은 스스로 질문하면서 자기 자신을 발전 지향적으로 형성하려는 가능성을 가진 존재이다. 그러므로 Bildung은 개인이 스스로 이성적인 자기결정을 할 수 있도록 자기를 형성하는 과정으로 이해된다. 둘째, 그러나 Bildung 개념이 개인의 주체적인 결정을 표현한다고 할지라도 이것은 극단적인 개인주의와는 다르다. 개인의 이성적인 자기결정 능력은 곧바로 자기 스스로에게서 나오는 것이 아니라, 인간적인 문화활동의 보편적이고 객관적인 것을 자기의 것으로 소화하고 논쟁하는 과정에서 얻어진다. Bildung은 논쟁의 대상으로 보편적인 내용, 즉 역사적-보편적인 세계를 매개로 한다. 셋째, Bildung은 나와 '세계와의 결합'을 의미한다. Bildung은 내가 객관적이고 보편적인 내용과 변증법적으로 관계하면서 나와 세계를 조화롭게 통합하는 과정이다.[8] 이러한 Bildung 개념은 이책 6장에서 다루었던 '포괄적 교육이해'(제12차 아동·청소년 보고서) 개념에 비추어 볼 때, 다음의 인용문을 통해 명확해질 수 있다.

> 교육된gebildet된 사람은 자기 스스로 사회와 세계를 이해하려고 하고, 그 이해에 따라서 행위하려고 항상 노력하면서 사는 사람이다.[9]

정치교육이 전후 히틀러의 나치즘과 전체주의에 대한 역사적 반성과 비판의식의 고취를 위하여 실시되었다는 점에 주목한다면, 왜 정치교육의 '교육'이 Erziehung이 아닌 Bildung이 되어야 하는지를 가늠해 볼 수 있다. 독일은 이미 나치 교육을 통해 외부로부터 일방적인 영향력을 행사하여 그 어떤 목적에 맞는 인간을 주형해 내는 교육의 폐해를 경험했다. 스스로 논쟁하면서 자기결정에 이르는 과정이 생략된 획일적 통제에 의한 이데올로기 주입식 교육의 비참한 결과는 정치교육이 어떤 방향으로 가야 하는지를 경험적으로 보여 준 것이다. 정치교육은 정치적, 사회적 문제와 마주해서 스스로 논쟁하고 이해함으로써 민주주의를 실현해 가는 과정에 자율적으로 참여할 수 있는 인간을 기르는 교육이 되어야 하는 것이다. 이런 의미에서 민주시민은 태어나는 것이 아니라 교육gebildet되는 것이다.

정치교육의 방법

"방법Methode"이란 어원적으로 "어떤 목표를 향해 가는 길"을 의미한다. 목표는 길을 통해서 도달될 수 있기 때문에, 교육에서 방법의 문제는 교육의 목적(표)과 분리해서 생각할 수 없다. 그렇다고 해서 교육 방법이 오로지 목표 달성을 위한 효율성만 고집할 경우 도구적 기능이 강조되면서 학습 내용을 마주하게 되는 주체적 존재로서의 학습자가 고려되지 않을 위험이 있다. 정치교육은 지식 전달 그 자체가 목적이 아니라, 그를 통한 판단능력과 행위능력 형성이 목적이기 때문에, 정치교육의 방법은 전달기능을 갖는 도구적 관점에서 이해되어서는 안 된다. 정치교육의 '교육' 개념에서 이해되어야 한다. 그러므로 정치교육의 방법은 "학습자가 (정치)교육의 내용과 생산적으로 만날" 수 있는 조건들을 제공해야 한다.[10] 생산적으로 만난다는 것은 학습자가 정치적 문제에 관심을 갖게 되고, 그러한 문제와 스스로 논쟁하면서 정치적 판단력의 토대가 되는 정치적 인식과 통찰을 확대해 나갈 수 있는 기회를 갖는다는 것을 의미한다.

어떤 방법을 선택할 것인지는 교수자의 방법적 지식과 경험에 달려 있으며, 학습자의 선지식, 연령, 선경험, 내용(주제), 처한 상황, 그리고 방법 자체가 갖고 있는 교육적 가능성 등이 고려되어야 한다. 정치교육 방법에 대한 독일 내의 합의가 아직까지 존재하지 않지만 다음과 같은 인식은 지배적이다.

첫째, 방법 그 자체가 수업(학습)과정에서 학습자에게 교육 내용으로서 영향을 미친다는 점이다. 학습자는 교육 방법을 통해 사회적 학습이라는 측면에서 작업 수행과정에서 얻어지는 자주성, 책임감, 의사소통능력, 협동 능력, 갈등조정 능력, 미디어활용 능력 등을 체득할 수 있고,

자료를 수집하고 데이터를 분석하는 과정에서 학문적인 연구의 능력을 습득할 수 있다.

둘째, 방법의 선정이 내용과 교육을 통해 도달하고자 하는 역량 습득과 밀접한 관련이 있기 때문에 내용 선택의 기준 역시 중요하다는 점이다. 내용(주제)을 선택할 때는 내용(주제)이 학습자의 생활세계와 정치적 시스템이 연관되어 있음을 보여 줄 수 있는 실천적인 것이 고려되어야 한다.

셋째, 정치교육 수업에서 다양한 방법을 사용하는 것이 그렇지 않은 경우보다 효과적이라는 연구 결과를 바탕으로 교수자에게 다양한 방법에 대한 지식과 수업 상황에서의 활용 능력이 요구된다는 점이다. 다양한 방법은 학문이론을 배경으로 하고 있기 때문에 학문이론적 토대에서 방법의 특성을 이해하고, 실천에 적용하는 능력이 요구되고 있다.[11] 왜냐하면 방법은 내용을 파악하는 데 결정적인 영향을 미치기 때문이고, 보편타당한 방법이 없기 때문이다. 정치교육에서 학습자가 만나는 내용은 현실 문제에서 선택된 것이므로 하나의 주제에 대해서도 의도에 따라 다양한 방법적 관점이 가능하다. '왜?', '무엇 때문에?'라고 묻는 비판적-변증법적 방법의 관점, 판에 박힌 듯이 동일한 관심/평가/선이해에 대한 이데올로기 비판적 방법의 관점, 역사적 과정에서 변화나 의미 파악에 대해서는 해석학적 방법의 관점, 상호주관적 검증 절차가 요구될 때는 경험분석적 방법의 관점이 고려될 수 있다.[12] 이러한 다양한 방법의 관점은 실제의 교육 장면에서 동시에 적용되기도 한다.

정치교육에서 교육 방법은 사회적, 정치적 주제에 대해 다양한 입장들과 자유롭게 논쟁하면서 다른 입장을 수용하고 자신의 입장을 수정·보완하면서 더 근거 있는 자신의 입장을 확립해 가는 데 기여해야 한다. 이를 위해서는 무엇보다도 자신의 견해를 자유롭게 거리낌 없이 표현할 수 있는 분위기가 전제되어야 하는데, 이를 가능하게 하는 것이 독일 정치교육에서의 최소한의 합의이자 독일 정치교육의 기본 원리로 널리 영향을 미치고 있는 '보이텔스바흐 합의Beutelsbacher Konsens'이다. 이 합의는 1976년 바덴뷔르템베르크주 정치교육원이 개최한 수차례에 걸친 회의 결과물로, 각 정파는 이데올로기적 갈등을 넘어 정치교육을 위한 다음과 같은 세 가지 최소 조건에 합의하였다.[13]

첫째, 강제성의 금지이다. 어떤 수단을 사용하든 학생들이 독립적인 판단을 하는 것을 방해해서는 안 된다는 조건이다. 이 조건에서 학습자의 능동적 사고력 형성을 방해하는 주입식 교화Indoktrination와 정치교육이 구분된다. 둘째, 논쟁성의 유지이다. 학문과 정치상황에서 논쟁적인 것은 수업에서도 논쟁적인 것으로 그대로 다루어져야 한다는 조건이다. 이 조건은 앞의 강제성 금지조건과 밀접한 연관성을 갖는다. 왜냐하면 논쟁이 되는 상이한 입장들이 소개되지 않고 선택지들이 공표되지 않고 대안들이 상세하게 논의되지 않는다면, 그것은 교화의 길로 가는 것이기 때문이다. 셋째, 정치적 상황과 자신의 이해관계를 분석할 수 있는 학생 능력의 강화이다. 학생은 하나의 정치적 상황과 자신의 이해관계를 분석하고, 자신의 이해관계에 따라 그러한 정치적 상황에 대해 영향력을 행사할 수 있는 수단과 방법을 찾을 수 있는 능력을 가져야만 한다는 것이다.

학교에서 정치교육 방법의 선택과 수행에서 이 조건들을 충족시키려면 교사의 역할이 매우 중요하다. 교사는 자신의 정치적 입장을 표명하지 말아야 하며, 다양한 관점들을 수용하고 중재할 수 있는 능력이 있어야 한다. 이때 쟁점이 될 수 있는 것은 학습자가 교사의 입장에서 혹은 다수에 의해 수용될 수 없는 정치적 견해를 갖고 있더라도, 교사가 학습자의 견해를 어느 정도까지 수용해야 하는가이다. 보이텔스바흐 합의에는 학생을 자신의 고유한 경험과 판단을 갖고 있는 인격체로 인정해야 하고, 다양한 의견의 공존이 민주주의의 특성이라는 전제가 자리하고 있다. 독일의 정치교육 방법들이 이 원리에 기초하여 개발되고 운영된다고 할 때, 정치교육 방법의 중심에는 Bildung 개념이 자리하고 있음을 알 수 있다. 왜냐하면 정치교육은 어떤 객관적 기준을 충족시키는 자격증 과정이 아니라, 학습자의 자기활동이 중심이 돼서 스스로 자신의 정치적 견해를 확립해 가는 주관적 논쟁의 과정을 중시하기 때문이다.

학교에서의 정치교육

교과교육으로서의 정치교육

독일 학교에서 하나의 고유한 교과명으로 '정치교육'은 쉽게 찾을 수 없다. 오히려 '정치교육 영역'의 교과들이라는 표현이 더 맞을 것이다. 주州의 교과교육기본계획(Rahmenlehrplan 또는 Kernlehrplan)에서는 정치교육을 위한 주도적인 교과들Leitfächer 또는 정치교육 교과들Fächer der Politischen Bildung이라는 표현이 사용되고 있다. 주도적인 교과로는 역사, 사회, 경제가 언급되고 법학, 지리 등이 포함되기도 한다. 라인란트팔츠 주의 중등교육 I단계에 개설되는 '사회과학적 학습 영역'에는 지리, 역사, 사회가 속해 있는데, "세 교과 모두 정치교육의 의무가 있다".[14] 그렇다고 해서 다른 교과들에서 정치교육이 이루어지지 않는 것은 아니다. 철학, 종교 교과에서는 윤리적인 측면에서 정치를 다룬다. 정치교육을 '교육원리'로 이해하면 모든 교과에서 행해진다고 볼 수 있다. 주州마다 학교 급 및 유형별로 다양한 교과에서 정치교육이 이루어지고 있는데, 노르트라인베스트팔렌주의 정치교육 교과들을 위한 교육과정 기본

원칙에서 언급되고 있는 정치교육 교과들은 다음과 같다.[15]

초등학교 '사물수업Sachunterricht' 영역[16]

하우프트슐레 '정치', 통합수업 교과인 '역사/정치', 그리고 '노동론'(가
정관리, 기술, 경제)의 정치적 학습과 관련 있는 부분

레알슐레 '정치', '사회과학들'

종합학교의 중등교육 I단계 '정치' 또는 통합수업 교과인 '사회론'(지
리, 역사, 정치), 통합수업 교과인 '노동론'(가정관리, 기술, 경제)에서
정치적 학습과 관련 있는 부분

김나지움의 중등교육 I단계 '정치'와 선택의무 영역에서 '정치/경제'

김나지움과 종합학교의 중등교육 II단계 김나지움의 '정치/경제'를 확
장한 '사회과학들'[17], 종합학교의 '사회론', '노동론/경제'를 확장한
'사회과학들'

다른 주에서는 주로 '사회Sozialkunde'라는 교과에서 정치교육
이 이루어지지만, 주에 따라서 '공동사회Gemeinschaftskunde', '사회
Gesellschaftskunde', '사회론Gesellschaftslehre', '정치적 세계politische
Weltkunde' 등 다양한 명칭의 교과에서 정치교육이 이루어진다. 정치교
육 영역의 교과들은 개별적인 교과로 운영되기도 하지만 2~3개의 교과
가 통합된 형태로 운영되기도 한다. 예를 들어 브레멘Bremen의 중등교
육 I단계 상급학교Oberschule에서는 '사회와 정치'라는 학습 영역이 있
는데[18], 여기에서 다루어지는 내용은 지리, 역사, 정치이다. 이 내용은 고
유한 교과 혹은 통합적인 수업으로 운영된다. 다른 유형의 학교인 김나
지움에는 세계-환경, 역사, 지리, 정치가 개별적인 과목으로 개설되어 있
다. 교과 통합수업의 경우에는 다음과 같은 형태로 이루어질 수 있다.

첫째, 관련 교과의 교사들이 수업 내용에 대해 합의할 수 있다. 둘째, 특정한 주제에 연관되는 내용을 2~3개의 교과에서 같은 시기에서 다룰 수 있다. 셋째, 프로젝트를 통해 교과의 경계를 넘어 통합적으로 이루어질 수 있다.

〈표 12-1〉은 각 주의 김나지움 교육과정에서 정치교육으로 보이는 수업 교과이다.[19]

〈표 12-1〉 각 주의 정치교육 관련 교과

주(州)	중등교육 Ⅰ단계	중등교육 Ⅱ단계
바덴뷔르템베르크	공동사회(공동체)	공동사회(공동체)
바이에른	사회	사회
베를린	정치교육(5-6), 사회(7-10)	정치학(대체: 사회과학들)
브란덴부르크	정치교육	정치교육
브레멘	정치	정치
함부르크	정치/사회/경제	정치/사회/경제
헤센	정치와 경제	정치와 경제
메클렌부르크포어포메른	사회	사회
니더작센	정치-경제	정치-경제
노르트라인베스트팔렌	정치	사회학
라인란트팔츠	사회	사회
자를란트	사회	사회
작센	공동사회/법 교육/경제	공동사회/법 교육/경제
작센안할트	사회	사회
슐레스비히홀슈타인	경제/정치	경제/정치
튀링겐	사회	사회

교과교육으로서 정치교육이 달성해야 하는 과제를 베를린 교과교육 기본계획(7~10학년)에서는 다음과 같이 강조하고 있다.[20]

"민주주의에서 삶을 함께 형성할 수 있도록 학생들에게 사회적인 물음과 문제들을 이해하고 판단하는 능력이 필요하다. 학생들이 정치적 성숙성을 발전시킬 수 있도록 지원하는 것이 정치교육 교과의 과제이다. 정치적 성숙성을 촉진한다는 것은 정치교육이 학습자에게 비판적 판단능력에 기초해서 정치적이고 사회적인 과정에 관여하는 가능성을 보여 주는 것이다. 그 것은 정치적 결정의 결과를 다양한 관점에서 평가하는 것이다: 사회적, 생태적, 경제적, 전 지구적(지속가능한 발전/전 지구적인 연관성에서 학습) 관점."

정치교육의 목표로서의 역량

독일 사회가 경험한 2000년 PISA 결과에 대한 충격은 교육 시스템 전반에 대한 검토와 개선으로 이어졌다. 2004년부터 독일 전역에 성취 기준 교육과정이 도입되어, 각 교과마다 성취해야 하는 목표로 역량들을 제시하고, 역량 중심 교과 수업의 지침과 가이드라인이 제시되었다. 정치교수학 및 청소년 성인정치교육학회Gesellschaft für Politkdidaktik und politische Jugend-und Erwachsenenbildung, GPJE는 정치교육이 관련 교과들을 통해 추구해야 하는 역량으로 정치적 판단 능력, 정치적 행위 능력, 방법적 능력을 제시하였다. 각 주에서는 이 세 역량을 정치교육을 통해 길러야 하는 기본 역량으로 설정하고, 이외의 다른 역량을 포함시키기도 한다.[21]

정치적 판단 역량은 정치적 사건, 사회적이고 경제적인 발전에서의 문제, 쟁점을 사실(사건, 문제) 지향 관점Sachaspekte과 가치 관점Wertaspekte에서 분석하고 반성적으로 판단할 수 있는 능력이다. 이를 위하여 정치교육은 다음과 같은 능력들을 촉진시킨다.

- 정치적 사건의 의미를 자신의 삶과 관련하여 인식할 수 있는 능력
- 복잡한 정치적 사태를 재구성할 수 있고, 그 사태의 핵심을 확인할 수 있는 능력
- 정치현상을 다양한 차원에서, 특히 목표들과 대상들(policy: 내용)의 관점에서, 제도적, 법적 기본 조건들(polity: 형태)의 관점에서, 다양한 지위의 권력 관계 및 관철 기회의 관점(plitics: 과정)에서 관찰할 수 있는 능력
- 정치적 결정의 결과와 부차적 결과를 반성할 수 있는, 즉 가능한 영향 관계들과 의도하지 않았던 영향 관계들에 대해 물음을 던질 수 있는 능력
- 정치적 결정들과 대안적 해결 방안들을 정치 시스템 외부의 사회 시스템과 관련하여, 특히 국가적, 유럽적, 지구적 차원에의 경제 및 사회적 환경과 관련하여 볼 수 있는 능력
- 현재의 정치적 쟁점을 문제 상황과의 연관성에서 분석하는 능력
- 정치, 경제, 사회, 법에서 기인한 구체적인 대상에 대한 판단을 근본적인 인간상 및 정치상과의 연관성에서 볼 수 있는 능력
- 정치적인 사태, 문제, 결정을 민주체제의 근본적인 가치와 관계 지어 비판적으로 반성하는 능력
- 대중매체의 정치적 연출 논리와 메커니즘을 해독하는 능력

정치적 행위 역량은 의견, 확신, 이해관계를 명료하게 할 수 있고 다른 사람 앞에서 적합하게 주장할 수 있고, 협상할 수 있고 합의를 이룰 수 있는 능력이다. 이러한 능력을 기르기 위하여 정치교육은 다음과 같은

능력들을 촉진시킨다.

- 자신의 정치적 의견과 판단을–소수자의 위치에서도–객관적으로 설득하면서 발표할 수 있는 능력
- 정치적 쟁점에서 갈등을 조정할 수 있고, 합의를 이룰 수 있는 능력
- 정치적, 경제적 사회적 문제들을 매체를 활용하여 제기할 수 있는 능력
- 소비자로서 자신의 경제적 결정을 고려하여 반성적인 태도를 취할 수 있는 능력
- 관점 변경의 의미에서 다른 사람의 상황, 이해관계, 사고방식으로 자신을 전이시킬 수 있는 능력
- 문화적, 사회적, 성적 다름(차이)과 반성적으로 교류할 수 있는 능력
- 자신의 직업적인 관점을 경제적, 정치적, 사회적 발전의 배경에서 설계할 수 있는 능력
- 다양한 사회적 연관성에서 이해관계를 지각할 수 있고, 자신의 이해관계를 학교와의 연관성에서 지각할 수 있는 능력
- 다양한 사회적 상황에서 그리고 여론에서 적합하고 영향력 있는 태도를 취할 수 있는 능력

방법적 역량은 경제적, 법률적 그리고 사회적 문제와 같은 현재 정치에 독립적으로 관심을 가질 수 있고, 전문적인 주제들을 다양한 방법으로 작업하고 자신의 정치적 계속 학습을 조직할 수 있는 능력이다. 이능력은 다른 교과를 위해서도 중요하다. 정치교육은 방법적 능력의 함양을 위해 읽기 능력, 시간 계획 능력, 자기관리 능력을 촉진한다.

정치교육의 내용(주제)

정치교육 교과에서 다루는 정치교육의 내용은 위의 역량을 함양하는 것과 밀접한 관련이 있어야 한다. 바덴뷔르템베르크주 헌법은 민주주의를 위한 정치교육에 특별한 가치를 두는 교과인 '공동사회Gemeinschaftskunde'를 중등교육 I단계의 모든 학교에서 가르쳐야 하는 정규 교과로 규정하고 있다(제21조 제2항).『공동사회 교과교육계획』(2016)[22]에 의하면 교과로서 '공동사회'의 교육적 가치는 성숙에 있다. 즉, 정치교육의 가장 중요한 과제가 민주적으로 사고하고 행위를 할 수 있는 능력을 갖춘 정치적으로 성숙한 시민을 기르는 데 있음을 의미한다.『공동사회 교과교육계획』에는 학생들이 정치교육을 통해 습득해야 하는 역량으로 분석 역량Analysekompetenz, 판단 역량Urteilskompetenz, 행위 역량Handlungskompetenz, 방법 역량Methodenkompetenz이 제시되고 있는데, 이것은 성숙의 구성 요소라고 할 수 있다. 이러한 역량이 성숙한 시민의 척도가 되는 것이다. 분석 역량은 사회적, 정치적, 경제적 진행 과정을 분석하는 능력으로 정치를 심도 있게 이해하기 위한 조건이다. 그러한 역량을 기르기 위한 정치교육에서 학습의 과정은 학생이 어떤 대상에 대한 자신의 관점을 변경시키는 과정, 즉 고유한 관점을 확대해 가는 과정이다. 이것은 학습의 과정을 통해 개인이 자신의 판단 근거의 범위를 확장하고, 자신의 관점을 확대함으로써 자신의 분석과 판단을 더 다층적으로 할 수 있어야 한다는 것을 의미한다.

관점의 확대는 개인적 관점, 개방적 관점, 체계적 관점에서 이루어지는데, 이 관점들은 학습 과정과 관계된 발달 논리적 수준으로 그 순서가 역량 습득에 반영된다.[23]

• 개인적 관점: 학생이 사건, 갈등 상황과 문제 상황을 분석하고 평가

할 때 자신의 고유한 관심과 자신의 사회적 주변 환경의 관심을 고려한다.

- 개방적 관점: 학생은 그러한 관점을 넘어서 다른 행위자의 관심과 가치를 지각하고 이것을 사건, 갈등 상황과 문제 상황을 분석하고 평가할 때 고려한다.

- 체계적 관점: 학생은 사회과학의 이론들과 모델들을 사건, 갈등 상황과 문제 상황을 분석하고 평가하는 중점으로 끌어들인다. 학생은 일반화하는 결론을 이끌어 내고, 전체 시스템(체계)에 미치는 영향에 대해 묻고 메타 차원에서 정치적으로 제기되는 문제를 탐구한다.

이 교과를 통해 중재하려는 지식과 역량들은 수업에서 주요 질문들을 통해 규명되어야 하는 6개의 기본 개념Basiskonzepte에 맞추어져 있다.

6개의 기본 개념은 권력과 결정, 질서와 구조(예: 정치질서, 법질서, 경제질서, 사회구조), 규칙과 법(인간적, 정치적, 경제적 행위의 기본 조건으로서 인습적인 규칙과 법체계), 이해관계와 공익, 사적 영역과 공적 영역, 부족과 분배(무한한 인간의 요구, 한정된 자원, 그리고 분배)이다.

학생이 정치적 현상을 해석하는 경험적 선이해 차원의 기본 개념은 수업에서 제공되는 지식을 통해 계속 발전해 간다. 기본 개념은 교사가 수업에서 주제를 선택할 때, 그리고 수업이 진행되는 동안 반복되는 유사하거나 동일한 질문들을 주제 영역별로 정리하는 데 도움을 준다. 이 때 정리한다는 것은 이전에 제기된 문제의 토대 위에서 기본개념이 더 복잡해지고 세밀화되어 간다는 것을 말한다. 달리 말하면, 학생들이 수업 이전에 가지고 있었던 정치적인 것에 대한 선지식/선이해가 교과 지식을 만나 변화되고 확대되어 간다는 것을 의미한다.

결국, 6개의 기본 개념은 정치적인 것이고, 학생들은 수업을 통해 이 것에 대한 관점을 확대해 가는 것이다. 이때 수업 내용과 방법 선택의 근거가 되고, 수업계획과 실행을 구조화하는 데 중요하게 고려되는 것은 교과교수학적 중심 원리이다. 정치교육의 교과교수학적 중심 원리는 다음과 같다.[24]

- 학생 지향: 수업 주제를 학생의 관심과 경험에 맞춤
- 문제 지향: 학생이 정치적인 문제를 다루고, 이것을 분석하고 정치적인 결정과 정치적인 문제 해결 가능성을 검토
- 논쟁성: 정치적 문제 제기와 문제는 수업에서 다양한 관점에 의해 조명되어야만 함
- 사례 중심 학습: 정치 현실이 복잡하고 역동적이기 때문에 개별 사례를 집중적으로 다루면서 역량을 기르고 구조의 특징을 이해하여 다른 사태에 적용할 수 있도록 함
- 현재성: 학습 주제의 선택은 현재의 문제와 해결 제안에 방향을 맞춤
- 행위 지향: 학생들이 실험(가상)적인 행위 또는 실제 정치적인 행위들을 통해 학교 맥락에서 정치적인 논제, 문제들과 적극적으로 논쟁함

학생들이 위에서 언급한 역량들을 습득할 수 있도록 '공동사회' 교과에서 다루어지는 주제영역과 주제는 〈표 12-2〉, 〈표 12-3〉과 같다.

<표 12-2> 바덴뷔르템베르크주 중등교육 I단계 '공동사회'의 주제[25]

학년	주제 영역	주제
7 8 9	사회	• 사회적 집단에서 함께 생활하기 • 매체 세계에서의 생활 • 가족과 사회 • 독일로의 이주
	권리	• 아동 권리 • 청소년의 법적 지위와 법질서 • 기본권
	정치체제	• 학교에서의 참여 • 공동체에서의 정치 • 독일에서 정치적 의지 형성 과정
10	국제관계	• 평화와 인권
	사회	• 사회민주주의 국가의 과제와 문제
	정치체제	• 독일에서 정치적 결정 과정 • 유럽연합

<표 12-3> 바덴뷔르템베르크주 김나지움 '공동사회'의 주제[26]

학년	주제 영역	주제
8 9 10	사회	• 가정과 사회 • 독일로의 이주 • 사회민주주의의 과제와 문제
	권리	• 청소년의 법적 지위와 법질서 • 기본권
	정치체제	• 학교에서의 참여 • 공동체에서의 정치 • 독일에서 정치적 의지 형성 과정 • 독일에서 정치적 결정 과정 • 독일에서 정치적 지배의 통제 • 정치체제의 문제해결능력–사례 연구
	국제관계	• 평화와 인권
11 12 (2시간 코스)	국제관계	• 국제 체제의 토대 • 평화와 안전 • 독일 국외 정치 • 전 지구적으로 통치하기
	정치체제	• 정치체제의 토대 • 정치적 참여 • 입법과 통치

	사회	• 사회구조와 변화 • 사회민주주의 국가의 형성 • 기회균등의 정치
11 12 (4시간 코스)	정치체제	• 정치체제의 토대 • 정치적 참여 • 입법과 통치 • 정치적 지배의 통제
	경제정책	• 경제정책의 토대 • 복지와 경제성장 • 국제적 과제 및 유럽의 경제정책
	국제관계	• 국제체제의 토대 • 평화와 안전 • 독일 국외 정치 • 지구적으로 통치하기

다음은 헤센주 김나지움의 7-10학년 '정치와 경제'교과에서 의무적으로 다루어야 하는 주제(〈표 12-4〉)와 주제의 수업 내용(〈표 12-5〉)이다.

〈표 12-4〉 헤센주 김나지움 7-10학년 '정치와 경제Politik & Wirtschaft' 과목의
의무수업 주제[27]

	7(시수)	8	9	10
개인과 사회	현대사회와 청소년	(청소년 범죄)	사회구조	
민주주의, 참여와 인권	민주주의와 직접적인 생활 영역에서 정치 참여	법치국가*	사회민주주의 국가*	의회민주주의, 정치체계와 헌법 원칙
법		청소년과 권리, 법률제도		
국제관계				국제적 협업과 안전보장
대중매체	매체와 여가시간		(질서/규칙체계와 경제, 영업으로서 매체)	(매체, 언론의 자유와 민주주의)
경제	가정경제	시장	경제와 노동세계	국제 경제 관계

(   )는 어느 정도로 내용이 다른 영역들로부터 언급되어 있는 상태인지 내지는 선택적인 주제를 통해 심화될 수 있는지를 분명하게 한다.
*독일 〈기본법〉 제20조 제1항에는 독일은 "민주적이고 사회적인 연방국가이다"라고 명시하고 있고, 제28조 제1항은 "주에서 헌법에 기초한 법규는 기본법의 의미에서 공화주의적, 민주적 그리고 사회적인 법치국가의 원칙들에 일치하여야만 한다"라고 규정하고 있다.

〈표 12-5〉 수업 내용/과제(7학년 '현대사회와 청소년'[28]

의무수업 내용/과제	
아동기와 가정	"현대사회"에서 아동기, 가정의 의미(〈기본법〉에서 가정보호), 가정의 변화 및 다양한 문화에서의 가정; 대안적인 가정 형태; 교육(Erziehung) 및 사회화 형태들
사회집단에서 갈등과 합의, 인간 존엄	집단 압력과 자기결정, 역할 기대, 규범, 제재; 소수자 및 소수 집단과 교제, 외국인 혐오; 하위 문화들
선택 수업 내용/과제	
성 역할	등등한 권리와 성의 다양성, 배우자와 성
유럽에서의 생활	우리에게 외국인, 외국인으로서의 우리, 외국인 혐오, 유럽에서 어리다는 것
학생들의 작업 방법에 대한 안내 및 설명	

•공동으로 작업계획, 결과물 함께 작성하기, 교과서로 작업하기
•단순한 정보 제공 형태들
•체험 보고서, 그림 설명, 인터뷰, 텍스트
•단순한 형태의 프레젠테이션: 벽신문 만들기
•집단 작업, 역할놀이, 무대공연
•새로운 매체: 텍스트로 작업하기, 문서 관리

〈표 12-6〉 헤센주 레알슐레의 '사회Sozialkunde' 교과의 의무 주제와 시수[29]

학년	의무 주제	시수
7	학교에서 생활하기	8
	가정에서 함께 생활하기	8
	공동체에서의 생활	10
	중독 위험	10
	환경보호	10
	청소년과 법	8
9	의회민주주의	12
	사회에서의 청소년	8
	대중매체	8
	정보사회에서의 일	10
	독일 사회문제	12

10	경제질서, 사회시장 경제, 임금협상 단체	12
	평화 유지	8
	유럽	8
	동등한 권리	8
	교통과 환경	8
	하나의 세계	10

〈표 12-7〉 수업 내용/과제(7학년 '학교에서 생활하기')

의무수업 내용/과제	
학교에서의 참여	• 학생의 권리와 의무 • 학생대표의 법적 토대(헤센주 학교법) • 이해관계 갈등과 해결(사례 연구) • 학교에서의 참여: 요구와 현실 • 형성 가능성 인식하기
선택수업 내용/과제	
학급에서 갈등/학교에서 폭력 대처	• '갈등' 내지는 '폭력'의 개념 • 상호적 태도를 위한 설명 • 관점 변경 • 공동생활의 규칙 • 갈등 극복 과정 • 소년과 소녀의 역할 태도
우리는 어떤 학교를 원하나?	• 대안학교의 사례 배우기 • 학교생활을 비판적으로 들여다보기 • 학교의 유토피아 발전시키기 • 변경 가능성 검토하기 • 학교 질서-과거와 현재 • 학교 축제 준비하기 • 학교 개방/오후 프로그램
학생들의 작업 방법에 대한 안내 및 설명	
역할놀이, 설문조사, 인터뷰, 사례 분석, 마인드맵, 미래공작실	

바이에른주 학교에서의 정치교육 종합 구상에 있는 내용 중 한 분야 (오늘날의 도전과 현대사의 문제)는 다음과 같다.[30]

- 독일의 분단과 극복: 독일 통일
- 유럽의 동반 성장과 유럽공동체(EG)
- 중부 유럽과 동부 유럽 국가의 발전
- 국제정치에서의 독일
- 평화 및 안전정치
- 제3세계의 개발정책 및 문제
- 환경정책
- 기술 발전 및 사회 변화의 영향
- 가정, 직업, 사회, 정치에서 여성의 역할

독일 연방정치교육원 홈페이지를 통해[31] 초등, 중등교육 Ⅰ, Ⅱ단계를 대상으로 제공하고 있는 정치교육 주제를 확인해 보면 기본법, 유쾌한 학급, 피난과 정치적 망명, 통합, 축구, 제1차 세계대전, 제2차 세계대전, 선거, 유럽연합, 독일 역사, 정치체제, 독일민족(국가) 사회주의, 극우주의 등이다.

정치교육의 방법 사례

여기서는 바덴뷔르템베르크주의 '공동사회' 교과의 내용을 중심으로 주제 중심 교육 방법 사례를 제시하기로 한다. 아래의 내용은 주정치교육원에서 발간하는 정치교육연구 실천 간행물인 『정치와 수업Politik & Unterricht』을 통해 소개된 정치수업 방법 사례에서 발췌한 것이다.[32] '공동사회' 교과에서 학생들에게 함양하고자 하는 역량은 정치적 판단 역량, 정치적 행위 역량, 방법적 역량 이외에 분석 역량이 추가되어 있다.

분석 역량은 사회적, 정치적, 경제적 진행 과정에 대한 분석을 통해 정치를 깊이 있게 이해하는 능력이다. 분석능력을 갖춘 학생은 정치적, 사회적, 경제적 사태, 갈등 상황, 문제 상황에 대해 사회학적 지식의 도움을 받아 체계적으로 목표 지향적인 연구를 하고 그 토대 위에서 앞에 높여 있는 결정과 판단의 배후를 탐구할 수 있다.[33]

『정치와 수업』에서 소개하고 있는 정치수업 방법의 유형은 1) 대화 중심 방법, 2) 텍스트 중심 방법, 3) 생산물 중심 방법, 4) 시각 중심 방법, 5) 놀이 중심 방법, 6) 연구 중심 방법이다. 대화 중심 방법은 표현하고 논증하면서 민주적 참여 능력과 소통적 행위 능력을 함양한다. 텍스트 중심 방법은 신문기사 제목이나 인용문을 가지고 맥락에 맞는 문장을 만들어 가는 것으로 정치적인 관심을 갖게 하고 그 주제에 대해 논의되고 있는 상이한 관점을 파악할 수 있게 한다. 생산물(제작물) 중심 방법은 정치적 참여를 위한 매체와 재료를 생산해 내는 과정에서 창조성, 형성하는 능력, 매체 능력, 사회과학적인 작업의 숙련성을 함양한다. 시각 중심 방법은 시각적 자료를 활용하여 학생을 비판적 매체 수용자가 되도록 하는 데 중점을 둔다. 놀이 중심 방법은 동기를 부여하는 놀이를 통해 지식을 습득하도록 하는 데 관심을 갖는다. 연구 중심 방법은 계획을 세우고 절차에 의해 조사하고 연구해 나가는 방법으로 학문적인 연구 방법과 유사하다.

아래의 사례는 수업시간을 45분으로 하고 수업을 5단계(도입-정보-적용-문제화/결과 생산-메타의사소통)로 구성한 것이다. 사례는 수업의 단계 중 어느 단계에서 활용되는 것인지를 보여 주고 있다.

사례 1. 대화 중심의 방법-모델명: 플래시(Blitzlicht)

수업 단계 도입, 문제화/결과 산출

형태 학급수업

소요 시간 적음~중간 정도

방법의 강점 모든 학생들이 활발하게 의견과 결정을 표현하도록 촉진함

방법 잠깐의 전체회의에서 모든 학생들이 특정한 주제 또는 질문에 대해 연상, 의견 또는 결정을 말한다. 말하는 차례는 사회자에 의해 진행되든지 공을 한 사람이 다른 사람에게 던져서 지목할 수 있다.

역량 습득 플래시 모델은 현재의 정치적 현상에 대해 시간적으로 제한된 문제 지향적인 논쟁을 가능하게 한다. 교실에 있는 학생들은 다양한 의견과 결정들을 통해 정치적인 문제의 쟁점과 다양성을 알게 된다. 학생은 다른 학생들의 상이한 관점을 만나면서 자극을 받아 자신의 관점을 변경하거나 자신의 입장에 대한 배후를 비판적으로 탐구하려 한다. 그렇게 본다면 이 방법은 학습자의 정치적 판단 능력을 함양할 수 있는 출발점이다. 서로 민주적인 방식에서 순서대로 자신의 입장을 얘기하면서 의사소통 역량을 함양할 수 있다.

실천을 위한 조언 플래시의 토대는 쟁점이 되는 정치적 문제의 제기이다. 도발적인 인용문, 그림, 만화를 활용하면 도움이 된다. 한번 진행하고 의견들을 모아 두었다가 다시 한 번 해 보면 종종 흥미로운 결과들이 나온다.

실제로 사용된 주제 물 전쟁: 현실인가 공상과학인가?

이 방법은 학습 진단의 도구로 활용될 수 있는 장점이 있다. 학생들의 생각과 선지식 수준을 알게 되어 학생들의 수준에 맞는 수업을 준비할 수 있다.

사례 2. 텍스트 중심 모델-모델명: 머리기사 콜라주/인용문 콜라주

수업 단계 도입, 정보

형태 개별 작업, 파트너 작업, 학급수업

소요 시간 적음

방법의 강점 폭넓은 여론의 쟁점을 반영한다. 매체의 연출에 민감해 진다.

방법 신문, TV, 인터넷에서 머리기사 혹은 정치적인 문제나 사건에 대해 언급한 정치인, 기자, 작가, 전문가, 시민의 인용문을 모은다. 학생들은 그것을 분석하고, 비교하고, 대립시키면서 잘 정리해 가거나 자신의 연구를 통하여 보완한다.

역량 습득 머리기사 또는 인용문을 구조에 따라 잘 정리하고 다른 자료를 수집하여 확대해 가는 과정에서 학생들은 대중적인 입장 내지는 학문적인 입장에서 특정한 정치적 주제에 다가가게 된다. 이것이 갖는 장점은 학생이 다양한 시각과 판단의 쟁점과 부딪치게 된다는 것이다. 이러한 의도적인 논쟁은 학생들이 자신을 스스로 대중적인 논쟁에 위치시키게 하는 동인이 되고, 다양한 영향 가능성들에 직면해서 자신의 고유한 시각을 발달시키거나 하나의 관점에 기대게 한다. 이러한 작업은 학생들이 정치적 언급이 어느 정치적 범주와 관계하는지, 어떤 판단 특성(확언하는, 설명하는, 평가하는)을 보이는지 구별할 수 있는 역량을 강화시킨다.

실천을 위한 조언 머리기사와 인용문을 선택할 때 콜라주에 특히 중
요한 것은 하나의 정치적 문제, 사건 또는 계획에 대한 모든 중요한
입장들을 하나의 머리기사나 특징 있는 인용문이 반영하는 것이
다. 머리기사는 정치적으로 상이한 입장을 견지하는 신문과 매체로
부터 가져오는 것이 좋다. 인용문은 연령, 성, 직위, 다양한 정치적
컬러 혹은 정당회원 등의 것이 좋다. 머리기사와 인용문은 특정한
기준(사익 vs 공익, 효과 vs 합법, 찬성 vs 반대, 해결책 제시 vs 비판)
에 따라 정리해서 제시한다.

실제로 활용된 머리기사

브라질 호황을 누리다 (Bild, 2010. 9. 28)	브라질 젊은이들 심각한 폭동 (Deutsche Welle, 2013. 10. 29)
브라질 중산층이 4,000만 명으로 늘어났다. (N24, 2011. 6. 28)	브라질 석유-강대국 진입 (Der Spiegel, 2010. 6. 22)
브라질 현지 독일 회사들을 위한 최고의 전망 (Die Welt, 2013. 5. 10)	농업 강대국 브라질 (New Züricher Zeitung, 2012. 8. 17)
브라질 벌목 28% 상승 (Die Zeit, 2013. 11. 15)	브라질 빈곤에서 탈출 (Die Welt, 2013. 1. 5)

정치교육의 경향

연방정치교육원과 주정치교육원이 작성한 뮌헨 선언은 "21세기의 문
턱에서 국내외적으로 현세대와 미래세대의 생존에 영향을 주고 있는 정
치적, 사회적, 경제적, 생태적 도전에 직면해서" 시대의 요청에 부응하는
정치교육의 새로운 과제를 제시하고 있다.[34] 정치교육의 새로운 과제는
독일 정부가 1992년 리우에서 개최되었던 UN환경개발회의에서 합의한

'Agenda21'을 "현재와 미래 정치의 근본적인 지향점"[35]으로 삼고 수립한 『지속가능발전전략』(2002)과 맥을 같이하고 있는 것으로 보인다.

지속가능한 발전은 발전과정에서 경제, 사회, 생태적 차원에서 직면하게 되는 새로운 문제들을 인식하고 해결과정에 적극적으로 참여하여 이상적인 미래 사회를 형성해 나갈 수 있는 개인의 능력을 필요로 한다. 그러므로 정치교육에서도 사회적, 경제적, 기술적, 생태적 변화에 직면해서 생존과 조화로운 삶을 위협하는 시대적인 문제를 주요 주제로 다루어야 한다는 의미로 해석할 수 있다. 현세대와 미래세대의 생존을 위협하는 문제들을 극복해 가기 위해서는 성숙된 시민의식과 자발적 참여가 요구되기 때문에 정치교육은 지속가능한 발전을 위한 교육과 보조를 함께할 수밖에 없을 것으로 보인다. 독일 사회가 지향하는 지속가능한 미래 사회의 이상은 정치교육 교과 영역에서도 예외일 수는 없기 때문이다. 평화와 민주주의적 행위를 촉진하는 정치교육의 목표는 동시에 지속가능발전교육의 목표이기도 하다. 지속가능발전교육을 통해 학생들이 습득해야 하는 '형성 역량Gestaltungskompetenz'은 정치교육의 역량과 서로 중첩된다. 이렇게 보면, 정치교육은 지속가능한 발전에 문제가 되는 주제들을 지역적, 국가적, 지구적 차원에서 이전보다는 더 많이 다룰 것으로 보인다.

시사점

"인간은 교육되어야만 하는 유일한 피조물"이라는 칸트Kant의 교육이론 전제에 의하면 민주시민에게 필요한 능력은 자연적으로 주어지는 것이 아니라, 교육을 통해 획득되어야만 하는 것이다. 역사에서 확인할 수 있듯이 어떠한 교육을 경험하느냐에 따라 인간은 미성숙한 혹은 무비판적인 수동적-순응적 존재가 될 수도 있고, 성숙한 혹은 비판적인 능동적-참여적 존재가 될 수도 있다. 독일국가사회주의와 2차 세계대전에 대한 반성과 비판으로부터 생겨난 독일의 정치교육은 주체적인 학습자의 '자율적 참여'를 무엇보다 중시한다. 국가 시스템이 어떻게 작동하는지를 이해하고, 정치적인 사안에 대해 비판적으로 판단하고 민주적인 사회문화 형성에 참여할 수 있는 정치적으로 성숙한 시민을 기르기 위해서는 학습의 과정 차체가 개방적이고 참여적이어야 하기 때문이다. 이러한 의미에서 독일의 정치교육이 기성세대의 의도적인 개입을 내포하고 있는 교육 개념Erziehung이 아닌, 스스로 논쟁하면서 자신을 형성해 가는 의미의 교육 개념Bildung을 의도적으로 사용하고 있는 것이다. 정치적인 사안뿐만 아니라, 자신의 삶과 관련된 문제들을 학생 스스로 다양한 관점과 논쟁하면서 이해해 가는 자기 성숙의 과정은 기계화, 상업화, 편리화가 지배하는 생활세계에서 더욱 요청되는 교육의 과제라고 할 수 있다.

| 주석 |

1. Münchner Manifest vom 26. Mai 1997.
2. Bundeszentrale für politische Bildung(2003.05.20.), Leitbild der Bundeszentrale für politische Bildung.
3. Brezinka, W.(1990), *Grundbegriffe der Erziehungswissenschaft*. München, Basel: Erst Reinhart Verlag, 95.
4. Brezinka, W.(1990), *Grundbegriffe der Erziehungswissenschaft*, 91.
5. Brezinka, W.(1990), *Grundbegriffe der Erziehungswissenschaft*, 91.
6. Brezinka, W.(1981), *Erziehungsziel. Erziehungsmittel. Erziehungserfolg*. 2.Aufl. München, Basel: Erst Reinhart Verlag, 186.
7. Brezinka, W.(1981), *Erziehungsziel. Erziehungsmittel. Erziehungserfolg*, 91.
8. 정기섭(2002). 교육현실과 교육학. 서울: 문음사, 84.
9. Schelten, A.(1991), *Einführung in die Berufspädagogik*. Stuttgart: Steiner, 20.
10. Mickel, Wolfgang W., & Zitzlaff, D.(Hrsg.)(1988), *Handbuch zur politischen Bildung*. Bonn: Franz Spiegel Buch, 227.
11. Budeszentrale für politische Bildung Baden-Württemberg(2015), Methoden im Politikwissenschaften. Beispiele für die Praxis. Zeitschrift für die Praxis der politischen Bildung, *Politik & Unterricht*, Villingen-Schwenningen: Neckar-Verlag, 41; Mickel, Wolfgang W., & Zitzlaff D.(Hrsg.)(1988), *Handbuch zur politischen Bildung*, 227 참조.
12. Hilligen, W.(1985), *Zur Didaktik des politischen Unterrichts*. 4.Aufl. Opladen, 91, Mickel, Wolfgang W., & Zitzlaff, D.(Hrsg.)(1988), *Handbuch zur politischen Bildung*, 230-231에서 재인용.
13. 조상식(2009), 민주시민교육의 교육 이론적 지평, 교육사상연구, 23(1), 209-228.
14. Ministerium für Bildung, Wissenschaft, Weiterbildung und Kultur des Land Rheinland-Pfalz(Hrsg.)(2016), *Lehrplan für die gesellschaft wissenschaftlichen Fächer. Erdkunde, Geschichte, Sozialkunde*, 4.
15. 사물수업(Sachunterricht)은 초등학교의 핵심 교과로서 학생을 둘러싸고 있는 환경인 사회, 문화, 자연, 기술 분야를 이해하는 기본 지식을 습득하고 자연과학-기술적 역량뿐만 아니라 사회 및 문화적 역량을 기르는 교과이다. 그러므로 학생

을 둘러싼 생활세계에 대한 교과라고 할 수 있다.

16. Ministerium für Schule und Weiterbildung des Landes Nordrhein-Westfalen(Hrsg.)(2008), *Rahmenvorgabe Politische Bildung.* 1.Auflage 2001 unveränderter Nachdruck.

17. '사회과학들' 교과는 김나지움의 '정치/경제', 종합학교의 '사회론', '노동론/경제' 교과를 확장한 것으로 사회과학적으로 교육된 민주적인 논쟁과 성찰된 참여능력 이 있는 성숙한 시민을 지향한다. Ministerium für Schule und Weiterbildung des Landes Nordrhein-Westfalen(Hrsg.)(2014), *Kernlehrplan für die Sekundarstufe II Gymnasium/Gesamtschule in Nordrhein-Westfalen. Sozialwissenschaften und Sozialwissenschaften/Wirtschaft*, 11.

18. Die Senatorin für Bildung und Wissenschaft Bremen(Hrsg.)(2010), *Gesellschaft und Politik. Geografie, Geschichte, Politik. Bildungsplan für die Oberschule.*

19. Detjen, J.(2015.03.19.), *Bildungsaufgabe und Schulfach.* In: Bildung szentrale für politische Bildung, URL: http://www.bpb.de/gesells chaft/ kultur/politische-bildung/193595/bildungsaufgabe-und-schulfach

20. https://bildungsserver.berlin-brandenburg.de/fileadmin/bbb/unterricht/ rahmenlehrplaene/Rahmenlehrplanprojekt/amtliche_Fassung/Teil_C_ Politische_Bildung_2015_11_16_web.pdf

21. Gesellschaft für Politikdidaktik und politische Jugend- und Erwachsenenbildung(GPJE)(2004), *Anforderungen an Nationale Bildugnsstandard für den Fachunterricht in der Politischen Bildung an der Schulen.* Schwalbach/Ts: Wochenschau Verlag, 13 이하.

22. Ministerium für Kultur, Jugend und Sport des Landes Baden-Württemberg(2016), Gemeinsamer Bildungsplan der SekundarstufeⅠ. Bildungsplan 2016. Gemeinschaftskunde.

23. Ministerium für Kultur, Jugend und Sport des Landes Baden-Württemberg(2016), Gemeinsamer Bildungsplan der SekundarstufeⅠ. Bildungsplan 2016. Gemeinschaftskunde, 5-6.

24. Ministerium für Kultur, Jugend und Sport des Landes Baden-Württemberg(2016), Gemeinsamer Bildungsplan der SekundarstufeⅠ. Bildungsplan 2016. Gemeinschaftskunde, 15 이하.

25. Ministerium für Kultur, Jugend und Sport des Landes Baden-Württemberg(2016), Gemeinsamer Bildungsplan der SekundarstufeⅠ. Bildungsplan 2016. Gemeinschaftskunde.

26. Ministerium für Kultur, Jugend und Sport des Landes Baden-Württemberg(2016), Bildungsplan des Gymnasiums. Gemeinschaftskunde.
27. Hessisches Kultusministerium(o.J.), Lehrplan: Politik & Wirtschaft. Gymnasialer Bildungsgang. Jahrgangstufe 7-13, 5.
28. Hessisches Kultusministerium(o.J.), Lehrplan: Politik & Wirtschaft. Gymnasialer Bildungsgang. Jahrgangstufe 7-13.
29. Hessisches Kultusministerium(o.J.), Lehrplan Sozialkunde. Bildungsgang Realschule. Jahrgansstufen 5 bis 10.
30. http://www.bayern-in-europa.de/userfiles/Gesamtkonzept.doc
31. http://www.bpb.de/lernen/
32. Budeszentrale für politische Bildung des Landes Baden-Württem berg(2015), Methoden im Politikwissenschaften. Beispiele für die Praxis. Zeitschrift für die Praxis der politischen Bildung. *Politik & Unterricht. 41(Heft 1/2)*.
33. Ministerium für Kultur, Jugend und Sport des Landes Baden-Württemberg(2016), Gemeinsamer Bildungsplan der SekundarstufeⅠ. Bildungsplan 2016. Gemeinschaftskunde.
34. Münchner Manifest vom 26. Mai 1997.
35. 정기섭(2010), 독일에서 지속가능발전교육의 생성과 전개, 교육의 이론과 실천, 15(3), 161.

제13장

대안학교 운동은
어떻게 전개되고 있나?

독일의 대안학교 명칭은 '실험학교', '개혁학교' 등 다양하며 사립학교 뿐만 아니라 공립학교도 있다. 대안학교라고 언급될 수 있는 학교의 많은 수가 사립학교이며, 이러한 사립학교들은 대부분 '국가가 인정하는 대체학교(Ersatzschule)'이다. 사립 대안학교는 대체학교로서 고유한 교육 이념, 교육 이론, 교육 방법에 기초한 교육 프로그램을 갖고 있는 학교라고 할 수 있다. 오늘날 독일에서 대안학교로 언급될 수 있는 대부분의 학교들은 개혁교육학(=개혁교육운동)에 뿌리를 두고 있거나 개혁교육학적인 요소들을 도입한 학교라고 할 수 있다.

대안학교의 개념

독일에서 '대안학교'의 범주에서 언급되는 학교들은 다양한 명칭을 사용하고 있다. '독일 자유 대안학교 연합Bundesverband der Freien Alternativschulen e.V., BFAS'[1]에는 2020년 2월 현재 108개의 자유 대안학교와 대안학교를 설립하고자 하는 32개의 협회가 가입되어 있다. 이 연합에 가입된 학교들 중 대안학교라는 명칭을 사용하는 학교는 찾아보기 어렵고, 주로 '자유 학교Freie Schule'라는 명칭을 사용하고 있다. '독일 자유 대안학교 연합'은 자유 학교들이 1978년부터 '자유 대안학교 전국모임'을 개최하여 서로의 경험과 정보를 교환해 오다가 1988년 '독일 자유 대안학교 연합'으로 창설되었다. 1986년 부퍼탈Wuppertal에서 개최된 16회 모임에서 다음과 같은 사항을 가결하고, 이를 자유 대안학교의 독자성으로 채택하였다.[2]

첫째, 현재와 미래의 사회적인 문제들(생태학, 전쟁, 빈곤 등)은 자기책임과 민주주의를 실현할 수 있는 인간에 의해서만 민주적인 방식으로 해결될 수 있다. 대안학교는 어린이, 교사, 부모들에게 일상에서 항상 자기제어와 민주주의를 시험할 수 있는 가능성을 제공하려고 시도한다. 이것은 대안학교의 가장 중요한 정치적 차원이다.

둘째, 대안학교는 아동기를 성인이 되기 위한 훈련 단계로서가 아니라, 자기결정, 행복과 만족에 대한 권리를 갖는 고유한 삶의 단계로서 이해한다.

셋째, 대안학교는 어린이들이 운동의 자유, 자발적인 표현, 고유한 시간 분할, 친밀한 친구 관계 형성과 같은 자신들의 욕구들을 펼칠 수 있는 공간을 창조한다.

넷째, 대안학교는 어린이들을 훈련시키기 위한 강제적인 수단을 포기한다. 어린이들 사이의 갈등은 물론 어린이와 어른들 사이의 갈등은 변경 가능한 규칙들과 제한들을 만들어 낸다.

다섯째, 아이들의 경험으로부터 학습 내용을 결정하고 교사와 함께 그것을 공동으로 확정한다. 학습 대상의 선택은 아이들과 교사들의 경험이 계속해서 포함되는 하나의 과정이다. 학습의 복잡성은 다양하고 유연한 학습 형태, 놀이, 학교생활, 학교의 사회적 환경을 통해 고려된다.

여섯째, 대안학교는 지식 습득을 넘어서 모든 참가자에게 새롭고 익숙하지 않은 지식의 길을 열어 주는 해방적인 학습과정을 지원하려 한다. 그래서 대안학교는 현재와 미래의 사회적인 문제 해결을 위한 조건을 창조하는 것을 돕는다.

일곱째, 대안학교는 자치학교이다. 서로 민주적인 교제에서 이루어지는 자치는 학부모, 교사, 학생들에게 인상적인 경험이다.

여덟째, 대안학교는 모든 참가자에게 태도와 생활관이 변경될 수 있고 개방적으로 이해될 수 있는 공간이다. 그래서 대안학교는 모험을 체험하고 삶을 체득할 수 있는 가능성을 제공한다.

2011년 베를린 모임에서는 부퍼탈에서 가결한 자유 대안학교의 정체성을 보완하여 자유 대안학교 원칙들을 다음과 같이 결정하였다.[3]

첫째, 자유 대안학교는 모든 참여자가 협력적으로 설계하고 실현해 가며 비판적으로 탐구하는 공동체이다. 그를 통해 얻어진 지식과 경험은 사회적인 문제들을 제기하고, 구성적인 해결책을 연구하고 사회의 새로운 형태를 시험해 보도록 참여자들을 고무하고 그러한 능력을 갖도록 한다.

둘째, 자유 대안학교는 스스로 조직된 학교이다. 서로 민주적인 교제에서 이루어지는 자치는 아동, 청소년, 학부모 그리고 학교에서 활동하는 사람들에게 인상적인 경험이다. 자유 대안학교는 변경될 수 있는 고유한 규칙들과 구조들을 창조한다. 이것은 공동정신, 폭력 없는 갈등 해결과 타인의 상황에 대한 이해를 촉진한다.

셋째, 자유 대안학교는 포용적 학습 및 생활 장소이다. 여기에서는 아동, 청소년, 성인이 자기결정과 보호에 대한 동등한 권리를 갖는다. 참여자의 요구는 동등하게 존중된다.

넷째, 학습은 신뢰할 수 있는 관계를 필요로 한다. 자유 대안학교에서는 서로 존중하고 그로부터 성장한 신뢰가 이러한 관계의 토대이다.

다섯째, 자유 대안학교에서는 학습을 평생의 과정으로 이해한다. 학습의 구성 요소들은 놀이적인 것, 사회적이고 감성적인 경험 그리고 아동, 청소년, 성인의 관심이다. 그래서 해방적인 학습과정을 개시할 수 있는 개인적인 학습 방법이 생겨난다.

여섯째, 자유 대안학교는 변화와 발전을 위한 민감성과 개방성으로 특징되는 학습 및 생활 공간이다. 자유 대안학교는 다양한 교육학적 표상들을 통합하고 그것을 다양한 방식으로 실천한다.

자유 대안학교의 정체성을 나타내는 이러한 원칙들은 대안학교가 사회와 격리된 섬이 아니라, 미래 지향적인 관점에서 연대적이고 민주적인 생활 및 학습문화를 실현하려는 포용적 교육 공간임을 분명히 하는 것으로 보인다.

'대안학교'라는 명칭 때문에 '자유 대안학교 연합'에 가입되어 있는 학교들이 독일 대안학교의 대부분이고 대표성을 갖는다고 말할 수는 없다. 왜냐하면 독일의 '대안학교' 개념은 '개혁학교Reformschule', '자유학교', '실험학교Versuchsschule', '실험실학교Laborschule', '열린 학교Offene Schule'와 특별히 구분되지 않기 때문이다. 분류에 따라서는 대안학교의 범주에 개혁학교, 자유학교, 실험학교가 포함되기도 하고, 개혁학교의 범주에 자유학교, 실험학교가 포함되기도 하며, 실험학교의 범주에 개혁학교, 자유학교가 포함되기도 한다. 동일한 학교라도 분류자에 따라 서로 다른 범주에 포함되기도 한다. 이때 언급되는 학교들은 인간의 학교 école d' Humanité, 자유학교, 예나플랜학교, 전원기숙사학교, 리츠학교, 몬테소리학교, 프레네학교, 오덴발트학교[4], 섬머힐, 발도르프학교, 카셀 개혁학교Reformschule Kassel, 빌레펠트 실험실학교Laborschule Bielefeld, 비스바덴 헬레네-랑에-학교Helene-Lange-Schule Wiesbaden, 빈터후더 개혁학교Winterhuder Reformschule, 발다우 열린 학교Offene Schule Waldau 등이다. 개혁학교, 실험학교, 열린 학교, 대안학교로 분류되는 학교들은 새로운 학교교육을 추구한다는 점에서 같은 범주에 묶일 수 있는 공통점을 갖고 있다.

위에서 언급한 카셀 개혁학교는 공식 명칭으로는 개혁학교를 쓰고 있지만, 자신들의 학교를 소개하는 홈페이지의 첫 문장에는 "개혁학교 카셀은 1998년 헤센주 실험학교로 설립되었다"라고 명시하고 있다.[5] 빌레펠트 실험실학교, 비스바덴 헬레네-랑에-학교도 홈페이지에 실험학교라고 소개하고 있다. 자유 대안학교 연합 홈페이지에는 프레네학교, 몬테소리학교, 발도르프학교를 개혁학교로 소개하고 있다.

이러한 학교들은 개혁교육학의 범주에 포함되기도 한다. 1986년 뢰어스H. Röhrs가 출판한 『오늘날 개혁교육학 학교들Die Schulen der

Reformpädagogik heute』에 다음과 같은 학교들이 함께 소개되고 있다는 것은 이러한 사실을 말해 준다: 리츠학교Lietz-Schule, 오덴발트학교Odenwaldschule, 인간의 학교Ecole d'Humanité in Godern, 잘렘성 학교Schule Schloss Salem, 몬테소리학교들Montessori-Schulen, 발도르프학교들Waldorfschulen, 프레네학교Freinet-Schule, 예나플랜학교들Jenaplan-Schulen, 빌레펠트 실험실학교Bielefelder Laoborschule, 글록제 학교Glocksee-Schule, 보쿰 자유학교Freie Schule Bochum, 종합학교Gesamtschule, 단기학교들Kurzschulen 등. 결국, 오늘날 독일에서 대안학교로 언급될 수 있는 대부분의 학교들은 개혁교육학(=개혁교육운동)[6]에 뿌리를 두고 있거나 개혁교육학적인 요소들을 도입한 학교라고 할 수 있다. 이러한 해석의 근거는 현재 "개혁교육학적인 방향을 추구하는 학교들의 연합"[7]이라고 정체성을 규정하고 있는 '울타리를 넘어서는 시야Schulverband Blick über den Zaun'라는 학교연합에 위에서 언급된 대부분의 학교가 회원으로 가입되어 있다는 사실에서 확보할 수 있다.

혜센주의 공식적인 학교 유형은 초등학교, 하우프트슐레, 레알슐레, 김나지움, 중간수준학교Mittelstufenschule, 종합학교, 촉진학교, 직업학교, 종합학교, 전문학교, 성인을 위한 학교(직장인을 위한 야간학교), 사립학교로 분류되어 있다.[8] 혜센주에 위치하고 있는 카셀 개혁학교와 비스바덴 헬레네-랑에-학교는 공립 종합학교로, 호엔베르다 리츠학교Hermann-Lietz-Schule Schloss Hohenwehrda는 레알슐레와 김나지움 과정이 있는 사립학교로, 카셀 자유발도르프학교는 국가가 인정하는 사립 김나지움으로, 카셀 자유학교Freie Schule Kassel와 비스바덴 몬테소리학교Monterssori Schule Wiesbaden는 국가가 인정하는 사립 초등학교로 분류된다. 다른 주와 마찬가지로 혜센주 공식적인 학교명에 대안학교는 사용되지 않는다.

이러한 분류를 통해 우리가 흔히 대안학교라고 일컫는 독일의 학교들은 사립학교만 존재하는 것이 아니라 공립학교도 존재하고 있음을 확인할 수 있다. 헬레네-랑에-학교의 경우 학교 유형은 공립 종합학교로 분류되지만 그 학교의 특별한 교육학적 프로그램 때문에 개혁학교, 실험학교로 자주 언급되는 것이 그 예라고 할 수 있다. 그럼에도 불구하고 독일에서 대안학교라고 언급될 수 있는 학교의 많은 수가 사립학교이며, 이러한 사립학교들은 대부분 '국가가 인정하는 대체학교Ersatzschule'이다. 바로 위에서 언급한 리츠학교, 카셀 자유학교, 카셀 발도르프학교 외에도 우리가 독일의 대안학교로 인식하고 있는 사립학교들은 대부분 대체학교이다. 즉, 독일의 사립 대안학교는 대체학교로서 고유한 교육 이념, 교육 이론, 교육 방법에 기초한 교육 프로그램을 갖고 있는 학교라고 할 수 있다. 대체학교에 관해서는 주학교법에 명시되어 있다.

대체학교

독일의 학교는 공립학교와 사립학교로 구분된다. 공립학교의 관리는 주정부, 권역, 도시, 구역, 하나의 공공단체 또는 공공단체 연합에서 한다. 그 외의 학교들은 모두 사립학교이다. 일반적으로 사립학교의 재단은 교회, 사립단체, 개인이다. 사립학교는 대체학교와 보완학교Ergänzungsschule로 나뉜다. 대체학교는 공립학교를 대신하거나 보완하는 기능을 가진 사립학교를 말한다. 대체학교는 기존의 학교 형태에 상응하고 원칙적으로 공립학교와 동일한 수업 내용을 제공한다.

> 사립학교가 그의 교수 목적과 교육 목적에서 이 법(학교법: 저자 주)에 따라 현존하는 또는 원칙적으로 규정되어 있는 교육과정에 상응한다면 그 학교는 대체학교이다. 교수와 교육 방법에서 그리고 교재에서 변형이 가능하다.[9]

대체학교에 입학한 학생들은 법적으로 의무교육을 받는 것으로 인정된다. 그리고 대체학교의 졸업은 공립학교의 졸업과 동등하게 인정된다. 대체학교의 설립은 지역 학교감독관청의 인가를 받아야 가능하다. 대체학교로 인가되면 공립학교와 동일한 영향력을 갖는 성적표를 발부할 수 있고, 국가의 시험관리 아래서 시험을 치를 수 있는 권리를 갖는다. 인가 조건은 각 주의 학교법에 따른다. 대체학교는 공립학교와의 혼동을 피하기 위해 학교명에 '국가가 인정하는staatlich anerkannt'이라고 표기해야 한다.[10]

보완학교의 교육 목적, 교육 내용은 공립학교 및 대체학교와 비교될 수 없다. 보완학교의 졸업장은 공립학교, 대체학교의 졸업장과 동등한 가치를 갖지 못한다. 보완학교의 재정은 학생의 학비에 의존한다. 보완학교는 일반보완학교, 직업보완학교, 외국보완학교로 구분된다. 보완학교에 입학하는 것이 의무교육으로 인정되는가 하는 것은 상급 학교감독관청이 보완학교가 최소한 하우프트슐레의 교육 목적에 도달될 수 있다고 확정할 경우에만 해당된다. 이러한 경우의 보완학교는 "인정된 보완학교"로 불린다.[11]

사립 대안학교가 대체학교로서 일반학교와 동등한 가치를 인정받는 학교가 되기 위해서는 일반학교의 교과 영역과 수업시수[12]를 원칙적으로 따라야 하고 정해진 범위에서 가변적인 운영을 하거나 주정부의 인가하에 독특한 교육 프로그램을 운영할 수 있다. 주정부 차원에서 제시되는 학교 유형별 표준시간표에는 학교의 여건에 따른 수업 운영이 가능하도록 일정 범위 내에서 시간표를 변경할 수 있는 가능성을 열어 놓고 있다.

메클렌부르크포어포메른주 '일반학교 시간표에 관한 법령Verordnung über die Stundentafeln an den allgemeinbildenden Schulen'에 따르면, 일반적인

시간표는 학교회의의 결정에 따라서 학교에서 만든 대안적 시간표로 대체될 수 있다. 그 경우에도 각 학년의 학생들이 이수해야 하는 의무시수는 지켜져야 한다(제16조).[13] 규정은 단위학교가 현장의 조건과 기대, 교육철학에 따라 학교 고유의 특징을 살린 중점을 부여하고, 교과들을 포괄하는 프로젝트 수업, 자유작업과 같은 행위 지향적 수업 형태를 실천할 수 있도록 교과와 교과들 묶음을 위한 최소한의 조항만 확정하고 있다. 수업을 의무수업, 선택의무수업, 촉진수업으로 분류하고 촉진수업은 학생들의 학업성취 능력과 흥미, 관심을 고려하여 조직될 수 있고, 선택의무수업은 학교의 여건을 고려하여 학생 개인의 선호와 중점이 반영되도록 조직될 수 있고, 또한 학년이 통합된 형태로 조직될 수 있도록 하고 있다. 각 학교에서 이러한 변경이 허용된다고 하더라도 의무교과시수, 선택의무교과시수, 학생주간시수는 의무적인 사항이다.

학교의 여건에 따라 변경 가능한 시간표의 범위에서 허용된 교육활동이 대체학교가 대안학교 모델로 발전될 수 있는 가능성을 제공한다. 독일 대안학교는 부적응 학생, 학교 중도탈락자의 재적응을 위한 시도라기보다는 일반학교에서의 수업과 교육활동을 개선하고자 하는 방향에서 이루어지고 있다. 헤센주의 학교법(제14조 참조)에 의하면 실험학교는 학교제도의 계속발전을 위한 도구로서 자신이 발전시킨 것을 공개하고, 스스로 평가하고 외부에서 평가하도록 하는 학교이다. 실험학교는 새로운 수업 형태를 개발하고 실행하며, 학생의 자주성과 자기활동을 촉진하는 수업과 학생지도의 새로운 형태들을 개발하고 시도하는 학교인 것이다.

1945년 이후부터 1990년 이전까지의 개혁교육운동[14]

1945-1950년대

　제2차 세계대전이 끝난 1945년부터 1948년까지 '독일교육재건Re-education, Umerziehung' 기간에 개혁교육학은 나치 교육의 잔재를 청산하는 대안으로 가치가 있었다. 소련군이 주둔하고 있던 동독지역에서도 잠시였지만 이 시기가 "풍부한 개혁교육학 사상의 르네상스였다"고 언급될 정도로 개혁교육학이 배제되지는 않았다.[15] 개혁학교인 페테르젠 학교(예나), 발도르프학교(드레스덴), 홈볼트 학교(켐니츠)가 존재하고 있었고, 많은 교육재건 담당자들이 1920년대의 개혁교육운동과 밀접한 관련이 있었다. 1948년 동서 냉전이 시작되어 교사의 주도적 역할을 강조하는 통제와 훈련 위주의 일방적인 수업이 지배하게 되면서 개혁교육학은 동독에서 추방되었다. 1990년 재통일이 되기까지 동독지역에서 개혁교육학에 대한 논의는 1980년대 말을 제외하고는 없었던 것으로 보인다.[16] 동독지역에서 개혁교육학으로부터 수용한 것이 있다면 1920년대에 전통적인 세 갈래 학교 시스템의 대안으로 제시되었던 '단일학교운동 Einheitsschulbewegung'의 변형된 모습이라고 할 수 있다.

　프랑스, 미국, 영국 서방연합국이 주둔하고 있던 서독지역에서 교육재건의 주된 방향은 민주주의의 기초를 튼튼히 하고 평화에 대한 의지를 확고히 하는 것이었다. 민주시민 양성을 위해 서방연합국 교육재건 책임자들은 전통적인 세 갈래 학교 시스템의 대안으로 전일제수업과 다양한 코스 수업을 제공하는 미국과 영국식의 종합학교 모형comprehensive school을 도입하는 교육개혁을 시도하고자 하였다. 그러나 이러한 교육개혁 구상은 큰 반향을 얻지 못했는데, 독일 측 교육 책임자들 사이에서 전통적인 세 갈래 학교 시스템을 고수하자는 입장과 개혁교육학의 전통에서 '단호한 학교개혁가들Entschiedene Schulreformer'이 시도하였던 단일학교를 세 갈래의 원리를 포기하지 않는 선에서 도입하자는 입장이 대립하였기 때문이다.[17]

또한 보수 진영에서 종합학교 모형 도입에 맞서는 다음과 같은 세 가지 교육정책을 내세웠기 때문이다. 첫째, 청소년을 가정으로부터 분리시키는 전체주의적인 공동체 교육의 경향을 지닌 나치-교육 시스템과 거리를 둘 것, 둘째, 소련 점령 지역에서 시행되는 교육정책과 거리를 둘 것, 셋째, 서방연합국의 교육재건과 그들에 의하여 추진되는 교육개혁과 거리를 둘 것. 보수 진영에서는 서방연합국에 의해 추진되는 교육개혁은 독일의 본질에 낯선 것이라고 거부하였다. 세 가지 정책의 공통점은 동독지역에 구축되는 단선형 교육제도와 나치 시대의 획일적 공동체 교육형태에 반대한다는 것이었다.[18] 이러한 상황에서 개혁은 기대하기 어려웠고, 교육정책은 주州의 고유 권한이었으므로 결국 세 갈래 학교 시스템이 재확립되었다. 이것은 이 시기의 학교가 바이마르 공화국의 전통에 기대어 재건되었다는 것을 의미한다. 2차 대전 이후 새로운 교육체제를 수립하면서 교육의 인간화를 지향하는 개혁교육학이 모범이 될 수 있었음에도 불구하고, 연합국 측과 독일 측의 교육 책임자들 간 논의에서 크게 부각되지 않은 이유는 다음과 같다. 첫째, 교실 부족, 교사 부족, 정치적 이해관계의 충돌 등 학교가 처한 내외적인 어려움 때문이었다. 둘째, 개혁교육학의 전통에 재접속하려는 시도에 교육 책임자들의 지원과 관심은 많았지만 그들 중 개혁교육학에 대한 경험을 가지고 있었던 사람들이 소수였기 때문이었다.[19]

이 시기에는 개혁교육학이 교육정책에서 전적으로 실현되지는 못했지만, 실제 학교교육현장에는 많은 영향을 미치고 있었다. 1955년 수행된 "서독의 시험적인 학교"에 관한 첫 대규모 연구는 314개 학교(1953년 기준)를 수집하고 분석하였는데, 수업 방법과 학교 운영 조직에서 개혁교육학의 영향을 받지 않은 학교는 거의 없는 것으로 나타났다. 즉, 내적 분화[20], 학교공동체, 모둠 작업, 부모와 공동 작업, 개성화, 자기주도적 학습을 위한 학습 도구, 학교 운영에 학생 참여 등과 같은 개혁교육학적인 요소들이 학교현장에서 실천되고 있는 것으로 나타났다. 그 밖에도 몬테소리(5개교), 프레네(5개교), 슈타이너(24개교), 페테르젠의 학교(47개교) 전통이 이어지고 있는 것으로 확인되었다.[21] 이렇게 볼 때 1945~1950년대의 학교교육현장에 전통적인 개혁교육학의 유산이 영향을 미치고 있었음을 알 수 있다.

1960년대

1960년대 교육개혁에서 주요 쟁점은 종합학교 도입에 관한 것이었다. 중등교육 단계 세 갈래 학교구조의 문제는 초등학교에서의 학업성취수준을 기준으로 이른 시기에 학교가 배정되어 학교 간의 수직적인 위계가 결정된다는 것과 세 갈래 학교로의 진입이 학생의 사회적 배경과 밀접한 연관성이 있다는 것이었다. 따라서 이른 시기에 갈라지는 기존의 학교구조는 교육의 기회균등과 개인의 잠재적인 능력 촉진을 방해한다는 인식을 확대시켰고, 이를 극복하기 위한 시도로서 종합학교가 등장하게 되었다. 즉, 종합학교는 출신 배경과 성취수준에 관계없이 모든 학생들이 동등하게 함께 공부하면서, 좀 더 오랜 시간에 걸쳐 자신의 잠재적인 능력을 발견할 수 있도록 지원한다는 관점에서 세 갈래의 진로를 하나의 학교에서 가능하게 하는 단일학교 모형으로 설계되었다. 종합학교 도입은 진보 정당SPD에서 1963년부터 추진하였지만, 보수 정당의 반대에 부딪쳐 1970년대에 시험적인 학교 형태로 도입되었다. 종합학교가 오늘날 독일 학교구조 개혁에 적지 않은 영향을 미쳤음에도 불구하고,

보수 정당CDU, CSU이 지배하는 주에서는 여전히 적극적으로 수용하지 않고 있다.[22]

1960년대에서 1970년대에 이르는 시기의 학교개혁은 전통적인 개혁교육학에서 발견할 수 있는 교육 실천으로부터의, 내부로부터의, 아래로부터의 개혁이라기보다는 교육의 기회균등과 사회통합 등과 같은 사회적 요구에 따른 정치적 현안을 해결하려는 시도였다고 할 수 있다. 이 시기의 학교개혁에 개혁교육사상이나 개혁교육운동에 토대를 둔 학교이론들은 폭넓은 영향을 미치지 못하였다. 학교 및 교육개혁에 관한 논의에서 개혁교육학의 영향이 쇠퇴한 중요한 이유 중 하나는 1960년대 중반에 "개혁교육학이 '비합리적인 특징들' 또는 '전체적-유기적인' 사고를 애호"한다는 인식에서 "의식적으로 개혁교육학의 전통으로부터 벗어나려 했기 때문이다".[23] 이러한 경향은 1960년대 초반 실증주의 논쟁으로부터 "실제로의 전환"이 교육학에서 큰 세력을 형성하면서 과학적 연구에 기초한 학교개혁으로 무게중심이 옮겨 간 것과 무관하지 않다고 볼 수 있다.

1970년대

1970년대 학교교육 개혁과 관련된 주요 흐름으로는 1960년대 말부터 논쟁의 중심이 된 종합학교의 시험적 도입, 주정부의 실험적인 개혁학교 설립, 그리고 학부모 주도의 대안교육운동 전개를 들 수 있다. 빌리 브란트Willy Brandt가 1969년 독일 수상으로 취임하면서 교육개혁을 "개혁의 우선순위"로 공포하였고[24], 이러한 정책 방향의 표명에 따라 독일교육자문위원회를 중심으로 다양한 교육개선안들이 발표되었다. 특히, 1969년 독일 교육자문위원회의 권고안으로 수렴된 종합학교 도입은 1970년 발표된 연방정부의 학교개혁 구상에 포함되었고, 1973년 연방정부-주-교육계획연구위원회BLK에서 통과된 〈교육종합계획〉에서도 관심 주제로 다루었다. 이러한 관심에서 알 수 있듯이 종합학교 도입 문제는 1970년대 교육정책의 최대 이슈였고, 그런 점에서 1970년대의 교육개혁은 주로 중등교육 I단계의 일반학교 영역에서 이루어졌다고 할 수 있다. 학교개혁의 핵심은 세 갈래의 학교제도를 하나의 종합학교 시스템으로 전환하는 것으로, 〈권고〉와 〈종합계획〉에서는 종합학교를 10년간 시험적인 학교로 도입하여 운영하고, 학문적인 연구 결과를 토대로 계속해서 도입할 것인지 여부를 결정하기로 하였다.

1970년대 말 여러 주에서 출간된 종합학교에 대한 평가보고서들의 평가 결과는 서로 엇갈렸고, 종합학교 도입을 둘러싼 보수와 진보 진영 간의 갈등은 반대 서명운동과 대규모 집회를 개최할 정도로 심화되었다. 이러한 결과는 이미 종합학교를 시험적인 학교로 도입할 때부터 합의에 이르지 못하고 정당과 단체, 학교관리 주체, 주의회와 주 문화부장관의 관심에 따라 종합학교 설치 유무가 좌우될 수 있는 가능성을 열어 두고 있었기 때문이다. 계속되는 찬반 논란에도 불구하고 종합학교를 시험적으로 운영하는 기간 동안 학교와 학생의 숫자가 점점 늘어났기 때문에 현실을 감안하여 1982년 주문화부장관협의회는 종합학교를 시험적인 학교가 아닌 정규학교로 인정하였다.[25]

종합학교는 바이마르 공화국 시기인 1920년대 개혁교육학의 한 지류로 전개되었던 단일학교운동의 이상이 어느 정도 현실화된 것이라고 할 수 있다. 단일학교운동은 출생 신분과 경제적 차이, 부모의 직업 등에 따라 아이가 입학할 학교를 구별 짓지 말고 같은 단계의 학교들을 통합하여 아이들이 자신의 능력과 소질, 재능에 따라 공정하게 교육을 받을 수 있는 기회를 갖도록 하자는 운동이다. 단일학교를 도입하자는 주장이 이 시기에 처음 등장한 것은 아니다. 이미 19세기부터 초등교육 단계에서 아이의 재능과 능력이 드러나기도 전에 종파와 사회계층에 따라 구별되는 학교에 입학시키는 것을 철폐해야 한다는 주장들이 교원단체와 교육자들에 의하여 제기되어 왔다.[26] 단일학교Einheitsschule는 바이마르 공화국 교육정책의 최우선 순위로 1920년 6월 개최된 제국학교회의 Reichschulkonferenz에서 핵심 논제로 다루어졌고, 이러한 논의의 결과가 바이마르 헌법Verfassung과 초등학교법Grundschulgesetz을 통해 초등 단계의 학교는 모든 아이들이 동등하게 입학하는 의무적인 4년제 기초학교로 통일하는 것으로 규정되었다. 그러나 초등교육 이후 중등교육 단계는 지금까지 유지되고 있는 세 갈래 학교 시스템으로 규정되었다.

  1920년대에 단일학교운동을 주도했던 그룹은 '단호한 학교개혁가들 연합Der Bund Entschiedener Schulreformer'으로 '단호한entschieden'이란 표현에는 그들의 제안들을 실현시키고자 하는 결연한 의지가 담겨 있다.[27] 이들은 모든 아이들이 오랫동안 함께 학교에 다닐 수 있도록 기초학교 4년 의무교육 기간을 6년이나 8년으로 연장할 것을 요구하였다.[28] 이러한 요구는 그 당시 실현되지 못하였지만, 오늘날 독일의 종합학교가 학생의 진로 결정 시기를 늦추어 중등교육 I단계인 9학년 또는 10학년까지 학생들이 함께 학교생활을 할 수 있도록 조직된 데서 그 지속성과 영향을 발견할 수 있다. 또한 단호한 학교개혁가들 연합은 외스트라이히Paul Oestreich의 주도로 아이들이 자신의 다양한 잠재적 재능을 오랜 시간에 걸쳐 발견하고 계발시킬 수 있는 '탄력적 단일학교Elastische Einheitsschule' 모형을 제안하였다. 이 모형은 이른 시기에 지적 능력이라는 단일 재능 척도에 따라 아이들을 분류하는 기존의 학교구조에 대한 비판적 관점에서 설계된 것이다. 즉, 아이의 잠재적 능력은 오랜 기간에 걸쳐 다양한 자극과 도전을 통해 드러날 수 있기 때문에, 학교는 학생의 재능과 관심에 적합하게 그리고 그것을 촉진할 수 있도록 지원하는 탄력적인 구조를 가져야 한다는 것이다.[29] 이러한 아이디어는 오늘날 원칙적으로 학생의 능력에 따라 중등교육 I단계의 세 갈래 교육과정 중 하나를 선택할 수 있고, 이후에 변경도 가능하도록 한 종합학교의 구조와 종합학교 수업 활동에서의 '외적 분화'와 '내적 분화'를 통해 지속되고 있음을 발견할 수 있다.

1970년대 학교개혁을 위한 시도에서 특징적인 것은 오늘날 성공적인 사례로 평가받고 있는 개혁교육학의 전통에 서 있는 새로운 모델의 개혁학교로서 '실험학교Versuchsschule'가 설립된 것이다. 1974년 설립된 빌레펠트 실험실학교Laborschule Bielefeld가 대표적인 실험학교이다. 일반적으로 실험학교는 주정부가 직접 설립하거나 기존의 학교와 계약을 맺어 실험학교의 지위를 부여한다. 실험학교는 주정부의 지원을 받는 학교로서 '실험'이라는 단어가 암시하는 것처럼 기존 학교에서의 교수 법, 지도 방법, 학교조직 등을 변화시키거나 보완하여 실험적으로 실천하고, 검토·평가하면서 더 나은 교육적 모델을 발전시키는 학교이다. 실험학교는 실험의 결과들을 공개해야 하며, 그를 통하여 일반학교의 발전에 기여하는 학교이다.

실험학교에 관해서는 주의 학교법에서 규정하고 있다. 실험학교는 학생이 주체적으로 참여하는 '생활 공간', '경험 공간'으로서의 학교를 표방한다는 점에서 개혁교육학의 전통에 서 있지만, 이전의 개혁학교와 다른 점은 교육적인 실험을 해 나가는 과정에서 학문적인 연구가 동반된다는 데 있다. 헤센주의 학교법에서도 실험학교는 학문적인 연구와 평가를 동반해야 한다고 규정하고 있다. 오늘날 성공적인 학교로 평가받고 있는 빌레펠트 실험실학교 사례는 교육개혁이 "단지 강한 이념적 지향이나 확고한 교육적 확신에 입각해서가 아니라 경험적이고 객관적인 현장 연구와 맞물릴 때 힘을 얻을 수 있음을 보여 주고 있다."[30] 현재 실험학교는 빌레펠트 실험학교 이외에도 비스바덴 헬레네-랑에-학교, 예나 롭데베르크-학교, 켐니츠 훔볼트-실험학교, 개혁학교 카셀, 카셀-발다 우 실험학교 등이 있다.

1970년대 종합학교, 실험학교 이외에 새로운 학교운동으로는 자유 (대안)학교운동[31]을 들 수 있다. 자유 (대안)학교운동은 1970년대 초반 암기 중심 어른(교사) 중심의 교육에 대립하는 반권위적 교육운동과 밀접하게 결속되어 학부모들에 의하여 전개되었다. 자유학교운동의 뿌리는 프랑크푸르트에서 학부모들에 의해 시작된 '아이들 가게Kinderladen'라 불리는 대안유치원 운동에 있다. 1967년 프랑크푸르트의 부모공동체가 '아이들의 가게'로 불리는 '아이들의 학교Kinderschule'를 운영하면서 이 운동이 시작되었다. '자유'라는 단어가 암시하듯이 자유와 자기책임이 학교의 중심 원리이다. '아이들 가게'에서는 어른들이 아이들을 감독하는 것 대신에 아이들끼리 스스로 정하고 실천하는 반권위적 교육이 실험되었다. 초기에는 일주일에 두 번 모이는 다섯 명의 아이들로 시작하여 1969년에는 20명의 아이들과 4명의 돌보미가 있는 규모로 커졌다. 1969년 자유학교에 참여했던 아이들이 의무교육인 초등학교에 입학할 나이가 되자 부모들은 반권위적인 교육을 계속 이어 가고자 다른 부모들과 함께 '학교를 바꾸자-지금!'이라는 자발적 시민단체Bürgerinitiative를 결성하였다. 이 자발적 시민단체의 영향력은 전국적인 영향을 끼쳐 유사한 단체들이 곳곳에 결성되었으며, 프랑크푸르트-뢰델하임Frankfurt-Rödelheim 지역에 있는 초등학교에 시험 학급이 운영되는 결과로 이어져 22명의 학생들이 이 학급에 입학하였다. 이 학급은 아이들이 상급학교에 진학하기까지 4년 동안 운영되었다. 이 시험 학급은 수요를 감안하여 점차적으로 모든 신입생들로 확대하는 것으로 계획되었으나 1972년 독일 국회의원 선거를 앞둔 시점에서 프랑크푸르트시가 소속되어 있는 헤센주의 보수정당인 기민당CDU의 반대로 종료되고 말았다.

'뢰델하임 모형'의 경험으로부터 대안학교 또는 자유학교를 정규학교로 설립하자는 움직임이 일어났다. 1972년 견해를 같이하는 부모와 교사 집단은 '열린 초등학교Offene Grundschule'를 구상하고, 연구를 거쳐 헤센주 문화부에 설립 요청서를 제출하였다. 이 시기에 니더작센주에서는 글록제 학교Glocksee Schule 설립 신청서가 제출되었기 때문에 독일 최초의 대안학교로 프랑크푸르트 자유학교와 글록제 학교가 언급된다. 이 제안서는 1973년 부모들이 제안서를 제출할 수 없다는 법률적 이유로 거부되었고, 자식들의 의무교육을 거부하면 벌금형부터 징역형을 받을 수 있다는 법적 조치가 취해졌다. 결과적으로 '열린 초등학교' 계획은 좌초되었다. 그럼에도 불구하고 아이들의 가게 프로젝트인 '아이들의 학교'는 초기에 자유학교에 아이들을 보냈던 부모들과 기존의 학교에 실망한 학부모, 교사 등이 발의하여 1974년 '프랑크푸르트 자유학교Freie Schule Frankfurt'라는 구상으로 독일 기본법에 의거하여 '대체학교로서 사립학교 허가 신청서'를 제출하였다.

독일 〈기본법〉 제4조 제7항에 의하면 사립학교가 "교수 목표와 교사 교육이 공립학교에 뒤지지 않는다면 공립학교를 대체하는 학교로서 설립될 수 있다"라고 규정하고 있다. 이 신청 역시 1975년 거부되어, 이의를 제기했으나 이마저 거부되었다. 그러자 1976년 9월부터 법정 다툼을 벌여 1986년 국가가 인정하는 정규학교인 대체학교로 승인되었다. 결과적으로 독일의 자유대안학교는 '아이들의 학교'로부터 시작되었다고 할 수 있다. 1982년 2월 기준으로 독일 전역에 국가가 인정하는 대체학교가 800개 이상 존재하고 있었으며, 그중 378개가 노르트라인베스트팔렌주에 있었다. 노르트라인베스트팔렌주의 대체학교 중 약 130개가 개혁교육학적인 사상을 실천하는 것으로 나타났다. 이 시기에 개혁교육학의 전통에서 합법적으로 암기 위주의 기존 학교에 대응하고 있는 대체학교는 전원기숙사학교, 발도르프학교, 몬테소리학교가 있었다. 이와 더불어 대안학교로서 자유학교가 프랑크푸르트(1974), 베를린(1979), 브레멘(1981)에서 대체학교로 허가받기 위한 노력을 전개하고 있었다.[32] 독일에서 대체학교가 개혁교육학의 전통을 따를 수 있는 여건은 주가 제시하는 최소한의 교육과정을 따르면서 학교의 고유한 교육 이념, 교육 이론, 교육 방법에 기초한 학교의 여건에 따른 수업 운영이 가능하기 때문이다. 이러한 맥락에서 노르트라인베스트팔렌주 학교법(2020년 2월 현재) 제100조 제6항은 "특별한 교육개혁 사상을 실현하는 사립학교는 고유한 유형의 대체학교로 설립될 수 있다"라고 규정하고 있다.[33]

독일 자유 대안학교 연합의 설립 서류철에 의하면 자유 대안학교는 "모든 참여자들이 민주적인 방식에서 함께 영향을 미치고 있음이 경험되고 합의되고 계속 발전되는 삶의 장소"이며, 역사적인 뿌리를 루소에 두고 톨스토이, 닐, 몬테소리, 프레네, 듀이의 선구적인 학교 및 사상을 취하고 있다고 밝히고 있다.[34]

1980년대

1980년대 들어 1960년대와 1970년대에 추진된 학교구조와 교육과정 개혁('외적' 개혁)의 결과에 대해서 회의적인 평가가 등장한다. 전통적인 세 갈래 학교의 문제점을 극복하기 위해 추진되었던 학교제도 개혁은 외적인 학교구조의 변화를 가져왔지만, 학교를 교육적으로 조직하는 것과 수업 방식에서 의도하였던 혁신을 가져오지 못했다는 평가가 제기되었다.[35] 이러한 사회적 분위기는 1980년 7월 14일 독일의 슈피겔Der Spiegel지가 1969년부터 1974년까지 헤센주의 문화부장관을 지낸 프리덴부르크Ludwig Friedenburg 교수와 종합학교에 대한 인터뷰에서 "새로운 학교개혁의 미래가 어두워 보인다"고 진단하면서 "학교는 우리 사회의 논쟁적 주제Kampfthema"라는 제목으로 보도한 것에서 읽혀질 수 있다.[36]

외적 개혁에 대한 비판적 평가로부터 개혁교육학이 학교교육을 개혁하고자 하는 개혁교육자들의 자발적인 교육적 실험으로부터, 즉 교육 실천으로부터(아래로부터) 교육개혁('내적' 개혁)을 시도하였던 것처럼, 개혁교육학의 전통에서 기존 학교 수업의 방법적-교수학적 대안을 찾으려는 시도들이 활발해지는 것이 1980년대의 특징이라고 할 수 있다. 1960년대와 1970년대의 수업이 교사 중심적이고 언어 중심적이었다면, 1980년대는 학생이 참여하는 다양한 활동 중심의 수업 방법이 시도된다. 1980년대 초반부터 전통적인 개혁교육학 사상을 수용한 수업 방법에 관한 논의가 풍성하게 전개되었다. 이러한 맥락에서 '열린 수업'은 학교교육학 논의에서 주요 주제였고, "거의 모든 초등학교에 확산되었다".[37] 독일에서 열린 수업 개념은 영국에서 1960년대 말에 등장한 정형화된 학교교육의 대안적 교육을 의미하는 정형화되지 않은 교육 informal education 운동의 아이디어를 1970년대 초반부터 논의하기 시작하여 1970년대 후반에 차용한 것이다. 영국의 정형화되지 않은 교육운동은 미국에서 열린 교육open education 운동으로 전개되었다. 독일에서 열린 수업에 관한 출판물이 1980년대 초반부터 초등학교 교육학 분야에서 급증하기 시작하였고, 1990년대에는 개혁교육학의 호황에 따라 이전까지 영국의 '정형화되지 않은 교육'과 미국의 '열린 교육'과의 관계에서 논의되었던 열린 수업을 개혁교육학적인 요소로 간주하려는 움직임이 커졌다.[38]

1980년대에 열린 수업 운동이 확산된 이유는 다음과 같이 들 수 있다.[39] 첫째, 곳곳에서 새롭게 발견된 개혁교육운동의 학교 구상 내지는 교육 구상(특히 마리아 몬테소리, 페터 페테르젠, 프레네, 케르셴슈타이너,

가우디히, 듀이)에 적합하였다. 둘째, 변화된 아이들의 조건들과 많은 가정에서 교육 결손으로 인하여 아동·청소년이 점점 더 일찍 스스로 결정해야만 하는 상황에 적합하였다. 셋째, 학습자의 자기활동성과 자기책임을 요구하는 학습의 새로운 관점에 적합하였다. 넷째, 민주적인 사회에서의 학습에 적합하였다. 1980년대 후반부터 1990년대에 대조적인 6개 주의 학교를 대상으로 수업 경향을 연구한 결과에서도 이 시기에 "교육적인 것을 강화"하고 "교육적인 관점에 충실Pädagogisierung"하자는 경향이 강조되어 개혁교육학적인 수업의 형태들이 주를 이루고 있음을 확인할 수 있다.[40]

열린 수업에 대한 관심은 자연적으로 교사의 전문성에 대한 논의로 이어졌다. 아동·청소년이 이전과 비교하여 달라졌기 때문에 학교에서 교사의 역할도 교육자보다는 학습 도우미로 변화해야 한다는 견해와 개혁교육학의 구상을 현대적으로 해석하여 교사의 역할을 의사와 치료사 같은 고전적인 방향으로 전환해야 한다는 견해가 제기되었다. 교직의 전문성 향상과 관련하여 첫째, 학교와 사회 현실 사이의 간극을 성찰할 수 있는 교육학적 및 교육 전문지식의 함양, 둘째, 수업 내용뿐만 아니라 학급과 학생을 고려한 교사의 진단 능력과 교육학적 능력의 개선, 셋째, 교육 행위에서 형성되는 긴장들, 대립과 어처구니없음을 견디어 내거나 극복하는 능력 내지는 균형을 이루거나 피하는 능력의 개선, 넷째, 치료적–예방적 그리고 산파술과 같은 능력 내지는 교육적 관대함 내지는 의사소통 능력의 개발 등이 구체적으로 제기되었다.[41]

이 외에도 학교에서의 일방적인 지식 전달 수업을 비판하고 학교 학습의 생활 연관성을 강화하고자 하는 "실천적인 학습Praktisches Lernen"을 확산시키고자 하는 노력이 1980년대 초반 '보쉬 재단Robert-Bosch-Stiftung'과 '교육개혁아카데미Akademie der Bildungsreform'에 의해서 시도

되었고 지금까지 이어지고 있다.[42]

1990년 이후

1990년대

1990년대에 들어 '개혁교육학'을 주제로 한 논문들과 저서들이 빈번하게 등장한다. 이러한 현상은 바이마르 공화국부터 알려지게 된 개혁교육학이 "지금 새롭게 호황을 맞고 있다"고 표현된다.[43] 이 시기에 학문적으로 혹은 실천적으로 학교개혁에 종사하거나 학교개혁을 유념하고 있는 사람들은 '개혁교육학'의 전통에 기대어 새로운 것을 발견하거나 수용하면서 비판적으로 새롭게 해석하고 발전시키려는 시도를 한다. 그 배경에는 독일 통일이라는 사회적 변화가 자리하고 있다. 통일 후 구동독 지역에 새로운 교육체계를 구축해야 한다는 시대적인 요청이 '개혁교육학'에 대한 높은 관심을 불러일으키고, 그런 연유에서 개혁교육학에 기대어 학교개혁에 관한 의견 교환이 활발하게 전개되었다고 할 수 있다. 개혁교육학은 구동독지역에 새롭게 구축하고자 하는 교육이 지향해야 하는 "근본적인 가치의 방향"으로까지 언급된다.[44] 왜냐하면 40년 이상을 지배하였던 획일적, 억압적, 권위적, 기계적, 명령하달식인 구동독 교육의 대안으로 민주적이고 아동 중심적인 개혁교육학의 요소들이 구동독 학교와 수업의 개혁을 위한 동인과 동기가 될 수 있다고 보았기 때문이다.

독일 통일 이후 개혁교육학이 새롭게 조명을 받게 된 또 다른 이유는 통일 후 초기에 구동독과 구서독 주민들의 불안과 갈등을 해소하고 사회통합을 위해 서로 공유할 수 있는 경험들을 분단 이전에서 찾으려고

했던 노력과 관련성이 있어 보인다. 1933년 나치 정권이 들어서기 이전의 바이마르 공화국 시기에 '개혁교육학'은 동독지역에서도 활발하게 다양한 교육적 실험들로 존재했으므로 구동서독 주민들에게 공동의 교육적 경험이 될 수 있었다.[45] 구동독지역에서 개혁교육운동과 관련이 있는 도시, 개혁교육가, 그리고 그에 의해 시도되었던 모형들이 소개되고, 이러한 개혁교육학의 흔적에 기대어 학교개혁에 대한 제안이 이루어졌다.

통일 이후 동독지역에서 개인의 소질과 능력을 고려하는 "아동에 적합한 교육"은 사회 전체에서 "엄청난 관심"이었다.[46] 그로 인해 국가가 학교를 독점하고 조종했던 동독 시기에는 존재하지 않았던 사립학교가 아동 개인의 소질을 촉진하는 '다른 학교'로서 많은 주목을 끌었고,[47] 사립학교 설립을 통해 학교개혁을 추구하는 학부모 단체들이 많았다. 거의 모든 도시에 아동의 자발성과 자기활동성을 중시하는 개혁교육학의 전통에 있는 발도르프학교, 페테르젠 학교, 몬테소리학교, 프레네학교를 모델로 하는 학교를 설립하려는 자발적 단체들이 결성되었다. 1990년대 초반에 사립학교 설립 신청이 봇물처럼 이루어졌으나 대부분은 승인되지 않았다. 그럼에도 불구하고 튀링겐주의 예나, 작센주의 라이프치히 같은 도시에는 발도르프학교, 몬테소리학교, 종합학교, 글록제 학교를 모델로 하는 자유학교 등 개혁교육학의 전통에 서 있는 학교들이 설립되었다.[48] 구동독지역에 사립학교 설립이 가능해진 1990년 이후 생겨난 사립학교들은 주로 '아동에게 적합한 교육'을 표방하는 개혁교육학의 교육 프로그램을 수용한 학교였다.

이 시기에 동독지역 주민들의 높은 관심에도 불구하고 사립학교 설립 신청이 반려된 이유는 아마도 서독의 세 갈래 학교 시스템을 안정적으로 정착시키려는 노력과 그러한 학교교육을 실천할 수 있는 교사의 부재에서 찾을 수 있을 것이다. 통일 이후 구동독지역에서 교육개혁을 위한 거대한 실험이 시작되었지만, 서독의 법과 경제 시스템에 구동독이 흡수되었기 때문에 학교구조와 교사양성도 서독의 세 갈래 학교 시스템과 3단계(대학-실습-계속교육) 교사양성과정이 이식되었다. 이런 연유에서 새로운 유형의 학교 설립보다는 새로 도입된 학교구조에 적합한 잘 준비된 교사가 더 절실하였을 것이다. '외적' 개혁보다는 교사 역할의 변화를 요청하는 '내적' 개혁으로 자연스럽게 개혁의 중심이 옮겨 갈 수밖에 없었을 것이다.

문제가 있는 구동독 시기의 교사들을 많이 퇴출시켰다 하더라도, 학교현장에서는 여전히 구동독 시기의 교사들이 학생들을 가르치고 있었기 때문에 이들이 변화된 교사의 역할에 의식적으로 동참하는 것이 내적 개혁을 위해 매우 중요하였다. 구동독 교사들이 학생을 위하는 관점보다는 학생에게 전달하는 관점에 익숙하였다면, 이제는 이러한 수동적 역할에서 벗어나 능동적으로 수업을 구성하고 학교를 학생들의 다양한 생활을 위한 공간으로 형성할 수 있는 능력이 요청되었다. 특히, 통일 초기 동독지역에는 학교 밖의 동아리나 기관에 의한 다양한 프로그램 제공을 기대할 수 있는 여건이 되지 못했기 때문에 학교 안에서의 다양한 활동들을 개발하고 운영할 수 있는 교사 인력이 요청되었다.[49] 이러한 맥락에서 개혁교육학의 풍성한 교수학적-방법적 모형들에 대한 관심이 증가될 수밖에 없었다.

1990년대부터 개혁교육학의 전통을 수용하여 교육개혁운동을 전개하고 있는 단체는 '울타리를 넘어서는 교육적 시야Sicht über den Zaun'라는 학교연합이다. 이 단체는 1989년 11월 9일 오덴발트학교에 모인 개혁교육학의 영향을 받은 20개 학교 42명의 교사와 교장에 의하여 설립되었다. 이 단체의 회원 학교는 2020년 2월 기준으로 135개교이며, 홈페이지[50]와 안내 책자의 첫머리에 이 단체의 성격을 "개혁교육학적인 방향을 추구하는" 학교들의 연합이라고 명시하고 있다. 이 단체는 정기적인 상호 방문과 학술대회를 통해 개혁교육학의 이상을 실현하고자 노력하고 있다.

2000년 이후

2000년 이후의 개혁교육학은 시련과 도약을 동시에 경험하였다. 2010년에 터진 오덴발트학교 교장과 교사의 학생 성추행 스캔들은 사립학교와 개혁교육학에 대한 이미지를 크게 훼손시켰다. 고전적인 개혁교육학의 대표적인 현존 모델 학교이면서 UNESCO-모델 학교이고 독일의 민주적인 학교로 널리 알려져 있던 100년 역사의 전통을 가진 학교였기 때문에 그 충격은 더 컸다. 1910년 게헵이 설립한 오덴발트학교는 1922년에 새로운 교육을 하는 학교로 선정된 세계 44개교 중 최고의 점수를 받기도 하였다. 설립자인 게헵은 나치 정권이 들어서자 1934년 스위스로 망명하여 '인간의 학교'를 설립하였다. 남녀공학의 가정원리가 특징인 이 학교에서 저명한 개혁교육자이면서 오랜 기간 교장으로 근무하였고, 빌레펠트 실험실학교 설립에 주도적인 역할을 한 폰 헨티히Helmut von Hentig의 친구이기도 한 벡커Gerold Becker, 1936~2010와 교사들이 1971~1985년까지 132건의 성추행을 저질렀다는 사실이 세상에 알려진 것이다. 이 사건으로 인해 개혁교육학이 남긴 것이 무엇인지에 대한 공적 논쟁이 야기되었다.[51] 특히 개혁교육학에서 강조하였던 "아동에 대한 친밀"과 "교육적 사랑"이 에로스로 표현되어 비아냥거림의 대상이 되기도 하였다. 개혁학교로서 명성이 높았던 이 학교는 학생과 학부모들의 반대에도 불구하고 2015년 재단이 폐쇄하기로 결정함으로써 "한 개혁학교의 종말Ende einer Reformschule"을 고했다.[52]

2000년대에 들어서면서 독일 교육정책의 주요 이슈는 PISA 2000 쇼크의 극복이라고 할 수 있다. 이러한 상황에서 교육정책 논의는 개혁교육학보다는 어떻게 언어능력, 수학능력, 읽기능력을 향상시킬 수 있는지, 특히 이주배경을 가진 자녀들을 어떻게 지원할 것인지에 더욱 관심을 갖게 된다. 유치원부터 교사교육에 이르는 독일교육제도 전반에 대한 검토가 이루어지는 사회적 분위기 속에서도 개혁교육학은 아동·청소년, 학교, 교육 목적, 수업의 질, 교육 스타일에 대해서는 국가마다 다른 이해를 갖고 있다는 견해를 고수하면서, '좋은 학교란 무엇인가?'라는 고전적인 질문을 통해 학교의 본질에 대한 고민을 촉구한다. 2008년 3월 함부르크에서 개최되었던 학술대회에서는 '학교는 PISA 그 이상이다'라는 주제로 현재의 학교에 대한 개혁교육학의 의미가 무엇인지가 논의되었다. 개혁교육학의 방향을 추구하는 단체인 '울타리를 넘어서는 시야'는 2002년 11월 카셀 개혁학교에서 개최한 학술대회에서 확산되고 있는 PISA 논쟁에 직면해서 '우리를 서로 결속하는 것이 무엇인가?'라는 물음에 대해 다음과 같은 답을 내놓았다.

> 우리 모두는 우리가 행하는 작업에서 개혁교육학에 의무를 지고 있다는 것을 알고 있다. … 우리는 독일에서 모든 특징적인 좋은 학교는 개혁교육학적으로 각인되어 있다고 생각한다. 그래서 우리는 개혁교육학이 PISA에서의 패배에 대한 적합하고 시대적인 대답이라고 이해한다.[53]

PISA 결과가 발표된 이후 독일의 교육문제를 진단하고 원인을 분석하는 연구가 줄을 이었고, 각종 매체들은 그러한 연구의 결과를 앞다투어 쏟아 내면서 독일 학교제도에 대한 개혁의 요구가 높아지는 가운데서도 오히려 개혁교육학의 방향을 추구하는 몇몇 학교들이 주목을 받게 된다. 시선을 집중시킨 학교로는 헬레네-랑에-학교Helene-Lange-Schule를 들 수 있다. 시선이 집중된 이유는 첫째, 이 학교의 PISA 참가 학생들의 점수가 독일 학교의 평균보다 훨씬 높은 최상위권이었고, 최상위권 국가들의 참가 학생들 점수보다 높거나 비슷한 수준으로 나타났기 때문이다. 둘째, 그러한 결과가 소위 공부만 시키는 학교가 아닌 '학생들이 행복해하는 학교'에서 가능했다는 점 때문이다.

이와 관련하여 슈피겔지는 "비스바덴의 한 개혁학교(필자)에서 거의 모든 것을 정규학교와 반대로 하더니 국제학업성취도평가에서 최상위권을 차지하다"라고 보도하였다.[54] 헬레네-랑에-학교는 1995년부터 실험학교의 지위를 가지고 있으며, 2012년 4월부터 세 번째 연장된 실험학교의 임무를 수행하고 있다. 중점 과제 중 하나는 학생 중심 및 역량 중심의 수업 형태를 시험하고 발전시키는 것이다. 헤센주에는 헬레네-랑에-학교 이외에 3개의 실험학교가 더 있다. 카셀-발다우 열린 학교Offene Schule Kassel-Waldau, 카셀 개혁학교Reformschule Kassel, 슈타인발트슐레 노이키르헨Steinwadlschule Neukirchen 등이다. 헬레네-랑에-학교는 이 실험학교들과 밀접한 관계에서 협력하고 있다.[55]

2000이후 독일 학교교육에서 두드러진 특징 중 하나는 '좋은 학교'로서 종합학교가 도약하고 있다는 점과 전일제학교가 확산되고 있다는 점이다. 독일에서 2000년 이후 전일제학교가 활성화된 배경에는 학교중도탈락 방지, 어려운 가정환경에 처한 아동·청소년의 보호, 이주배경을 가진 아동·청소년에 대한 교육 지원, 학생의 개별적인 지원이라는 사회적 합의가 자리하고 있다. 사회적인 변화와 요구를 반영한 종합학교와 전일제학교의 확산은 산업화와 도시화로 인해 발행한 교육의 문제를 해결하고자 19세기 후반 전일제학교의 선구적 모형을 제시한 전원기숙학교, 단호한 학교개혁가들이 제안했던 '탄력적 단일학교'가 지향했던 것과 기본 원리는 크게 다르지 않다. 개혁교육학은 달라진 사회적 조건과 환경 속에서 발생하는 학교교육 문제를 개선하기 위하여 변화된 조건과 환경을 반영하는 새로운 실천적인 시도들로 여전히 진행되고 있다.

시사점

1945년 이후 독일의 학교개혁은 시기에 따라 '내적' 혹은 '외적' 개혁 중 어느 한쪽이 더 두드러졌다고 할 수 있다. '내적' 개혁은 아래로부터의 개혁으로 학생의 자발적 활동에 기초한 교수학적-방법적 차원과 관계하고, '외적' 개혁은 위로부터의 개혁으로 학교구조와 조직의 차원과 관계한다. 학교 개선을 위한 모든 노력이 학교개혁일 수 있겠지만, 개혁교육학의 관점에서 학교개혁은 무엇보다도 '학생의 자기활동성'이 최소한의 기준이 된다. 즉, 학교개혁이 학생의 자발적인 참여에서 자기활동을 가능하게 하는 방향으로 이루어졌을 때 개혁교육학의 범주에 포함될 수 있는 학교개혁인 것이다.

이러한 관점에서 개혁교육학이 한국의 학교교육에 줄 수 있는 시사점으로는 다음을 고려해 볼 수 있다.

첫째, 교육개혁은 교육의 본질적 특성에 대한 성찰적 과정이라는 점이다. 교육은 본질적으로 학습자 개인의 고유한 소질과 잠재적 능력의 계발이라는 측면과 사회의 존속 유지를 위한 사회적인 요구의 반영이라는 또 다른 측면이 충돌하는 속성을 갖고 있다. 이상적인 교육은 두 측면을 균등하게 고려하는 데 있다. 학교교육 개혁은 기존의 학교교육 현실에 대한 비판으로부터 시작되는데, 이 비판은 학교교육에서 개인적인 측면과 사회적인 측면이 균형을 이루지 못할 때 제기된다. 개혁교육학은 그 출발이 교육에서 사회적인 요구가 지나치게 지배적인 현상을 비판하면서 개인적인 요구를 충족시키고자 한 시도라고 이해한다면, 근원적으로 '내적' 개혁의 특성을 갖는다. 개혁교육학은 불만족스러운 현재의 교육 현실에 대한 대안을 찾으면서 교육 현실을 더 나은 방향으로 개선해 나가는 비판적 속성을 가지고 있다. 이것은 개혁교육학이 '내적' 개혁과 '외적' 개혁이 완전하게 조화를 이룬 이상적인 상태를 현재의 교육을 비판하는 준거로 상정하고 있다는 것을 의미한다. 그러므로 교육개혁은 일관되게 '내적' 개혁과 '외적' 개혁의 조화를 이루어 가는 성찰적 과정인 것이지, '새로운' 것만을 교육현장에 투입하는 것은 아닌 것이다.

둘째, 지금까지 진행된 교육개혁에서 과연 학생이 얼마나 고려되었는지, 그리고 지나치게 구호적인 학생 고려가 개인주의적 경향을 확대시킨 것은 아닌지에 대한 비판적 반성이다. 그동안 학교현장에 열린 교육, 수요자 중심 교육, 특기적성교육, 창의인성교육 등 학생 중심의 교육 대책들이 도입되었지만 학생들은 여전히 학교에서 지나친 경쟁에 내몰리고 학교생활에 만족하지 못하여 심각한 부적응을 보이기도 한다. 이러한 현상은 교육개혁이 개혁교육학의 의미에서 진정한 '내적' 개혁이 되지 못했다는 해석을 가능하게 한다. 그리고 학교교육과 관련하여 발생하는 적지 않은 문제들이 학생 중심 교육이 강조되면서 그에 대한 잘못된 이해로 인해 함께 사는 삶보다는 개인만을 위한 삶의 경향을 확대시킨 것에서 기인하는 것은 아닌지에 대해서도 진지하게 검토해 볼 필요가 있다. 호르크하이머와 아도르노가 『계몽의 변증법』에서 계몽이 가져온 현대사회의 문제를 해결하기 위해 '계몽의 계몽'을 주장하였듯이 지금까지 교육개혁의 문제점을 반성하고 대안을 찾는 '교육개혁의 개혁'을 진지하게 고민해야 할 것이다.

1. https://www.freie-alternativschulen.de/index.php/startseite
2. https://www.freie-alternativschulen.de/attachments/article/63/Wupper taler-Thesen.pdf
3. https://www.freie-alternativschulen.de/index.php/startseite/ueber-uns/ selbstverstaendnis/14-grundsaetze-freier-alternativschulen
4. 2015년 폐교되었음.
5. Reformschule Kassel-Grundlagen eines reform pädagogischen Schulkon zeptes, URL: https://reformschule.de/schule/schulportrait/
6. 개혁교육학(Reformpädagogik)은 1920년대에 등장한 개념으로 19세기 말부터 현재까지 교육비판적 시각에서 전개된 교육 현실을 개선하려는 다양한 교육 실 천적 시도들을 하나의 운동으로 묶는 대표 개념(Sammelbegriff)이다. 교육개혁 적인 운동들을 하나로 묶는 개념이기 때문에 개혁교육운동이라고도 한다.
7. Schulverbund Blicküberdenzaun, Leitbild des Schulverbundes, URL: http:// www.blickueberdenzaun.de/?page_id=524.
8. 독일의 학교 유형은 기초학교, 레알슐레, 하우프트슐레, 김나지움, 하우프트슐레 와 레알슐레가 결합된 학교, 직업학교, 기초학교와 하우프트슐레가 결합된 학교, 기초학교와 하우프트슐레가 결합된 학교이면서 진로모색단계를 갖고 있는 학교, 기초학교-하우프트슐레-레알슐레가 결합된 학교, 기초학교이면서 진로모색단계 를 가지고 있는 학교, 중등교육 1단계 김나지움, 중등교육 2단계 김나지움, 중등교 육 1-2단계 김나지움(13학년), 종합학교 등 다양하다.
9. 헤센주 학교법(Hessisches Schulgesetz) 제170조 제1항.
10. 헤센주 학교법 제168조.
11. 노르트라인베스트팔렌주 학교법(Schulgesetz für das Land Nordrhein- Westfalen) 제118조
12. 일반학교의 시간표에 수업 교과, 학습 영역, 과제 영역에 할당된 수업시수가 확 정되어 있다고 할지라도, 학생이 개인적인 중점에 따라 시간표를 구성할 수 있는 가능성은 열어 놓고 있다. 즉, 수업 영역이 ① 의무수업을 위한 교과, 학습 영역 또는 과제 영역, ② 선택의무 영역에서의 교과, 학습 영역과 과제 영역, ③ 선택교 과와 선택과제 영역으로 구분되어 있는데, 의무수업은 모든 학생이 의무적으로 이수해야 하고, 선택의무수업은 선택의무 영역에 제공된 것들을 학생이 선택하고 그것을 이수하는 것이 의무적이고, 선택교과와 선택과제는 학생에 의하여 선택된

다(헤센주 학교법 제9조).

13. Verordnung über die Stundenplan an den allgemeinbildenden Schulen. In: Mecklenburg-Vorpommern Mitteilungsblatt des Ministeriums für Bildung, Wissenschafaft und Kultur vom 20. April 2006.

14. 이하 내용은 정기섭(2019), 독일의 개혁교육학: 영원한 교육개혁운동, 123-158에서 옮겨 온 것임.

15. Pehnke, A.(1994), Das reformpädagogische Erbe während der DDR-Epoche und deren Auswirkung. In: Röhrs H., & V. Lenhart(Hrsg.)(1994), *Die Reformpädagogik auf den Kontinenten.* Frankfurt a.M. u.a.: Peter Lang, 433.

16. Pehnke, A.(1994), Das reformpädagogische Erbe während der DDR-Epoche und deren Auswirkung, 439.

17. Röhrs, H.(1990), *Nationalsozialismus, Krieg, Neubeginn.* Frankfurt a.M., Berin, New York, Paris: Peter Lang, 155.

18. Hagemann, K., & Mattes, M.(2009), Ganztagserziehung im deutsch-deutschen Vergleich. Sozialwissenschaftlicher Fachinformationsdienst soFd, *Familienforschung 2009/1,* 10-11.

19. Röhrs, H.(1990), *Nationalsozialismus, Krieg, Neubeginn,* 150; Röhrs, H.(1987), *Schlüsselfragen der inneren Bildungsreform.* Frankfurt am Main: Peter Lang, 15.

20. 연령이나 능력에 따라 학생들을 각기 다른 교실로 분리하는 것(외적 분화)이 아니라, 하나의 학급 내에서 능력과 발달 가능성, 요구에 맞는 개별적이고 차별화된 수업이 이루어지는 것을 말한다.

21. Skiera, E.(1994), Schulentwicklung und Bildungspolitik in der "alten" Bundesrepublik Deutschland unter dem Einfluβ der internationalen Reformpädagogik. In: Röhrs H., & Lenhart, V. (Hrsg.)(1994), *Die Reformpädagogik auf den Kontinenten.* Frankfurt a.M. u.a.: Peter Lang, 423/424.

22. 정기섭(2015), 독일의 종합학교 현황과 시사점. 한국교육개발원. 교육정책네트워크 세계교육인포메이션, 6호. 한국교육개발원.

23. Skiera, E.(1994), Schulentwicklung und Bildungspolitik in der "alten" Bundesrepublik Deutschland unter dem Einfluβ der internationalen Reformpädagogik, 425.

24. Wunder, D., & Rave, Ute-E.(2011), Bildung-ein sozialdemokratisches Zukunfsthema, *Gesprächskreis Geschichte, Heft 88,* hrsg. von A. Kurke,

Friedrich-Ebert-Stiftung, 7.

25. 정기섭(2015), 독일의 종합학교 현황과 시사점. 교육정책네트워크 세계교육인포 메이션, 6호. 한국교육개발원, 5-7.

26. Scheibe, W.(1999), *Die reformpädagogische Bewegung*. 10., erw, Auflage. Weinheim und Basel: Beltz, 257-262.

27. Choi, J. J.(2004), *Reformpädagogik als Utopie*. Münster: LIT verlag. 참조.

28. Scheibe, W.(1999), *Die reformpädagogische Bewegung*, 263.

29. Fischer, Ch., & Ludwig, H.(2009), Vielseitige Förderung als Aufgabe der Ganztagsschule. In: Appel, S., Ludwig, H., & Rother, U.(Hrsg.)(2010), *Jahrbuch Ganztagsschule 2010. Vielseitig fördern*. Schwalbach/Ts.: Wochenschau Verlag, 15.

30. 정창호(2012), 한국 학교개혁에 빌레펠트 실험실학교가 주는 시사점, 교육의 이론과 실천, 17(1), 73.

31. 이하 자유학교운동에 관한 내용은 van Dick, L.(1979), *Alternativschulen*. Reinbek bei Hamburg: Rowohlt Taschenbuch Verlag, 175-180을 참조함.

32. *Der Spiegel*(1982.02.15.), Weiterauβ erhalb, URL: https://spiegel.de/spiegel/print/d-14343959.html

33. 노르트라인베스트팔렌주 학교법(Schulgesetz für das Land Nordrhein-Westfalen).

34. Bundesverband der Freien Alternativschulen e.V. *Gründungsmappe. Kurzversion.*

35. Wenzel, H.(2004), Studien zur Organisations-und Schulkulturentwicklung. In: Helsper, W., & Boehme, J.(2004), *Handbuch der Schulfor schung*. Wiesbaden: Springer, 392.

36. *Der Spiegel*(1982.02.15.), Weiterauβ erhalb, URL: www.spiegel.de/spiegel/print/d-14331729.html

37. Jürgens, E. (Hrsg.).(2000), *Die 'neue' Reformpädagogik und die Bewegung Offener Unterricht. Theorie, Praxis und Forschungslage*, Sankt Augustin: Academia, 11.

38. Göhlich, M.(1997), *Offener Unterricht-Community Education-Alternativ pädagogik-Reggiopädagogik. Die neuen Reformpädagogik. Geschichte, Konzeption, Praxis*. Weinheim, Basel: Beltz, 34.

39. http://www.auer-verlag.de/media/ntx/auer/sample/06526_Musterseite.pdf

40. Ohlhaber, F.(2007), *Schulentwicklung in Deutschland seit 1964. Manuskript*, 39.

41. Ohlhaber, F.(2007), Schulentwicklung in Deutschland seit 1964, 36.
42. Frauser, P., Flinter, A., Konrad, F.-H., u.a.(1988), Praktisches Lernen und Schulreform. Eine Projektbeschreibung. *Z.f.Päd., 34*(6), 729-748 참조.
43. Tenorth, H.-E.(1994), Reformpädaggoik, Erneuter Versuch, eine erstaun liches Phänomen zu verstehen. *Z.f.Päd., 40*(3), 585.
44. Pehnke, A.(1992), Ein Plädoyer für unser reformpädagogisches Erbe. *Pädagogik und Schulalltag, 47*(1), 19.
45. Scheuerl, H.(1997). Reformpädagogik. In: Fakte, R.(Hrsg.), Forschung und Handlungsfelder der Pädagogik, *Z.f.Päd. Beiheft 36,* 185-235.
46. Pehnke, A.(1994), Reform-und Alternativschulen als Impulsgeber für das Regelschulwesen. In: Röhrs, H., & Pehnke, A.(Hrsg.)(1994), *Die Reform des Bildungswesens im Ost-West-Dialogs.* Frankfurt am Main: Peter Lang Verlag, 311.
47. Harth-Peter, W.(1993), "Schnee vom vergangenen Jahrhundert?" Zur Aktualität der Reformpädagogik heute. In: Böhm, W., u.a.(Hrsg.) (1993), *Schnee vom vergangenen Jahrhundert. Neue Aspekte der Reformpädagogik.* Würzburg: Ergon Verlag, 12; Tenorth, H.-E.(1994), "Reformpädagogik". Erneuter Versuch, eine erstaunliches Phänomen zu verstehen, *Z.f.Päd., 40*(3), 585-586 참조.
48. Pehnke, A.(1994), Reform- und Alternativschulen als Impulsgeber für das Regelschulwesen, 308, 313.
49. Wenzel, H.(1994), Herausforderungen für die Lehrerbildung in den neuen Bundesländern. In: Röhrs, H., & Pehnke, A.(Hrsg.)(1994), *Die Reform des Bildungswesens im Ost-West-Dialogs.* Frankfurt am Main: Peter Lang Verlag, 212.
50. http://www.blickueberdenzaun.de/;http://www.blickueberdenzaun. de/?page_id=519
51. 'Frankfurter Rundschau' 2011년 9월 10일 자와 9월 16일 자 참조.
52. Ende einer Reformschule. Die Odenwaldschüler kämpfen, taz, URL: https://www.taz.de/!5009983/
53. Harder, W.(2009), Von anderen Schulen lernen. Blicke über den Zaun auf pädagogischen Entdeckungsreisen. In: Schulverband Blick über den Zaun(2009), *Schulen lernen von Schulen. Beispiele & Portraits aus dem Schulverband 'Blick über den Zaun',* Stuttgart, 6.
54. Riegel, E./송순재 옮김(2012), 꿈의 학교 헬레네 랑에. 서울: 착한책가게, 276.

55. 정기섭(2013), 독일 헬레네-랑에-학교 사례 및 한국 교육에의 시사점, 교육정책 인포메이션, 제6호. 한국교육개발원.

제14장

학생의 권리에는
어떤 것들이 있나?

독일의 주정부는 관련법을 통해 학생의 권리와 의미를 규정하고 있다 (예: BayEUG). 학생의 권리를 보장하면서도 교육적 관계에서 신뢰를 해치는 행위를 할 때는 그에 상응하는 조치들을 취하고 있다. 그러한 조치들은 먼저 교육적 차원에서 행해지고, 그것이 효과가 없을 때는 행정적 차원의 조치들이 취해진다.

관련법과 정책

학생의 권리에 관해서는 독일 〈기본법〉, 〈주헌법〉, 〈학교법〉, 〈민법〉, 〈사회법전 제8권〉을 통해서 유추하거나 확인할 수 있다. 또한 〈사회법전 제8권〉 제84조에 의거하거 정부가 임기 중 아동·청소년 지원 노력과 성과를 보고하도록 되어 있는 『아동·청소년 보고서』에 드러난 아동·청소년의 정책 방향에서 확인할 수 있다. 〈사회법전 제8권〉 제1조(교육에 대한 권리, 부모의 책임, 청소년 지원)에서는 아동·청소년의 교육 권리와 부모의 책임을 명시하고 아동·청소년 지원이 이와 관련되어 있음을 규정하고 있다. 주의 헌법에서도 학교교육 의무와 폭력 없는 교육을 받을 아이의 권리를 규정하고 있고, 〈민법〉과 〈사회법전 제8권〉에서도 아이들이 폭력으로부터 자유롭게 교육받을 권리를 규정하고 있다. 또한 〈아이의 종교교육에 관한 법Gesetz über die religiöse Kindererziehung〉도 아이의 종교교육에서 부모의 영향을 제한하고 있다.

> 모든 젊은 사람은 자신의 발달을 촉진할 권리와 자기책임
> 및 공동체 능력을 갖춘 개인으로 성장하는 교육을 받을 권리
> 를 갖는다.[1]

모든 아이는 자신의 인격을 발달시킬 권리, 폭력 없는 교육을 받을 권리, 폭력, 멸시, 착취로부터 공동체의 특별한 보호를 받을 권리가 있다.[2]

아이들은 폭력 없는 교육을 받을 권리가 있다. 육체적인 처벌, 심리적인 상해 그리고 그 외의 인간의 품위를 떨어뜨리는 대책들은 허용되지 않는다.[3]

『국가 실행계획에 관한 아동·청소년 보고서Ein Kinder- und Jugendreport zum Nationalen Aktionsplan, NAP』[4]는 독일의 아동·청소년 정책의 방향을 잘 보여 준다. 이 보고서는 2005년 8월의 1차 보고서를 2006년 1월까지 계속 발전시킨 것으로 주제가 '2005년부터 2010까지 아동에게 적합한 독일 만들기'이다. 아동·청소년은 교육에 대한 권리, 건강한 성장에 대한 권리, 사회적 참여의 권리, 심리적·신체적 폭력으로부터 보호받을 권리가 있기 때문에 그에 맞게 독일을 만들자는 것이 취지이다. 보고서는 7개의 영역(① 여가생활을 위한 자유공간, ② 교육을 통한 기회의 평등, ③ 폭력이 없는 성장, ④ 건강한 생활과 건강한 환경 조건의 촉진, ⑤ 아동·청소년의 참여, ⑥ 모든 아동을 위한 적합한 생활 모범의 촉진, ⑦ 국제적인 의무)에 걸쳐 170개의 대책들을 언급하고 있다. ① 여가생활을 위한 자유공간은 1차 보고서에서는 다루어지지 않은 영역이었으나 최종 보고서에서는 그 중요성을 인식하여 첨가되었다. 여가시간을 위한 좋은 프로그램 부족은 청소년들이 몰려다니고, 약물을 복용하고, 폭력이 발생하는 원인이 되기 때문에, 아동·청소년의 관점에서 좋은 여가시간 프로그램들이 아동에게 적합한 독일에 가장 중요하다고 인식하였기 때문이다.

휴식에 대한 권리

학생들의 휴식을 위해 숙제, 시험 과목 수, 시험 횟수가 제한되어 있다. 주정부는 학교법에 근거한 규정을 통해 학생의 자유시간을 보장하기 위하여 학교 필기시험 과목의 수와 숙제의 분량, 횟수를 제한하고 있다. 숙제의 분량은 학년에 따라 다르다. 주말과 공휴일, 방학에는 숙제를 부여할 수 없다. 학년별 숙제의 분량은 다음과 같다(노르트라인베스트팔렌주).[5]

초등 단계(1일 기준)
- 1~2학년: 30분에 마칠 수 있는 분량(참고: 베를린 1학년 15분, 2학년 30분)
- 3~4학년: 45분에 마칠 수 있는 분량(베를린 45분)

중등교육 1단계
- 5~7학년: 60분에 마칠 수 있는 분량(베를린 5, 6학년 60분)
- 8~10학년: 75분에 마칠 수 있는 분량(베를린 7, 8, 9학년 90분, 10학년 120분)

김나지움 상급 단계
- 분량 제한이 없다. 중등교육 II단계에서 요구되는 일반대학 입학 조건과 중등교육 II단계 졸업 가능성을 고려해서 학교회의가 결정한다.

교사는 숙제를 부여할 때 학생이 추가적인 리포트, 학급 필기시험, 시험, 다른 과제가 있는지를 고려한다. 학교회의는 중등교육 Ⅰ단계의 숙제 분량과 부여 횟수의 기본을 정한다. 학교회의는 주에 따라 명칭이 상이하지만 주학교법에서 규정하고 있는 학교 사안 결정을 위한 위원회로 일반적으로 교사, 학부모, 학생대표가 참여한다. 초등 단계와 중등교육 Ⅰ단계에서 숙제는 교사가 검사(평가)하고 수업에서 다른 과제로 확장한다. 숙제에는 평가 점수가 부여되지 않고 성적표의 특별사항에 기록된다. 중등교육 Ⅰ단계의 전일제학교에서는 학습시간(전일제학교 프로그램)에 숙제를 할 수 있고, 그 외에 집에서 하는 숙제를 부과할 수 없다. 방학은 학생들의 휴식을 위해 있는 것이기 때문에 예외적인 경우가 아니고는 숙제가 허락되지 않는다. 예외적인 경우란, 병으로 인해 결석이 많아 학교 수업에 제대로 참여하지 못한 경우 밀린 공부를 보충하기 위해서다.

니더작센주의 경우 학교 밖에서 숙제를 위해 소비하는 시간을 다음과 같이 규정하고 있다.

- 초등 영역: 30분
- 중등교육 Ⅰ단계: 1시간
- 중등교육 Ⅱ단계: 2시간

필기시험은 일반적으로 하루에 1개 이상 허용하지 않는다는 주 문화부 지침이 있다. 예를 들어 니더작센주의 '일반학교에서 숙제에 대한 지침Runderlass'에 의하면 "일주일 동안에 한 학급 또는 학습 집단에 최대 3개, 하루에 1개 이상의 필기 평가가 있어서는 안 된다. … 시험 일정 조정은 학급 담임이 한다. 김나지움 상급반의 경우에는 상급 단계 코디네이터가 한다".[6]

정보에 대한 권리

필기시험의 답안 수정 및 평가 기간이 규정되어 있다. 주마다 다르게 규정되어 있으나 평균적으로 초등학교는 1주일, 중등교육 I 단계(하우프트슐레, 레알슐레, 김나지움)는 2주일, 중등교육 II 단계는 3주일(김나지움 상급반, 상급 전문학교) 이내에 수정을 해서 학생들에게 알려 주도록 되어 있다. 교육권자(학부모)는 수정된 과제를 확인해야만 하고, 교사는 수정된 과제를 학생에게 배부할 때 해답을 제시해야 한다. 평가 결과 학급 또는 학습 집단의 30% 이상이 '부족한', '만족스럽지 못한'으로 평가되면, 평가하지 않는다(니더작센주 규정 '일반학교에서 평가되는 서술형 과제')[7]. 함부르크의 '아비투어에서 과제 제시와 평가를 위한 지침Richtlinien für Aufgabenstellung und Bewertung der Leistungen in der Abiturprüfung, GSO'[8]에도 "학생은 3주 이내에 수정되고 평가된 과제를 받아 볼 수 있어야 한다. … 1/3 이상의 학생이 '부족한' 또는 '만족스럽지 못한'으로 평가되면, 교장에게 보고하고 교장의 동의를 구한다"라고 규정하고 있다. 바이에른주의 '김나지움 학교규정Schulordnung für Gymnasien'에서도 서술적인 평가 결과 제시 기간을 발견할 수 있다. "서술적인 성취 증명은 교사에 의해 2주 이내에 수정되고, 점수가 부여되고, 학생에게 돌려주어야 하고, 학생과 상담(논의)되어야 한다. 상급 단계에서 과제를 위한 이 기간은 3주이다"(제25조 제1항).[9] 기간 엄수는 당위적인 것이지만 반드시 지켜야 하는 것은 아니다. 기간을 엄수하기 어려울 경우 교사는 그 이유를 증명해야만 한다.

모든 주의 학교법에는 학생의 성취 정도에 대한 정보를 교부해야 할 교사의 의무가 규정되어 있다. 함부르크주 학교법에 따르면 "교장과 교사는 부모(교육권자)와 학생들에게 성취 평가에 대해 정보를 제공하고 상담한다"(제32조). '튀링겐주 학교규정Schulordnung'[10]에 의하면"학생은…그의 성취 정도에 대한 정보와 상담을 받을 권리가 있다"(제3조 제2항 제4호). 다른 주의 학교법 또는 지침에서도 이러한 내용을 규정하고 있다. 그러나 학업성취 최종 평가는 성적회의Zeugniskonferenz에서 확정되기 때문에 교사 개인이 성적표가 발부되기 전에 학생에게 성적을 알려 줄 의무는 없다. 다만, 평가 척도와 기준을 학생들에게 설명할 의무가 있다(베를린 학교법 제47조 제4항).

'튀링겐주 학교규정'에 따르면, "학생들은 학교 운영의 근본적인 사안들을 보고받을 권리가 있다"(제3조 제2항 제3호). 노르트라인베스트팔렌주 학교법(제44조 제1항, 제8항)과 바이에른주의 교육 및 수업에 관한 법(제56조)에서도 이러한 학생의 권리를 확인할 수 있다.

자유로운 의사표현의 권리

〈기본법〉(제5조 제1항)에 규정된 의사표현의 자유에 따라 학생들은 학교 활동과 수업시간에 자유롭게 의사를 표현할 수 있다. 주의 학교법에서도 이러한 내용을 규정하고 있다. 노르트라인베스트팔렌주 학교법에 따르면 "학생들은 학교에서 자신의 의견을 단어, 글, 그림으로 자유롭게 표현할 권리가 있다. 학생은 자신들의 의견을 수업에서도 객관적인 연관성에서 단어, 글, 그림으로 표현할 수 있다"(제45조 제1항). 의사표현의 자유는 수업 실행과 학교 행사 그리고 다른 사람의 권리를 침해하지 않는 범위에서 허용된다(제2항). 같은 조 제3항에서는 "학생들은 학생신문을 발간하고 학교에서 판매할 권리가 있다. 학생신문은 한 학교의 학생 또는 여러 학교의 학생들이 학생들을 위해 발간한 신문이다. 이것은 검열을 받지 않고 학교의 책임하에 있지 않으며, 판매는 허가가 필요하지 않다"라고 규정하고 있다. 베를린 학교법에서도 이와 같은 내용을 발견할 수 있다. "학생들은 기본법이 보장하는 언론 및 출판의 자유의 틀에서 학교에서도 학교신문을 발간하고 판매할 권리를 갖는다"(제48조 제1항). "신문의 내용이 법에 위반되거나 학교의 평화를 심각하게 방해한다면, 학교장은 학교에서 신문 판매를 금지할 수 있다"(제48조 제3항).

학생의 의사표현의 자유는 정치교육(민주시민교육)에서의 최소한의 합의이자 기본 원리로 영향을 미치고 있는 보이텔스바흐 합의를 통해서도 확인될 수 있다(이 책 12장 참조). 첫째, 강제성의 금지이다. 어떤 수단을 사용하든 학생들이 독립적인 판단을 하는 것을 방해해서는 안 된다. 여기에서 학습자의 능동적 사고력을 형성을 방해하는 주입식 교화Indoktrination와 정치교육이 구분된다. 둘째, 논쟁성의 유지이다. 학문과 정치 상황에서 논쟁적인 것은 수업에서도 논쟁적인 것으로 그대로 다루어야 한다. 셋째, 정치적 상황과 자신의 이해관계를 분석할 수 있는 학생 능력의 강화이다.

학교에서 정치교육 방법의 선택과 수행에서 이 조건들을 충족시키기 위해서는 교사의 역할이 매우 중요하다. 이때 교사는 자신의 정치적 입장을 표명하지 말아야 하며, 다양한 관점들을 수용하고 중재할 수 있는 능력이 있어야 한다. 이때 쟁점이 될 수 있는 것은 학습자가 교사의 입장에서 혹은 다수가 수용될 수 없는 정치적 견해를 갖고 있더라도, 교사가 학습자의 견해를 어느 정도까지 수용해야 하는가이다. 보이텔스바흐 합의에는 학생을 자신의 고유한 경험과 판단을 갖고 있는 인격체로 인정해야 하고, 다양한 의견의 공존이 민주주의의 특성이라는 전제가 깔려 있는 것으로 보인다.

학교 참여 권리

학생들은 학교생활, 수업계획, 학교 행사, 학생위원회 등에 참여할 권리가 있다. 튀링겐주 학교법 제3조에서는 "학교생활과 학생위원회에 참여할 권리"(제1항), "학교규정과 수업계획 규정의 틀에서 수업의 형성에 함께 참여할 권리"(제2항)를 규정하고 있다. 바이에른주 교육 및 수업에 관한 법 제56조, 노르트라인베스트팔렌주 학교법 제42조 제2항에서도 이러한 내용을 규정하고 있다. 〈기본법〉 제8조 제1항에 규정된 집회의 자유에 따라 학생이 집회에 참여하는 것이 보장된다. 단, 학교교육이 의무이므로 수업이 없는 시간에 한해서만 가능하다. 모든 학교는 학교위원회Schulausschuss를 설치해야 하며, 최소한 1년에 1회 회의를 개최해야 한다. 위원은 선출된 교사, 학생, 학부모로 구성된다. 직업학교의 경우 고용주 대표와 피고용인 대표가 위원으로 추가된다. 위원 수는 학교 규모에 따라 3~12인이며, 교장이 회의를 주재한다(이 책 11장 참조).

교육 내용 선택 권리

학생은 교육 내용을 선택할 수 있다. 이것은 주로 공립학교에서의 종교수업 참여 여부와 관계된다. 〈기본법〉은 공립학교에서 종교수업을 "정규교과"로 보장하고 있고(제7조 제3항), 교육권자가 자신의 자녀를 종교수업에 참여시킬 것인지를 결정할 권리도 보장하고 있다(제7조 제2항). 주헌법(예: 바덴뷔르템베르크)도 〈기본법〉에 의거하여 종교수업에 관한 규정을 포함하고 있는데, 종교수업과 학교의 종교 행사에 자녀를 참여시킬 것인지는 "교육권자(부모)의 의지 해명"에 달려 있다(제18조). 교사도 자신의 의지에 반할 경우 종교수업을 하지 않아도 된다(기본법 제7조 제3항). 학생은 종교수업 이외에도 선택의무교과의 선택 및 참여를 결정할 수 있다.

그 외…

그 외에도 학생의 권리와 관련된 다양한 질문들이 있을 수 있다.

학생이 특정한 교사가 수업할 수 없도록 결정할 수 있나?

즉 '맘에 들지 않는' 교사를 수업에서 배제시킬 수 있는가? 학생이나 학부모는 교사의 학년과 학급 배치에 대해 간섭할 수 없다. 다만, 교사가 자신의 의무를 심각하게 위반했다면 학부모는 이에 대한 문제를 학교, 학교감독관청, 주문화부에 공식적으로 제기할 수 있다. 학생도 자신이 교사로부터 공정하지 못한 대우를 받았다고 느끼면 교사, 교장, 학교회의, 학교감독관청에 문제를 제기할 수 있다(주의 학교법에 규정되어 있음, 예: 튀링겐주 학교법 제3조 제5항).

교사는 스마트폰이나 MP3플레이어를 빼앗을 수 있나?

그것을 학교에 가져오는 것은 허락된다. 그러나 학생이 수업에서 그것을 개인적으로 사용할 수는 없다. 휴대폰, MP3플레이어, 디지털카메라 등이 수업을 방해한다면 교사는 그것을 빼앗을 수 있다. 대부분의 주학교법에 따르면 수업시간에 수업을 방해하는 물건은 교사가 수거할 수 있다(예: 노르트라인베스트팔렌주 학교법 제53조). 수거된 물건은 주의 학교법에 따라 수업 직후 또는 하교 시에 돌려주어야 한다. 그것은 학생 개인 물건이고, 수업 후 또는 하교 후에는 수업시간에 방해가 되지 않기 때문이다. 그러나 예방적인 차원에서 스마트폰을 수거할 수는 없다. 휴대폰에 불법 영상이나 사진이 있는 것을 발견했다면 학교는 휴대폰을 경찰에 넘겨야만 한다. 바이에른주에서는 학교 울타리 내에서는 휴대폰의 전원을 끄도록 바이에른주의 교육 및 수업에 관한 법에서 규정하고 있다(제56조 제5항).

학생이 정규수업 이후인 오후에 학교에 남아서 공부하도록 하는 것이 허락되나?

수업시간이 연장된 벌로서는 허락되지 않는다. 그러나 학생의 뒤처진 학업을 보충하는 것에 기여한다면 대부분 허락된다. 학생이 자신의 책임으로(학교를 이탈하거나 스마트폰 게임을 하는 데 정신이 팔려) 수업 내용을 파악하지 못했다면, 교사의 감독하게 오후에 남아서 공부를 하게 할 수 있다. 바덴뷔르템베르크주 학교법에 의하면 교사는 해당 학생에게 2시간의 오후 수업시간(보충수업)을 지시할 수 있다. 그 이상의 수업시간은 학교장의 허가를 받아야 한다(제90조 제3항).

학생들이 학교에서 흡연은 가능한가?

〈비흡연자보호법Nichtraucherschutzgesetz〉이 2008년부터 시행됨에 따라 학교에서의 흡연이 금지되어 있다. 니더작센주 문화부 지침Runderlass '학교에서 흡연과 알코올음료 소비'에 의하면 "학교 행사가 이루어지는 동안 학교 건물과 학교 울타리 내에서 흡연과 알코올음료는 금지한다. 학교 밖에서 학교 행사가 이루어지는 동안에도 흡연과 알코올음료는 금지한다". "학교는 현세대와 미래세대를 니코틴과 알코올 소비의 건강적인, 사회적인, 경제적인, 생태적인 결과로부터 보호하기 위하여 그리고 비흡연자를 보호하기 위하여 학생들과 교육권자(학부모)의 참여하에 예방을 위한 노력을 한다."[11] 주에 따라서 학교에서 흡연할 경우 1,000유로까지의 벌금을 부과하기도 한다(슐레스비히홀슈타인). 담배 구매는 18세 이상(2018년 4월 1일부터)에게 허락되고 있다.

교사는 학생의 가방을 검사할 수 있나?

학생의 인권에 속한 것이므로 검사를 할 수 없다. 다만, 학교장은 학교의 안전을 위해서 무기 소지와 약물 소지가 확실하다고 판단될 경우에만 검사를 할 수 있다.

교사는 피어싱, 문신, 눈에 띄는 옷을 금지할 수 있나?

개인적인 인격 발달에 해당되는 것이므로 어렵다.

교사는 학생에게 육체적인 규율을 가르칠 수 있는가?(훈육)

학생에 대한 육체적인 훈육은 허락되지 않는다. 귀나 머리를 잡아당기는 것과 같은 훈육의 형태도 육체적 폭력으로 이해될 수 있다. 학생에 대한 교사의 육체적 폭력은 자기방어 상황의 경우에 허락된다.

학교는 학생을 수업에서 배제시킬 수 있나?

교장은 학생이 학생의 의무를 위반한 경우, 특히 수업을 방해하거나 학교규정을 위반할 경우 먼저 경청한 후에 하루에서 2주까지 수업과 그 외 학교 행사에서 임시적인 배제를 결정할 수 있다. 수업으로부터의 배제는 특정한 교과로 제한할 수도 있다. 학생은 참석하지 못한 수업을 나중에 보충해야 할 의무가 있다. 교장은 교사회의에 의해 소집된 소회의의 자문을 받을 수 있고, 결정 권한을 그 회의에 넘길 수도 있다. 그러한 결정에 대한 어떠한 항의도 그 적용을 미룰 수 없다. 학생이 교사를 언어적으로 공격할 경우 〈형법〉 제185조에 따라 모욕죄로 벌금형에서 1년형까지를 선고받을 수 있다. 이 법은 학생이 최소 14세가 되어야 적용될 수 있기 때문에, 나이가 어린 학생에게는 적용되지 않는다. 학교가 학생에게 취할 수 있는 행정적 차원의 조치로는 다음과 같은 것이 있다(노르트라인베스트팔렌주 학교법 제53조 제3항).

1. 문서(서면) 징계
2. 다른 학급 또는 학습 집단으로 보냄
3. 하루부터 2주까지 수업과 다른 학교 행사들로부터 임시적인 배제
4. 퇴학 경고
5. 퇴학
6. 상급 학교감독관청을 통한 주의 모든 공공학교로부터의 퇴교 경고
7. 상급 학교감독관청을 통해 주의 모든 공공학교로부터 퇴교

학교교육 의무기간에 있는 학생을 퇴학시킬 수 있나?

심각한 또는 반복되는 잘못된 태도로 인해 학교의 임무들(과제들)을 충족하지 못하거나 타인의 권리가 심각하게 위협되거나 훼손되는 경우에 한해서만 퇴학이 허락된다. 일반적으로 '퇴학 경고'가 '퇴학'에 앞서 이루어진다. 학교교육 의무기간에 있는 학생의 경우 퇴학 결정은 학생을 상응하는 다른 학교에 배속시킬 수 있다는 학교감독관청의 증명을 필요로 한다(노르트라인베스트팔렌주 학교법 제53조 제4항).

학생은 학교가 불공정한 교육적 대책이나 규정적 대책을 판결했다면 무엇을 할 수 있나?

모든 학생은 자신의 권리가 침해받은 것으로 보인다면 교장에게 항의할 권리가 있다. 교육권자와 나이가 있는 학생은 그를 넘어서 학교감독 관청에 그것에 대한 결정을 해 달라고 항의할 수 있다.

학생으로서 집회에 참여할 수 있나?

〈기본법〉은 집회의 자유(제8조 제1항)와 의사표현의 자유(제5조 제1항)를 보장하고 있다. 그러므로 학생은 집회에 참여할 수 있는 권리가 있다. 그러나 학생의 경우에는 수업이 없는 자유시간에만 가능하다. 그렇지 않은 경우 학교교육의 의무를 다하지 않는 것이므로 교장은 그것에 대한 조치를 취해야만 한다.

시사점

독일 학생의 권리 중에서 가장 눈에 띄는 것은 휴식에 대한 권리이다. 학생이기 때문에 공부만 해야 하는 것이 아니라, 자유시간을 보장해야 한다는 규정은 우리에게 많은 것을 생각하게 한다. 대한민국 청소년들의 삶의 만족도가 OECD 국가 중 최하위권이라는 보도는 매년 변함없이 반복되고 있다. 한국 학생들은 공부는 많이 하고, 여가시간은 없고, 수면은 부족하고, 행복도는 전 세계 꼴찌 수준이다. 한국청소년정책연구원의 『2018 아동·청소년 권리에 관한 국제협약 이행 연구–한국 아동·청소년 인권실태 2018 총괄 보고서』는 한국 아동·청소년의 이러한 상황을 잘 보여 준다. 초등학교 4학년부터 고등학교 3학년까지 학생을 대상으로 한 이 연구에서 참여 학생의 과반수 이상(52.4%)이 수면 부족을 호소하고 있고, 주요 원인은 가정학습, 학원, 과외이다. 학생의 45.5%

가 하루 3시간 이상 공부하고, 44.2%가 2시간 미만의 여가시간을 갖는다. 고학년이 될수록 학업 스트레스와 수면 부족은 늘어난다. 자살을 생각해 본 적이 있다고 응답한 학생이 33.8%, 우울증 경험이 있다는 학생도 1/3 정도이고, 죽고 싶은 이유의 37.2%가 학업 문제(학업 부담, 성적) 때문이다. 이러한 현상은 한국 학생들의 생활이 대학입시를 위한 공부에만 맞춰져 있어 경쟁적 학업 이외에 다른 경험을 할 수 있는 기회를 갖지 못하고 있다는 것을 의미한다. 인간의 성장 과정에서 다양한 경험은 인간적인 품성을 형성하는 데 필요하고, 잠재적 능력을 발견할 수 있는 기회를 제공한다. 다양한 경험을 통해 성찰적으로 자신을 형성해 가는 주체로서의 현재를 생략하고 경쟁만을 경험하게 하는 교육은 비인간적인 미래를 가져올 위험성이 높다.

| 주석 |

1. 사회법전 제8권 제1조 제1항.
2. 베를린 헌법(Verfassung von Berlin) 제13조 제1항.
3. 민법(Bürgerliches Gesetzbuch(BGB) 제1631조 제2항.
4. Bundesministerium für Familie, Senioren, Frauen und Jugend(BMFSFJ) (Hrsg.)(2006), *Ein Kinder- und Jugendreport zum Nationalen Aktionsplan (NAP). Für ein Kindergerechtes Deutschland 2005-2010,* Baden-Baden: Koelblin-Fortuna-Druck.
5. Unterrichtsbeginn, Verteilung der Wochenstunden, Fünf-Tage-Woche, Klassenarbeiten und Hausaufgaben an allgemeinbildenden Schulen. RdErl. d. Ministeriums für Schule und Weiterbildung v. 05.05.2015 (ABl. NRW. S. 270).
6. Hausaufgaben an allgemein bildenden Schulen(in Niedersachsen). RdErl.d. MK v. 12.9.2019-36-82100 (SVBl. 10/2019 S. 500)-VORIS 22410-.
7. Schriftliche Arbeiten in den allgemein bildenden Schulen. RdErl. d. MK v. 22.3.2012-33-83201 (SVBl. 5/2012 S. 266). geändert durch RdErl. vom 9.4. 2013 (SVBl. 6/2013 S. 222) -VORIS 22410-.
8. Hamburger Behörde für Schule und Berufsbildung(2018), Richtlinien für Aufgabenstellung und Bewertung der Leistungen in der Abiturprüfung.
9. Schulordnung für die Gymnasien in Bayern (Gymnasialschulordnung-GSO) vom 23. Januar 2007 (GVBl. S. 68).
10. Thrüringer Ministerium für Bildung, Jugend und Sport(Hrsg.)(2018), *Thüringer Schulordnung.* Thüringer Schulordnung für die Grundschule, die Regelschule, die Gemeinschaftsschule, das Gymnasium und die Gesamtschule(Thüringer Schulordnung-ThürSchulO-) Vom 20. Januar 1994. Stand: letzte berücksichtigte Änderung: mehrfach geändert durch Artikel 1 der Verordnung vom 23. Mai 2018 (GVBl. S. 282).
11. Bundeszentrale für gesundheitliche Aufklärung(2009)(Hrsg.), *Auf dem Weg zur rauchfreien Schule. Ein Leitfaden für Pädagogen.* Kempen: te Neues.

제15장

종합학교(Gesamtschule)의 위상은 어떠한가?

종합학교는 1970년대 초 시험적인 학교로 도입되어 1982년 모든 주가 정규학교로 공인하였다. 종합학교는 하우프트슐레, 레알슐레, 김나지움 과정의 학생들이 함께 수업을 받는 것이 특징이다. 동일한 과목의 수준을 달리하면서 개인적인 능력 수준에 맞는 수업을 선택하도록 하고 있다. 종합학교 도입에 대한 찬반 논란에도 불구하고, 2000년 이후 학생 수가 증가하고 있으며, 주마다 학교 명칭은 다르더라도 종합학교와 유사한 학교들이 학교개혁의 틀에서 늘어나고 있다.

도입 배경

이전까지 없었던 새로운 형태의 학교인 종합학교 도입에 관한 논의는
1960년대 독일(당시 서독)의 불만족스러운 교육제도에 대한 비판에서 촉
발되었다. 이 시기 독일 교육제도 개혁의 필요성은 크게 경제적인 차원과
사회적인 차원에서 제기되었다. 경제적인 차원에서는 다른 국가에 비해
높은 성취수준에 있는 독일 학생 수가 상대적으로 적기 때문에 1950년
대부터 이루어 온 경제성장을 이끌어 갈 인재 부족으로 경제성장이 저
하될 것이라는 위기의식이 강하게 작용하였다. 독일의 경우 1957년부터
1962년까지 7학년 학생의 동년배 대비 비율은 20%를 넘지 못하였고,
대학입학자격 준비 수험생의 동년배 대비 비율은 7%를 넘지 못하고 있
었다. 미국은 1960년에 동년배의 80%가 고등학교High school에 재학하
고 있었다.[1] 1959년에서 1970년 사이의 독일 대학입학자격을 갖춘 졸업
생의 증가 비율도 4%에 그쳐 유럽의 다른 국가들(프랑스 154%, 스웨덴
138%, 네덜란드 100%, 이탈리아 11%)에 비해 훨씬 낮았다. 국가 간 교육
통계 비교에서 최하위에 처져 있는 독일의 위상을 그 당시 철학자이면
서 교육학자인 하이델베르크 대학교의 피히트G. Picht 교수는 교육의 위
기라고 진단하고, 이는 곧 경제의 위기라는 인식에서 "독일 교육의 대참

사"라고 표현하였다.[2]

사회적인 차원에서 학교개혁의 필요성은 부모의 사회경제적 지위와 자녀의 상급학교 진학 및 학업성취가 밀접한 관련이 있다는 인식에서 제기되었다. 아버지의 사회적 지위와 입학 조건에 해당되는 자녀의 정신적-육체적 발달 상태(입학능력)와의 관계는 직업군에 따라 상당한 차이가 있었다. 그 당시 한 연구에서는 대학교수자, 정신적 능력을 요구하는 직업, 고위관리, 지도층에 속하는 직업군 부모의 자식들 중 92%가 입학 능력을 갖추고 있는 반면, 무학의 노동자 자녀들 중에서는 59%만이 입학 능력을 갖추고 있는 것으로 조사되었다. 이러한 결과는 상급학교인 중등교육 단계(김나지움)에서도 크게 다르지 않았다.[3] 그렇다 보니 대학생의 구성 비율도 사회적 출신 배경에 따라 큰 차이가 있었다.

독일 교육제도에 대한 위와 같은 문제 제기는 적은 수의 김나지움 졸업생, 교육 기회의 불평등, 개인의 특성에 맞는 교육 지원, 교사 부족, 너무 이른 시기의 성급한 재능 진단과 분류 등과 같은 주제들에 대한 논쟁과 그에 따른 사회적 반향을 불러일으켰다. 이러한 주제들에 대한 일반적 합의는 연방정부와 주정부가 1965년 독일의 교육을 계획하기 위해 설립한 독일교육자문위원회Deutscher Bildungsrat의 권고안으로 수렴되었다.[4]

이 시기의 교육제도 개혁 논쟁에서 주요 쟁점으로 부각된 것은 무엇보다도 19세기부터 전래된 전통적인 세 갈래 학교구조Dreigliedrichkeit에 대한 비판과 개편에 관한 것이었다. 초등학교 졸업 후에 중등교육 단계에서 하우프트슐레, 레알슐레, 김나지움으로 진로가 갈라지고, 이때의 결정이 훗날 직업과 연계되는 것이 문제가 있다는 비판으로부터 새로운 학교 모형에 대한 필요성이 제기되었다. 중등교육 단계에서 세 갈래 학교구조가 갖는 문제로는 학생들이 초등학교 학업성취수준에 의해 이른 시기에 진단된 세 가지 유형의 재능으로 분류되면서 학교 간의 수직적인 위계가 결정된다는 것과 세 갈래 학교로의 진입이 앞에서 언급했던 것처럼 학생의 사회적 배경과 밀접한 연관성이 있다는 것이었다. 따라서 기존의 학교구조는 교육의 기회균등과 개인의 잠재적인 능력의 촉진을 방해한다는 견해가 확대되었고, 이를 극복하기 위한 시도로서 종합학교가 등장하게 되었다. 즉, 종합학교는 출신 배경과 성취수준에 관계없이 모든 학생들이 동등하게 함께 공부하면서 좀 더 오랜 시간 동안 자신의 잠재적인 능력을 발견할 수 있도록 지원한다는 관점에서 설립되었다고 할 수 있다. 이 시기의 종합학교 신설에 대한 요구는 다음과 같은 구호로 요약된다.[5]

- 교육의 대참사로부터 탈출을!
- 더 많은 노동자 자녀에게 상급학교 교육의 기회를!
- 노동자 자녀의 대학진학을 두 배로!

종합학교라는 개념은 베를린시의 학교교육위원Schulsenator이었던 에버스C.-H. Evers[6]가 1963년 8월 함부르크시에서 개최된 사민당SPD "문화정책 회의"에서 스웨덴 학교를 모델로 한 통합형 종합학교를 새로운 학교 모델로 제안하면서 처음 사용한 것으로 알려져 있다.

우리 독일인은 타고난 재능들이 입증되기도 전에 재능들을 분류하는 것을 더 이상 할 수 없을 것입니다. … 과제는 우리 중등학교의 관례적인 조직인 세 유형의 서랍으로 분류하는 것이 아니고, 각각의 개인을 이상적으로 촉진하는 것입니다. 개인이 이상적으로 촉진되려면, 중등학교 분류의 원리는 경직된

학교 형태들의 병렬이 아니라, 종합학교에서 핵심-코스-원리에
따른 내적 분화여야 합니다.[7]

바이마르 시대에 전개되었던 '단일학교운동'의 전통을 계승하지 않고,
외국의 학교 모델을 도입한 것은 동독의 학교 모델과 구별하려는 정치적
인 의도가 작용했기 때문이다. 그 이후 에버스에 의해 제안된 학교 모델
은 정치적인 논쟁뿐만 아니라, 교육학적인 논쟁에서도 주요한 주제가 되
었다. 베를린 기민당CDU에서는 "사회주의적 학교 이데올로기"라고 비판
하였고, 1966년도 전문학술지에는 종합학교를 주제로 한 글들이 66개
나 발표될 정도로 많은 관심을 받았다.[8] 1964년 3월 베를린에서 개최되
었던 제100회 주문화부장관협의회는 기존의 베를린 학교조직 형태 내
에서 에버스의 계획이 부분적으로 실현될 수 있도록 결정함으로써, 에버
스는 의회에서 자신의 종합학교 계획을 자세하게 보고하였다. 그러나 베
를린 기민당이 종합학교 계획에 대하여 강도 높게 비판을 했기 때문에
사민당도 부담을 느껴 종합학교 수가 4개를 넘지 않도록 제한하는 결정
을 하였다. 이러한 과정을 거쳐 사민당의 학교개혁 프로그램으로 1968
년 베를린의 노이쾰른Neukölln 지역에 첫 종합학교Walter-Gropius-Schule가
설립되었다.[9]

발전과정

종합학교의 실제적인 출현은 위에서 언급된 문제들을 반영하여 독일
교육자문위원회가 1969년 실험 프로그램을 제안하면서 새로운 시도로
서 종합학교 설치를 포함한 것에서 유래한다. 독일 교육자문위원회는

〈시험적인 학교로서 종합학교 설치에 관한 권고Empfehlung zur Einrichtung von Schulversuchen mit Gesamtschule〉를 통해 최소한 40개의 종합학교를 임시적으로 설치하여 운영해 볼 것을 제안하였고, 이 〈권고〉로부터 종합학교가 탄생하게 된 것이다. 각 주의 문화부장관들은 1969년 1월 31일 개최된 주문화부장관협의회에서 이 〈권고〉에 서명함으로써 모든 주에서 종합학교 설치가 가능해지게 된다. 이때의 종합학교 설치 권고는 1973년 독일연방-주 교육계획 및 연구촉진위원회Bund-Länder-Kommission für Bildungsplannung und Forschungförderung, BLK가 발표한 〈교육종합계획Bildungsgesamtplan〉에 수용되었다. 〈권고〉와 〈교육종합계획〉은 독일 전역의 통일적인 독일 교육제도 개혁에 대한 구상을 담고 있다는 점에서 의미가 있다.

이러한 합의에도 불구하고 종합학교에 대한 갈등의 불씨는 여전히 남아 있었다. 왜냐하면 〈권고〉와 〈교육종합계획〉에서 종합학교가 반드시 정착되어야 한다는 궁극적인 판단을 유보하고, 일정 기간 시험을 해 본 후 학문적으로 동반된 연구 결과를 바탕으로 장단점을 고려하여 계속해서 도입할 것인지를 결정하기로 하였기 때문이다.[10] 독일연방-주 교육계획 및 연구촉진위원회는 오랜 기간 논의를 통해 1972년 말 만 5세 입학, 종합학교 설치, 진로탐색 단계Orientierungsstufe, 10학년 학교교육 의무, 중등교육 II단계, 교사교육, 대학의 구조, 계속교육과 같은 8개의 주제에 대한 합의를 도출하려 노력하였지만, 종합학교, 진로탐색 단계, 교사교육에 대한 견해차를 극복하지 못하고 미제로 남겨 두었다.[11] 이러한 결정은 이미 처음부터 정당과 단체, 학교관리 주체, 주의회와 주문화부장관의 관심에 따라 종합학교 도입이 좌우될 수 있는 가능성을 내포하고 있었다.

1970년대 말 종합학교에 대한 평가보고서들이 여러 주에서 출간되었으나, 그 평가는 서로 엇갈렸다. 1970년대 교육정책의 최대 쟁점은 종합학교의 도입에 관한 것이었고, 그로 인해 종합학교 도입을 둘러싼 보수와 진보 진영 간의 갈등이 심화되었다. 특히 시험 운영 기간 종료 2년을 앞둔 1978년 노르트라인베스트팔렌주가 종합학교를 전면적으로 도입하려 하자 반대 진영에서는 서명운동을 포함한 대규모 집회를 개최하였다. 노르트라인베스트팔렌주는 종합학교를 확산시키기 위해 주문화부 규정(1977. 2. 18)을 통해 종합학교의 표준 형태인 '종합학교 기본 모델Grundmodell Gesamtschule'을 도입하였다. 이 기본 모델은 세 개의 교과(수학, 영어는 7학년부터, 독일어는 8학년부터)를 학생의 요구 수준에 맞게 2개의 코스로 구분하고, 성취에 대한 평가는 8단계로 하며, 이 평가에 근거하여 졸업장을 수여하는 것을 제시하였다. 노르트라인베스트팔렌주의 학계자문그룹이 작성한 1979년 최종 보고서는 종합학교를 네 번째의 정규학교로 도입할 것을 권고하였고, 이 권고는 1981년 학교운영규정 개정을 통해 실현되었다.[12]

계속되는 찬반 논란에도 불구하고 시험 운영 기간 동안 학부모의 수요로 인해 종합학교의 숫자는 점점 늘어나서 이미 새로운 유형의 학교로 자리매김해 가고 있었다. 시험적인 기간의 마지막 해인 1980년 독일 전역에는 200여 개의 종합학교가 있었는데, 특히 헤센, 베를린, 노르트라인베스트팔렌주에 많았다. 1970년대 말 종합학교에 재학하고 있는 학생은 전체 학생의 3.4%를 차지했다.[13]

이러한 현실을 감안하여 1982년 5월 27~28일 바이에른주의 문화부 장관인 한스 마이어Hans Maier의 주재로 개최된 제210차 주문화부장관협의회에서 조건을 충족한 통합형 종합학교Integrierte Gesamtschule, IGS의 졸업을 주마다 상호 인정하는 합의[14]에 이르게 되었다.[15] 이 시점부터 종합학교는 시험적인 학교가 아닌 정규학교의 지위를 획득하게 되었으며,

전통적인 세 갈래의 학교구조에 하나의 학교 유형이 병렬적으로 추가된 네 갈래의 학교구조가 공식적으로 인정되었다고 할 수 있다. 이것은 모든 주에서 통일적으로 네 갈래 학교구조를 발전시켰다는 의미가 아니라, 어떤 주에서 네 갈래 학교구조를 시행하더라도 인정이 된다는 의미이다.

2017년 현재 독일 중등교육 단계의 학교는 일반적으로 하우프트슐레(9.8%), 레알슐레(18.0%), 김나지움(36.4%), 종합학교(19.0%), 여러 개(2개 또는 3개)의 졸업과정을 가진 학교(12.3%), 특수교육 시설(3.6%)로 구분된다.[16]

종합학교의 유형

종합학교는 중등교육 단계의 전통적인 세 갈래 학교(하우프트슐레, 레알슐레, 김나지움)가 공간적, 조직적으로 하나가 된 형태의 학교이다. 하나의 학교를 함께 다니더라도 학생에 따라 졸업장은 다르다. 종합학교는 일반적으로 초등학교 4년을 마치고, 중등교육 I단계인 5~10학년까지(브란덴부르크와 베를린은 7~10학년) 다닐 수 있는 학교이다. 종합학교에 김나지움 상급 단계가 설치되어 있다면 12학년 혹은 13학년까지 다닐 수 있다. 학생들은 9학년을 마치면 하우프트슐레 졸업장을 받고 중등교육 II단계에서 직업 능력 향상과 관계된 교육과정에 진입할 수 있는 자격을 취득하고, 10학년을 마치면 레알슐레 졸업장을 받고 직업과 학업 능력을 향상시킬 수 있는 중등교육 II단계에 진입할 수 있는 자격을 취득한다. 학업 능력의 향상을 원한다면 중등교육 II단계인 김나지움 상급반이나 직업 김나지움에 진학할 수 있다. 중등교육 II단계에 해당되는 김나지움 상급반이나 직업 김나지움에 진학하면 대학입학을 준비할 수 있는 자격을 갖는다.

종합학교의 유형은 협력형Kooperative Gesamtschule과 통합형Integrierte Gesamtschule으로 구분되지만, 일반적으로 종합학교는 통합형 종합학교를 지칭한다. 대부분의 주는 통합형 종합학교를 운영하고 있으며, 두 유형의 종합학교가 모두 운영되는 주는 극히 드물다. 1982년 주문화부장관협의회에서 상호 인정하는 정규학교로 합의한 학교는 통합형 종합학교이다. 협력형 종합학교는 고유한 학교의 유형들이 학교 시설의 공동 이용, 교원의 교류, 수업의 공동 개설 등 협력적 관계를 유지하는 학교이다. 즉, 하나의 울타리에 세 개의 학교가 있는 형태이다. 교장은 공동으로 한 명이 될 수도 있고 학교 유형마다 한 명씩일 수도 있다.

통합형 종합학교는 하우프트슐레, 레알슐레, 김나지움 과정의 학생들이 각자 다른 트랙을 가는 것이 아니라, 함께 수업을 받는 것이 특징이다. 동일한 과목의 수준을 달리하면서 개인적인 능력 수준에 맞는 수업을 선택하도록 하고 있다. 헤센주 학교법(제27조)은 통합형 종합학교에 대해 다음과 같이 규정하고 있다. 첫째, 종합학교에서는 통합된 학교 형태들의 교육 내용이 통합된다. 김나지움 과정의 중간단계(중등교육 I단계)에서 제공하는 교육은 5학년에서 10학년까지이다. 둘째, 학생들의 교육과정은 개인의 결정에 따라 내적으로 분화되어 있는 길을 따라가는 것을 가능하도록 한다. 셋째, 수업의 조직은 학생들의 요구, 재능, 기호에 따라 분화된 코스 수업을 통해 학생들의 성취 능력과 관심에 맞는 중점적인 교육이 가능하도록 한다. 넷째, 교과의 성취수준에 따른 분화는 두 개 또는 세 개의 요구 수준에서 이루어지고, 이러한 분화는 독일어와 수학에서 먼저 시작한다. 그리고 제1외국어는 7학년에서, 물리와 화학은 9학년에서 분화가 이루어진다. 이러한 분화는 학교 전체회의를 통해 조정될 수 있다. 통합형 종합학교에 관한 규정은 주마다 세부 사항에서 조금씩 다르기도 하지만, 기본 골격은 같다.

Gesamtschule를 통합학교로 번역하지 않고, 종합학교로 번역한 것은 종합학교가 전통적인 세 개의 학교 형태를 단일한 학교 형태로 완전히 통합한 것이 아니라 하나의 학교에서 세 가지 형태의 학교 졸업이 가능하도록 계획된 학교이기 때문이다. 바이마르 시대에 대두되었던 '단일학교'라는 개념 대신에 Gesamtschule라는 개념을 사용한 것이 그 당시 대립관계에 있던 동독의 단일학교와 구분하기 위한 의도적인 선택이었다고 본다면, 종합학교라고 번역하는 것이 타당하다. 이 책에서 별도의 수식어 없이 사용하는 종합학교 개념은 '통합형' 종합학교를 의미한다.

종합학교에 대한 찬반 논쟁

PISA 2000의 결과로 나타난 독일 학생들의 낮은 학업성취도에 대한 충격은 잠재해 있던 종합학교에 대한 찬반 논쟁을 재점화하였다. 종합학교가 1960년대 격론 끝에 시험기간을 거쳐 정규학교로 인정되기는 하였지만, 전통적인 학교제도를 지지하는 보수당의 입장에서는 계속해서 비판의 대상이었다. 그 이유 중 하나는 성취수준에 따라 학생을 선발하여 그에 적합한 교육을 받도록 하는 것이 아니라, 모든 학생이 통합되어 배움으로써 전체적인 학업성취수준의 하락을 가져온다는 것이었다.

PISA 2000의 결과 분석에서 바이에른주와 바덴뷔르템베르크주처럼 전통적인 세 갈래 학교구조를 유지하고 있는 주의 학업성취도가 지난 수십 년 동안 종합학교를 확산하려 노력한 주 혹은 다양한 학교를 시험한 주보다 높다는 것이 확인되면서 이러한 관점의 지지자들은 종합학교는 실패한 작품이라고 주장하였다. PISA 2000에서 나타난 바이에른주 학생들의 학업성취도는 타 국가들과 비교하였을 때 읽기 영역 10위(한국 6위, 스웨덴 9위), 수학 영역 11위(한국 2위, 프랑스 10위), 자연과학 영역 12위(한국 1위, 체코 11위)로 독일 국가 수준에서 얻은 순위보다 훨씬 상위에 있는 것으로 나타났다. PISA 2000의 결과를 가지고 독일 모든 주의 학업성취도를 비교한 연구에서도 바이에른주와 바덴뷔르템베르크주가 세 영역에서 모두 1, 2위에 위치하는 것으로 나타났다.[17]

PISA 분석에 앞서 수행되었던 연구들도 10학년 말의 학생들을 비교하였을 때, 종합학교 학생의 학업성취도와 사회적 발달이 김나지움 학생보다 3년, 레알슐레 학생보다 2년 뒤처진다는 결과를 내놓았다.[18] 또한 PISA 2003, 2006, 2009, 2012의 결과에서도 종합학교 학생들의 학업성취도가 레알슐레, 김나지움 학생들보다 낮은 것으로 나타났다.[19] 이러한 연구 결과들을 근거로 반대 진영에서는 종합학교를 도입한 것은 실패작이라고 주장하였다.

이러한 견해에 반대하는 진영에서는 PISA 2000에서 최상위권의 국가들과 견주어도 손색이 없는 최고의 성적을 얻은 헬레네-랑에-학교 Helene-Lange-Schule와 빌레펠트 실험실학교Laborschule Bieledfeld 같은 종합학교를 사례로 든다. 이 학교가 소위 공부만 시키는 학교가 아닌데도 좋은 성적이 가능했다는 점에 주목하는 것이다.[20] 종합학교를 지지하는 진영에서는 학생들이 행복해하면서 높은 학업성취를 이룰 수 있는 학교로서 종합학교가 모범이 될 수 있다는 근거를 확보한 셈이다. 종합학교를 지지하는 다른 이유로는 독일이 다른 어떤 국가들보다도 사회적 출신 배경과 학업성취도와의 관련성이 크다는 연구 결과를 내세운다. 그러므로 이른 시기에 성적에 따라 학교를 구분 짓는 교육제도는 소외 계층의 아이들에게 낙오된다는 심리적 불안감을 주기 때문에 가능한 한 오랫동안 학생을 관찰하면서 지원할 수 있는 학교가 필요하다는 것이다.

이러한 주장은 2001년 개최된 주문화부장관협의회가 PISA 2000의 결과에 대한 대책 중 하나로 "특히 교육적 결함과 특별한 재능을 가진 학생들에게 확대된 교육 가능성과 촉진 가능성을 제공하기 위하여 학교와 학교 밖에서의 전일제 프로그램을 확대"하는 것에 합의한 것을 근거로 어느 정도 사회적인 공감을 얻었다고 볼 수 있다.[21] 왜냐하면 독일에서 2000년 이후 전일제학교의 활성화 배경에는 학교중도탈락 방지, 어려운 가정환경에 처한 아동·청소년의 보호, 이주배경을 가진 아동·청소년에 대한 교육 지원, 학생의 개별적인 지원이라는 사회적 합의가 자리하고 있기 때문이다. 사회적인 변화와 요구를 반영한 이러한 사회적 합의는 종합학교가 지향하는 것과 크게 다르지 않은 것으로 보인다.

종합학교 현황

종합학교의 신설은 어느 정당이 주정부를 구성하느냐에 따라 좌우되어 왔다. 진보 정당인 사회민주당SPD은 종합학교를 옹호하는 입장이고, 보수 정당인 기독민주당CDU과 기독사회당CSU은 전통적인 학교제도를 지지하고 있다. 두 진영은 여전히 자신들의 기본 입장을 고수하고 있다. 종합학교에 진학하는 학생 수가 주마다 큰 차이를 보이는 것도 이러한 이유에서이다. 그러나 최근에는 대부분의 주가 연합정부를 구성하면서 하나의 학교에서 여러 갈래 중등학교 졸업이 가능한 형태의 학교가 늘어나고 있다. 이것은 학교명과 갈래의 수만 차이가 있을 뿐 종합학교의 모습과 크게 달라 보이지 않는다. 중등교육 단계를 두 갈래(김나지움과 이외의 학교를 통합한 학교)로 전환한 주(예: 브레멘, 함부르크, 자를란트, 작센, 슐레스비히홀슈타인) 중에서는 이전에 종합학교가 있었으나 학교들이 통합되면서 다른 명칭(예: 공동체학교)을 사용하고 있는 경우도 있다. 현재 종합학교란 이름이 유지되고 있는 주는 〈표 15-1〉과 같다. 아래의 자료는 2019년 10~12월 사이에 각 주 문화부 홈페이지를 방문하여 보완·정리한 것이다.

〈표 15-1〉 독일 각 주의 중등학교와 종합학교 설치 유무

주	중등학교 (선택적 작성)	정부 구성	종합학교 유무(⊙)
바덴뷔르템베르크 Baden -Württemberg	하우프트슐레/ 베르크레알슐레 레알슐레 김나지움 공동체학교	GRÜNE +CDU	베르크레알슐레: 2011/12학년도 도입(9학년 종료 후 하우프트슐레 졸업장/10학년 종료 후 베르크레알슐레 졸업장). 실천적 직업교육에 중점을 둠. 주 교육부에서는 베르크레알슐레 및 하우프트슐레라고 표기하고 있음 공동체학교: 2012/13학년도에 도입한 5-10학년 과정. 하우프트슐레, 레알슐레, 김나지움 과정을 포괄하고 있고, 교과별 성취도 수준에 맞는 수업 제공
바이에른 Bayern	중간학교 레알슐레 김나지움	CSU +FW	종합학교가 2개 현존하나 학교구조 관련 자료에서는 언급되지 않음. 하우프트슐레를 중간학교로 개편 중. 중간학교는 2011/12학년도 도입
베를린 Berlin	통합 중등학교 김나지움	SPD +LINKE +GRÜNE	통합중등학교: 2010/11학년도 도입. 하우프트슐레, 레알슐레, 종합학교를 하나의 학교로 통합하고 여러 갈래로 운영
브란덴부르크 Brandenburg	상급학교 종합학교 김나지움	SPD +CDU +GRÜNE	⊙ 상급학교: 2005/2006학년도 도입. 김나지움 상급반이 없는 종합학교와 레알슐레를 하나의 학교로 통합하고 여러 갈래로 운영
브레멘 Bremen	상급학교 김나지움	SPD +GRÜNE +LINKE	상급학교: 2011년 8월부터 도시구역학교, 종합학교, 그 외의 모든 유형의 학교를 하나의 학교로 통합하고 여러 갈래로 운영

주	학교 유형	정당	비고
함부르크 Hamburg	도시구역학교 김나지움	SPD +GRÜNE	도시구역학교 2010년 도입. 독일에서 처음으로 하우프트슐레, 레알슐레, 종합학교를 하나의 학교로 통합하고 여러 갈래로 운영
자를란트 Saarland	공동체학교 김나지움	CDU +SPD +GRÜNE	2012년부터 종합학교를 공동체학교에 통합하기 시작하였음(두 갈래로 전환). 공동체학교에서 하우프트슐레, 중간단계 학교 졸업, 아비투어가 가능함
작센 Sachsen	상급학교 김나지움	CDU +SPD +GRÜNE	상급학교: 2013년 도입. 하우프트슐레와 레알슐레를 하나의 학교에서 졸업 가능하도록 통합
노르트라인 베스트팔렌 Nordrhein -Westfalen	하우프트슐레 레알슐레 김나지움 종합학교 중등학교	CDU +FDP	⊙ 중등학교: 2011년부터 도입. 5-10학년으로 하나의 학교에서 3갈래의 과정 운영
작센안할트 Sachsen -Anhalt	중등학교 공동체학교 김나지움 종합학교	CDU +SPD +GRÜNE	⊙ 2010년 대비 증가 협력형, 통합형 공동체학교: 2014/15학년도 도입
슐레스비히 홀슈타인 Schleswig -Holstein	김나지움 공동체학교	SPD +GRÜNE +FDP	2010년 자료에는 존재하나 현재는 없음. 2010년 공동체학교로 전환. 지역학교: 2014/15학년도에 공동체학교로 전환됨. 신입생 모집 중단. 공동체학교에서 중등교육 I단계의 모든 졸업장이 가능함 → 두 갈래로 전환됨
튀링겐 Thüringen	레겔슐레 공동체학교 김나지움 종합학교	LINKE +SPD +GRÜNE	⊙ 레겔슐레: 1990/91학년도 도입. 하우프트슐레와 레알슐레를 하나의 학교로 통합하고 두 갈래 운영. 공동체학교: 2010/11도입(1-12)
헤센 Hessen	하우프트슐레 레알슐레 중간단계 학교 김나지움 종합학교	CDU +GRÜNE	⊙ 중간단계 학교: 2011년 7월 도입. 하우프트슐레와 레알슐레를 하나의 학교로 통합하고 두 갈래 과정 운영 9/10학년 졸업
메클렌부르크 포어포메른 Mecklenburg -Vorpommern	지역학교 김나지움 종합학교	SPD +CDU	⊙ 지역학교: 9/10학년 졸업. 하우프트슐레와 레알슐레를 통합하고 2갈래 과정 운영

| 니더작센 Niedersachsen | 하우프트슐레 레알슐레 상급학교 김나지움 종합학교 | SPD +CDU | ⊙ 협력형, 통합형 상급학교: 2011/12도입. 하우프트슐레 와 레알슐레를 하나의 학교로 통합(김나 지움 과정을 갖고 있는 곳도 있음) |
| 라인란트팔츠 Rheinland -Pfalz | 레알슐레 플러스 종합학교 김나지움 | SPD +FDP +GRÜNE | ⊙ 레알슐레 플러스: 2009/10학년도 도입. 하우프트슐레와 레알슐레를 하나의 학 교로 통합하고 두 갈래로 운영(협력형과 통합형이 있음) |

*중등학교에 초등교육부터 중등교육까지의 촉진학교(Föderschule)/특수학교(Sonderschule), 중등교육 단계에서 학생의 학교 적응 및 발달을 고려하여 수평 이동할 수 있는 학교는 표에 포함시키지 않았음.

공동체학교: Gemeinschaftsschule   SPD: 사회민주당
하우프트슐레: Hauptschule   CDU: 기독민주당
레알슐레: Realschule   CSU: 기독사회당
김나지움:Gymnasium   GRÜNE: 녹색당
중간학교: Mittelschule   LINKE: 좌파정당
중등학교: Sekundarschule   FDP: 자유민주당
상급학교: Oberschule   FW: 자유 유권자당
레겔슐레: Regelschule
지역학교: Regionalschule, Regionale Schule(메클렌부르크포어포메른)
도시구역학교: Stadtteilschule
중간단계 학교: Mittelstufenschule
베르크레알슐레: Werkrealschule
통합중등학교: Integrierte Sekundarschule

연방통계청의 최근 자료에 의하면 출산율의 저하로 인해 독일 전체 학생 수가 감소하고, 하우프트슐레, 레알슐레, 김나지움에 진학하는 학생이 감소하고 있는 데 비해 종합학교에 진학하는 학생은 지속적으로 증가하는 추세를 보이고 있다. 종합학교 수도 2006/07학년도에 전체 학교의 1.9%였던 것이 2016/17학년도에는 6.1%로 증가하였다.[22] 최근 10년간 종합학교 학생 수 변화는 다음과 같다(〈표 15-2〉). 학생 수도 2017년 기준으로 전체 학생의 12%로 1970년대 말 3,4%였던 것에 비해 확연히 증가한 모습을 보여 준다.

〈표 15-2〉 최근 10년간 종합학교 학생 수[23]

학교 형태	2008	2010	2012	2015	2017
	학생 수	학생 수	학생 수	학생 수	학생 수
일반학교 (Allgemeinbildende Schule) 학생	9,020,890	8,796,942	8,556,879	8,335,061	8,346,856
하우프트슐레	823,052	703,525	607,873	468,393	390,717
레알슐레	1,262,543	1,166,509	1,080,598	899,970	816,299
김나지움	2,468,949	2,475,174	2,387,590	2,277,828	2,226,134
종합학교 (중등교육 Ⅰ, Ⅱ단계)	492,858	571,001	662,150	822,271	930,192

종합학교 학생 증가 추세는 PISA 2000 이후의 논쟁에도 불구하고 종합학교에 대한 수요가 줄어들지 않고 있음을 반영하는 것이다. 그 이유로는 크게 세 가지를 들 수 있다. 첫째, 종합학교에 대한 이미지의 개선이다. 종합학교에 대한 인식 변화에는 2006년에 제정된 '독일 학교상 Deutscher Schulpreis'이 어느 정도 기여한 것으로 보인다. 독일 학교상은 보쉬Robert Bosch 재단과 하이데호프Heidehof 재단이 "학습에 날개를 달아 주자"라는 모토로 제정하였으며, 좋은 학교를 매체를 통해 널리 알리기 위해 주간잡지사인 슈테른Stern과 공영방송사인 ARD가 협력 파트너로 참여하고 있다. 신청은 모든 학교가 할 수 있으며 엄격한 선발 기준을 거쳐 대상을 수상한 학교에게는 10만 유로를, 상을 수상한 4~5개 정도의 학교에게는 2만 5,000유로를 수여한다.[24]

선발기준은 6개의 영역에 걸쳐있으며, 이를 요약하면 다음과 같다.[25]

1) 핵심 교과 영역

- 학교가 지향하는 바에 적합하게 핵심 교과(수학, 언어, 자연과학들), 예술적 영역(예: 연극, 미술, 음악 또는 댄스), 스포츠 혹은 다른 주요한 영역(예: 프로젝트, 경연)에서 학생들의 특별한 성취를 달성하는 학교

2) 다양한 경험

- 학생의 다양한 교육 조건, 흥미, 성취 가능성, 문화적·민족적 출신 배경, 가정의 교육 배경, 성별에 따라 창조적으로 대처할 수 있는 수단과 방법을 갖고 있는 학교
- 불이익을 받는 학생 없이 차별 해소에 기여하는 학교
- 개인적인 학습을 계획적으로 지속해서 촉진하는 학교

3) 수업의 질

- 학생이 수업에 자기주도적으로 참여하는지를 염려하는 학교
- 학교 밖의 학습 장소에서도 심도 있는 이해와 실천지향적인 학습을 가능하게 하는 학교
- 교사의 수업과 작업이 새로운 지식에 의해 계속해서 개선되는 학교

4) 책임

- 구성원 서로가 서로를 존중하는 만남, 폭력 없는 갈등 해결, 주도면밀한 일 다룸이 요청될 뿐만 아니라, 그러한 것들을 지지하고 실현하는 학교
- 수업에서의 협력, 민주적인 참여, 자발성과 공동의 의미를 학교와 학교 밖에서 실제적으로 요구하고 실천하는 학교

5) 좋은 분위기, 학교생활, 학교 밖 협력 파트너
- 좋은 분위기 속에서 격려하는 생활이 이루어지는 학교
- 학생, 교사, 학부모에게 기꺼이 다가가는 학교
- 학교 밖의 인력 및 기관과 교육적으로 효과적인 관계를 유지하는 학교

6) 학습하는 기관으로서의 학교
- 동료, 지도자, 민주적 경영진이 새롭고 결과지향적인 협력 형태들을 실천하고 교사들의 동기와 전문성을 촉진하는 학교
- 교수-학습 자료의 개선, 교수안의 개선, 학교 일의 조직 및 평가의 개선에 있어서 자신의 과제를 스스로 인식하고 자주적으로 지속해서 작업하는 학교

2007년, 2011년, 2015년 독일 학교상 대상은 종합학교들이 수상하였다.[26] 다양한 학교급과 유형을 감안한다면 대상 수상은 결코 쉬운 일이 아니다. 시상식은 생방송으로 독일 전역에 중계되고, 다른 언론매체도 이 소식을 보도하면서 학교의 특징을 소개한다. 대상은 아니지만 상을 받은 종합학교는 헬레네-랑에-학교를 비롯해 몇몇의 학교가 더 있다. 종합학교가 언론매체에 자주 등장하면서 '좋은 학교'의 이미지가 확산되었다. 2000년 이후 종합학교의 양적 증가와 대외적으로 비쳐진 성공적인 모습은 "종합학교의 작은 붐"[27]이라고 진단될 정도의 도약이라고 할 수 있다. 2016년 이후에도 다수의 종합학교가 독일 학교상을 수상하였다.

둘째, 다양한 진로선택의 가능성을 제공하는 종합학교의 교육적 성과에 대한 암묵적 인정이라고 할 수 있다. PISA 2009, 2012의 결과는 PISA 2000과 비교할 수 없을 정도의 큰 성과를 보이고 있다. PISA 2009

의 결과는 지난 10년간의 독일 학교개혁에 대한 평가라고도 할 수 있는데, 독일은 읽기, 수학, 자연과학 영역에서 모두 OECD 평균 점수보다 높은 16위, 10위, 9위를 차지하였다. 2012년에는 13위, 10위, 7위로 두 개의 영역에서 상승하였다. 학교별 성취도 수준은 여전히 김나지움-레알슐레-종합학교-하우프트슐레 순이지만, 세 영역별로 취득한 점수는 세 학교 모두 상승하였다. 학교개혁이 본격화된 2003년 이후부터 학업 성취도가 점진적으로 향상되고 있다는 점에서 지난 10년간의 학교개혁이 어느 정도 성과를 거두고 있는 것으로 평가된다. PISA 2009 결과 이후 2010년 12월 9일 자이트Zeit지의 온라인판은 "PISA가 즐겁게 한다"라는 기사를 내면서[28] 2001년 'PISA 쇼크' 이후 독일의 학교들이 노력한 결과가 이제 결실을 맺게 되었다고 평가하고 있다.

PISA 2000 이후 전개된 학교개혁의 하나는 학교구조를 개선하는 것이었다. 학교구조의 개선은 주로 중등교육 단계에 집중되어 기존의 학교를 보완하거나 대체하는 다양한 형태의 새로운 학교들을 도입하는 것이었다. 그동안 시도된 새로운 학교 형태는 큰 틀에서 보면 종합학교가 시도하였던 것처럼 기존의 학교 유형을 통합하여 동일한 학교에서 다양한 갈래의 진로 선택이 가능하도록 한 데 그 특징이 있다. 이와 같은 특징은 학생의 진로 결정 시기를 늦추면서 세 갈래의 진로 선택을 가능하게 한 종합학교 도입 취지와 크게 다를 것이 없어 보인다. 이런 관점에서 종합학교는 주의 사정에 따라 명칭과 갈래를 달리하는 '다양한 교육 진로를 가진 학교'의 선구적 모형이라고 할 수 있다.

셋째, 2000년 이후 전일제학교의 활성화를 들 수 있다. PISA 2000의 결과에 의한 쇼크 이후 독일 교육정책 논의에서 "교육과 보살핌"이 주요한 관심사가 되면서 전일제학교에 대한 관심이 증대하였다.[29] 연방정부는 사회적 배경으로 인한 교육격차를 해소하기 위해 '미래 교육과 보살핌을 위한 투자 프로그램'Investitionsprogramm "Zunkunft Bildudng und Betreuung", IZBB을 주정부와 합의하에 2003년부터 실행하였는데, 이는 2009년까지 40억 유로(약 5조 원)를 투입하여 전일제학교를 신설하고 확산시키는 것이 주목적이었다. 이 기간 동안 독일 전역에서 8,262개 학교가 IZBB의 지원을 받았다. 종합학교는 설립 초기부터 전일제학교로 계획되었기 때문에 2000년 이후 전일제학교에 대한 사회적 수요가 증가하면서 그 수요가 늘어났을 것으로 추측할 수 있다. 주문화부장관협의회에서 2006년부터 발표하고 있는 전일제학교 통계에 의하면 독일에서 전일제학교가 빠른 속도로 확산되고 있음을 알 수 있다. 2016년을 기준으로 독일의 전일제학교는 초등교육과 중등교육 단계의 학교 중 67.7%(2002년 16.3%), 전일제 프로그램에 참여하는 학생은 일반학교 전체 학생의 42.5%(2002년 9.8%)인 것으로 나타났다. 통합형 종합학교는 87%(학생 75%)가 전일제학교인 것으로 확인되었다.[30]

이미 1969년 독일 교육자문위원회는 〈권고〉에서 "종합학교가 전일제학교로 설립된다면, 그 학교의 과제를 가장 잘 수행할 수 있다"라고 강조하였다. 이때 전일제학교는 단순히 반일제학교의 시간 연장이 아니라, 다음과 같이 확대된 과제를 수행하는 것으로 계획되었다.[31]

1. 수업의 강력한 내적 그리고 외적 분화; 특히 선택 코스와 자유로운 노작공동체의 설치, 그리고 촉진 코스의 구축
2. 숙제 대신에 학교에서 수업 내용의 연습, 심화 그리고 반복; 새로운 작업 형태들의 개발
3. 예술적 활동을 위한 확대된 가능성
4. 스포츠와 놀이를 위한 더 많은 시간과 더 자유로운 형태
5. 사회적 경험 영역과 노동세계의 준비를 확대

6. 다양한 사회계층의 학생들 간 접촉을 강화

7. 학생과 교사의 협업의 개선

8. 학생 책임의 확대

9. 부모와 학교의 더 밀착된 협업

10. 학교 내 심리적 상담의 확대

추가적으로 1주 5일 수업과 점심을 제공

〈권고〉에 따라 노르트라인베스트팔렌주의 경우 "1969년 시험적인 운영을 위해 설립한 7개의 종합학교가 모두 전일제학교였고", 이후 "전일제학교가 종합학교의 표준"이 되었다.[32] 이러한 새로운 조직 형태와 확대된 과제는 기존의 학교에는 없었던 새로운 기능이라고 할 수 있고, 2000년 이후 돌봄과 교육의 관계를 새롭게 정립해야 한다는 관점이 독일 사회에서 설득력을 얻으면서 종합학교에 대한 관심이 확대되었다고 할 수 있다.

종합학교의 실제

종합학교의 조직 원리

종합학교의 조직 원리는 도입 초기의 시험학교에서부터 오늘날까지 큰 변화가 없다. 여기에서는 1970년 시험학교로 설립되었던 봐인하임 Weinheim 종합학교를 통하여 조직 원리를 살펴보고자 한다. 봐인하임은 바덴뷔르템베르크주에 속해 있는 도시이다. 이 시기의 다른 종합학교와 마찬가지로 봐인하임 종합학교의 최상위 목표는 사회적 배경과 성취능력 수준에 관계없이 모든 학생에게 개인적으로 적합한 교육적 지원을하는 것이었다. 이러한 목표를 실현하기 위하여 봐인하임 종합학교는 다

음과 같은 원리를 기반으로 학교를 조직하고자 하였다.[33]

첫째, 학교 형태에 맞는 학생 선발 시기의 연기이다. 졸업장을 취득하고자 하는 상급학교 결정이 초등학교 직후에 이루어지는 것이 아니라, 8학년 또는 9학년 말에 이루어진다. 학교 형태에 따른 학생 선발의 시기를 연기함으로써 오랜 기간 학생을 집중적으로 지원할 수 있고, 신중하게 고려하면서 학생 지도 방법을 수정할 수 있고, 오랜 기간 관찰을 통하여 보다 정확한 잠재적인 성취능력 진단이 가능하다.

둘째, 실제적으로 균등한 교육 기회의 제공이다. 최종적인 진로 결정을 연기하는 것은 어떤 이유에서든 학교에서의 성취능력이 낮은 아이들을 의도적인 지원 대책을 마련하여 도울 수 있는 기회를 제공한다.

셋째, 재능의 촉진이다. 봐인하임 종합학교에서는 중간단계의 전통적인 학년학급이 포기되고, 학생의 요구에 맞게 분화된 유연한 성취 코스가 운영된다. 학생은 교과별로 자신의 수준에 맞는 코스를 선택할 수 있기 때문에 학생의 재능이 김나지움에서보다 종합학교에서 더 발전될 수 있다.

넷째, 하우프트슐레 학생의 통합과 참여이다. 봐인하임 종합학교에서는 어떤 학생이 9학년을 마치고 하우프트슐레 졸업장을 받을지는 5, 6, 7학년 또는 8학년에서는 알 수 없다. 졸업반에서만 알 수 있다. 이러한 운영의 장점은 하우프트슐레 학생이 처음부터 성취능력이 가장 낮은 학생으로 낙인이 붙고 격리되지 않는다는 것이다. 종합학교 학생은 학업 기간 첫날부터 마지막 날까지 자신의 흥미와 능력에 맞는 것은 무엇이든지 참여할 수 있다. 기존 하우프트슐레에서 학생의 참여가 제한적이었던 것과 달리 종합학교에서는 다른 학생들과의 접촉하고 다양한 프로그램들을 접할 수 있다. 그 결과 하우스트슐레 학생의 교육 수준이 하위단계(진로탐색과 중간단계)의 분화된 코스 시스템을 통하여 향상될 것으로 기대한다.

다섯째, 사회통합을 지향한다. 종합학교에서 교육적 지원은 지적인 학습 성취뿐만 아니라 사회적인 학습 성취도 목표로 한다. 학교에서의 사회통합은 많은 부분 다양한 사회계층 출신의 학생들이 접촉할 수 있는 수업 형태 및 교사의 수업 방식에 달려 있다. 사회통합적인 관점에서 학교를 운영하는 것이 중요하다.

여섯째, 학교에 대한 관점의 변경이다. 위의 목표들은 학생과 교사들이 학교에 대한 관점을 변경할 때 도달될 수 있다. 종합학교는 학생과 학부모의 관심 그리고 교육학적 사유를 토대로 하여 책임을 다하는 교사들에 의하여 도달 가능하다.

이상의 실천적 학교조직 원리는 종합학교가 기존의 전통적인 세 갈래 학교구조의 대안적인 학교 유형으로 등장했다는 점을 감안하면, 다른 학교와 구별 짓는 종합학교의 특성이라고 할 수 있다. 이러한 조직 원리는 오늘날에도 여전히 각 주의 종합학교 관련 규정들에서 확인된다. 예를 들어 노르트라인베스트팔렌주의 학교법 제17조에서는 종합학교의 특성을 다음과 같이 규정하고 있다. 첫째, 종합학교는 학생들을 구별되는 학교 형태에 진학시키지 않고, 분화된 수업 시스템을 통하여 중등교육 I단계에 해당되는 모든 학교의 졸업을 가능하게 하는 교육과정을 제공한다. 둘째, 중등교육 I단계의 수업은 모든 학생들이 참여하는 하나의 학급 또는 코스를 통하여 이루어진다. 성취수준에 맞는 수업을 하기 위하여 학급 또는 코스가 내적으로 분화될 수 있다. 학생의 관심과 기호에 따라 코스가 만들어질 수 있다.

메클렌부르크포어포메른Mecklenburg-Vorpommern주의 〈종합학교 운영규정〉 '3. 학습과정의 조직'에는 다음과 같은 내용이 포함되어 있다. 첫째, 수업은 개인적인 재능, 능력, 기호, 학습 태도 등과 같은 다양한 학습 조건들에 적합하게 구성되어야 한다. 수업은 방법역량, 사회역량, 자기역량의 발달이라는 의미에서 계획되고 구성되어 자기주도적이고 협동적인 학습이 되도록 고무하고 지원해야 한다. 셋째, 교육 목표를 달성하기 위해서는 모든 교사의 긴밀한 협력이 필수적이다. 이러한 내용을 종합해 보면 종합학교의 가장 큰 특징은 수업의 분화를 통하여 학생에게 학습의 즐거움, 호기심, 정체성을 일깨우는 과정이라고 할 수 있다.

종합학교의 수업 구성과 시간표

종합학교의 수업 구성 특징은 선택의무교과에서 교과별로 성취수준에 따른 분화가 이루어진다는 것이다. 종합학교와 일반학교를 구분하는 기준은 입학 시에 특정한 학교의 졸업이 결정되지 않는다는 것이다. 학생이 어느 형태의 학교를 졸업할지는 선택의무교과에서 어느 수준의 코스를 몇 개 이수했는지가 결정적인 영향을 미친다. 노르트라인베스트팔렌 주의 '중등교육 I단계 교육 및 졸업시험에 관한 법령Verordnung über die Ausbildung und Abschulussprüfungen in der Sekundarstufe I'과 교육 및 학문 노동조합에서 제작한 팸플릿 『종합학교란?Was ist Gesamtschule?』[34]을 토대로 종합학교의 수업 구성과 시간표를 살펴보면 아래와 같다.

선택의무교과는 공통으로 배우는 교과 이외에 학생 개인이 6학년부터 추가적으로 선택해서 10학년까지 배우는 교과를 말한다. 선택의무교과는 첫해에 한해서 1회 변경이 가능하다. 학생은 제2외국어(라틴어, 프랑스어, 스페인어, 터키어), 노동론 학습 영역의 교과(기술, 경제, 가정경제), 자연과학 학습 영역의 교과(생물, 화학, 물리)에서 선택의무교과를 결정할 수 있다. 학생은 선택의무교과들 중에서 자신의 관심과 기호 또는 자신의 특별한 능력을 고려하여 교과를 선택할 수 있다. 교과는 "기초 코스Grundkurs"와 "확장 코스Erweiterungskurs"로 분리되는데, 이것을 분화라고 한다. 교과에서의 분화는 아무리 빨라도 7학년부터 운영될 수 있다. 교과의 수준별 분화는 모든 학생에게 개별적으로 필요한 도움을 제공한다는 관점에서 운영된다.

일반적으로 7학년은 영어와 수학에서, 8학년 또는 9학년은 독일어 교과에서, 9학년은 물리와 화학에서 분화된 수업이 이루어진다. 이렇게 '기초'와 '확장'이라는 2개의 요구수준으로 분리되는 것을 외적 분화라고 하고, 학급수업 내에서 다양한 집단으로 분리되는 것을 내적 분화라고 한다. 전문상급학교 진학(11학년 후)과 김나지움 상급반 진학을 위해서는 지정된 수의 '확장 코스'를 이수해야 한다. 영어는 5학년부터 제1외국어로 배우고, 8학년부터 제2외국어 또는 제3외국어를 배울 수 있다. 종합학교에는 유급제도가 없으나 학생은 원하는 졸업 조건을 충족시키기 위하여 9학년과 10학년을 1회 반복할 수 있다. 그러나 김나지움 상급반 진학을 준비하는 학생은 10학년을 반복할 수 없다. [그림 15-1]은 지금까지 언급한 노르트라인베스트팔렌주 종합학교의 수업 구성과 졸업에 관한 것이다.

종합학교의 의무수업시간은 주당 학년별 평균 47시간으로 4년간 총 188시간이다. 이것은 하우프트슐레, 레알슐레의 시수와 동일하다. 의무수업시간은 학생 개인의 요구수준에 따라 조금 줄어들거나 늘어날 수 있다. 의무수업시간은 '핵심시간'과 '보완시간'으로 구성된다. '핵심시간'은 의무수업과 학교에서 제공하는 '선택의무수업'을 포괄한다. 수업시간은 45분으로 진행되며, 종교수업에 참여하지 않는 학생은 실천철학 영역의 수업에 참여해야 한다. 수업 형태는 프로젝트, 현장실습, 현장견학 등 다양하게 구성될 수 있다. 〈표 15-3〉은 노르트라인베스트팔렌주 종합학교 시간표 예시이다.

중등교육 Ⅱ단계	13	코스 시스템	종합학교 김나지움 상급 단계	⇨	아비투어
	12	코스 시스템			
	11	코스 시스템		⇨	전문상급학교 입학자격

⇧

| 중등단계 졸업 내지 하우프트슐레 졸업 |

⇧　　　　⇧　　　　⇧

중등교육 Ⅰ단계	9/10	함께하는 학급수업	FLD 영어/수학 화학	ERG. Std,	WP	AG FU AB
	8	함께하는 학급수업	FLD 독일어/영어 수학	ERG. Std,	WP	AG FU AB
	7	함께하는 학급수업	FLD 영어/수학		WP	AG FU AB
	6	함께하는 학급수업			WP	AG FU AB
	5	함께하는 학급수업				AG FU AB

FU: 촉진수업
AB: 노작시간
FOR: 전문상급학교 입학자격
FORQ: 김나지움 상급반에 입학할 수 있는 자격을 갖는 전문상급학교 입학자격
FLD: 교과 성취수준에 따른 분화
ERG.Std,: 보완시간
WP: 선택의무교과
AG: 노작공동체

[그림 15-1] 종합학교의 수업 구성과 졸업

<표 15-3> 노르트라인베스트팔렌주 종합학교 시간표

학년 학습 영역/교과	5-6학년	7-10학년	주당 시간
독일어	8	16	24
사회론[1] 역사 지리 정치	6	12	18
수학	8	16	24
자연과학들[1] 생물 화학 물리	6	14	20
영어	8	14	22
노동론[1] 기술 경제 가정경제	2-3	7-8	10
예술/음악 영역[1] 예술 음악	8	8	16
종교론[2]	4	8	12
스포츠	6-8	10-12	18
선택의무교과[3]	2-3	10-12	12-15
핵심시간	58-62	115-120	176-179
보완시간[4]			9-12
총 시수			188

1) 모든 학습 영역은 교과들을 통합해서 혹은 교과들을 분리해서 수업할 수 있다. 교과들은 동등한 가치로 고려되어야만 한다.
2) 실천철학에서의 수업은 제3조 제5항이 적용된다.
3) 선택의무교과는 6학년에 시작한다. 여기에는 제19조 제1항이 적용된다.
4) 보충수업에는 제19조 제3항이 적용된다. 제2 혹은 제3외국어는 8학년부터 10학년까지 매주 3시간 수업한다.

수준별 교과 코스 이수와 졸업

선택의무교과 수업의 분화된 코스에 참여하는 것이 졸업에 어느 정도 영향을 미치는지 노르트라인베스트팔렌주의 부퍼탈Wuppertal시에 소재한 바르멘 종합학교Barmen Gesamtschule를 사례로 살펴보기로 한다.[35] 바르멘 종합학교는 전일제학교로서 김나지움 상급반을 설치하고 있으며, 전교생이 1,350명, 교사 120명, 사회교육자 2명, 사회복지사 1명, 하우스마이스터 2명, 비서 2명, 요리사 2명이 있다. 학교전체회의는 교사회, 학생회, 학부모회의 대표로 구성되며 1년에 3~4회 정도 개최된다. 학교전체회의에서 결정하는 사안은 다음과 같은 것이다.

- 학교 프로그램
- 질 향상 및 유지 대책
- 학교와 학교 밖 파트너와의 협력적 관계
- 방학 기간
- 주간 수업 배분
- 수업 외의 전일제 프로그램 및 보살핌 프로그램
- 수업 형태의 시도 및 도입
- 학습 도구의 도입 및 학습 방법의 결정
- 숙제와 학급과제의 범위와 분배를 위한 원칙
- 교육 합의 결정
- 경제적 관여, 모금 및 스폰서
- 학교 재정

바르멘 종합학교는 독일어, 영어, 수학, 화학 교과에서 분화 코스(기초 코스, 확장 코스)를 제공하고 있다. 학교 졸업 형태에 따라 요구되는 '기초 코스'와 '확장 코스'의 이수 조건은 다음과 같다.

9학년 후의 하우프트슐레 졸업

- 모든 '기초 코스'의 성적 최소한 '4점' 이상
- '확장 코스' 이수는 요구하지 않음
- 다른 모든 교과 성적 최소한 '4점' 이상

* 성적은 1점(최상위)-6점(최하위)으로 평가되며, 4점 이상이 통과(합격)임

4점은 '충분한'에 해당되는 점수

3점은 '만족할 만한'에 해당되는 점수

2점은 '우수한'에 해당되는 점수

1점은 '아주 우수한'에 해당되는 점수

10학년 후의 하우프트슐레 졸업

- 모든 '기초 코스'의 성적 최소한 '4점' 이상
- '확장 코스' 이수는 요구하지 않음
- 다른 모든 교과 성적 최소한 '4점' 이상

전문상급학교 입학자격을 갖는 졸업(김나지움 상급반 1년 도입과정을 마친 후)

- '확장 코스' 2개의 성적 최소한 '4점' 이상
- 선택의무교과 점수가 최소한 '4점' 이상
- '기초 코스'의 성적 최소한 '3점' 이상
- 다른 모든 교과 중에서 최소 2개가 '3점' 이상, 나머지는 '4점' 이상

김나지움 상급반 졸업: 자격과정 2년

- '확장 코스' 3개의 성적 최소한 '3점' 이상
- 선택의무교과 점수가 최소한 '3점' 이상

- '기초 코스'의 성적 최소한 '2점' 이상
- 다른 모든 교과 성적 최소한 '3점' 이상

성취수준에 따른 교과 분화를 가능하면 고학년까지 늦추어 시행하는 것은 성취수준에 상관없이 오랫동안 함께 수업을 받는 것이 성취도가 낮은 학생과 높은 학생 모두에게 긍정적으로 작용하고, 사춘기, 가정 문제, 친구 문제 등으로 인한 일시적인 방황이 학생의 진로에 미치는 영향을 최소화할 수 있다고 보기 때문이다.

시사점

독일의 종합학교에 관한 논의는 계층 간 교육격차 해소라는 측면에서 우리에게 시사점을 줄 수 있을 것으로 보인다. 독일의 경우 PISA 2000, 2003 결과 분석에서 드러난 취약점은 다른 어떤 국가들보다도 학업성취도가 사회계층과 밀접한 관계가 있다는 것이었다. 각 주정부와 주문화부장관협의회는 이러한 약점을 보완하기 위해 전일제학교 도입과 중등교육 단계의 학교구조 개혁 등 다양한 시도를 하였다. 그 결과 2006년 PISA부터 학업성취도가 점진적으로 향상되는 성과를 거두었다. 학업성취도가 높아진 배경에는 사회경제적으로 상위 계층에 속하는 학생들보다는 하위 계층에 속하는 학생들의 성적이 향상되어 사회계층 간 성적 격차가 좁혀진 데 있다(30점 정도 좁혀짐). 2009년, 2012년 PISA 결과에서는 사회계층과 학업성취도 간의 상관관계가 OECD 국가들 중 중위권에 속할 정도(평균 정도)로 줄어들었는데, 이는 다른 국가와 비교해서 현저하게 줄어든 것으로 분석되었다.[36]

이와 같은 변화는 2003년 이후 하위 계층 청소년 대부분이 진학하는 하우프트슐레의 수가 감소하고 있는 경향과 관련이 있는 것으로 보인다. PISA 2003 결과 분석에서는 하위 계층 청소년 대부분이 하우프트슐레에 진학하고 소수가 김나지움에 진학하는 것으로 보고되었다. "독일에서 상급학교에 진학할 수 있는 기회는 상대적으로 사회경제적 지위와 밀접한 관계가 있기 때문에 (하위 계층)에 해당되는 대부분의 청소년들이 하우프트슐레에 진학하고 소수가 김나지움에 진학한다."[37] 2009년 분석에서는 사회계층별로 김나지움에 입학하는 청소년의 비율 차이가 이전보다는 조금씩 좁혀지고 있는 것으로 나타났다. 그리고 하우프트슐레는 그 수가 크게 감소한 것으로 보고되었다. 앞에서 살펴본 것처럼 하위 계층 학생들이 주로 진학하는 사회계층 간 학업성취도 격차를 해소하기 위해 하우프트슐레가 독립적인 학교로 운영되기보다는 다른 형태의 학교들과 통합되었기 때문이다. 즉, 하우프트슐레를 다른 유형의 학교들과 통합한 새로운 형태의 학교 시도가 성과를 내고 있다고 볼 수 있다. 이주배경을 가진 청소년들은 대부분 사회경제적으로 하위 계층에 속하고, PISA에 참가한 15세 학생들 중 사회경제적으로 하위 계층에 속한다고 할 수 있는 이주배경을 가진 학생의 비율이 2000년 21.6%, 2003년 20.3%, 2006년 19.4%, 2009년 25.6%였다.[38] 2009년 이주배경을 가진 참가자가 2000년보다 더 많았음에도 불구하고 학업성취도는 오히려 향상되었는데, 이는 계층 간의 학업성취도 격차를 줄이려는 다양한 교육적 시도들이 가져온 결과라고 할 수 있다. 사회계층 간 학업성취도 격차가 줄어들고 있다는 것은 교육 기회의 균등이라는 측면에서 독일의 학교구조 개혁 시도가 긍정적으로 평가될 수 있음을 의미한다.

우리나라의 경우도 사회경제적 격차와 교육격차 간의 밀접한 관련성이 있고, 그로 인해 빈곤 대물림이 계속된다고 지적하는 연구 결과들이 발표되고 있다.[39] 부모의 사회경제적 지위가 자녀의 교육격차를 가져오고, 교육격차가 다시 사회경제적 지위를 대물림하는 순환구조가 형성되고 있는 것이다. 빈곤 가정의 학생들은 학업성취, 정서 발달, 학교 적응에서 어려움을 겪게 되고 이것이 직업구조로 이어지고 있는 것이다. 이러한 현상은 1990년대 말 IMF 이후 중산층이 줄어들고 빈곤층이 늘어나면서 가속화되었다고 보고되고 있다. 또한 북한이탈주민, 외국인 근로자, 국제결혼이주여성, 동반입국 자녀, 다문화가정 자녀 등의 문화 소수자가 새로운 교육 취약 집단으로 등장함에 따라 이들에 대한 지원 역시 우리 사회의 주요한 이슈가 되어 왔고 이를 지원하기 위한 많은 교육 사업들이 수행되어 왔다.

사회계층 간 교육격차를 줄이기 위한 노력이 독일의 경우 학교구조 개혁이라는 큰 틀에서 이루어지고 있다면, 우리나라의 경우는 지원 프로그램 위주로 이루어지고 있어 대조를 보인다. 최대한 진로 결정을 늦추면서 성적과 사회적 출신 배경에 관계없이 함께 학교생활을 하고 적성과 능력에 맞는 진로를 찾을 수 있도록 학교구조를 변화시키는 것과 지원이 필요한 학생들에게만 별도의 프로그램을 제공하는 것은 같은 사회통합의 차원에서 근본적으로 다르다고 할 수 있다. 개선되었다고는 하지만 독일도 여전히 사회계층에 따른 김나지움의 진학률 차이가 존재하고, 학교 유형별로 학업성취도 차이가 존재한다. 그리고 이러한 차이를 극복하기 위한 노력이 새로운 것도 아니다. 주목할 만한 것은 동일한 문제에 접근하는 방식이 2000년 이후 학교 유형을 엄격하게 구분하기보다는 가능한 형태로 통합하여 학교 내에서 학생 개개인의 능력을 촉진하는 방향으로 바뀌고 있다는 점이다. 전통적인 학교구조가 '구분'에 토대를 두었다면, 새로운 학교구조는 '통합'에 토대를 두고 있다고 할 수 있다. 독일의 사례를 통해 볼 때, 학생 개개인의 다양한 능력을 충족시킬 수 있도록 학교가 다양화되는 것은 바람직하지만, 학생의 성적에 따라 학교를 '구분'하는 것은 재고되어야 할 것이다.

1. Edelstein, W.(1969), Gesellschaftliche Motive der Schulreform. In: Rang, A., & Schulz, W.(Hrsg.)(1969), *Die differenzierte Gesamtschule.* München: Piper & Co. Verlag, 29, 25.

2. Picht, G.(1964), Die deutsche Bildungskatastrophe, *Christ und Welt, Nr.5* (1964.01.31.).

3. Schultze, W.(1969), Die Auslese als soziales Problem. In: Rang, A., & Schulz, W.(Hrsg.)(1969), *Die differenzierte Gesamtschule,* 13 이하.

4. Pitsch, H.(o.J.), Bildungspolitische Zielsetzungen und Schulwirklichkeit in den Bundesrepublik Deutschland, 203.

5. Theis, J., & Pohl, S.(1997), Die Anfänge der Gesamtschule in Nordrhien-Westfalen. Frankfurt am Main u.a.: Peter Lang, 1.

6. '독일 종합학교의 아버지'로 불리기도 함.

7. Tillmann, K.-J.(o.J.), Carl-Heinz Evers-Der Vater der Gesamtschule? -Eine Schreibtisch-Reise in die 60er Jahre, 157.

8. Tillmann, K.-J.(o.J.), Carl-Heinz Evers-Der Vater der Gesamtschule? -Eine Schreibtisch-Reise in die 60er Jahre, 158.

9. Tillmann, K.-J.(o.J.), Carl-Heinz Evers-Der Vater der Gesamtschule? -Eine Schreibtisch-Reise in die 60er Jahre, 163.

10. Bildungsgesamtplan. Deutscher Bundestag, 7. Wahlperiode. *Drucksache 7/1474*(20.12.73).

11. Pitsch, H.(o.J.), Bildungspolitische Zielsetzungen und Schulwirklichkeit in den Bundesrepublik Deutschland, 212.

12. Theis, J., & Pohl, S.(1997), *Die Anfänge der Gesamtschule in Nordrhein-Westfalen.* Frankfurt am Main u.a.: Peter Lang, 12.

13. Wenzler, I.(2007), Mit der Gesamtschule zur gemeinsamen Schule für alle.

14. 합의 내용에는 성취수준을 구분하는 교과에 화학과 물리(9학년부터)를 추가 하고, 평가는 6단계로 하는 것이 포함되었다(Theis, J., & Pohl, S.(1997), *Die Anfänge der Gesamtschule in Nordrhein-Westfalen,* 12).

15. Ständige Konferenz der Kultusminister der Länder in der Bundesrepublik Deutschland(KMK)(1998), Zur Geschichte der Kultusministerkonferenz

1948-1998. Auszug aus: Einheit in der Vielfalt. 50 Jahre Kultusminister konferenz-1998, 177-227.

16. Ständige Konferenz der Kultusminister der Länder in der Bundesrepublik Deutschland(KMK)(2019), Grundstruktur des Bildungswesens in der Bundesrepublik Deutschland-Diagramm.

17. Baumert, J., u.a.(Hrsg.)(2002), *PISA2000-Die Länder der Bundesrepublik Deutschland im Vergleich.* Leske+Burich: Opladen.

18. Kraus, J.(2005), Die Gesamtschule ist ein Irrweg, URL: www. lehrerverband.de/ndgesamt.htm(2015.11.23. 접속).

19. Prenzel, M., u.a.(Hrsg.)(2004), *PISA 2003. Ergebnisse des zweiten internationalen Vergleichs*; Prenzel, M., u.a.(Hrsg.)(2008), *PISA 2006. Die Kompetenzen der Jugendlichen im dritten Ländervergleich.* Waxmann: Münster, New York, München, Bern; Klieme, K., u.a.(Hrsg.)(2010), *PISA 2009. Bilanz nach einem Jahrzehnt.* Münster, New York, München, Berlin: Waxmann; Prenzel, M., u.a.(Hrsg.)(2013), *PISA 2012. Fortschritte und Herausforderungen in Deutschland.* Münster, New York, München, Bern: Waxmann.

20. 정기섭(2013), 독일 헬레네-랑에-학교 사례 및 한국 교육에의 시사점, 세계교육 인포메이션, 제6호. 한국교육개발원.

21. 정기섭(2008), 독일에서 전일제학교(Ganztagsschule)의 발달과 2000년 이후 활성화 배경, 교육문제연구, 제30집, 48.

22. Statistische Bundesamt(2018), *Schulen auf einen Blick. Ausgabe 2018.*

23. Ständige Konferenz der Kultusminister der Länder in der Bundesrepublik Deutschland(KMK)(2019), *Schüler, Klassen, Lehrer und Absolventen der Schulen 2008 bis 2017.*

24. https://www.deutscher-schulpreis.de/preistraeger

25. http://schulpreis.bosch-stiftung.de/content/language1/html/53139.asp

26. 대상을 수상한 학교는 연도순으로 로베르트-보쉬-종합학교 힐데스하임 (Robert-Bosch-Gesamtschule Hildesheim), 괴팅겐에 소재한 게오르크-크리 스토프-리히텐베르크-종합학교(Georg-Christoph-Lichtenberg-Gesamtschule in Göttingen), 부퍼탈에 소재한 바르멘 종합학교(Gesamtschule Barmen in Wuppertal)이다.

27. 2011년 6월 9일자 슈피겔 파노라마(Spiegel Panorama)는 "하루 동안은 모두 가 종합학교를 사랑한다"는 제목으로 독일 학교상 수상을 소개하였다.

28. Kerstan, Th., PISA macht freude. *Zeit Online*(2010.12.09.).

29. 정기섭(2008), 독일에서 전일제학교(Ganztagsschule)의 발달과 2000년 이후 활성화 배경, 교육문제연구, 제30집, 39-57.

30. Ständige Konferenz der Kultusminister der Länder in der Bundesrepublik Deutschland(KMK)(2016), *Allgemeinbildende Schulen in Ländern in der Bundesrepublik Deutschland-Statistik 2010 bis 2014-;* KMK(2018), *Allgemeinbildende Schulen in Ganztagsform in den Ländern in der Bundesrepublik Deutschland-Statistik 2012 bis 2016-Bearbeitet.*

31. Deutscher Bildungsrat(1969), Empfehlung der Bildungskommission zur Einrichtung von Schulversuchen mit Gesamtschulen, Theis, J., & Pohl, S.(1997), *Die Anfänge der Gesamtschule in Nordrhien-Westfalen.* Frankfurt am Main u.a.: Peter Lang, 117 재인용.

32. Theis, J., & Pohl, S.(1997), *Die Anfänge der Gesamtschule in Nordrhein-Westfalen,* 118.

33. Rang, A.(1969), Die Gesamtschule Weinheim. In: Rang, A., & Schulz, W.(Hrsg.)(1969), Die differenzierte Gesamtschule, 116-119.

34. Gewerkschaft Erziehung und Wissenschaft(Hrsg.)(2012), *Was ist Gesamtschule?* Essen: Neue Deutsche Schule Verlag.

35. www.gesamtschule-barmen.de 2015년 독일학교 1등상(Hauptpreis) 수상, 2010, 2011, 2013 노르트라인베스트팔렌주 "좋은 학교, 건전한 학교"로 선정됨.

36. Prenzel, M., u.a.(Hrsg.)(2013), *PISA 2012. Fortschritte und Herausforderun gen in Deutschland.* Münster, New York, München, Berlin, 270; Klieme, K., u.a.a.(Hrsg.)(2010), *PISA 2009. Bilanz nach einem Jahrzehnt.* Münster, New York, München, Berlin: Waxmann, 246.

37. Prenzel, M., u.a.(Hrsg.)(2004), *PISA2003. Ergebnisse des zweiten internationalen Vergleichs. Zusammenfassung,* 26.

38. Klieme, K., u.a.(Hrsg.)(2010), *PISA 2009. Bilanz nach einem Jahrzehnt,* 203.

39. 김경근(2005), 한국 사회 교육격차의 실태 및 결정 요인, 교육사회학연구, 15(3), 1-27; 김대일(2004), 빈곤의 정의와 규모, 유경준·심상달(편)(2004), 취약 계층 보호 정책의 방향과 과제. 연구보고서 2004-01. 한국교육개발원, 59-118; 김희삼(2015), 사회이동성 복원을 위한 교육정책의 방향, KDI FOCUS, 통권 제54호 (2015년 4월 29일); 류방란·김성식(2007), 계층 간 교육격차의 양상, 교육비평, 봄여름 제22호, 52-66.

제16장

2000년 이후 학교개혁 동향은 어떠한가?

2000년 이후 독일의 학교개혁은 전일제학교의 확산, 종합학교의 증가, 하우프트슐레의 폐지, 하나의 학교에서 다양한 트랙 이수가 가능한 여러 개의 학교 결합 모델 증가, 김나지움 학업 기간 연장으로 요약될 수 있다.

전일제학교의 확산

독일 학교교육에서 교육격차 해소는 해묵은 과제였다. 1960년대부터 부모의 사회경제적 지위와 자녀의 상급학교 진학 및 학업성취가 밀접한 관련이 있다는 문제는 계속해서 제기되어 왔다. 교육격차 문제가 새삼 교육정책의 주요 과제로 부상한 것은 PISA 2000의 결과로 인한 충격 때문이었다. PISA 2000에서 초라한 성적을 거둔 독일은 원인 분석을 통해 독일 학생의 학업성취도가 다른 어느 국가보다도 부모의 사회경제적 지위와 밀접한 관련이 있다는 것을 확인하였다. 또한 이주배경을 가진 학생들의 학업성취가 낮다는 것도 확인하였다. 이러한 분석 결과를 반영하여 교육격차를 해소하려는 노력으로 독일만의 학교 모형으로 인식되어 오던 기존의 반일제학교를 전일제학교로 전환하기 시작하였다.

전일제학교 확산의 다른 이유로는 가정이 이전처럼 보살핌을 담당하는 최적의 사회화 기관으로서의 기능을 유지할 수 없는 사회현상(이혼율 증가, 편부모 증가, 맞벌이 부부 증가 등)을 들 수 있다. 가정의 사회화 기능 약화는 교육과 보살핌의 관계를 새롭게 정립할 것을 요구하였다. 즉, 학교가 교육하고 가정이 보살피는 전통적인 이해에서 벗어나 누가 어디서 교육을 하고 보살핌을 수행해야 하는가에 대한 새로운 관계 정립이 필요하게 된 것이다. 이러한 사회적 분위기를 반영하여 『제11차 아동·청소년 보고서』(2002)는 "아동과 청소년의 성장에 관한 공공의 책임"을 강조하였고, 그 이후의 보고서에서도 학교는 교육뿐만 아니라 보살핌을 제공해야 한다는 요구가 이전보다 증대하였다. 이러한 맥락에서 전일제학교 확산이 학교교육 정책의 방향이 되었다. 그 외에도 전일제학교 확산의 배경으로 학교중도탈락 방지, 어려운 가정 상황에 처한 아동·청소년의 보호(가정보완), 이주배경을 가진 아동·청소년 지원 등을 들 수 있다(제6장 참조).

2016년 기준으로 독일의 전일제학교는 초등교육과 중등교육 단계의 학교 중 67.7%(2002년 16.3%), 전일제 프로그램에 참여하는 학생은 일반학교 전체 학생의 42.5%(2002년 9.8%)인 것으로 나타났다(제15장 455쪽).

종합학교의 증가

PISA 2000 이후 독일 학교구조개혁에 관한 논쟁은 1960년대와 1970년대의 논쟁이 재현된 것과 흡사하였다. 사회계층과 중등학교 진학 및 학업성취도 간의 밀접한 관련성은 여전히 유효한 주제였고, 독일의 학업성취도가 OECD 국가들과 비교하여 하위권이라는 것도 유사하였다. 독일 학생들의 낮은 학업성취도에 대한 충격은 종합학교에 대한 찬반 논쟁을 재점화하였다. 종합학교가 1960년대 격론 끝에 시험적인 운영 기간을 거쳐 정규학교로 인정되기는 했지만, 전통적인 학교제도를 지지하는 보수당의 입장에서는 계속해서 비판의 대상이었다.

종합학교에 대한 찬반 논쟁에도 불구하고 최근 10년간 종합학교에 대한 수요는 늘어나고 있으며(중등교육 단계 2008년 학생 수 492,858명,

2012년 662,150명, 2017년 930,192)[1], 2019년 12월 현재 고유한 학교 형태로서 종합학교라는 명칭을 유지하고 있는 주는 브란덴부르크, 자를란트, 노르트라인베스트팔렌, 작센안할트, 튀링겐, 헤센, 메클렌부르크포어포메른, 니더작센, 라인란트팔츠이다. 종합학교라는 명칭을 직접적으로 사용하지 않더라도 종합학교의 교육적 성과를 암묵적으로 인정하고 여러 유형의 학교를 통합하는 시도들이 주마다 이어지고 있다. 이러한 시도들은 독립적인 교육기관으로서 하우프트슐레를 외형적으로 폐지하는 결과를 가져왔고, 지금도 폐지하는 방향으로 진행되고 있다.

하우프트슐레의 폐지/학교구조의 변화[2]

하우프트슐레는 1960년대 국민학교Volksschule의 상급 단계Oberstufe에서 유래하였으며, 4~5년의 학업을 마친 후 이원 체제에서 직업교육을 이어 가는 것으로 계획되었다. 그러나 사실상 그러한 기능을 상실한 지 오래이다. 학교에 대한 좋지 못한 이미지 때문에 입학생이 점점 감소하고 있다. 2015년 기준으로 하우프트슐레의 졸업생은 일반학교 졸업생의 16.5%에 해당되는데, 이는 1960년대 동년배 졸업생의 약 70%가 하우프트슐레 졸업생이었던 것과 비교하면 현저하게 줄어든 것이고 지금도 줄어들고 있는 추세이다. 학생들이 상급학교 진학 시에 하우프트슐레를 선택하지 않는다는 것은 학교 졸업의 가치가 그만큼 떨어진다는 것을 의미한다. 학업성취에서도 하우프트슐레의 학생이 현저히 낮고, 학교부적응 학생도 제일 많고, 학업중단도 다른 학교에 비해 많기 때문에 "찌꺼기 학교Restschule"라고 표현되기도 한다.[3] 하우프트슐레에 진학하는 학생들이 사회경제적 배경과 밀접한 관계가 있기 때문에 최근 학교구조

개혁에서 하우프트슐레를 다른 학교 유형과 결합하는 새로운 학교 모형을 도입하는 경향을 보이고 있다.

PISA 2000 결과 이후 하우프트슐레에 대한 부정적인 인식으로부터 하우프트슐레 폐지에 대한 여론이 증대되었고, 2003년 함부르크가 두 갈래 학교구조로 개편하면서 처음으로 독자적인 학교로서 하우프트슐레를 폐지하였다. 2007년에 라인란트팔츠주(2013년부터 폐지)와 슐레스비히홀슈타인주가(2010년까지 하우프트슐레와 레알슐레를 공동체학교 Gemeinschaftsschule 또는 지역학교Regionalschule로 전환), 2008년에는 바덴뷔르템베르크주가 하우프트슐레를 폐지(2010/11학년도 베르크레알슐레 Werkraealschule로 명칭 변경)하기로 결정하였다. 2011년에는 베를린이 김나지움을 제외한 다른 학교를 통합한 전일제학교로서 통합 중등학교 Integrierte Sekundarschule를 도입하면서 폐지하였다.[4] 2019년 12월 현재 하우프트슐레 명칭을 유지하고 있는 주는 노르트라인베스트팔렌, 헤센, 니더작센뿐이다. 헤센주에는 현재 5개의 하우프트슐레가 존속하고 있으나, 곧 폐지할 계획이라고 밝혔다.[5] 동독지역은 베를린을 제외하고는 통일 이후 하우프트슐레를 도입하지 않았고, 서독지역은 독자적인 학교 형태로서의 하우프트슐레를 폐지하였거나 폐지하겠다고 결정한 것이다. 이러한 현상을 언론에서는 학교구조 변화로 인한 '하우프트슐레의 종말 Ende der Hauptschule', '하우프트슐레와의 이별Abschied von Hauptschule'이라고 앞다투어 보도하였다.

물론 하우프트슐레가 사라지는 것을 막고 전통적인 세 갈래 학교구조를 계속 유지하고자 하는 바덴뷔르템베르크주와 바이에른주는 명칭을 변경하여 하우프트슐레를 유지하고 있다. '하우프트슐레'라는 명칭이 가지고 있는 부정적인 이미지를 쇄신하고자 바덴뷔르템베르크주는 2008년 하우프트슐레를 2010/11학년도부터 '베르크레알슐레

Werkrealschule'로 명칭을 변경하였다. 그 당시 주 문화부장관이었던 라우Helmut Rau, CDU는 이 학교가 하우프트슐레의 발전된 형태라고 옹호했지만, 하우프트슐레를 폐지하고 두 갈래 학교 시스템으로 전환하는 다른 주의 추세에 역행하는 것이라는 비판을 받았다. 이러한 부정적인 시선은 2008년 11월 27일 자 슈피겔 온라인Spiegel Online이 "바덴뷔르템베르크주가 하우프트슐레에 새로운 상표를 붙인다"라는 제목을 붙인 것에서 확인할 수 있다.[6] 베르크레알슐레는 10년제 하우프트슐레라고 할 수 있는데, 9학년을 마치면 하우프트슐레 졸업장을 취득할 수 있고, 10학년을 마치면 중등교육 Ⅱ단계의 학교진학가능자격mittlere Reife을 취득할 수 있다. 바이에른주도 2011/12학년도에 중간학교Mittelschule를 도입하였는데, 이 역시 하우프트슐레의 명칭을 변경한 것이라고 볼 수 있다. 두 주에서 도입한 레알베르크슐레와 중간학교가 이전의 하우프트슐레와 다른 점은 더 실천 중심적이고 직업 중심적으로 설계되었다는 것이다.

바덴뷔르템베르크주의 보수 정당인 CDU는 2011년 3월에 치러진 주의회 의원선거에서 패배한 후에도 새로 집권한 주정부가 학교개혁을 추진하자 "바덴뷔르템베르크주에서는 하우프트슐레, 레알슐레, 김나지움의 분리가 유지되어야 하고 그에 대한 충분한 근거가 있다"라고 주장하면서, "좌파 진영이 독일의 성공적인 학교 시스템을 파괴하려고 한다. 우리의 김나지움, 레알슐레, 하우프트슐레를 폐지하려고 한다"[7]라고 연일 경고하였다. 2011년 6월에는 CDU중앙당Bundes CDU 수뇌부에서 하우프트슐레를 폐지하고 세 갈래 학교구조에서 탈피하여 김나지움과 상급학교(하우프트슐레와 레알슐레의 병합)의 두 갈래 구조를 추진하겠다고 결정하자[8] 바덴뷔르템베르크주의 CDU가 강력하게 반발하였다.

대부분의 주에서 하우프트슐레의 폐지 추세는 PISA 2003에서도 하우프트슐레 학생들의 학업성취도가 크게 개선되지 않은 것에서 기인한 것으로 보인다. 또한 출산율 저하로 인해 2004년부터 모든 주에서 학생 인구가 감소하면서 선호도가 적은 하우프트슐레가 계속 유지되어야 하는가에 대한 문제가 제기되었기 때문인 것으로 보인다. 통계에 따르면 1994년부터 2007년까지 동독지역에서 일반학교 학생 수가 240만 명에서 130만 명으로 감소하였고, 서독지역에서는 2006년부터 2020년까지 880만 명에서 700만 명으로 감소할 것으로 예측되었다.[9] 하우프트슐레가 폐지되면서 하우프트슐레와 레알슐레가 혼합된 새로운 형태의 학교가 점차적으로 증가하였다. 즉, 이것은 하나의 학교에서 두 갈래의 학교졸업이 가능한 학교 모형인데, 2000년 이후 각 주에 설립된 혼합형 학교로는 중간학교Mittelschule(바이에른, 작센), 레겔슐레Regelschule(튀링겐), 중등학교Sekundarschule(브레멘, 작센안할트), 확장된 레알슐레Erweiterte Realschule(자를란트), 하우프트슐레-레알슐레 결합학교Verbundene Haupt- und Realschule(헤센), 지역학교Regionale Schule(메클렌부르크포어포메른), 지역학교Regionaschule(슐레스비히홀슈타인), 레알슐레 플러스Realschule Plus(라인란트팔츠), 상급학교Oberschule(브란덴부르크), 중간단계 학교Mittelstufenschule(헤센)가 있다.[10]

하우프트슐레와 레알슐레를 혼합한 학교의 유형에는 종합학교처럼 협력형 학교와 통합형 학교도 존재한다. 졸업은 종합학교처럼 9학년 혹은 10학년 과정까지 일정한 조건을 충족시키는 정도에 따라 하우프트슐레 졸업과 레알슐레 졸업으로 인정된다. 2010년 이후에는 학교구조 변화에서 새로운 양상을 발견할 수 있는데, 종합학교 이외에도 세 갈래 학교의 교육과정을 하나의 학교에서 수행하는 새로운 유형의 학교들이 출현·증가하고 있다는 것이다. 예를 들면 상급학교Oberschule(브레멘, 니더작센), 도시구역학교Stadtteilschule(함부르크), 공동체학교

Gemeinschaftsschule(바덴뷔르템베르크, 자를란트, 작센안할트, 슐레스비히
홀슈타인, 튀링겐), 중등학교Sekundarschule(노르트라인베스트팔렌) 등이
다.[11] 이러한 현상은 아마도 2009년에 실시된 PISA 결과에서 독일의 학
업성취수준이 PISA 2000 이후 진행된 학교구조 개혁의 성과로 인해 학
업성취도가 점진적으로 향상되었다는 분석에서 기인한 것으로 보인다.

  2000년 이후 새로 도입된 위와 같은 학교들은 두 종류로 구분될 수
있다. 하나는 하우프트슐레와 레알슐레를 혼합한 학교에서 아비투어를
준비할 수 있는 김나지움 상급 단계 과정을 설치하는 것이고, 다른 하
나는 김나지움을 제외한 중등교육 I단계의 다양한 학교들을 하나의 학
교 형태로 묶고 그 안에 김나지움 상급반을 준비할 수 있는 과정을 설
치하는 것이다. 예를 들어 2010년부터 함부르크에 도입된 도시구역학교
는 기존의 하우프트슐레, 레알슐레, 종합학교를 대체하여 하나의 학교
에서 세 갈래 진로가 가능하도록 설계한 모형이다. 브레멘이 도입한 상
급학교도 이와 유사하다. 브란덴부르크주도 2005년부터 모든 레알슐레
와 김나지움 상급 단계가 없는 종합학교를 하나로 묶은 상급학교를 도
입하였다.[12] 이러한 시도들은 외형적으로만 보자면 독일의 학교구조가
전통적인 세 갈래에서 종합학교를 포함한 네 갈래로 진행되었다가 김나
지움과 그 밖의 다른 종류의 학교들이 하나로 통합된 학교만이 존재하
게 되는 두 갈래로 변화되는 과정이라고도 조심스럽게 진단할 수 있다.
외형적인 측면에서 현재의 중등학교 구조는 주에 따라 차이가 있지만
일반적으로 두 갈래, 세 갈래, 네 갈래 혹은 다섯 갈래로 나뉜다. 현재
독일의 학교구조는 "조각조각 붙인 양탄자"[13]라고 표현될 만큼 주마다
독자적인 다양한 형태가 존재하고 있으며, 계속해서 변화되고 있다. 그럼
에도 불구하고 학생들이 취득하는 졸업장과 관련하여 본다면 여전히 세
갈래 학교구조가 기본적으로 유지되고 있다고 할 수 있다.

하우프트슐레를 선호하는 학생이 줄어드는 이유 중의 하나로는 고등교육 수요의 증가를 들 수도 있다. 현재 독일의 새로운 대학으로 인정되고 있는 이원화 학위 과정(직업대학Duale Hochschule)에 대한 수요가 증가하고 있는데, 이러한 고등교육기관 진학에서도 하우프트슐레는 입학자격조건에 해당되지 않는다.[14] 물론 하우프트슐레의 폐지가 학업성취도 향상에, 그리고 가정배경과 학업성취도 간의 관계 변화에 영향을 주지 못하고 있다는 지적도 있다. 2017년 3월 15일 자 슈피겔Der Spiegel은 베를린에서의 하우프트슐레 폐지가 오히려 학업성취도의 하락을 가져왔다고 보도하면서, 긍정적인 면은 '낙인'이 많이 사라졌다는 것이라고 보도하였다.[15]

학교구조 개혁 논란에도 불구하고 김나지움의 위치는 견고해 보인다. 현재 독일의 학교구조는 크게 4개의 유형이 존재한다. 첫째는 두 갈래 구조이다(베를린, 브레멘, 함부르크, 작센). 이것은 김나지움과 그를 제외한 다른 학교가 통합된 형태이다. 둘째는 확장된 두 갈래 구조이다(브란덴부르크, 자를란트, 슐레스비히홀슈타인, 메클렌부르크포어포메른, 라인란트팔츠, 튀링겐). 김나지움과 그 외의 학교를 통합한 두 갈래 구조에 종합학교를 추가한 형태이다. 공동체학교도 종합학교와 구조상 크게 다르지 않기 때문에 종합학교의 유형에 포함시킬 수 있다. 셋째는 세 갈래 구조이다(바이에른, 바덴뷔르템베르크). 전통적인 구조로 김나지움, 레알슐레, 하우프트슐레(명칭 변경)를 유지하고 있다. 넷째는 확장된 세 갈래 구조이다(노르트라인베스트팔렌, 헤센, 니더작센). 김나지움, 레알슐레, 하우프트슐레, 종합학교에다 하우프트슐레와 레알슐레가 병합한 학교 유형이 추가된 구조이다.

종합학교가 등장하기 전까지 독일의 학교제도는 1964년 함부르크 합의Hamburger Abkommen에 기초하여 초등학교 후에 세 갈래(하우프트슐레, 레알슐레, 김나지움)로 나뉘는 중등교육 단계를 유지해 왔다. 종합학교가 생겨나면서 독일 중등교육 단계의 기본적인 학교구조는 전래된 세 갈래에서 네 갈래로 변화되었다고 할 수 있다. 학교구조 개혁이 지금도 계속되고 있으므로 몇 갈래로 확정될지는 두고 보아야 알 일이다. 이러한 학교구조의 변화는 PISA 2000의 결과를 놓고 볼 때, 세 갈래로 나뉜 중등교육 단계의 학교구조가 더 나은 학업성취를 가져온다거나, 마찬가지로 학교통합이 상위권 학생들의 학업성취를 방해한다는 주장 역시 쉽게 할 수 없게 되었기 때문인 것으로 보인다. 그리고 교육 기회 균등이라는 오래된 주제가 이주배경을 가진 인구 증가와 그로 인한 교육격차가 문제가 되는 상황에서 사회통합을 위한 중요한 과제로 강력하게 인식된 결과로 보인다.

김나지움 학업 기간 단축(G9 → G8)에서 다시 연장(G8 → G9)으로

한국을 비롯해서 대부분의 국가들이 대학 입학 전까지 초중등교육 12학년제를 운영하는 것과 달리 독일은 13학년제를 유지해왔다. 즉, 독일의 중등교육과정인 김나지움에는 13학년까지 있다. 중등교육 기간을 1년 축소하여 12학년제로 전환하자는 의견은 1922년 프로이센 의회에서 제출된 이래로 지금까지도 논쟁의 주제이다. 학년제 논쟁이 이전보다 더욱 활발하게 되살아난 것은 독일 통일 이후이다. 13학년제를 고수하고 있던 서독과 12학년제를 유지하고 있던 동독의 학제를 통일적으로 재조직하려는 과정에서 중등교육과정 학업 기간 1년 단축과 현행 유지에 대한 의견 대립은 쉽게 결론이 나지 않았다. 결과적으로 서독지역의 강력한 반발에도 불구하고 베를린과 브란덴부르크를 제외한 신연방주(동독)에서는 기존처럼 2000년까지 초중등교육 12학년제를 유예하였다. 각 주의 재정장관들은 예산 절감을 이유로 찬성했으나 교사실업률과 같은 사회적 파급효과를 고려하여 2000년까지 유예하기로 한 것이다.[16] 동독지역이 12학년제를 고수함에 따라 서독지역에서도 학제 조정에 대한 토론이 확대되었다. 12학년제로 단축하자는 이유로는 첫째, 유럽 대부분 국가의 초중등교육 기간이 12년이므로 취업 경쟁에서 독일 청년들이 상대적으로 불이익을 받을 수 있다는 것, 둘째, 13학년제로 인한 국가의 비용이 과다하다는 것이었다.[17]

그러던 중 1997년 4월 26일 당시 독일 대통령이었던 헤르촉Roman Herzog, 1934~2017이 "21세기로의 출발Aufbruch ins 21. Jahrhundert"이란 연설에서 김나지움 학업 기간 축소를 지지하는 발언을 하게 되었다. 요지는, 빠른 속도로 변화하고 있는 아시아 국가들과 미국을 언급하면서, 세계의 경쟁력 있는 국가들에서는 아이들이 17세에 중등학교를 졸업하고 24세에 대학을 졸업하는데, 독일은 여전히 시대에 뒤떨어진 13학년제를 고집하고 있다는 것이었다. 그는 개인 견해란 단서를 달았지만 "우리의 젊은이들이 지금까지 잃어버리고 있는 시간은 도둑맞은 인생"이라고 생각한다면서 13학년제의 개선을 촉구했다.[18] 그 이후 자를란트주가 가장 먼저 2001/02학년도부터 김나지움 수업연한을 8년(G8)으로 단축했고, 2004/05학년도에 대부분의 주가 김나지움 8학년제로 전환하였다. 김나지움 8학년제도는 결과적으로 기존의 10학년과 11학년을 통합하는 형태가 되었다. 10학년까지 중등교육과정 I단계를 마치고, 11학년부터 중등교육과정 II단계가 시작되어 11학년 입문 단계, 12~13학년 자격 단계였던 것이 10학년 1학기가 중등교육 I단계의 마지막 학기로, 2학기가 중등교육 II의 입문 과정으로 역할이 조정된 것이다.[19]

그러나 2014년 니더작센주가 9년제 김나지움(G9)으로 회귀하기로 결정하고 2015/16학년도부터 전면 시행한 것을 시작으로 여러 주들이 이미 G9로 회귀하였거나 회귀하려는 움직임을 보이고 있다. 그 이유로는 첫째, 과거 중등교육 II단계의 입문 과정 11학년에서 1년간 진행했던 것을 한 학기(10학년 2학기)에 소화하려다 보니 교사들과 학생들의 수업 부담이 커질 수밖에 없다는 것이다. 짧은 시간에 많은 수업량을 다루어야 하기 때문에 다양한 교수-학습 방법을 동원한 심도 있는 수업이 되기 어렵다는 것이다. 그래서 1년 길게 하더라도 학생들의 수업 부담을 줄이고 상호작용할 수 있는 다양한 수업 방법을 경험하면서 심도 있게 공부할 수 있는 환경을 제공하자는 것이다. 둘째, 시간 단축으로 인한 수업량의 과중으로 학생들은 여가시간이 줄어들어 취미 생활을 하기 어렵고 실습이나 외국 경험을 할 수 있는 시간이 줄어들고 있다는 것이다. 셋째, 김나지움 8학년제에서 자녀들이 아비투어를 성공적으로 마칠 수 있을까 하는 부모들의 걱정과 불안 때문이다.[20]

2018년 6월 현재 김나지움 학업 연한은 주에 따라 8년(메클렌부르크포어포메른, 브란덴부르크, 베를린, 작센안할트, 작센, 튀링겐, 브레멘, 자를란트, 함부르크), 9년 또는 9년으로 회귀를 결정(슐레스비히홀슈타인, 니더작센, 노르트라인베스트팔렌, 라인란트팔츠, 바이에른), 느슨해진 8년(부분적으로 9년제 도입·시행, 바덴뷔르템베르크, 헤센)이다.[21] 현황을 보면 동독지역의 주들이 8년제를 유지하고 있고, 헤센주는 8년제와 9년제 중 선택이 가능하고, 바덴뷔르템베르크주는 2012/13학년도에 22개, 2013/14학년도에 22개(합계 44개)의 9년제 김나지움을 도입하여 시범 운영을 하고 있다. 김나지움 9년제로 회귀하는 경향은 시간이 걸리더라도 학생들의 학습 부담을 줄이면서 학교에서뿐만 아니라 학교 밖에서 다양한 경험을 할 수 있는 기회를 제공하는 것이 다양화되는 사회에서 요구되는 타인과의 상호작용 역량 습득과 대학진학에 도움이 된다고 판단한 것으로 보인다.

시사점

2000년 이후 독일의 학교개혁은 '아동·청소년의 성장에 대한 공공의 책임'이라는 기조에서 이루어지고 있다. 오늘날 아동·청소년의 일상을 고려할 때, 그들의 성장을 위한 가정, 학교, 학교 밖 관련 기관의 역할이 예전처럼 구분되기보다는 지도, 보살핌, 교육 기능이 모두의 과제가 되었다는 것이다. 따라서 학교는 사회 변화로 인해 상실해 가고 있는 가정의 역할(지도와 보살핌)을 수용하고, 개인의 발달과 사회의 통합을 촉진하는 교육 공간으로 이해된다. 사회계층 간 교육격차를 해소하기 위해 이른 시기에 진로가 정해지는 전통적인 중등교육 세 갈래 구조에서 벗어나 다양한 학교 유형을 통합하는 시도, 전일제학교의 확산, 이주배경을 가진 학생이 수업에 참여하여 성취감을 경험할 수 있도록 사회적, 언어적, 문화적 이질성에 방향을 맞춘 수업 프로그램의 도입 등이 그러한 예라고 할 수 있다.

독일의 학교개혁 동향을 통해 우리가 참고할 수 있는 것은 사회 변화와 그에 따른 요구를 반영하여 학교를 근본적으로 변화시키고 있다는 점이다. 이것은 사회적 요구가 있을 때마다 교육 취약 계층 혹은 교육 소외 계층 등 특정한 학생을 대상으로 프로그램을 제공하는 우리나라 학교교육 정책과는 대조를 보인다. 공교육에 대한 신뢰가 무너지고 사교육비에 의존하는 성적 경쟁으로 계층 간 위화감이 조성되는 우리의 현실에 비추어 볼 때, 학교를 사회통합을 위한 경험의 장으로 인식하고 공교육체제 내에서 모든 학생에게 개인의 적성과 능력에 적합한 지원을 더욱 강화해 가고 있는 독일의 학교개혁 사례는 시사하는 바가 적지 않다. 학교에서 학생들에게 적합한 교육 지원을 책임짐으로써 자연스럽게 학생들은 학교 밖에서 다양한 경험을 할 수 있는 여가시간을 가질 수 있다. 김나지움 학업 기간 연장도 학교교육 정책에서 학생의 여가시간을 얼마나 중요하게 인식하고 있는지를 보여 준다. 2019년 유엔 아동권리위원회가 한국 정부가 제출한 유엔 아동인권협약 이행 보고서를 심의하는 현장에서 심의위원(아말 알도세리)이 했다는 지적은 우리나라 학생들의 여가 활동 시간 부족뿐만 아니라 교육의 민낯을 그대로 보여 준다. 그 지적에 의하면 한국의 학생들이 하는 일은 공부밖에 없고, 한국 공교육의 목표는 아동의 잠재력 발달과 실현보다는 오직 명문대학 입학이라는 경쟁에만 있는 것 같아서 아동권리협약의 내용과 거리가 멀다.

| 주석 |

1. 이 책 15장 참조; Ständige Konferenz der Kultusminister der Länder in der Bundesrepublik Deutschland(KMK)(2019), *Schüler, Klassen, Lehrer und Absolventen der Schulen 2008 bis 2017.*
2. 정기섭(2016), 2000년 이후 독일 종합학교(Gesamtschule)의 위상과 시사점, 비교교육연구, 26(3), 23-50; 정기섭(2016), 독일의 학교부적응 학생을 위한 지원 사례 및 시사점, 교육의 이론과 실천, 21(3), 73-99의 내용을 수정하고 보완하였음.
3. 정기섭(2016), 독일의 학교부적응 학생을 위한 지원 사례 및 시사점, 교육의 이론과 실천, 21(3), 73-99.
4. Schmiedkampf, K. Rheinland-Pfalz schafft die Huaptschule ein bisschen ab. *Spiegel Panorama*(2007.10.30.); Rohowski, T. Hauptschüler beiβ en nicht. *Zeit Online*(2008.01.31.); Trenkamp, O. Baden-Württemberg pappt neues Etikett an Hauptschulen. *Spiegel Panorama*(2008.11.27.); Krmer, A. Auslaufmodell Hauptschule? Pro und Kontra Hauptschule. *Bildungsserver Innovationaportal*(2010.11.18.).
5. Hessen nimmt bald Abschied von der Hauptschule. *Focus Online Local* (2017.01.20.).
6. Trenkamp, O. Baden-Württemberg pappt neues Etikett an Hauptschulen. *Spiegel Panorama*(2008.11.27.).
7. Allgöwer, R. Baden-Württemberg plant den Widerstand. *Stuttgart Zeitung* (2011.06.25.).
8. Warnecke, T. CDU will Hauptschule abschaffen. *Der Tagesspiegel*(2011. 06.22.).
9. Ridderbusch, J.(2009), "Auflaufmodell Hauptschule"?-Zur Situation der Hauptschulen in Deutschland. *Statistisches Monatshelft Baden-Württemberg(1/2009)*, 18.
10. 정기섭(2016), 2000년 이후 독일 종합학교(Gesamtschule)의 위상과 시사점, 비교교육연구, 26(3), 33.
11. 정기섭(2016), 2000년 이후 독일 종합학교(Gesamtschule)의 위상과 시사점, 비교교육연구, 26(3), 33.
12. 브란덴부르크에는 하우프트슐레가 없었음.
13. Funk, A. Flicken am Bildungsteppich. *Zeit Online*(2010.07.21.).

14. 유진영(2017), 독일 고등교육의 개혁교육: 직업교육 분야를 중심으로. 2017년 한독교육학회, 공주교대 초등교육연구원 공동 춘계학술대회 자료집, 49-62.

15. Vieth-Entus, S., Die Abschaffung der Hauptschule hat bislang kaum gebracht. *Der Tagesspiegel*(2017.03.15.).

16. 정영수·노상우·김창환(1999), 통일 후 독일의 국민통합을 위한 교육정책 연구, 한독교육학연구, 4(2), 41-88.

17. 고원석(2018), 아비투어의 과거와 현재, 그리고 남은 문제; 한독교육학회 2018춘계학술대회. 독일교육제도 현황과 개혁 동향, 57 이하.

18. Berliner Rede 1997 von Bundespräsident Roman Herzog.

19. 고원석(2018), 아비투어의 과거와 현재, 그리고 남은 문제; 정기섭(2018), 독일의 학업성취 기준과 평가. 한독교육학회 2018춘계학술대회. 독일교육제도 현황과 개혁 동향.

20. 고원석(2018), 아비투어의 과거와 현재, 그리고 남은 문제, 59-60.

21. *Spiegel Panorama*(2018.07.11.). NRW kehrt zu G9 Zurück-weitgehend.

참고문헌

고원석(2018). 아비투어의 과거와 현재, 그리고 남은 문제. 한독교육학회 2018춘계 학술대회. 독일교육제도 현황과 개혁 동향, 47-63.

김경근(2005). 한국사회 교육격차의 실태 및 결정 요인. 교육사회학연구, 15(3), 1-27.

김대일(2004). 빈곤의 정의와 규모. 유경준·심상달(편)(2004). 취약 계층 보호정책 의 방향과 과제. 연구보고서 2004-01. 한국교육개발원, 59-118.

김병찬(2019). 2030 교육체제 구축을 위한 교원양성체제 개편 논의: 교육전문대학 원 설치를 중심으로. 한국교원교육학회 제75차 춘계학술대회 자료집, 73-118.

김희삼(2015). 사회이동성 복원을 위한 교육정책의 방향. KDI FOCUS, 통권 제54호 (2015년 4월 29일).

노기호(2003). 독일 학교법(Schulrecht)상의 학부모의 교육권과 그 제한 및 한계. 공법연구, 31(4), 149-172.

류방란·김성식(2007). 계층 간 교육격차의 양상. 교육비평. 봄여름 제22호, 52-66.

박상완(2007). 교원양성 교육과정의 발전 방향과 과제. 한국교원교육연구, 24(2), 143-173.

박성희(2018). 독일 학부모의 권리와 의미 및 실천 사례. 한독교육학회 학술대회 자 료집, 25-41.

유진영(2017). 독일 고등교육의 개혁교육: 직업교육 분야를 중심으로. 2017년 한독 교육학회, 공주교대 초등교육연구원 공동 춘계학술대회 자료집, 49-62.

정기섭(2002). 교육현실과 교육학. 서울: 문음사.

정기섭(2007). 전원기숙사학교: 독일의 대안학교. 서울: 문음사.

정기섭(2007). 독일의 청소년 방과후활동 운영 현황. 비교교육연구, 17(2), 111-131.

정기섭(2008). 독일에서 전일제학교(Ganztagsschule)의 발달과 2000년 이후의 활 성화 배경. 교육문제연구, 제30집, 39-57.

정기섭(2009). 독일의 사회통합을 위한 이주외국인 자녀의 교육 지원 현황 및 시사 점 분석. 교육의 이론과 실천, 14(2), 105-134.

정기섭(2010). 독일에서 지속가능발전교육의 생성과 전개. 교육의 이론과 실천, 15(3), 153-173.

정기섭(2013). 독일 헬레네-랑에-학교 사례 및 한국 교육에의 시사점. 교육정책인포 메이션, 제6호. 한국교육개발원.

정기섭(2013). 독일의 교원양성 및 교원교육. 경기도율곡교육연수원. 중등관리자 창의지성 역량강화 심포지엄 자료집(2013. 8. 27~29), 277-298.

정기섭(2013). 독일의 교장에게 요구되는 역량. 경기도율곡교육연수원. 2013 유초중
    등 교(원)장 변혁적 리더십 과정 직무 연수 교재(2013-39-1010), 193-205.

정기섭(2014). 독일 학교의 행정조직 사례. 경기도율곡교육연수원. 2014 행정실장
    경영마인드 제고과정 연수 교재(2014-03-1022), 95-106.

정기섭(2015). 독일의 종합학교 현황과 시사점. 한국교육개발원. 교육정책네트워크
    세계교육인포메이션, 6호. 한국교육개발원.

정기섭(2016). 2000년 이후 독일 종합학교(Gesamtschule)의 위상과 시사점. 비교
    교육연구, 26(3), 23-50.

정기섭(2016). 독일의 학교부적응 학생을 위한 지원 사례 및 시사점. 교육의 이론과
    실천, 21(3), 73-99.

정기섭(2018). 교육과정과 학업성취 기준을 연계한 독일 대입제도의 특징. 교육정책
    포럼, 통권 299, 28-32.

정기섭(2018). 독일의 학업성취 기준과 평가. 한독교육학회 2018춘계학술대회. 독일
    교육제도 현황과 개혁 동향, 69-85.

정기섭(2019). 독일 학교에서 상호문화교육의 실행 원칙과 실천 사례. 국제교류와
    다문화교육(구국제교류연구), 9(1), 129-152.

정기섭(2019). 독일의 개혁교육학: 영원한 교육개혁운동. 한국교육네트워크 엮음
    (2019). 진보주의 교육의 세계적 동향. 서울: 살림터, 123-158.

정영근(2007). 독일 중등교사 양성교육체제 개혁. 교육의 이론과 실천, 12(2), 143-
    164.

정영근(2009). 학교의 이중언어수업과 상호문화교육-독일 베를린의 공립학교 이중
    언어수업 실험모형을 중심으로. 교육의 이론과 실천, 14(1), 167-185.

정영수·노상우·김창환(1999). 통일 후 독일의 국민통합을 위한 교육정책 연구. 한
    독교육학연구, 4(2), 41-88.

정일화·천세영(2017). 교육전문대학원 교원양성체제의 탐색. 한국교원교육연구,
    34(1), 149-173.

정창호(2012). 한국 교육개혁에 빌레펠트 실험학교(Laborschule Bielefeld)가 주는
    시사점. 교육의 이론과 실천, 17(1), 71-93.

정창호(2013). 독일 초등학교에서의 학습 성과 평가. 경기도율곡교육연수원(2013).
    창의지성 역량 강화 심포지엄 자료집, 357-378.

조상식(2009). 민주시민교육의 교육 이론적 지평. 교육사상연구, 23(1), 209-228.

조상식(2019). 독일 교원양성제도의 현황과 최근의 개혁 동향. 교육의 이론과 실천,
    24(1), 59-83.

통계청(2016). 2016년 사회조사보고서(보건, 교육, 안전, 가족, 환경).

한국청소년정책연구원(2018). 2018 아동·청소년 권리에 관한 국제협약 이행 연구-
한국 아동·청소년 인권실태 2018 총괄 보고서.
홍은영(2015). 독일 정치교육의 현황과 과제. 한국교양교육학회 학술대회자료집,
51-65.
홍후조·민부자·장소영(2018), 교원연수 프로그램의 체계적 분류와 교원의 요구도
분석, 한국교원교육연구, 35(2), 157-180.

Allgemeine Dienstordnung für Lehrerinnen und Lehrer, Schulleiterinnen und
Schulleitern öffentlichen Schulen in Nordrhein-Westfalen(2012.06.18.), URL:
https://bass.schul-welt.de/pdf/12374.pdf
Allgemeine Schulordnung (ASchO) Saarland, URL: http://sl.juris.de/cgi-bin/
landesrecht.py?d=http://sl.juris.de/sl/gesamt/SchulO_SL.htm
Allgöwer, R. Baden-Württemberg plant den Widerstand. *Stuttgart Zeitung*
(2011.06.25.), URL:http://www.stuttgarter-zeitung.de/inhalt.abschaffung-
der-hauptschule-baden-wuerttemberg-plant-den-widerstand.7a8ec5bb-
7eeb-4f08-a27a-3826e3783682.html
Amt für Kinder, Jugendliche und Familien-Jugendamt der Stadt
Nürnberg(2008). *Sachverhalt. Europäischer Sozialfonds: Modellprogramm
"Schulverweigerung-Die 2.Chance" Die Nürnberger Koordinierungsstelle*,
URL: www.zweite-chance.nuernberg.de(2016.12.31. 접속)
Arbeitsstab Forum Bildung in der Gesellschaftsstelle der Bund-Länder-
Kommission für Bildungsplanung und Forschungsförderung(2001).
Empfehlung des Forum Bildung, URL: https://www.pedocs.de/volltexte
/2014/1105/pdf/BLK_2001_Empfehlungen_des_Forum_Bildung_A.pdf
Auernheim, G.(2007). *Einführung in die interkulturelle Pädagogik*. 5.Aufl.
Darmstadt: WBG.
Autorengruppe Bildungsberichterstattung(Hrsg.)(2014). *Bildung in
Deutschland 2012*. Bielefeld:W. Betelsmann Verlag.
Autorengruppe Bildungsberichterstattung(Hrsg.)(2016). *Bildung in
Deutschland 2014*. Bielefeld:W. Betelsmann Verlag.
Autorengruppe Bildungsberichterstattung(Hrsg.)(2018). *Bildung in
Deutschland 2018*. Gefördert mit Mitteln der Ständigen Konferenz der
Kultusminister der Länder in der Bundesrepublik Deutschland und
des Bundesministeriums für Bildung und Forschung. Bielefeld: wbv
Publikation.

Baden-Württemberg Statistisches Landesamt(2019). Schülerzahl an öffentlichen allgemeinbildenden Schulen erstmals seit 1990 unter einer Million. *Pressmitteilung*(2019.02.07.), URL: https://www.statistik-bw.de/ Presse/Pressemitteilungen/2019027 Statistisches Landesamt Baden-Württemberg, URL: www.statistik.baden-wuerttemberg.de

Baden-Württemberg Landesbeamtengesetz(2010.11.09.), URL: http://www. landesrecht-bw.de/jportal/?quelle=jlink&query=BG+BW&psml=bsbawueprod.psml&max=true&aiz=true

Baier, D., Pfeiffer, Ch., Windzio, M., & Rabold, S.(2005). *Schülerbefragung 2005: Gewalterfahrung, Schulabsentismus und Medienkonsum von Kindern und Jugendlichen.* Kriminologisches Forschungsinstitut Niedesachsen(KFN).

Bargel, T., & Kuthe, M.(1991). *Ganztagsschule-Untersuchungen zu Angebot und Nachfrage, Versorgung und Bedarf.* Bonn.

Barth, G., & Henseler, J.(Hrsg.)(2012). *Jugendliche in Krisen. Über den pädagogischen Umgang mit Schulverweigerern.* Nürnberg: Schneider Verlag Hohengehren GmbH.

Barth, G.(2012). Schulverweigerung aus soziologischer Perspektive. In: Barth, G., & Henseler, J.(Hrsg.)(2012). *Jugendliche in Krisen. Über den pädagogischen Umgang mit Schulverweigerern.* Nürnberg: Schneider Verlag Hohengehren, 113-128.

Baumert, J., u.a.(2000). *TIMSS/Ⅲ-Deutschland. Der Abschlussbericht,* URL: http://www.landeselternrat-sachsen.de/fileadmin/ler/daten/07 gesetz/02studien/0011.TIMSSIII-Broschuere.pdf(2018.12.15. 접속)

Baumert, J., u.a.(Hrsg.)(2002). *PISA2000-Die Länder der Bundesrepublik Deutschland im Vergleich.* Leske+Burich: Opladen.

Bayerisches Gesetz über das Erziehungs- und Unterrichtswesen(BayEUG) in der Fassung der Bekanntmachung vom 31. Mai 2000(GVBl. S. 414, 632), URL: https://www.gesetze-bayern.de/Content/Document/BayEUG/true

Bayerisches Staatsministerium für Unterricht und Kultus(2018). Schule und Familie, URL: https://www.km.bayern.de/epaper/Schule_und_Familie _2018/files/assets/common/downloads/publication.pdf

Bayerisches Staatsministerium für Bildung und Kultus, Wissenschaft und Kunst(2014). *Oberstufe des Gymnasiums in Bayern. Informationen für Schülerinnen und Schüler des Abiturgangs 2017,* URL: https://www.km.

bayern.de/download/16343_oberstufeabschluss2017.pdf

Bayerisches Staatsministerium für Unterricht und Kultus(2020). *Ganztags schule bewegt! Bd.1. Schullandschaft bewegen*, Schneckenlohe: Appel & Klinger Druck und Medien GmbH

Bayerisches Staatsministerium für Unterricht und Kultus. Deutschförderung an bayerischen Grund- und Mittelschulen, URL: https://www.km.bayern.de/ministerium/schule-und-ausbildung/foerderung/sprachfoerderung.html

Beratungsgespräch und dienstliche Beurteilung der Lehrkräfte an öffentlichen Schulen(in Baden-Württemberg). Verwaltungsvorschrift vom 21. Juli 2000, URL: http://www.landesrecht-bw.de/jportal/?quelle=jlink&query=VVBW-2030-1-KM-20000721-SF&psml=bsbawueprod.psml&max=true

Berlin Senatverwaltung für Bildung, Jugend und Wissenschaft(2013.01.22.). Beschreibung des Aufgabenkreises Schulsekretärin/Schulsekretär, URL: https://www.berlin.de/sen/bildung/fachkraefte/einstellungen/nichtpaedagogisches-personal/mdb-sen-bildung-schulorganisation-nicht paedagogisches_personal-bak_schulsekre.pdf

Berliner Rede 1997 von Bundespräsident Roman Herzog, URL: http://www.bundespraesident.de/SharedDocs/Reden/DE/Roman-Herzog/Reden/1997/04/19970426_Rede.html

Besetzung von Funktionsstellen im Schulbereich(2011.06.15.), URL: https://mb.sachsen-anhalt.de/fileadmin/Bibliothek/Landesjournal/Bildung_und_Wissenschaft/Erlasse/Besetzung_Funktionsstellen_an_Schulen.pdf

Besoldung bei Übernahme in den Schuldienst im Beamtenverhältnis(gültig ab 01.01.2020), URL: https://www.schulministerium.nrw.de/docs/Recht/Dienstrecht/BesoldungEntgelt/Seiteneinstieg.pdf

Bildungsgesamtplan. Deutscher Bundestag, 7. Wahlperiode. Drucksache 7/1474(20.12.73), URL: http://dipbt.bundestag.de/doc/btd/07/014/0701474.pdf

Bildungsklick(2011.02.07.). Das Ende der Hauptschule und die Auswirkungen auf die Strukturmodelle der Länder, URL: https://bildungsklick.de/schule/meldung/das-ende-der-hauptschule-und-die-auswirkungen-auf-die-strukturmodelle-der-laender/

Bos, W., Lankes E.M., Prenzel, M., Schwippert, K., Walther, G., & Valtin, R.(Hrsg.)(2003). *Erste Ergebnisse aus IGLU. Schülerleistungen am Ende*

494 독일의 학교교육

der vierten Jahrgangsstufe im internationalen Vergleich. Münster: Waxmann, URL: https://www.kmk.org/fileadmin/Dateien/pdf/ PresseUndAktuelles/2003/iglu_kurz-end.pdf

Breuer, C.(2003). Ganztagsschule und Bildungsmisere. Eine Diskussion vor dem Hintergrund der PISA-2000-Studie. In: *Die Neue Ordnung. 57*(6), URL: http://www.die-neue-ordnung.de/Nr62003/CB.html

Brezinka, W.(1981). *Erziehungsziel. Erziehungsmittel. Erziehungserfolg.* 2.Aufl. München, Basel: Erst Reinhart Verlag.

Brezinka, W.(1990). *Grundbegriffe der Erziehungswissenschaft.* München, Basel: Erst Reinhart Verlag.

Bundesbesoldungsgesetz(BBesG), URL: https://www.gesetze-im-internet. de/bbesg/BBesG.pdf

Bundesjugendkuratorium(2002). Bildung ist mehr als Schule. *Leipziger Thesen zur aktuellen bildungspolitischen Debatte.* Gemeinsame Erklärung des Bundesjugendkuratoriums, der Sachverständigenkommission für den Elften Kinder- und Jugendbericht und der Arbeitsgemeinschaft für Jugendhilfe(Bonn/Berlin/Leipzig, 10. Juli 2002). Broschüre, URL: http:// www.qualitaet-im-ganztag.de/downloads/ba_035_leipziger_these_zur_ bildungspolitischen.pdf

Bundesleitung des beamtenbund und tarifunion(Hrsg.)(2019). *2019 Besoldungstabelle für Beamtinnen und Beamte des Bundes,* URL: https:// www.dbb.de/fileadmin/pdfs/einkommenstabellen/besoldungstab_ bund_190401.pdf

Bundesministerium des Innern(BMI)(2008). Migration und Integration, URL: www.bmi.bund.de(2009.08.30. 접속)

Bundesministerium des Innern(Hrsg.)(2001.01.10.). *Gemeinsames Ministerblatt.* Amtlicher Teil Bundesministerium für Familien, Senioren, Frauen und Jugend. Richtlinien v. 19.12.00, Kinder- und Jugendplan des Bundes(KJP), 18-29.

Bundesministerium des Innern(Hrsg.)(2020). *Gemeinsame Geschä ftsordnung der Bundesministerien,* URL: https://www.bmi.bund.de/ SharedDocs/downloads/DE/veroeffentlichungen/themen/ministerium/ ggo.pdf?__blob=publicationFile&v=2

Bundesministerium des Innern (Hrsg.)(2016). Gemeinsames Ministerblatt. Amtlicher Teil Bundesministerium für Familien, Senioren, Frauen und

Jugend . RL v. 29.9.16, Richtlinie über die Gewährung von Zuschüssen und Leistungen zur Förderung der Kinder- und Jugendhilfe durch den Kinder- und Jugendplan des Bundes (KJP), 803-822, URL: https://www.bmfsfj. de/ blob/111964/2f7ae557daa0d2d8fe78f8a3f9569f21/richtlinien-kjp-2017-data.pdf

Bundesministerium für Bildung und Forschung(BMBF)(Hrsg.)(2016). Neue Wege in der Lehrerbildung. Die Qualitätsoffensive Lehrerbildung, URL: https://www.qualitaetsoffensive-lehrerbildung.de/files/Neue_Wege_in_ der_Lehrerbildung.pdf

Bundesministerium für Familie, Senioren, Fraun und Jugend(BMFSFJ)(2013). *Abschlussbericht der Evaluation des ESF-Programms "Schulverweigerung- Die 2. Chance",* URL: https://www.jugend-staerken.de/blob/139850/09e82 cf0cdb56ae6e975251d5d5516a6/evaluationsbericht-kompetenzagenturen-data.pdf

Bundesministerium für Familie, Senioren, Frauen und Jugend(BMFSFJ) (2008). Förderrichtlinien zur Förderung der Initiative "Jugend und Chance-Integrations fördern" gefördert aus Mitteln des Europäischen Sozialfonds;Handbuch für Koordinierungsstellen(2008), URL: www. zweitechance.eu/content/e8/e4489/ HandbuchSchulverweigerung-Die2Chance2008-201.pdf(2016.12.31. 접속)

Bundesministerium für Familie, Senioren, Frauen und Jugend(BMFSFJ)(Hrsg.) (2002), *Elfter Kinder- und Jugendbericht. Bericht über die Situation junger Menschen und die Leistungen der Kinder- und Jugendhilfe in Deutschland,* Berlin: Medieun-und Kommunikations GmbH.

Bundesministerium für Familie, Senioren, Frauen und Jugend(BMFSFJ)(Hrsg.) (2005). *Zwölfter Kinder- und Jugendbericht. Bericht über die Lebens situation junger Menschen und die Leistungen der Kinder- und Jugendhilfe in Deutschland,* Berlin: DruckVogt GmbH.

Bundesministerium für Familie, Senioren, Frauen und Jugend(BMFSFJ)(Hrsg.) (2006). *Ein Kinder- und Jugendreport zum Nationalen Aktionsplan(NAP). Für ein Kindergerechtes Deutschland 2005-2010.* Baden-Baden: Koelblin-Fortuna-Druck.

Bundesministerium für Familie, Senioren, Frauen und Jugend(BMFSFJ)(Hrsg.) (2009). *13. Kinder- und Jugendbericht. Bericht über die Lebenssituation junger Menschen und die Leistungen der Kinder- und Jugendhilfe in*

Deutschland, Berlin: DruckVogt GmbH.

Bundesministerium für Familie, Senioren, Frauen und Jugend(BMFSFJ)(Hrsg.) (2013). *14. Kinder- und Jugendbericht. Bericht über die Lebenssituation junger Menschen und die Leistungen der Kinder- und Jugendhilfe in Deutschland*, Paderborn: Bonifatius GmbH.

Bundesminsterium für Familie, Senioren, Frauen und Jugend(BMFSFJ)(Hrsg.) (2017). *15. Kinder- und Jugendbericht. Bericht über die Lebenssituation junger Menschen und die Leistungen der Kinder- und Jugendhilfe in Deutschland*. Paderborn: Bonifatius GmbH.

Bundesministerium für Familie, Senioren, Frauen und Jugend(BMFSFJ) (2016). Richtlinine über die Gewährung von Zuschüssen und Leistungen zur Förderung für Kinder- und Jugendhilfe durch den Kinder- und Jugendplan(KJP). In: Bundesministerium des Innern(Hrsg.)(2006.10.12.). *Gemeinsammes Ministerialblatt. 67.* Jahrgang. Nr. 41. Berlin, 801-822, URL: https://www.bmfsfj.de/blob/111964/2f7ae557daa0d2d8fe78f8a3f9569f21/ richtlinien-kjp-2017-data.pdf

Bundesverband der Freien Alternativschule e.V., URL: https://www.freie-alternativschulen.de/index.php/startseite

Bundesverband der Freien Alternativschulen e.V. *Gründungsmappe. Kurzversion*, URL: http://www.freie-alternativschulen.de/attachments/ article/71/Gr%C3%BCndungsmappe2013kurz.pdf

Bundeszentrale für gesundheitliche Aufklärung(Hrsg.)(2009). *Auf dem Weg zur rauchfreien Schule. Ein Leitfaden für Pädagogen.* Kempen: te Neues.

Bundeszentrale für politische Bildung(bpb)(2003.05.20.). *Leitbild der Bundeszentrale für politische Bildung*, URL: http://www.bpb.de/die-bpb/51248/leitbild-der-bpb

Bundeszentrale für politische Bildung. *Die soziale Situation in Deutschland*, URL: https://www.bpb.de/system/files/dokument_pdf/04%20Migration.pdf

Budeszentrale für politische Bildung Baden Württemberg(2015). Methoden im Politikwissenschaften. Beispiele für die Praxis. Zeitschrift für die Praxis der politischen Bildung. *Politik & Unterricht. 41*(Heft 1/2). Villingen -Schwenningen: Neckar-Verlag.

Bund-Länder-Kommission für Bildungsplannung und Forschungs förderung(BLK)(2003). *Heft 107. Förderung von Kindern und Jugendlichen mit Migrationshintergrund*, URL: http://www.blk-bonn.de/papers/heft107.

pdf.

Bund-Länder-Kommission für Bildungsplanung(BLK)(1973). *Bildungsge samtplan. Bd.1.* Stuttgart: Klett.

Bürgerliches Gesetzbuch(BGB), URL: https://www.gesetze-im-internet.de/bgb/BJNR001950896.html

Choi, J. J.(2004). *Reformpädagogik als Utopie. Der Einheitsschulgedanke bei Paul Oestreich und Fritz Karsen.* Münster: LIT Verlag.

Demografie Portal des Bundes und Länder(연방 및 주 인구통계 포털), URL: https://www.demografie-portal.de/SharedDocs/Informieren/DE/Zahlen Fakten/Bevoelkerung_Migrationshintergrund.html

Der Spiegel(1982.02.15.). Weiterauß erhalb, URL: www.spiegel.de/spiegel/print/d-14331729.html

Detjen, J.(2015.03.19.). Bildungsaufgabe und Schulfach. In: Bildungszentrale für politische Bildung(bpb), URL: http://www.bpb.de/gesellschaft/kultur/politische-bildung/193595/bildungsaufgabe-und-schulfach

Deutscher Bildungsrat(1969). *Empfehlung der Bildungskommission zur Einrichtung von Schulversuchen mit Gesamtschulen.* Bonn.

Die Beauftragte der Bundesregierung für Migration, Flüchtlinge und Integration(2007). *7. Bericht der Beauftragten der Bundesregierung für Migration, Flüchtlinge und Integration über die Lage der Ausländerinnen und Ausländer,* URL: https://www.bundesregierung.de/resource/blob/97 5292/733032/018e285b5e07f6746b4876d85c371765/7-auslaender bericht-download-ba-ib-data.pdf?download=1

Die Beauftragte der Bundesregierung für Migration, Flüchtlinge und Integration(Hrsg.)(2019). *Deutschland kann Integration: Potenziale fördern, Integration fordern, Zusammenhalt stärken. 12. Berichte der Beauftragten der Bundesregierung für Migration, Flüchtlinge und Integration.* Frankfurt am Main: Zarbock GmbH & Co. KG.

Die Senatorin für Bildung und Wissenschaft Bremen(Hrsg.)(2010). *Gesellschaft und Politik. Geografie, Geschichte, Politik. Bildungsplan für die Oberschule,* URL: https://www.lis.bremen.de/sixcms/media.php/13/2010_BP_O_GP%20Erlassversion.pdf

Die Senatorin für Bildung und Wissenschaft Bremen(Hrsg.)(2013). *Handbuch. Schulabsentismus. Hintergründe und Handlungshilfen für den Schulalltag:* URL: http://www.rebuz.bremen.de/index.php/schulvermeidung2

Die Verfassung des Deutschen Reichs(Weimarer Reichsverfassung) vom 11. August 1919, URL: https://www.jura.uni-wuerzburg.de/fileadmin/ 02160100/Elektronische_Texte/Verfassungstexte/Die_Weimarer_Reich sverfassung_2017ge.pdf

Dienstanweisung für die Schulhausmeister der Stadt Aachen, URL: https:// www.schulsekretaerinnen.net/app/download/5779916633/Dienstanweisun g+Schulhausmeister.pdf

Drahmann, M., Crama, C., & Merk, S.(2018). *Wertorientierung und Werterziehung von Lehrerinnen und Lehrern in Nordrhein-Westfalen. Kurzbericht zentraler Ergebnisse einer Befragung von Eltern schulpflichtiger Kinder und von Lehrerinnen und Lehrern allgemeinbildender Schulen,* Tübingen Universität. Institut für Erziehungswissenschaft /Abteilung Schulpädagogik, URL: http://www.colin-cramer.de/downloads/Kurzbericht_ WWL_NRW.pdf

Dunkake, I., Wagner, M., Weiss, B., Frings, R., & Weiβ brodt, Th.(2012). Schulverweigerung: Soziologische Analysen zum abweichenden Verhalten von Jugendlichen. In: Barth, G., & Henseler, J.(Hrsg.)(2012). *Jugendliche in Krisen. Über den pädagogischen Umgang mit Schulverweigerern.* Nürnberg: Schneider Verlag Hohengehren, 23-39.

Edelstein, W.(1969). Gesellschaftliche Motive der Schulreform. In: Rang, A., Schulz, W.(Hrsg.)(1969). *Die differenzierte Gesamtschule.* München: Piper & Co. Verlag, 23-36.

Eine Streitschrift des Bundesjugendkuratoriums(2002). Zukunftsfähigkeit sichern!-Für ein neues Verhältnis von Bildung und Jugendhilfe. In: Münchmeier, R., Otto, H.-U., & Rabe-Kleberg, U.(Hrsg.)(2002). *Bildung und Lebenskompetenz. Kinder- und Jugendhilfe vor neuen Aufgaben.* Wiesbaden: Springer, 159-173.

Elinor Sauer, C.(2007). *Integrationsprozesse von Kindern in multikulturellen Gesellschaften.* Wiesbaden: Springer.

Fischer, Ch., & Ludwig, H.(2009). Vielseitige Förderung als Aufgabe der Ganztagsschule. In: Appel, S., Ludwig, H., & Rother, U.(Hrsg.). *Jahrbuch Ganztagsschule 2010. Vielseitig fördern.* Schwalbach/Ts.: Wochenschau Verlag, 11-22.

forsa Politik-und Sozialforschung GmbH(2018). *Wertorientierung und Werterziehung. Ergebnisse einer Befragung von Lehrerinnen und*

Lehrern sowie von Eltern schulpflichtiger Kinder, URL: tps://www.vbe.
de/fileadmin/user_upload/VBE/Service/Meinungsumfragen/2018-11-09_
forsa-Bericht_Umfrage_Werteerziehung.pdf

Focus Online Local(2017.01.20.). Hessen nimmt bald Abschied von der
Hauptschule, URL: http://www.focus.de/regional/wiesbaden/schulen-
hessen-nimmt-bald-abschied-von-der-hauptschule_id_6522199.html

Frauser, P., Flinter, A., Konrad, F.-H., u.a.(1988). Praktisches Lernen und
Schulreform. Eine Projektbeschreibung. *Z.f.Päd., 34*(6), 729-748

Füller, Ch. Alle lieben die Gesamtschule-für eine Tag. *Spiegel Panorama*
(2011.06.09.), URL: http://www.spiegel.de/schulspiegel/schulpreis-alle-
lieben-die-gesamtschule-fuer-einen-tag-a-767452.html

Funk, A. Flicken am Bildungsteppich. *Zeit Online*(2010.07.21.), URL: www.
zeit.de/politik/2010-07/flicken-am-teppich

Ganztagsschulverband GGT e.V.(2003). *Ganztagsschulentwicklung
in den Bundesländern. Stand: November 2003,* URL: http://www.
ganztagsschulverband.de/Pages/Positionen.html(2008.03.30. 접속)

Gaupp, N., & Hofmann-Lun, I.(2012). Wie bewältigen Hauptschüler ihr letztes
Schulbesuchsjahr? In: Barth, G., & Henseler, J.(Hrsg.)(2012). *Jugendliche
in Krisen. Über den pädagogischen Umgang mit Schulverweigerern.*
Nürnberg: Schneider Verlag Hohengehren, 11-21.

Gentner, C.(2006). Was leisten Produktionsschulen für Schulverweigerer.
Aus einem Modellprojekt an der Kasseler Produktionsschule BuntStift. In:
Gentner, C., & Mertens, M.(Hrsg.)(2006). *Null Bock auf Schule?* Münster:
Waxmann, 213-232.

Gesellschaft für Politik, didaktik und politische Jugend-und Erwachsenen
bildung(GPJE)(2004). *Anforderungen an Nationale Bildugnsstandards für
den Fachunterricht in der Politischen Bildung an der Schulen.* Schwalbach/
Ts: Wochenschau Verlag.

Gesetz über die Bestimmung der für das Schulwesen zuständigen
Senatsverwaltung als Dienstbehörde für Schulsekretärinnen und Schulse
kretäre(Drucksache 17/0993 17.05.2013), URL: https://www.parla ment-
berlin.de/ados/17/BildJugFam/vorgang/bjf17-0131-v.pdf

Gesetz über die religiöse Kindererziehung, URL: https://www.gesetze-im-
internet.de/kerzg/BJNR009390921.html

Gesetz über die Schulen im Land Brandenburg(Brandenburgisches

Schulgesetz-BbG SchulG), URL: https://bravors.brandenburg.de/gesetze/bbgschulg#58

Gesetz zur Förderung unter drei Jahren in Tageseinrichung oder in Kinder tagespflege(Kinderfördergunsgesetz-KiföG), URL: https://www.bgbl.de/xaver/bgbl/start.xav?start=%2F%2F*%5B%40attr_id%3D%27bgbl108s2403.pdf%27%5D#__bgbl__%2F%2F*%5B%40attr_id%3D%27bgbl108s2403.pdf%27%5D__1590289157167

Gesetz zur Steuerung und Begrenzung der Zuwanderung und zur Regelung des Aufenthalts und der Integration von Unionbürgern und Ausländern (Zuwanderungsgesetz) vom 30. Juli 2004, URL: https://www.bmi.bund.de/SharedDocs/downloads/DE/gesetztestexte/Zuwanderungsgesetz.pdf?__blob=publicationFile&v=1

Gesetz, betreffend die Grundschulen und Aufheben den Vorschulen. Vom 28. April 1920, URL: http://www.documentarchiv.de/wr/1920/grundschulgesetz.html

Gesetzblatt für Baden-Württemberg(2015.07.06.): Rechtsverordnung des Kultusministeriums über Rahmenvorgaben fur die Umstellung der allgemein bildenden Lehramtsstudiengänge an den Pädagogischen Hochschulen, den Universitäten, den Kunst-und Musikhochschulen sowie der Hochschule fur Judische Studien Heidelberg auf die gestufte Studiengangstruktur mit Bachelorund Masterabschlussen der Lehrkrä fteausbildung in Baden-Württemberg(Rahmenvorgabenverordnung Lehramtsstudiengänge-Rahmen VO-KM) Vom 27. April 2015, URL: https://www.lehrer.uni-karlsruhe.de/~za242/PS/RVO15.pdf

Gewerkschaft Erziehung und Bildung Baden-Württemberg. *Statistische Folgen,* URL: https://www.gew-bw.de/aktuelles/detailseite/neuigkeiten/statistische-folgen/

Gewerkschaft Erziehung und Wissenschaft (Hrsg.)(2012). *Was ist Gesamtschule?* Essen: Neue Deutsche Schule Verlag.

Goethe, F.(2012). Zum Ausmaß des Schulschwänzens-Eine Darstellung der neueren empirischen Untersuchungen und ihren Methoden. In: Barth, G., & Henseler, J.(Hrsg.)(2012). *Jugendliche in Krisen. Über den pädagogischen Umgang mit Schulverweigerern.* Nürnberg: Schneider Verlag Hohengehren, 65-76.

Göhlich, M.(1997). *Offener Unterricht-Community Education-Alternativ pädagogik-Reggiopädagogik. Die neuen Reformpädagogik. Geschichte,* *Konzeption,* Praxis. Weinheim, Basel: Beltz.

Gottschall, K. & Hagemann, K.(2002). Die Halbtagsschule in Deutschland: Ein Sonderfall in Europa? In: *Aus Politik und Zeitgeschichte. Beilage zur Wochenzeitung "Das Parlament", B41.* Hrsg. von Bundeszentrale für politische Bildung, 12-22.

Grundgesetz für die Bundesrepublik Deutschland, URL: https://www. bundestag.de/parlament/aufgaben/rechtsgrundlagen/grundgesetz

Hagemann, K., & Mattes, M.(2009). Ganztagserziehung im deutsch-deutschen Vergleich. Sozialwissenschaftlicher Fachinformationsdienst soFd, *Familienforschung 2009/1,* 9-17, URL: http://nbn-resolving.de/ urn:nbn:de:0168-ssoar-201749

Hamann, B.(1986). *Geschichte des Schulwesens.* Bad Heilbrunn/Obb.: Klinkhardt.

Hamburger Behörde für Schule und Berufsbildung(Hrsg.)(2018). Richtlinien für Aufgabenstellung und Bewertung der Leistungen in der Abiturprüfung, URL: https://www.hamburg.de/contentblob/3743364/36e6921566139e14eac a6a6eec8c029b/data/arl-2018-dl.pdf

Hamburgisches Schulgesetz(HmbSG), URL: tps://www.berlin.de/rbmskzl/ regierender-buergermeister/verfassung/

Harder, W.(2009). Von anderen Schulen lernen. Blicke über den Zaun auf pädagogischen Entdeckungsreisen. In: Schulverband Blick über den Zaun(2009). Schulen lernen von Schulen. Beispiele & Portraits aus dem Schulverband 'Blick über den Zaun'. Stuttgart, 4-7, URL: https://www. blickueberdenzaun.de/wp-content/uploads/2017/01/B%c3%bcZ_Schulen-lernen-von-Schulen-Beispiele-und-Portraits_2009.pdf

Harth-Peter, W.(1993). "Schnee vom vergangenen Jahrhundert?" Zur Aktualität der Reformpädagogik heute. In: Böhm, W., u.a.(Hrsg.). *Schnee vom vergangenen Jahrhundert. Neue Aspekte der Reformpädagogik.* Würzburg: Ergon Verlag, 11-27.

Hausaufgaben an allgemein bildenden Schulen(in Niedersachsen). RdErl. d. MK v. 12.9.2019-36-82100 (SVBl. 10/2019 S. 500)-VORIS 22410-, URL:http://www.schure.de/

Herman Lietz Schule Spiekeroog, URL: https://www.lietz-nordsee-internat. de/

Hessisches Kultusministerium. Dienstordnung für Lehrkräfte, Schulleiterinnen und Schulleiter und sozialpädagogische Mitarbeiterinnen und Mitarbeiter vom 04. November 2011, URL: https://www.rv.hessenrecht.hessen.de/bshe/document/hevr-LDOHE2011rahmen

Hessisches Kultusministerium(2010). Lehrplan: Politik und Wirtschaft. Jahrgangsstufe 5 bis 9, URL: https://kultusministerium.hessen.de/sites/default/files/media/g8-politik_und_wirtschaft.pdf

Hessisches Kultusministerium(o.J.). Lehrplan Sozialkunde. Bildungsgang Realschule. Jahrgansstufen 5 bis 10, URL: https://kultusministerium.hessen.de/sites/default/files/HKM/lprealsozialkunde.pdf

Hessisches Kultusministerium(o.J.). Lehrplan: Politik & Wirtschaft. Gymnasialer Bildungsgang. Jahrgangstufe 7-13, URL: https://kultusministerium.hessen.de/sites/default/files/media/g9-politik-und-wirtschaft.pdf

Hessisches Kultusministerium, URL: https://kultusministerium.hessen. de Hessisches Kultusministerium. *Bildungsstandards, Kerncurricula und Lehrpläne,* URL: https://kultusministerium.hessen.de/schulsystem/bildungsstandards-kerncurricula-und-lehrplaene/kerncurricula/gymnasiale-oberstufe-2

Hessisches Lehrerbildungsgesetz in der Fassung vom 28. September 2011, URL: https://www.rv.hessenrecht.hessen.de/bshe/document/jlr-LehrBiGHE2011V6P59

Hessisches Schulgesetz in der Fassung vom 30. Juni 2017 (GVBl. S. 150), geändert durch Gesetz vom 3. Mai 2018 (GVBl. S. 82), URL: https://kultusministerium.hessen.de/sites/default/files/media/hkm/lesefassung_schulgesetz_mit_inhaltsverzeichnis_zweispaltig_stand_30.05.2018.pdf

Hillenbrand, K.(2009). Schulbasierte Prävention von Schulabsentismus und Dropout. In: Ricking, H., Schulze, G., & Wittrock, M.(Hg.)(2009). *Schulabsentismus und Dropout.* Paderborn: Verlag Ferdinand Schöningh, 169-191.

Hilligen, W.(1985). *Zur Didaktik des politischen Unterrichts.* 4.Aufl. Opladen.

Hochschulrahmengesetz(HRG), URL: https://www.hrk.de/fileadmin/redaktion/A4/Hochschulrahmengesetz__HRK_.pdf

Holtappels, H.G(o. J.). Ganztagsschule in Deutschland? Situationsanalyse und Forschungsergebnisse, URL: www.ganztagsschulverband.de/Download/Holtappels-GTS-Forschung.pdf(2008.08.30. 접속)

Institut für Qualifizierung(2010). *Interner Kurzbericht zur Lehrerfortbildung in Hessen im Schuljahr 2009/10,* URL: https://www.iq.hessen.de(2013.08.29. 접속)

Institut für Qualitätentwicklung an Schulen Schleswig-Holstein(IQ.SH)(2015). *Elternmitwirkung. Anregungen und Hinweise.* Kiel: Hansadruck und Verlags-GmbH & Co. KG.

Institut zur Qualitätsentwicklung im Bildungswesen, URL: https://www.iqb. hu-berlin.de/

Jürgens, E. (Hrsg.).(2000). *Die 'neue' Reformpädagogik und die Bewegung Offener Unterricht. Theorie, Praxis und Forschungslage,* Sankt Augustin: Academia.

Karl-Weigand-Schule Florstadt, URL: http://www.karl-weigand-schule.de/ startseite.html

Kerbel, B. Lehrer in Berlin. Die Angestellte. *Der Tagesspiegel*(2018.09.17.), URL: https://www.tagesspiegel.de/wirtschaft/lehrer-in-berlin-die-angestellte/23066320.html

Kerschensteiner, G./정기섭 역(2004). 노작학교의 이론과 실천. 서울: 문음사.

Kerstan, Th. PISA macht freude. *Zeit Online*(2010.12.09.), URL: http://www. zeit.de/2010/50/01-Pisa-Studie

Kirsch, S., & Westermayer, B.(2008)(Zusammengestellt). *Die Förderung von Schülern mit Migrationshintergrund in Kindergarten, Grund- und Hauptschule.* URL: www.schulberatung.bayern.de/schulberatung/ muenchen/.../index_06124.asp

Klieme, K., u.a.(Hrsg.)(2010). *PISA 2009. Bilanz nach einem Jahrzehnt.* Münster, New York, München, Berlin: Waxmann.

KMK-Pressemitteilung(2001.12.06.). Kultusministerkonferenz beschliesst konkrete Massnahmen zur Verbesserung der schulischen Bildung in Deutschland-Erste Konsequenzen aus den Ergebnissen der PISA-Studie-, URL: www.kmk.org/aktuell/pm011206.htm(2008.03.01. 접속)

KMK-Pressemitteilung(2003.03.06.). Kultusministerkonferenz fasst Beschluss zu vertiefendem PISA-Bericht, URL: https://www.kmk.org/presse/ pressearchiv/mitteilung/kultusministerkonferenz-fasst-beschluss-zu-verti efendem-pisa-bericht.html

Koerrenz, R.(1994). "Reformpädagogik als Systembegriff". *Z.f.Päd., 40*(4), 551-563.

Konrad, F.-M.(1995). Von der "Zunkunftspädagogik" und der Reformpäda
gogischen Bewegung. Z.f.Päd., 41(5), 803-823,

Konrad-Adenauer-Stiftung e.V.(Hrsg.)(2001). Projekt Zuwanderung
und Intergration, URL: https://www.kas.de/c/document_library/get_
file?uuid=9a3c1036-a2bb-25c2-b1a2-054f1742f56c&groupId=252038.

Konsortium Bildungsberichterstattung(Hrsg.)(2006). *Bildung in Deutschland.
Ein Indikatiorengeschützter Bericht mit einer Analyse zu Bildung und
Migration.* Bielefeld: W. Bertelsmann Verlag.

Kraus, J.(2005). Die Gesamtschule ist ein Irrweg, URL: www.lehrerverband.
de/ndgesamt.htm(2015.11.23. 접속)

Kremer, A. Auslaufmodell Hauptschule? Pro und Kontra Hauptschule.
Bildungsserver Innovationaportal(2010.11.18.), URL: http://www.bildungs
server.de/innovationsportal/bildungplus.html?artid=764

Kröner, J.(2005). *Der politische Entscheidungsprozeß zur Einrichtung von
Ganztagsschulen in Deutschland unter besonderer Berücksichtigung von
Baden-Württemberg. Unveröffentlichte Magisterarbeit.* Uni. Augsburg.

Kröger-Potratz, M.(2006). Migration als Herausforderung für Bildungspolitik.
In: Leiprecht, R., & Kerber, A.(2006). *Schule in der Einwanderungsgesell
schaft.* 2.Aufl. Schwalbach/Ts.: Wochenschau Verlag, 56-82.

Lambert, J. u.a.(o.J.). Elternrecht und Elternmitwirkung in der Schule, URL:
https://www.elternstiftung.de/fileadmin/user_upload/Juristisher_Teil_
Elternmitwirkung.pdf

Landesbeamtengesetz(LBG), URL: http://www.landesrecht-bw.de/jportal/?qu
elle=jlink&query=BG+BW&psml=bsbawueprod.psml&max=true&aiz=true

Landesinstitut für Schulentwicklung(2007). *Bildung in Baden-Württemberg,*
URL: www.statistik-bw.de/Veroeffent/home.asp?T=BildungKultur

Landeslehrerprüfungsamt im Baden-Württemberg Ministerium für Kultus,
Jugend und Sport(Hrsg.)(2020). Hinweise zum Vorbereitungsdienst und zur
Zweiten Staatsprüfung für Lehramt Gymnasium gemäß Gymnasiallehramts
prüfungsordnung II Kurs 2020. URL: http://www.gym.seminar-heidelberg.
de/,Lfr/Startseite/Ausbildung/Hinweise+zum+Vorbereitungsdienst

Landkreis Osnabrück Maß Arbeit kAöR(2012). Projekt Prompt. Schulabsentismus
im Landkreis Osnabrück: Annährung aus unterschiedlichen Perspektiven.
Abschluß bericht, URL: https://www.landkreis-osnabrueck.de/sites/default/
files/downloads/forschungsarbeit_-_schulverweigerer_im_landkreis_

osnabrueck.pdf

Landratsamt Emmendingen(2013). Berufsschule. *Schulwegweiser 2013/2014*, URL: http://www.landkreis-emmendingen.de/PDF/Schulwegweiser_2014. PDF?ObjSvrID=1406&ObjID=3020&ObjLa=1&Ext=PDF&WTR=1&_ ts=1380528975(2016.12.31. 접속)

Landtag von Baden-Württemberg(2006). Muttersprachlicher Unterricht in Baden-Württemberg. *Drucksache 14/512*, URL: www.landtag-bw.de/ WP14/Drucksachen/000/14_0512_d.pdf

Lepping, D.(2003). Ganztagsschule vom Tabuthema zum Modethema? Die Debatte und die Begründung der Ganztagsschule in Deutschland seit Beginn der Neunziger Jahre. Examensarbeit im Rahmen der Ersten Staatsprüfung für das Lehramt Sekundarstufe Ⅱ im Fach Pädagogik, URL: www.ganztagsschulverband.de/Download/ExamensarbeitLepping.pdf (2008.03.01. 접속)

Lohmann, J.(1965). Das Problem der Ganztagsschule. *Eine historisch- vergleichende und systematische Untersuchung.* Ratingen.

Ludwig, H.(2003). Moderne Ganztagsschule als Leitmodell von Schulreform im 20. Jahrhundert. Historische Entwicklung und reformpädagogische Ursprünge der heutigen Ganztagsschule. In: Appel, S., Luwig, H., Rother, U., & Rutz, G.(Hrsg.)(2003). *Jahrbuch Ganztagsschule 2004. Neue Chancen für die Bildung.* Schwalbah/Ts.: Wochenschau Verlag, 25-41.

Ludwig, H.(2005). Ganztangsschule und Reformpädagogik. In: Hansel, T.(Hrsg.)(2005). *Ganztagsschule. Halbe Sache-Groβ er Wurf?* Herbolz heim: Centaurus Verlag, 33-53.

Martinetz, S.(2004). *Fallstudie Schulhausmeister.* Gefördert durch Bundesministerium für Bildung und Forschung, URL: frequenz.net/ uploads/tx_freqprojerg/Fallstudie_Schulhausmeister.pdf(2014.02.20. 접속)

Mau, I., Messer, S., & von Schemm, K.(2007). Schulabsentismus-ein neuer Blick auf ein altes Phänomen. *Neue Kriminalpolitik* 4/2007, 122-125.

Meier-Braun, K.H.(2002). *Deutschland Einwanderungsland.* Frankfurt am Main: Suhrkamp.

Meinhardt, R.(2006). Einwanderung nach Deutschland und Migrationsdiskurs in der Bundesrepublik-eine Synopse. In: Leiprecht, R., & Kerber, A.(2006). *Schule in der Einwanderungsgesellschaft.* 2.Aufl. Schwalbach/Ts.: Wochenschau Verlag, 24-55.

Mickel, Wolfgang W., & Zitzlaff, D.(Hrsg.)(1988). *Handbuch zur politischen Bildung*. Bonn: Franz Spiegel Buch

Midlum Grundschule, URL: http://www.grundschule-midlum.de/seite/348602/nachmittagsangebote.html

Ministerium für Bildung, Jugend und Sport des Landes Baden-Württemberg. Ministerium Organisation, URL: https://km-bw.de/,Lde/Startseite/Ministerium/Organisation

Ministerium für Bildung, Jugend und Sport des Landes Brandenburg, URL: http://mbjs.brandenburg.de/bildung/weitere-themen/arbeits-und-sozialverhalten.html

Ministerium für Kultus, Jugend und Sport des Landes Baden-Württemberg(Hrsg.)(2019). Grundschule. Von der Grundschule in die weiterführende Schule, URL: https://km-bw.de/site/pbs-bw-new/get/documents/KULTUS.Dachmandant/KULTUS/KM-Homepage/Publikationen%202019/2019%20Grundschule%20SCREEN.pdf

Ministerium für Kultus, Jugend und Sport des Landes Baden-Württemberg(2019). Hinweise zur Lehrereinstellung für wissenschaftliche Lehrerkräfte imBereich Gymnasium und beruflichen Schulen (Einstellungstermine 2020), URL: https://lehrer-online-bw.de/site/pbs-bw-new/get/documents/KULTUS.Dachmandant/KULTUS/lehrer-online-bw/Downloadliste%20 EINSTELLUNG/Hinweise%20WL%20Laufbahn%20GYM-BS.pdf?attachment=true

Ministerium für Kultus, Jugend und Sport des Landes Baden-Württemberg(2019). Handreichung zum Schulpraxissemester Lehramt Gymnasium (2019.03.01.), URL: https://backend-484.uni-heidelberg.de/sites/default/files/documents/2019-10/RVO15_Handreichung_0.pdf

Ministerium für Kultus, Jugend und Sport des Landes Baden-Württemberg(Hrsg.)(2017). Grundschule. Von der Grundschule in die weiterführendeSchule, URL: https://www.baden-wuerttemberg.de/fileadmin/redaktion/dateien/PDF/Grundschule_2017.pdf

Ministerium für Kultur, Jugend und Sport Baden-Württemberg(2016). *Gemeinsamer Bildungsplan der Sekundarstufe I. Bildungsplan 2016. Gemeinschaftskunde*. Villingen-Schwenningen: Neckar-Verlag GmbH.

Ministerium für Kultur, Jugend und Sport des Landes Baden-Württemberg (2015). *Leitfaden für die gymnasiale Oberstufe Abitur 2018*. Esslingen:

Bechtle Druck & Service.

Ministerium für Generation, Familie, Frauen und Integration des Landes Nordrhein-Westfalen(MfGFFI: 2006). Entwicklungslinie der offenen Kinder- und Jugendarbeit. Befund der dritten Strukturdatenerhebung zum Berichtsjahr 2004 für Nordrhein-Westfalen.

Ministerium für Gesundheit, Soziales, Frauen und Familie des Landes Nordrhein-Westfalen(2004). *Zuwanderung und Integration in Nordrhein-Westfalen. 3. Bericht der Landesregierung*, URL: http://www.integrationsmonitoring.nrw.de/integrationsberichterstattung_nrw/berichte_analysen/Zuwanderungs-_und_Integrationsberichte/Zuwanderungsbericht_3.pdf

Ministerium für Schule und Bildung des Landes Nordrhein-Westfalen(2011). Eigungsfeststellungsverfahren. Zusammenfassung der wissenschaftlichen Evaluation. Auszüge aus dem Abschlussbericht der Freien Universität Berlin vom 03.03.2011, URL: www.schulleitung.schulministerium.nrw.de/Eignungsfeststellungsverfahren/schree_borschuere_efv_110727.pdf(2013.11.11. 접속).

Ministerium für Schule und Weiterbildung des Landes Nordrhein-Westfalen(Hrsg.)(2008). *Rahmenvorgabe Politische Bildung*. 1.Auflage 2001 unveränderter Nachdruck. Düsseldorf: Ritterbach Verlag.

Ministerium für Schule und Weiterbildung des Landes Nordrhein-Westfalen(Hrsg.)(2014). *Kernlehrplan für die Sekundarstufe II Gymnasium/ Gesamtschule in Nordrhein-Westfalen. Sozialwissenschaften und Sozialwissenschaften/Wirtschaft*, URL: https://www.schulentwicklung.nrw.de/lehrplaene/upload/klp_SII/sw/KLP_GOSt_SoWi.pdf

Ministerium für Schule, Jugend und Kinder des Landes Nordrhein-Westfalen(2003). Bilingualer Unterricht, URL: http://www.callrw.de/php/lettershop/download/826/download.pdf(2009.08.31. 접속)

Ministerium für Schule, Jugend und Kinder des Landes Nordrhein-Westfalen(Hrsg.)(2011). *Bilingualer Unterricht in Nordrhein-Westfalen*. Düsseldorf: Düssel-Druck & Verlag GmbH.

Ministerium für Schule und Bildung des Landes Nordrhein-Westfalen(2008). Handlungsfelder und Schlüsselkompetenzen für das Leitungshandeln in eigenverantwortlichen Schulen in Nordrhein-Westfalen, URL: https://www.schulentwicklung.nrw.de/materialdatenbank/material/download/7713.pdf

Ministerium für Schule und Bildung des Landes Nordrhein-Westfalen. Bewerbung von Lehrerinnen und Lehrern um ein Amt als Schulleiterin oder als Schulleiter; Eignungsfeststellungsverfahren und dienstliche Beurteilung(2016.05.02.), URL: https://bass.schul-welt.de/16184.htm

Ministerium für Bildung, Wissenschaft, Weiterbildung und Kultur des Landes Rheinland-Pfalz(Hrsg.)(2016). Lehrplan für die gesellschaftwissenschaftli chen Fächer. Erdkunde, Geschichte, Sozialkunde, URL: https://www.vdsg-rlp.de/files/3514/6001/4716/ Lehrplaene_Erdkunde_Geschichte_Sozialkunde-1.pdf

MODULHANDBUCH Lehramtsoption: Bildungswissenschaften zur Prüfungsordnung vom 03.Februar.2016, URL: https://www.uni-heidelberg.de/de/studium/studienangebot/lehrer-werden/bachelor-phase/lehramtsoption

Münchner Manifest vom 26. Mai 1997, URL: https://www.lpb-bw.de/muenchner_manifest.html

Neumann, M.A.M.(2009). *Aktuelle Problemfelder der gymnasialen Oberstufe und des Abiturs. Diss.* Freie Universitaet Berlin.

Niedersächsische Verordnung über die Arbeitszeit der Beamtinnen und Beamten an öffentlichen Schulen(Nds. ArbZVO-Schule) vom 14 Mai 2012, URL: http://www.nds-voris.de/jportal/?quelle=jlink&query=LehrArbZV+ND&psml=bsvorisprod.psml&max=true&aiz=true#jlr-LehrArbZVND2012pP2

Niedersächsisches Gesetz über Tageseinrichtung für Kinder(KiTaG), URL: http://www.nds-voris.de/jportal/?quelle=jlink&query=KiTaG+ND&psml=bsvorisprod.psml&max=true&aiz=true

Ministerium für Schule und Weiterbilung des Landes Nordrhein-Westfalen. Allgemeine Dienstordnung für Lehrerinnen und Lehrer, Schulleiterinnen und Schulleitern öffentlichen Schulen(2012.06.18.), URL: https://bass.schul-welt.de/pdf/12374.pdf

Oelkers, J.(1994). Bruch und Kontinuität. *Z.f.Päd., 40*(4), 565-583.

Ohlhaber, F.(2007). Schulentwicklung in Deutschland seit 1964. *Manuskript,* URL: https://www.uni-frankfurt.de/51736016/Ohlhaver_AufsatzSchulentwicklung.pdf

Ordnung für die bildungswissenschaftlichen Studienanteile in der Lehramtsoption der Bachelorstudiengänge(Heidelberg Universität), URL: https://www.uni-heidelberg.de/md/studium/download/po_bachelor_

lehramt_160203.pdf

Parker, S.Ch./정확실 외 공역(1987). 현대 초등교육의 역사. 서울: 교육과학사.

Pehnke, A.(1992). Ein Plädoyer für unser reformpaedagogisches Erbe. *Pädagogik und Schulalltag, 47*(1), 19-33,

Pehnke, A.(1994). Das reformpädagogische Erbe während der DDR-Epoche und deren Auswirkung. In: Röhrs, H., & Lenhart, V.(Hrsg.)(1994). *Die Reformpädagogik auf den Kontinenten.* Frankfurt a.M. u.a.: Peter Lang, 433-442.

Pehnke, A.(1994). Reform-und Alternativschulen als Impulsgeber für das Regelschulwesen. In: Röhrs, H., & Pehnke, A.(Hrsg.)(1994). *Die Reform des Bildungswesens im Ost-West-Dialogs.* Frankfurt am Main: Peter Lang Verlag, 307-317.

Picht, G.(1964). Die deutsche Bildungskatastrophe, *Christ und Welt, Nr.5* (1964.01.31.), URL: https://www.uni-bielefeld.de/uni/universitaetsarchiv/ oeffentlichkeitsarbeit/ausstellungen/Kapitel-1_UABI_Schelsky.pdf

Pitsch, H.(o.J.). Bildungspolitische Zielsetzungen und Schulwirklichkeit in den Bundesrepublik Deutschland, URL: https://www.schule-bw.de/unterricht/ paedagogik/pitsch/pitsch3.pdf(2015.12.02. 접속)

Prantl, R.(1917). *Kerschensteiner als Pädagog.* Paderborn: Verlag von Ferdinand Schöngh.

Prenzel, M., u.a.(Hrsg.)(2004). *PISA2003. Ergebnisse des zweiten internationalen Vergleichs. Zusammenfassung,* URL: http://archiv.ipn.uni-kiel.de/PISA/Zusammenfassung_2003.pdf

Prenzel, M., u.a.(Hrsg.)(2008). *PISA2006. Die Kompetenzen der Jugendlichen im dritten Ländervergleich.* Münster, New York, München, Bern: Waxmann.

Prenzel, M., u.a.(Hrsg.)(2013). *PISA2012. Fortschritte und Herausforderungen in Deutschland.* Münster, New York, München, Bern: Waxmann.

Presse-und Informationsamt der Bundesregierung(Hrsg.)(2007). *Der Nationale Integrationsplan. Neue Wege-Neue Chancen,* Baden-Baden: Koeblin-Fortna-Druck.

Prüfungsordnung der Universität Heidelberg für die Teilstudiengänge im Master of Education, Profillinie „Lehramt Gymnasium"-Allgemeiner Teil- vom 12. Oktober 2017, URL: https://www.uni-heidelberg.de/md/studium/ interesse/abschluesse/2018_06_master_of_education__po_allgemeiner_ teil_mit_anlage_studienverlaufsgrafik.pdf

Qualitäts-und UnterstützungsAgentur Landesinstitut für Schule Nordrhein-Westfalen(QUA-Lis NRW), URL: https://www.qua-lis.nrw.de/

Rabe-Kleberg, U.(Hrsg.)(1981). *Lernen und Leben in der Ganztagsschule.* Braunschweig.

Radamacker, H.(2006). Verweigerung oder Ausgrenzung? Schulversäumnisse, öffentliche Schule und das Recht auf Bildung für alle. In: Gentner, C., & Mertens, M.(Hrsg.)(2006). *Null Bock auf Schule?* Münster: Waxmann, 19-36.

Radisch, F., & Klieme, E.(2003). *Wirkung ganztägiger Schulorganisation. Bilanzierung der Forschungslage*(Frankfurt am Main: Deutsches Institut für Internationale Pädagogische Forschung, DIPF), URL: https://www.pedocs. de/volltexte/2010/1552/pdf/wirkung_gts_D.pdf

Rang, A.(1969). Die Gesamtschule Weinheim. In: Rang, A., & Schulz, W.(Hrsg.) (1969). *Die differenzierte Gesamtschule.* München: Piper & Co. Verlag, 114-134.

Rat für Kriminalitätverhütung in Schleswig-Holstein(Hrsg.)(2007). *Konzept gegen Schulabsentismus.* Kiel.

Rat für Kriminalitätverhütung in Schleswig-Holstein(Hrsg.)(2011). *Konzept gegen Schulabsentismus. Evaluation.* Kiel.

REAG/GARP-Programm 2019. Reintegration and Emigration Programme for Asylum-Seekers in Germany (REAG) Government Assisted Repatriation Programme (GARP),URL: http://files.returningfromgermany.de/ files/20190118_Leitlinien_REAGGARP.PDF

Reformschule Kassel-Grundlagen eines reformpädagogischen Schulkon zeptes, URL: https://reformschule.de/schule/schulportrait/

Reisslandt C.(2005). Von der "Gastarbeiter"-Anwerbung zum Zuwander ungsgesetz, URL: https://www.bpb.de/gesellschaft/migration/dossier-migration-ALT/56377/migrationspolitik-in-der-brd?p=all

Reuter, Lutz R.(2003). Erziehungs-und Bildungsziele aus rechtlicher Sicht. In: Füssel, Hans-P., & Roeder, Peter M.(Hrsg.)(2003). *Recht-Erziehung-Staat.* Weinheim, Basel , Berlin: Beltz Verlag, 28-48.

Rheinisch-Westfalisches Institut für Wirtschaftsforschung(RIW)(2016). *Ländervergleich Nordrhein-Westfalen-Indikatoren der industriellen Entwicklung. Forschungsprojekt im Auftrag der FDP-Landtagsfraktion Nordrhein-Westfalen*, URL: http://www.rwi-essen.de/media/content/

pages/publikationen/rwi-projektberichte/rwi-pb_laendervergleich_nrw_
industr_entwicklung.pdf

Richtlinie für ganztägig arbeitende Schulen in Hessen nach §15 Hessisches Schulgesetz, URL: https://kultusministerium.hessen.de/sites/default/files/media/hkm/gts-rl_gueltig_ab_01-11-2011.pdf

Richtlinien für die dienstliche Beurteilung der Lehrerinnen und Lehrer sowie der Leiterinnen und Leiter an öffentlichen Schulen und Zentren für schulpraktische Lehrerausbildung des für Schule zuständigen Ministeriums von 19.07.2017(BASS 21-02 Nr. 2), URL: https://www.gew-nrw.de/meldungen/detail-meldungen/news/neue-richtlinien-fuer-die-dienstliche-beurteilung.html

Ricking, H., & Neukäter, H.(1997). Schulabsentismus als Forschungsgegenstand. *Heilpädagogische Forschung, 23*, 50-70.

Ricking, H.(2003). *Schulabsentismus als Forschungsgegenstand(E-Version).* Oldenburg: BIS Verlag.

Ricking, H.(2006). *Wenn Schüler dem Unterricht fernbleiben-Schulabsentismus als pädagogische Herausforderung.* Bad Heilbrunn: Klinkhardt.

Ricking, H., Schulze, G., & Wittrock, M.(2009). Schulabsentismus und Dropout. Strukturen eines Forschungsfeldes. In: Ricking, H., Schulze, G., & Wittrock, M.(Hrsg.)(2009). *Schulabsentismus und Dropout.* Paderborn: Verlag Ferdinand Schöningh, 13-48.

Ridderbusch, J.(2009). "Auflaufmodell Hauptschule"?-Zur Situation der Hauptschulen in Deutschland. *Statistisches Monatsheft Baden-Württemberg(1/2009),* 18-28.

Riegel, E.(2004). Schule kann gelingen. 송순재 역(2012). 꿈의 학교 헬레네 랑에. 서울: 착한책가게.

Rohowski, T. Hauptschüler beiβ en nicht. *Zeit Online*(2008.1.31.), URL: http://www.zeit.de/2008/06/C-Regionalschule

Röhrs, H., & Pehnke, A.(Hrsg.)(1994). *Die Reform des Bildungswesens im Ost-West-Dialogs.* Frankfurt a.M. u.a.: Peter Lang.

Röhrs, H.(1986). *Die Schulen der Reformpädagogik heute.* Düsseldorf: Schwann-Bagel.

Röhrs, H.(1987). *Schlüsselfragen der inneren Bildungsreform.* Frankfurt am Main: Peter Lang Verlag.

Röhrs, H.(1990). *Nationalsozialismus, Krieg, Neubeginn.* Frankfurt a.M.,

Berin, New York, Paris: Peter Lang.

Röhrs, H., & Lenhart, V.(Hrsg.)(1994). *Die Reformpädagogik auf den Kontinenten*. Frankfurt a.M. u.a.: Peter Lang

Schäfer, G.E. Die Bildungsdiskussion in Deutschland, URL: www.uni-koeln. de/ew-fak/paedagogik/fruehekindheit/texte/03_Forum_Bildung.pdf

Scheibe, W.(1999). *Die reformpädagogische Bewegung*. 10., erw, Auflage. Weinheim und Basel: Beltz.

Schelten, A.(1991). *Einführung in die Berufspädagogik*. Stuttgart: Steiner.

Scheuerl, H.(1997). Reformpädagogik. In: Fakte, R.(Hrsg.)(1997). Forschung und Handlungsfelder der Pädagogik. *Z.f.Päd., Beiheft 36*, 185-235.

Schmiedkampf, K. Rheinland-Pfalz schafft die Huaptschule ein bisschen ab. *Spiegel Panorama*(2007.10.30.), URL:http://www.spiegel.de/ lebenundlernen/schule/verzwickte-reform-rheinland-pfalz-schafft-die-hauptschule-ein-bisschen-ab-a-514461.html

Schreiber-Kittle, M., & Schröpfer, H.(2002). *Abgeschrieben?-Ergebnisse einer empirischen Untersuchung über Schulverweigerer*-München: Verlag Deutsches Jugendinstitut.

Schriftliche Arbeiten in den allgemein bildenden Schulen(in Niedersachen). RdErl. d. MK v. 22.3.2012-33-83201 (SVBl. 5/2012 S. 266), geändert durch RdErl. vom 9.4.2013 (SVBl. 6/2013 S. 222)-VORIS 22410-, URL: http://www. schure.de/

Schulegestz für Baden-Württemberg(SchG), URL: http://www.landesrecht-bw.de/jportal/?quelle=jlink&query=SchulG+BW&psml=bsbawueprod. psml&max=true

Schuleswig-Holstein Gesetz zur Förderung von Kindern in Tagesein richtungen und Tagespflegestellen(KiTaG), URL: http://www.gesetze-rechtsprechung.sh.juris.de/jportal/?quelle=jlink&query=KTagStG+SH&psml =bsshoprod.psml&max=true&aiz=true

Schleswig-Holsteinisches Schulgesetz(Schulgesetz-SchulG) vom 24. Januar 2007, URL: http://www.gesetze-rechtsprechung.sh.juris.de/jportal/?quelle= jlink&query=SchulG+SH&psml=bsshoprod.psml&max=true

Schulgesetz für das Land Berlin(Schulgesetz-SchulG), URL: https://www. berlin.de/rbmskzl/regierender-buergermeister/verfassung/

Schulgesetz für das Land Nordrhein-Westfalen (Schulgesetz NRW-SchulG), URL: https://recht.nrw.de/lmi/owa/br_bes_detail?sg=0&menu=1&bes_

id=7345&anw_nr=2&aufgehoben=N&det_id=442069

Schulgesetz Rheinland-Pfalz, URL: https://bm.rlp.de/fileadmin/mbwwk/ Publikationen/Bildung/Schulgesetz_2016.pdf

Schulordnung für die Grundschulen in Bayern, URL https://www.gesetze-bayern.de/Content/Document/BayVSO/true

Schulordnung für die Gymnasien in Bayern(Gymnasialschulordnung-GSO) Vom 23. Januar 2007(GVBl. S. 68), URL: https://www.gesetze-bayern.de/ Content/Document/BayGSO

Schulordnung für die Mittelschulen in Bayern(Mittelschulordnung-MSO) vom 4. März 2013. Anlage2, URL: https://www.gesetze-bayern.de/Content/ Document/BayMSO-ANL_2

Schulordnung für schulartübergreifende Regelungen an Schulen in Bayern (Bayerische Schulordnung-BaySchO), URL: https://www.gesetze-bayern. de/Content/Document/BaySchO2016

Schultze, W.(1969). Die Auslese als soziales Problem. In: Rang, A., & Schulz, W.(Hrsg.)(1969). *Die differenzierte Gesamtschule*. München: Piper & Co. Verlag, 13-23.

Schulverbund Blicküberdenzaun. Leitbild des Schulverbundes, URL: http:// www.blickueberdenzaun.de/?page_id=524

Schulze, G., & Wittrock, M.(2001). *Abschluß bericht zum Landesfors chungsprojekt Schulaverives Verhalten*. Rostock.

Schulze, G.(2009). Die Feldtheorie als Erklärungs- und Handlungsansatz bei unterrichtsmeidendem Verhalten. In: In: Ricking, H., Schulze, G., & Wittrock, M.(Hrsg.)(2009). *Schulabsentismus und Dropout*. Paderborn: Verlag Ferdinand Schöningh, 137-165.

Schulz-Kaempf, W.(2006). Herausforderungen für Eingewanderte und Angehörige der Mehrheitsgesellschaft, In: Leiprecht, R., & Kerber, A.(2006). *Schule in der Einwanderungsgesellschaft*. 2.Aufl. Schwalbach/Ts.: Wochen schau, 420-445.

Schwarz-Jung, S.(2013). Nach dem Wegfall der verbindlichen Grundschu lempfehlung: Übergänge auf weiterführende Schulen zum Schuljahr 2012/2013. In: *Statistisches Monatsheft Baden-Württemberg, 2013(4)*, 22-27.

Senatverwaltung für Bildung, Jugend und Familie. Ganztägiges Lernen, URL: https://www.berlin.de/sen/bildung/schule/ganztaegiges-lernen/

ganztagsschulen/

Skiera, E.(1994). Schulentwicklung und Bildungspolitik in der "alten" Bundesrepublik Deutschland unter dem Einfluβ der internationalen Reformpädagogik. In: Röhrs, H., & Lenhart, V.(Hrsg.)(1994). *Die Reformpädagogik auf den Kontinenten.* Frankfurt a.M. u.a.: Peter Lang, 421-431.

Smolka, D.(2002). Die PISA-Studie: Konsequenzen und Empfehlungen für Bildungspolitik und Schulpraxis. In: *Aus Politik und Zeitgeschichte. Beilage zur Wochenzeitung "Das Parlament", B41*(2002). Hrsg. von Bundeszentrale für politische Bildung, 3-11.

Sozialgesetzbuch(SGB)-Achtes Buch(Ⅷ)-Kinder- und Jugendhilfe(KJHG), URL: https://www.gesetze-im-internet.de/sgb_8/

Spiegel Panorama(2018.07.11.). NRW kehrt zu G9 Zurück-weitgehend, URL: http://www.spiegel.de/lebenundlernen/schule/abitur-nrw-gymnasien-kehren-zu-g9-zurueck-a-1217905.html

Staatliches Schulamt Freiburg(2018). *HilfeKompass für Schulen. Schuljahr 2017/2018,* URL: https://km-bw.de/site/pbs-bw-new/get/documents/ KULTUS.Dachmandant/KULTUS/KM-Homepage/Artikelseiten%20KP-KM/ Schulartübergreifend/Neuer%20Ordner/RPF_FR_Hilfekompass%202017-18. pdf

Staatliches Schulamt Karlsruhe. Übersicht zur Organisation am staatlichen Schulamt Karlruhe, URL: http://schulamt-karlsruhe.de/,Lde/Startseite/ Ueber+uns/Organisation+_+Leitbild

Staatsangehörigkeitsgesetz(StAG), URL: https://www.gesetze-im-internet.de/ stag/StAG.pdf

Staatsinstitut für Schulqualität und Bildungsforschung München. Ganztag in Bayern(Ein Angebot des ISB), URL: https://www.ganztag.isb.bayern.de/ unsere-veroeffentlichungen/

Ständige Konferenz der Kultusminster der Länder in der Bundesrepublik Deutschland(KMK)(1996). Empfehlung "Interkulturelle Bildung und Erziehung in der Schule, URL: http://www.kmk.org/filea dmin/Dateien/ veroeffentlichungen_beschluesse/1996/1996_10_25-Interkulturele-Bildung. pdf

Ständige Konferenz der Kultusminister der Länder in der Bundesrepublik Deutschland (KMK)(1998). Zur Geschichte der Kultusministerkonferenz

1948-1998. Auszug aus: KMK(Hrsg.). *Einheit in der Vielfalt. 50 Jahre Kultusministerkonferenz 1948-1998.* Neuwied u.a.: Luchthand, 177-227, URL:https://www.kmk.org/kmk/aufgaben/geschichte-der-kmk.html

Ständige Konferenz der Kultusminister der Länder in der Bundesrepublik Deutschland(2000). Gemeinsame Erklärung des Präsidenten der Kultusministerkonferenz und der Vorsitzenden der Bildungs- und Lehrergewerkschaften sowie ihrer Spizenorganisationen Deutscher Gewerkschaftsbund DGB und DBB Beamtenbund und Tarifunion(2000.10.05.), URL: https://www.kmk.org/fileadmin/Dateien/ veroeffentlichungen_beschluesse/2000/2000_10_05-Bremer-Erkl- Lehrerbildung.pdf

Ständige Konferenz der Kultusminister der Länder in der Bundesrepublik Deutschland(KMK)(2000). Schüler, Klassen, Lehrer und Absolventen der Schulen 2009 bis 2018, URL: https://www.kmk.org/dokumentation- statistik/statistik/schulstatistik/schueler-klassen-lehrer-und-absolventen. html

Ständige Konferenz der Kultusminster der Länder in der Bundesrepublik Deutschland(KMK)(2002). Bericht "Zuwanderung". Beschluss der Kultusministerkonferenz vom 24.05.2002, URL: https://www. kmk. org/fileadmin/veroeffentlichungen_beschluesse/2002/2002_05_24- Zuwanderung.pdf

Ständige Konferenz der Kultusminister der Länder in der Bundesrepublik Deutschland(KMK)(2003). Beschluss der Kultusministerkonferenz zu den IGLU-Ergebnissen vom 08.04.2003, URL: https://www.kmk.org/presse/ pressearchiv/mitteilung/beschluss-der-kultusministerkonferenz-zu-den- iglu-ergebnissen-vom-08042003.html

Ständige Konferenz der Kultusminister der Länder in der Bundesrepublik Deutschland(KMK)(2004). Standards für die Lehrerbildung: Bildungswis senschaften(2004.12.16.), URL: https://www.fu-berlin.de/sites/bologna/ dokumente_zur_bologna-reform/2004_12_16-Standards-Lehrerbildung- Bildungswissenschaften.pdf

Ständige Konferenz der Kultusminister der Länder in der Bundesrepublik Deutschland(2005). Eckpunkte für die gegenseitige Anerkennung von Bachelor- und Masterabschlüssen in Studiengängen, mit denen die Bildungsvoraussetzungen für ein Lehramt vermittelt werden(2005.06.02.),

URL: https://www.kmk.org/fileadmin/Dateien/veroeffentlichungen_
beschluesse/2005/2005_06_02-Bachelor-Master-Lehramt.pdf
Ständige Konferenz der Kultusminister der Länder in der Bundesrepublik
Deutschland(KMK)(2008). Ländergemeinsamen inhaltlichen
Anforderungen für die Fachwissenschaften und Fachdidaktiken in der
Lehrerbildung(2008.10.16.), URL: https://www.bzl.uni-bonn.de/dokumente/
fachprofile-lehrerbildung.pdf
Ständige Konferenz der Kultusminister der Länder in der Bundesrepublik
Deutschland(KMK)(2008). Ländergemeinsame inhaltliche Abiturprüfung
der gymnasialen Oberstufe in der Sekundartstufe II, URL: http://
www.kmk.org/fileadmin/Dateien/veroeffentlichungen_beschluesse
/2008/2008_10_24-Abitur-Gymn-Oberstufe.pdf
Ständige Konferenz der Kultusminister der Länder in der Bundesrepublik
Deutschland(KMK)(2012). Ländergemeinsame Anforderungen für
die Ausgestaltung des Vorbereitungsdienstes und die abschlieβende
Staatsprüfung(2012.12.06.), URL: https://www.kmk.org/fileadmin/Dateien/
veroeffentlichungen_beschluesse/2012/2012_12_06-Vorbereitungsdienst.
pdf
Ständige Konferenz der Kultusminister der Länder in der Bundesrepublik
Deutschland(KMK)(2012). Bildungssgtandards im Fach Deutsch für die
Allgemeine Hochschulreife, URL: https://www.kmk.org/fileadmin/Dateien/
veroeffentlichungen_beschluesse/2012/2012_10_18-Bildungsstandards-
Deutsch-Abi.pdf
Ständige Konferenz der Kultusminister der Länder in der Bundesrepublik
Deutschland(KMK)(2013). Empfelungen zur Eignungsabklärung in der
ersten Phase der Lehrerausbildung(2013.03.07.), URL: https://www.kmk.
org/fileadmin/Dateien/veroeffentlichungen_beschluesse/2013/2013-03-
07-Empfehlung-Eignungsabklaerung.pdf
Ständige Konferenz der Kultusminister der Länder in der Bundesrepublik
Deutschland(KMK)(2013). Empfehlungen zur Erziehung in der Schule
(2013.12.05.), URL: https://www.kmk.org/fileadmin/Dateien/veroeffentlichungen_
beschluesse/1996/1996_10_25-Interkulturelle-Bildung.pdf
Ständige Konferenz der Kultusminister der Länder in der Bundesrepublik
Deutschland (KMK)(2015). *Übergang von der Grundschule in Schulen der
Sekundarstufe I und Förderung, Beobachtung und Orientierung in den*

Jagangsstufen 5 und 6(sog. Orientierungsstufe), URL: http://www.kmk. org/fileadmin/Dateien/veroeffentlichungen_beschluesse/2015/2015_02_19-Uebergang_Grundschule-SI-Orientierung sstufe.pdf

Ständige Konferenz der Kultusminister der Länder in der Bundesrepublik Deutschland(KMK)(2016). Allgemeinbildende Schulen in Ländern in der Bundesrepublik Deutschland -Statistik 2010 bis 2014-, URL: https://www. kmk.org/fileadmin/Dateien/pdf/Statistik/GTS_2014_Bericht_Text.pdf

Ständige Konferenz der Kultusminister der Länder in der Bundesrepublik Deutschland(KMK)(2016). Vereinbarung zur Gestaltung der gymnasialen Oberstufe in der Sekundarstufe II(2016.06.16.), URL: https://www.bildung. sachsen.de/blog/wp-content/uploads/2016/09/1972_07_07-Vereinbarung-Gestaltung-Sek2.pdf

Ständige Konferenz der Kultusminister der Länder in der Bundesrepublik Deutschland(2017). Übersicht über die Pflichtstunden der Lehrkräfte an allgemeinbildendenund beruflichen Schulen. Ermäßigungen für bestimmte Altersgruppen der Voll- bzw. Teilzeitlehrkräte. Besondere Arbeitszeitmodelle. Schuljahr 2017/2018, URL: https://www.kmk.org/ fileadmin/Dateien/pdf/Statistik/Pflichtstunden_der_Lehrer_2017.pdf

Ständige Konferenz der Kultusminister der Länder in der Bundesrepublik Deutschland(KMK)(2017). Wochenpflichtstunden der Schülerinnen und Schüler im Schuljahr 2017/2108, URL: https://www.kmk.org/fileadmin/ Dateien/pdf/Statistik/Wochenpflichtstunden_der_Schueler_2017.pdf

Ständige Konferenz der Kultusminister der Länder in der Bundesrepublik Deutschland(KMK)(2018). Allgemeinbildende Schulen in Ganztagsform in den Ländern in der Bundesrepublik Deutschland-Statistik 2012 bis 2016-, URL: https://www.kmk.org/filead min/Dateien/pdf/Statistik/ Dokumentationen/GTS_2016_Bericht.pdf

Ständige Konferenz der Kultusminister der Landerin der Bundesrepublik Deutschland(2019). Das Bildungswesen in der Bundesrepublik Deutschland 2016/2017, URL: https://www.kmk.org/fileadmin/Dateien/ pdf/Eurydice/Bildungswesen-dt-pdfs/dossier_de_ebook.pdf

Ständige Konferenz der Kultusminister der Länder in der Bundesrepublik Deutschland(KMK)(2019). Schüler, Klassen, Lehrer und Absolventen der Schulen 2008 bis 2017, URL: https://www.kmk.org/fileadmin/Dateien/pdf/ Statistik/Dokumentationen/SKL_2017_Dok_217.pdf

Ständige Konferenz der Kultusminister der Länder in der Bundesrepublik Deutschland(KMK)(2019). Grundstruktur des Bildungswesens in der Bundesrepublik Deutschland-Diagramm, URL: https://www.kmk.org/fileadmin/Dateien/pdf/Dokumentation/de_2019.pdf

Ständige Konferenz der Kultusminister der Länder in der Bundesrepublik Deutschland(KMK)(2019). *Sachstand in der Lehrerbildung,* URL: https://www.kmk.org/fileadmin/Dateien/pdf/Bildung/AllgBildung/2019-11-05-Sachstand_LB-veroeff.pdf

Statistisches Bundesamt(Destatis)(Hrsg.)(2019). *Statistisches Jahrbuch 2019.* Zwickau: Westermann Druck Zwickau GmbH.

Statista(독일 통계 온라인 포털). Anzahl der Asylanträge (Erstanträge) in Deutschland von 1991 bis 2020, URL: https://de.statista.com/statistik/daten/studie/154286/umfrage/asylantraege-erstantraege-in-deutschland-seit-1995/

Statistisches Bundesamt(Destatis)(Hrsg.)(2018). *Schulen auf einen Blick,* URL: https://www.destatis.de/GPStatistik/servlets/MCRFileNodeServlet/DEHeft_derivate_00035140/Schulen_auf_einen_Blick_2018_Web_bf.pdf;jsessionid=5 BBFAA19E06C8B05F31D4EF0E0326230

Statistisches Bundesamt(Destatis)(2019). *Bevölkerung und Erwerbstätigkeit. Bevölkerung mit Migrationshintergrund.-Ergebnisse des Mikrozensus 2018-,* URL: https://www.destatis.de/DE/Themen/Gesellschaft-Umwelt/Bevoelkerung/Migration-Integration/Publikationen/Downloads-Migration/migrationshintergrund-2010220187004.pdf?__blob=publicationFile

Statistisches Bundesamt, URL: https://www.destatis.de/

Statistisches Bundesamt. *Pressemitteilung*(2017.2.7.), URL: https://www.destatis.de/DE/Presse/Pressemitteilungen/Zahl-der-Woche/2017/PD17_006_p002.html

Stern(2019.12.15.), "Am unteren Ende der Statusskala": Warum in Deutschland mehr als 1000 Schulleiter fehlen, URL: https://www.stern.de/politik/deutschland/mehr-als-1000-schulleiter-fehlen-in-deutschland---amunteren-ende-der-statusskala--9049506.html

Tagesschau(2015.12.15.), Rektorenmangel in Deutschland. Schulleiter dringend gesucht, URL: https://www.tagesschau.de/inland/schulleitung-101.html taz(2015.05.02.), Ende einer Reformschule. Die Odenwaldschüler kämpfen, URL: https://www.taz.de/!5009983/

Tenorth, H.-E.(1994). "Reformpädagogik". Erneuter Versuch, eine erstaunli ches Phänomen zu verstehen. *Z.f.Päd., 40*(3), 585-604.

Theis, J., & Pohl, S.(1997). *Die Anfänge der Gesamtschule in Nordrhein-Westfalen.* Frankfurt am Main u.a.: Peter Lang.

Thränhardt, D.(2003). Einwanderungs-und Integrationspolitik im Deutschland am Anfangs des 21. Jahrhunderts. In: Meendermann, K.(Hrsg.) (2003). *Migration und politische Bildung.* Münster: Waxmann, 11-35.

Thrüringer Ministerium für Bildung, Jugend und Sport(Hrsg.)(2018). *Thüringer Schulordnung.* Thüringer Schulordnung für die Grundschule, die Regelschule, die Gemeinschaftsschule, das Gymnasium und die Gesamtschule(Thüringer Schulordnung-ThürSchulO-). Vom 20. Januar 1994. Stand: letzte berücksichtigte Änderung: mehrfach geändert durch Artikel 1 der Verordnung vom 23. Mai 2018 (GVBl. S. 282), URL: https://www.thueringen.de/de/publikationen/pic/pubdownload1245.pdf

Thüringer Schulgesetz, URL: http://landesrecht.thueringen.de/jportal/?quelle =jlink&query=SchulG+TH&psml=bsthueprod.psml&max=true&aiz=true

Tillmann, K.-J.(o.J.). Carl-Heinz Evers-Der Vater der Gesamtschule? -Eine Schreibtisch-Reise in die 60er Jahre, URL: www.pub.uni-bielefeld.de/dow nload/1777655/2312353(2016.04.12. 접속)

Trenkamp, O. Baden-Württemberg pappt neues Etikett an Hauptschulen. *Spiegel Panorama*(2008.11.27.), URL: http://www.spiegel.de/lebenundler nen/schule/bildungsmogelpackung-baden-wuerttemberg-pappt-neues-etikett-an-hauptschulen-a-592913.html

Troschke, A. Warum sich immer mehr Eltern für Privatschulen entscheiden. *Hessenschau.de*(2019.08.12.), URL: https://www.hessenschau.de/ gesellschaft/warum-sich-immer-mehr-eltern-fuer-privatschulen-ents cheiden,boom-privatschulen-104.html

Unabhängige Kommission "Zuwanderung"(2001.07.04.). *Zuwanderung gestalten Integration fördern.* Zusammenfassung. Berlin: Druckerei Conrad GmbH.

Unterrichtsbeginn, Verteilung der Wochenstunden, Fünf-Tage-Woche, Klassenarbeiten und Hausaufgaben an allgemeinbildenden Schulen. RdErl. d. Ministeriums für Schule und Weiterbildung v. 05.05.2015 (ABl. NRW. S. 270), URL: https://bass.schul-welt.de/15325.htm

van Dick, L.(1979). *Alternativschulen.* Reinbek bei Hamburg: Rowohlt

Taschenbuch Verlag, 175-180.

Verfassung von Berlin, URL: https://www.berlin.de/rbmskzl/regierender-buergermeister/verfassung/

Verordnung des Kultusministerium über das Aufnahmeverfahren für die Realschulen und die Gymnasium der Normalform(Aufnahmeverordnung, URL: http://www.landesrecht-bw.de/jportal/?quelle=jlink&query=AufnV+BW&psml=bsbawueprod.psml&max=true&aiz=true

Verordnung des Kultusministeriums über den Vorbereitungsdienst und die Zweite Staatsprüfung für das Lehramt Gymnasium (Gymnasiallehramtspr üfungsordnung II-GymPO II) Vom 3. November 2015, URL: http://www.landesrecht-bw.de/jportal/?quelle=jlink&docid=jlr-GymLehrPrOBW2016ra hmen&psml=bsbawueprod.psml&max=true

Verordnung des Kultusministeriums über die Ausbildung und Prüfung in Kooperationsklassen Hauptschule-Berufliche Schule(Kooperationsklassen VO) vom 28. Mai 2008. In: Gesetzblatt für Baden-Württemberg. Ausgegeben 17. Juni 2008, URL: https://www.landtag-bw.de/files/live/sites/LTBW/files/dokumente/gesetzblaetter/2008/GBl200808.pdf

Verordnung des Kultusministeriums über die Erste Staatsprüfung für das Lehramt an Gymnasien (Gymnasiallehrerprüfungsordnung I-GymPO I) vom 31. Juli 2009, URL: http://www.landesrecht-bw.de/jpor tal/?quelle=jlink&query=GymLehrPr1V+BW&psml=bsbawueprod.psml &max=true&aiz=true

Verordnung des Kultusministeriums zur Änderung schulrechtlicher Vorschriften vom 11. April 2012: http://www.lohrtalschule.de/downloads/VO-WRS.pdf

Verordnung des Kultusministeriums zur Änderung schulrechtlicher Vorschriften vom 19. April 2016, URL: https://www.vbe-bw.de/wp-content/uploads/2016/07/Artikelverordnung-des-KM-mit-VBE-Wasserzeichen.pdf

Verordung des Kultusministerims über die Notenbildung(Notenbildungsvero rdnung, NVO, URL: http://www.landesrecht-bw.de/jportal/?quelle=jlink&q uery=NotBildV+BW&psml=bsbawueprod.psml&max=true&aiz=true

Verordnung über den Bildungsgang und die Abiturprüfung in der gymnasialen Obertufe(APO-GOSt) für das Land Nordrhein-Westfalen, URL: https://bass.schul-welt.de/pdf/9607.pdf

Verordnung über den Brandenburg der Grundschule(Grundschulverordnung-

GV), URL: https://bravors.brandenburg.de/verordnungen/gv#11

Verordnung über die Bildungsgänge in der SekundarstufeI (SekundarstufeI -Veordnung-SekI-V), URL: https://bravors.brandenburg.de/verordnungen/ sek_i_v#14

Verordnung über die Laufbahnen der Beamten im Lande Nordrhein-Westfalen, URL: https://recht.nrw.de/lmi/owa/br_bes_detail?sg=0&menu=1 &bes_id=4099&anw_nr=2&aufgehoben=J&det_id=299809

Verordnung über die Pflichtstunden der Lehrkräfte(Pflichtstundenverord nung)(gilt ab 2017.08.01.). Landrecht Hessen, URL: http://fachpraxis-in-hessen.de/PflStdVO_2017.pdf

Verordnung über die Stundenplan an den allgemeinbildenden Schulen. In: Mecklenburg-Vorpommern Mitteilungsblatt des Ministeriums für Bildung, Wissenschafaft und Kultur vom 20. April 2006, URL: https://www. regierung-mv.de/serviceassistent/download?id=459

Verordnung zur Durchführung des Hessischen Lehrerbildungsgesetzes (HLbGDV)(2011.09.28.), URL: https://sts-ghrf-kassel.bildung.hessen.de/ service/am_Studienseminar/hlbgdv_info.pdf

Verwaltungsvorschrift des Kultusministeriums über die Einstellung von Lehramtbewerberinnen und Lehramtbewerber(2019.11.29.), URL: https://lehrer-online-bw.de/site/pbs-bw-new/get/documents/KULTUS. Dachmandant/KULTUS/lehrer-online-bw/Downloadliste%20EINSTELL UNG/VwV%20Lehrereinstellung%202020.pdf

Verwaltungsvorschriften über schulische Zeugnisse(VV-Zeugnisse-WZeu), URL: https://bravors.brandenburg.de/verwaltungsvorschriften/vv_ zeugnisse

Verwaltungsvorschriften zur Leistungsbewertung in den Schulen des Landes Brandenburg, URL: https://bravors.brandenburg.de/verwaltungs vorschriften/vv_leistungsbewertung

Vieth-Entus, S. Die Abschaffung der Hauptschule hat bislang kaum gebracht. *Der Tagesspiegel*(2017.03.15.), URL: http://www.tagesspiegel.de/berlin/schu lreform-in-berlin-die-abschaffung-der-hauptschule-hat-bislang-kaum-etwas-gebracht/19521206.html

Wagner, M.(2007). Schulschwänzen und Schulverweigerung: Ergebnisse und Defizite der Forschung. In: Wagner, M.(Hrsg.)(2007). *Schulabsentismus. Soziologische Analyse zum Einfluss von Familien, Schule und Freundkreis.*

Weinheim: Juventa, 239-252.

Wagner, M.(2009). Soziologische Befunde zum Schulabsentismus und Handlungskonzeptionen. In: Ricking, H., Schulze, G., & Wittrock, M.(Hrsg.)(2009). *Schulabsentismus und Dropout*. Paderborn: Verlag Ferdinand Schöningh, 123-136.

Warnecke, T. CDU will Hauptschule abschaffen. *Der Tagesspiegel*(2011.6.22.), URL: http://www.tagesspiegel.de/wissen/kehrtwende-cdu-will-hauptschule-abschaffen/4312596.html

Wenzel, H.(1994). Herausforderungen für die Lehrerbildung in den neuen Bundesländern. In: Röhrs, H., & Pehnke, A.(Hrsg.)(1994). *Die Reform des Bildungswesens im Ost-West-Dialogs*. Frankfurt am Main: Peter Lang Verlag, 207-222.

Wenzel, H.(2004). Studien zur Organisations-und Schulkulturentwicklung. In: Helsper, W., & Boehme, J.(2004). *Handbuch der Schulforschung*. Wiesbaden: Springer, 391-415.

Wenzler, I.(2007). Mit der Gesamtschule zur gemeinsamen Schule für alle, URL: www.linksnet.de/de/artikel/20388

Wertingen Gymnasium, URL: http://www.gymnasium-wertingen.de/ueber-diese-schule/nachmittagsangebote/

Wetzels, P., u.a.(2005). *Das Modellprojekt gegen Schulschwänzen(ProgeSs) in Niedersachsen: Ergebnisse der Evaluation,* URL: http://www.lka.polizei-nds.de/download/67/Schulschwaenzerprojekt.pdf

Witting, W.(1997). *Grundschule von acht bis vier. Eine empirische Vergleichsuntersuchung*. Universität Dortmund.

Wunder, D., & Rave, Ute-E.(2011). Bildung-ein sozialdemokratisches Zukunfsthema. *Gesprächskreis Geschichte, Heft 88,* hrsg. von A. Kruke. Friedrich-Ebert-Stiftung, Archiv der Sozialen Demokratie, URL: http://library.fes.de/pdf-files/historiker/07926.pdf

Zusammensetzung des Landesjugendhilfeausschusses(Rheinland-Pfalz), URL: https://lsjv.rlp.de/fileadmin/lsjv/Dateien/Aufgaben/Kinder_Jugend_Familie/Landesjugendhilfeausschuss/LJHA_Zusammensetzung.pdf

Zeit Online(2019.12.15.). Bundesweit fehlen Rektoren in den Schulen, URL: https://www.zeit.de/gesellschaft/schule/2019-12/schulleiter-mangel-schule-grundschule

https://www.ausbildungspark.com/ausbildungs-abc/berufsgrund

bildungsjahr-ausbildung-bgj/

https://www.bundestag.de/resource/blob/412202/9c84e4671c28c3a6456a54e039b00e8f/WF-IX-153-05-pdf-data.pdf

https://km-bw.de/,Lde/Startseite/Service/15_11_2016+Grundschulempfehlung

https://www.abitur-nachholen.org/weitere-wege-zum-abitur/kolleg

https://www.ausbildungspark.com/ausbildungs-abc/berufsvorbereitungsjahr-ausbildung-bvj/

https://www.deutscher-schulpreis.de/preistraeger

https://hse-heidelberg.de/studium/master-of-education

http://www.uni-heidelberg.de//studium/interesse/abschluesse/lehramt_master.html

https://www.uni-heidelberg.de/de/studium/studienangebot/lehrer-werden#ministerrat-bawue_2003

https://www.uni-heidelberg.de/de/studium/studienangebot/lehrer-werden/bachelor-phase

https://www.uni-heidelberg.de/de/studium/studienangebot/lehrer-werden/master-phase

https://hse-heidelberg.de/studium/master-of-education

https://www.uni-heidelberg.de/de/studium/studienangebot/lehrer-werden

https://www.uni-heidelberg.de/md/studium/download/po_bachelor_lehramt_160203.pdf

https://backend-484.uni-heidelberg.de/sites/default/files/documents/2019-07/2018-03-29-MHB_Lehramtsoption_final.pdf

https://hse-heidelberg.de/

https://www.kmk.org/fileadmin/Dateien/veroeffentlichungen_beschluesse/2013/2013-03-07-Empfehlung-Eignungsabklaerung.pdf

http://www.llpa-bw.de/,Lde/Startseite/Pruefungsordnungen/Zweite-Staatspruefungen

https://www.studienwahl.de/de/chstudieren/chstudienfelder/lehraemter/baden-wuerttemberg/baden-wuerttemberg0224.htm#3

https://www.lehrer-werden.de/lw.php?seite=5845

https://mwk.baden-wuerttemberg.de/de/hochschulen-studium/lehrerbildung/lehrerorientierungstest-fuer-studieninteressierte/

https://mwk.baden-wuerttemberg.de/de/hochschulen-studium/lehrerbildung/reform-der-lehrerbildung/

https://www.studieren-in-bw.de/vor-dem-studium/studienorientierung/
studienorientierungsverfahren/

https://km-bw.de/Orientierungspraktikum

https://www.qualitaetsoffensive-lehrerbildung.de/de/zusaetzliche-
foerderrunde-2070.html

https://www.kmk.org/themen/allgemeinbildende-schulen/lehrkraefte/
anerkennung-der-abschluesse.html

https://www.qua-lis.nrw.de/cms/upload/Schulmanagement/Anmelde
formular_EFV.pdf

https://www.qua-lis.nrw.de/schulmanagement/eignungsfeststellungsverfah
ren/uebungen/index.html

https://www.qua-lis.nrw.de/cms/upload/Schulmanagement/EFV_Gruppen
diskussion.pdf

https://www.qua-lis.nrw.de/schulmanagement/schulleitungsqualifizierung/
module/index.html

https://www.freie-alternativschulen.de/attachments/article/63/Wuppertaler-
Thesen.pdf

https://www.freie-alternativschulen.de/index.php/startseite/ueber-uns/
selbstverstaendnis/14-grundsaetze-freier-alternativschulen

http://www.blickueberdenzaun.de/

http://www.blickueberdenzaun.de/?page_id=519

http://www.auer-verlag.de/media/ntx/auer/sample/06526_Musterseite.pdf

https://service.duesseldorf.de/suche/-/egov-bis-detail/einrichtung/874/show

https://www.duesseldorf.de/schulen/akteure-rund-um-schule/schulamt/
schulamt.html

https://schulamt-muenchen.musin.de/index.php/aufgaben/16-das-staatliche-
schulamt-und-seine-aufgaben

https://www.augsburg.de/buergerservice-rathaus/buergerservice/aemter-
behoerden/staedtische-dienststellen/s/schulverwaltungsamt

http://schulamt-stuttgart.de/site/pbs-bw-new/get/documents/KULTUS.
Dachmandant/KULTUS/Schulaemter/schulamt-stuttgart/pdf/Organigramm
%202020-14_02.pdf

http://www2.thg-noe.de/

https://bildungsserver.berlin-brandenburg.de/fileadmin/bbb/unterricht/
rahmenlehrplaene/Rahmenlehrplanprojekt/amtliche_Fassung/Teil_C_

Politische_Bildung_2015_11_16_web.pdf

https://www.lpb-bw.de/muenchner_manifest.html

http://www.bayern-in-europa.de/userfiles/Gesamtkonzept.doc

http://www.bpb.de/lernen/

https://www.bundesregierung.de/breg-de/aktuelles/integrationsgesetz-
setzt-auf-foerdern-und-fordern-411666

https://www.tagesspiegel.de/politik/mord-an-studentin-was-ueber-den-
mord-in-freiburg-bekannt-ist-und-was-nicht/14980044.html

https://schulaemter.hessen.de/schulbesuch/herkunftssprache-und-
mehrsprachigkeit/herkunftssprachlicher-unterricht/angebotene-sprachen

http://germany.iom.int/de/reaggarp

https://www.returningfromgermany.de/de/programmes/reag-garp

https://www.demografie-portal.de/SharedDocs/Informieren/DE/
ZahlenFakten/Bevoelkerung_Migrationshintergrund.html

https://www.schulministerium.nrw.de/docs/Schulsystem/Unterricht/
Lernbereiche-und-Faecher/Sprachlich-literarischer-Lernbereich/
Bilingualer-Unterricht/index.html

https://www.bpb.de/nachschlagen/zahlen-und-fakten/soziale-situation-in-
deutschland/61622/auslaendische-bevoelkerung

https://www.bs-schramberg.de/angebot/was-bieten-wir/vab/bve/
kooperationsklasse-vabkf.html

https://www.emmendingen.de/fileadmin/Dateien/Dateien/Schulen/
Schulwegweiser_2019-xdf

https://www.kmk.org

www.news4teachers.de

www.igs-linden.de

www.blk-bonn.de

www.ganztagsschulverband.de

삶의 행복을 꿈꾸는 교육은 어디에서 오는가?

● **교육혁명을 앞당기는 배움책 이야기** 혁신교육의 철학과 잉걸진 미래를 만나다!

● **비고츠키 선집 시리즈** 발달과 협력의 교육학 어떻게 읽을 것인가?

생각과 말
레프 세묘노비치 비고츠키 지음
배희철·김용호·D. 켈로그 옮김 | 690쪽 | 값 33,000원

도구와 기호
비고츠키·루리야 지음 | 비고츠키 연구회 옮김
336쪽 | 값 16,000원

어린이 자기행동숙달의 역사와 발달 I
L.S. 비고츠키 지음 | 비고츠키 연구회 옮김
564쪽 | 값 28,000원

어린이 자기행동숙달의 역사와 발달 II
L.S. 비고츠키 지음 | 비고츠키 연구회 옮김
552쪽 | 값 28,000원

어린이의 상상과 창조
L.S. 비고츠키 지음 | 비고츠키 연구회 옮김
280쪽 | 값 15,000원

비고츠키와 인지 발달의 비밀
A.R. 루리야 지음 | 배희철 옮김 | 280쪽 | 값 15,000원

수업과 수업 사이
비고츠키 연구회 지음 | 196쪽 | 값 12,000원

비고츠키의 발달교육이란 무엇인가?
비고츠키교육학실천연구모임 지음 | 412쪽 | 값 21,000원

비고츠키 철학으로 본 핀란드 교육과정
배희철 지음 | 456쪽 | 값 23,000원

성장과 분화
L.S. 비고츠키 지음 | 비고츠키 연구회 옮김
308쪽 | 값 15,000원

연령과 위기
L.S. 비고츠키 지음 | 비고츠키 연구회 옮김
336쪽 | 값 17,000원

의식과 숙달
L.S 비고츠키 | 비고츠키 연구회 옮김
348쪽 | 값 17,000원

분열과 사랑
L.S. 비고츠키 지음 | 비고츠키 연구회 옮김
260쪽 | 값 16,000원

성애와 갈등
L.S. 비고츠키 지음 | 비고츠키 연구회 옮김
268쪽 | 값 17,000원

흥미와 개념
L.S. 비고츠키 지음 | 비고츠키 연구회 옮김
408쪽 | 값 21,000원

관계의 교육학, 비고츠키
진보교육연구소 비고츠키교육학실천연구모임 지음
300쪽 | 값 15,000원

비고츠키 생각과 말 쉽게 읽기
진보교육연구소 비고츠키교육학실천연구모임 지음
316쪽 | 값 15,000원

교사와 부모를 위한 비고츠키 교육학
카르포프 지음 | 실천교사번역팀 옮김
308쪽 | 값 15,000원

혁신교육, 철학을 만나다
브렌트 데이비스·데니스 수마라 지음
현인철·서용선 옮김 | 304쪽 | 값 15,000원

혁신교육 존 듀이에게 묻다
서용선 지음 | 292쪽 | 값 14,000원

다시 읽는 조선 교육사
이만규 지음 | 750쪽 | 값 33,000원

대한민국 교육혁명
교육혁명공동행동 연구위원회 지음
224쪽 | 값 12,000원

경쟁을 넘어 발달 교육으로
현광일 지음 | 288쪽 | 값 14,000원

독일 교육, 왜 강한가?
박성희 지음 | 324쪽 | 값 15,000원

핀란드 교육의 기적
한넬레 니에미 외 엮음 | 장수명 외 옮김
456쪽 | 값 23,000원

한국 교육의 현실과 전망
심성보 지음 | 724쪽 | 값 35,000원

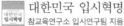

프레이리의 사상과 실천
사람대사람 지음 | 352쪽 | 값 18,000원
2018 세종도서 학술부문

 혁신학교, 한국 교육의 미래를 열다
송순재 외 지음 | 608쪽 | 값 30,000원

 페다고지를 위하여
프레네의 『페다고지 불변요소』 읽기
박찬영 지음 | 296쪽 | 값 15,000원

 노자와 탈현대 문명
홍승표 지음 | 284쪽 | 값 15,000원

 선생님, 민주시민교육이 뭐예요?
염경미 지음 | 244쪽 | 값 15,000원

 어쩌다 혁신학교
유우석 외 지음 | 380쪽 | 값 17,000원

 미래, 교육을 묻다
정광필 지음 | 232쪽 | 값 15,000원

 대학, 협동조합으로 교육하라
박주희 외 지음 | 252쪽 | 값 15,000원

 입시, 어떻게 바꿀 것인가?
노기원 지음 | 306쪽 | 값 15,000원

 촛불시대, 혁신교육을 말하다
이용관 지음 | 240쪽 | 값 15,000원

 라운드 스터디
이시이 데루마사 외 엮음 | 224쪽 | 값 15,000원

 미래교육을 디자인하는 학교교육과정
박승열 외 지음 | 348쪽 | 값 18,000원

 흥미진진한 아일랜드 전환학년 이야기
제리 제퍼스 지음 | 최상덕·김호원 옮김 | 508쪽 | 값 27,000원
2019 대한민국학술원우수학술도서

 폭력 교실에 맞서는 용기
따돌림사회연구모임 학급운영팀 지음
272쪽 | 값 15,000원

 그래도 혁신학교
박은혜 외 지음 | 248쪽 | 값 15,000원

 학교는 어떤 공동체인가?
성열관 외 지음 | 228쪽 | 값 15,000원

 교사 전쟁
다나 골드스타인 지음 | 유성상 외 옮김
468쪽 | 값 23,000원

 시민, 학교에 가다
최형규 지음 | 260쪽 | 값 15,000원

 교육과정, 수업, 평가의 일체화
리사 카터 지음 | 박승열 외 옮김 | 196쪽 | 값 13,000원

 학교를 개선하는 교장
지속가능한 학교 혁신을 위한 실천 전략
마이클 풀란 지음 | 서동연·정효준 옮김 | 216쪽 | 값 13,000원

 공자뎐, 논어는 이것이다
유문상 지음 | 392쪽 | 값 18,000원

 교사와 부모를 위한
발달교육이란 무엇인가?
현광일 지음 | 380쪽 | 값 18,000원

 교사, 이오덕에게 길을 묻다
이무완 지음 | 328쪽 | 값 15,000원

 낙오자 없는 스웨덴 교육
레이프 스트란드베리 지음 | 변광수 옮김
208쪽 | 값 13,000원

 끝나지 않은 마지막 수업
장석웅 지음 | 328쪽 | 값 20,000원

 경기꿈의학교
진흥섭 외 지음 | 360쪽 | 값 17,000원

 학교를 말한다
이성우 지음 | 292쪽 | 값 15,000원

 행복도시 세종,
혁신교육으로 디자인하다
곽순일 외 지음 | 392쪽 | 값 18,000원

 나는 거꾸로 교실 거꾸로 교사
류광모·임정훈 지음 | 212쪽 | 값 13,000원

 교실 속으로 간 이해중심 교육과정
온정덕 외 지음 | 224쪽 | 값 13,000원

 교실, 평화를 말하다
따돌림사회연구모임 초등우정팀 지음
268쪽 | 값 15,000원

 학교자율운영 2.0
김용 지음 | 240쪽 | 값 15,000원

 학교자치를 부탁해
유우석 외 지음 | 252쪽 | 값 15,000원

 국제이해교육 페다고지
강순원 외 지음 | 256쪽 | 값 15,000원

 선생님, 페미니즘이 뭐예요?
염경미 지음 | 280쪽 | 값 15,000원

평화의 교육과정 섬김의 리더십
이준원·이형빈 지음 | 292쪽 | 값 16,000원

학교를 살리는 회복적 생활교육
김민자·이순영·정선영 지음 | 256쪽 | 값 15,000원

 수포자의 시대
김성수·이형빈 지음 | 252쪽 | 값 15,000원

 교사를 위한 교육학 강의
이형빈 지음 | 336쪽 | 값 17,000원

  혁신학교와 실천적 교육과정
신은희 지음 | 236쪽 | 값 15,000원

 새로운학교 학생을 날게 하다
새로운학교네트워크 총서 02 | 408쪽 | 값 20,000원

 삶의 시간을 잇는 문화예술교육
고영직 지음 | 292쪽 | 값 16,000원

 세월호가 묻고 교육이 답하다
경기도교육연구원 지음 | 214쪽 | 값 13,000원

 혐오, 교실에 들어오다
이혜정 외 지음 | 232쪽 | 값 15,000원

 미래교육, 어떻게 만들어갈 것인가?
송기상·김성천 지음 | 300쪽 | 값 16,000원
2019 세종도서 교양부문

 혁신교육지구와 마을교육공동체는 어떻게 만들어지는가?
김태정 지음 | 376쪽 | 값 18,000원

 교육에 대한 오해
우문영 지음 | 224쪽 | 값 15,000원

 선생님, 특성화고 자기소개서 어떻게 써요?
이지영 지음 | 322쪽 | 값 17,000원

 혁신교육지구 현장을 가다
이용운 외 4인 지음 | 344쪽 | 값 18,000원

 학생과 교사, 수업을 묻다
전용진 지음 | 344쪽 | 값 18,000원

 배움의 독립선언, 평생학습
정민승 지음 | 240쪽 | 값 15,000원

 혁신학교의 꽃, 교육과정 다시 그리기
안재일 지음 | 344쪽 | 값 18,000원

 교육혁신의 시대 배움의 공간을 상상하다
함영기 외 지음 | 264쪽 | 값 17,000원

 학습격차 해소를 위한 새로운 도전
보편적 학습설계 수업
조윤정 외 지음 | 225쪽 | 값 15,000원

 서울의 마을교육
이용운 외 지음 | 352쪽 | 값 18,000원

 물질과의 새로운 만남
베로니카 파치니-케처바우 지음 | 240쪽 | 값 15,000원

 평화와 인성을 키우는 자기우정
따돌림사회연구모임 우정팀 지음 | 240쪽 | 값 15,000원

 미래교육을 열어가는 배움중심 원격수업
이윤서 외 지음 | 332쪽 | 값 17,000원

● **살림터 참교육 문예 시리즈** 영혼이 있는 삶을 가르치는 온 선생님을 만나다!

 꽃보다 귀한 우리 아이는
조재도 지음 | 244쪽 | 값 12,000원

 선생님이 먼저 때렸는데요
강병철 지음 | 248쪽 | 값 12,000원

 성깔 있는 나무들
최은숙 지음 | 244쪽 | 값 12,000원

 서울 여자, 시골 선생님 되다
조경선 지음 | 252쪽 | 값 12,000원

 아이들에게 세상을 배웠네
명혜정 지음 | 240쪽 | 값 12,000원

 행복한 창의 교육
최창의 지음 | 328쪽 | 값 15,000원

 밥상에서 세상으로
김흥숙 지음 | 280쪽 | 값 13,000원

 북유럽 교육 기행
정애경 외 14인 지음 | 288쪽 | 값 14,000원

 우물쭈물하다 끝난 교사 이야기
유기창 지음 | 380쪽 | 값 17,000원

 시험 시간에 웃은 건 처음이에요
조규선 지음 | 252쪽 | 값 15,000원

 오천년을 사는 여지
염경미 지음 | 272쪽 | 값 16,000원

 다정한 교실에서 20,000시간
강정희 지음 | 296쪽 | 값 16,000원

● 더불어 사는 정의로운 세상을 여는 인문사회과학 사람의 존엄과 평등의 가치를 배운다

밥상혁명
강양구·강이현 지음 | 298쪽 | 값 13,800원

도덕 교과서 무엇이 문제인가?
김대용 지음 | 272쪽 | 값 14,000원

자율주의와 진보교육
조엘 스프링 지음 | 심성보 옮김 | 320쪽 | 값 15,000원

민주화 이후의 공동체 교육
심성보 지음 | 392쪽 | 값 15,000원
2009 문화체육관광부 우수학술도서

갈등을 넘어 협력 사회로
이창언·오수길·유문종·신윤관 지음
280쪽 | 값 15,000원

동양사상과 마음교육
정재걸 외 지음 | 356쪽 | 값 16,000원
2015 세종도서 학술부문

교과서 밖에서 배우는 철학 공부
정은교 지음 | 280쪽 | 값 14,000원

교과서 밖에서 배우는 사회 공부
정은교 지음 | 304쪽 | 값 15,000원

교과서 밖에서 배우는 윤리 공부
정은교 지음 | 292쪽 | 값 15,000원

한글 혁명
김슬옹 지음 | 388쪽 | 값 18,000원

우리 안의 미래교육
정재걸 지음 | 484쪽 | 값 25,000원

왜 그는 한국으로 돌아왔는가?
황선준 지음 | 364쪽 | 값 17,000원
2019 세종도서 교양부문

공간, 문화, 정치의 생태학
현광일 지음 | 232쪽 | 값 15,000원

인공지능 시대의 사회학적 상상력
홍승표 지음 | 260쪽 | 값 15,000원

동양사상과 인간 그리고 사회
이현지 지음 | 418쪽 | 값 21,000원

장자와 탈현대
정재걸 외 지음 | 424쪽 | 값 21,000원

놀자선생의 놀이인문학
진용근 지음 | 380쪽 | 값 185,000원

좌우지간 인권이다
안경환 지음 | 288쪽 | 값 13,000원

민주시민교육
심성보 지음 | 544쪽 | 값 25,000원

민주시민을 위한 도덕교육
심성보 지음 | 500쪽 | 값 25,000원
2015 세종도서 학술부문

교과서 밖에서 배우는 인문학 공부
정은교 지음 | 280쪽 | 값 13,000원

오래된 미래교육
정재걸 지음 | 392쪽 | 값 18,000원

대한민국 의료혁명
전국보건의료산업노동조합 엮음 | 548쪽 | 값 25,000원

교과서 밖에서 배우는 고전 공부
정은교 지음 | 288쪽 | 값 14,000원

전체 안의 전체 사고 속의 사고
김우창의 인문학을 읽다
현광일 지음 | 320쪽 | 값 15,000원

카스트로, 종교를 말하다
피델 카스트로·프레이 베토 대담 | 조세종 옮김
420쪽 | 값 21,000원

일제강점기 한국철학
이태우 지음 | 448쪽 | 값 25,000원

한국 교육 제4의 길을 찾다
이길상 지음 | 400쪽 | 값 21,000원
2019 세종도서 학술부문

마을교육공동체 생태적 의미와 실천
김용련 지음 | 256쪽 | 값 15,000원

교육과정에서 왜 지식이 중요한가
심성보 지음 | 440쪽 | 값 23,000원

식물에게서 교육을 배우다
이차영 지음 | 260쪽 | 값 15,000원

왜 전태일인가
송필경 지음 | 236쪽 | 값 17,000원

한국 세계시민교육이 나아갈 길을 묻다
유네스코태평양 국제이해교육원 지음 | 260쪽 | 값 18,000원

● 평화샘 프로젝트 매뉴얼 시리즈 학교폭력에 대한 근본적인 예방과 대책을 찾는다

학교폭력 어떻게 만들어지는가
문재현 외 지음 | 300쪽 | 값 14,000원

아이들을 살리는 동네
문재현·신동명·김수동 지음 | 204쪽 | 값 10,000원

학교폭력, 멈춰!
문재현 외 지음 | 348쪽 | 값 15,000원

평화! 행복한 학교의 시작
문재현 외 지음 | 252쪽 | 값 12,000원

왕따, 이렇게 해결할 수 있다
문재현 외 지음 | 236쪽 | 값 12,000원

마을에 배움의 길이 있다
문재현 지음 | 208쪽 | 값 10,000원

젊은 부모를 위한 백만 년의 육아 슬기
문재현 지음 | 248쪽 | 값 13,000원

별자리, 인류의 이야기 주머니
문재현·문한뫼 지음 | 444쪽 | 값 20,000원

우리는 마을에 산다
유양우·신동명·김수동·문재현 지음
312쪽 | 값 15,000원

동생아, 우리 뭐 하고 놀까?
문재현 외 지음 | 280쪽 | 값 15,000원

누가, 학교폭력 해결을 가로막는가?
문재현 외 지음 | 312쪽 | 값 15,000원

**코로나 19가 앞당긴 미래,
마을에서 찾는 배움길**
문재현 외 지음 | 308쪽 | 값 16,000원

● 남북이 하나 되는 두물머리 평화교육 분단 극복을 위한 치열한 배움과 실천을 만나다

10년 후 통일
정동영·지승호 지음 | 328쪽 | 값 15,000원

선생님, 통일이 뭐예요?
정경호 지음 | 252쪽 | 값 13,000원

분단시대의 통일교육
성래운 지음 | 428쪽 | 값 18,000원

김창환 교수의 DMZ 지리 이야기
김창환 지음 | 264쪽 | 값 15,000원

한반도 평화교육 어떻게 할 것인가
이기범 외 지음 | 252쪽 | 값 15,000원

포괄적 평화교육
베티 리어든 지음 | 강순원 옮김 | 252쪽 | 값 17,000원

● 창의적인 협력 수업을 지향하는 삶이 있는 국어 교실 우리말 글을 배우며 세상을 배운다

**중학교 국어 수업
어떻게 할 것인가?**
김미경 지음 | 340쪽 | 값 15,000원

토론의 숲에서 나를 만나다
명혜정 엮음 | 312쪽 | 값 15,000원

토닥토닥 토론해요
명혜정·이명선·조선미 엮음 | 288쪽 | 값 15,000원

인문학의 숲을 거니는 토론 수업
순천국어교사모임 엮음 | 308쪽 | 값 15,000원

어린이와 시
오인태 지음 | 192쪽 | 값 12,000원

수업, 슬로리딩과 함께
박경숙 외 지음 | 268쪽 | 값 15,000원

언어던
정은균 지음 | 268쪽 | 값 15,000원
2019 세종도서 교양부문

민촌 이기영 평전
이성렬 지음 | 508쪽 | 값 20,000원

감각의 갱신, 화장하는 인민
남북문학예술연구회 | 380쪽 | 값 19,000원

참된 삶과 교육에 관한
생각 줍기